传统农区工业化与社会转型丛书

传统农区工业化与社会转型丛书
丛书主编/耿明斋

产业发展与结构调整

——基于传统农区的实践

耿明斋 等◇著

The Development of Industry and Adjustment of Structure: Practice Based on Traditional Agricultural Areas

社会科学文献出版社
SOCIAL SCIENCES ACADEMIC PRESS (CHINA)

总 序

如果不考虑以渔猎、采集为生的蒙昧状态，人类社会以18世纪下半叶英国产业革命为界，明显地可分为前后两个截然不同的阶段，即传统的农耕与乡村文明社会、现代的工业与城市文明社会。自那时起，由前一阶段向后一阶段的转换——或者说社会的现代化转型成为不可逆转的历史潮流。全世界几乎所有的国家和地区都曾经历或正在经历从传统农耕与乡村文明社会向现代工业与城市文明社会转型的过程。中国社会的现代化转型可以追溯到19世纪下半叶的洋务运动，然而，随后长达百年的社会动荡严重阻滞了中国社会全面的现代化转型进程。

中国真正大规模和全面的社会转型以20世纪80年代改革开放为起点，农区工业化潮流是最强大的推动力。正是珠三角、长三角广大农村地区工业的蓬勃发展，才将越来越广大的地区和越来越多的人口纳入工业和城市文明发展的轨道，并成就了中国"世界工厂"的美名。然而，农耕历史最久、农耕文化及社会结构积淀最深、地域面积最大、农民人口最集中的传统平原农区，却又是工业化发展和社会转型最滞后的地区。显然，如果此类区域的工业化和社会转型问题不解决，整个中国的现代化转型就不可能完成。因此，传统平原农区的工业化及社会转型问题无疑是当前中国最迫切需要研究解决的重大问题之一。

使我们对传统农区工业化与社会转型问题产生巨大兴趣并促使我们将该问题锁定为长期研究对象的主要因素，主要有如下三点。

第一，是关于工业化和社会发展的认识。记得五年前，我们为申请教育部人文社科重点研究基地而准备一个有关农区工业化的课题论证时，一位权威专家就对农区工业化的提法提出了异议，说"农区就是要搞农业，农区的任务是锁定种植业的产业结构并实现农业的现代化，农区工业化是个悖论"。两年前我们组织博士论文开题论证时，又有专家提出了同样的问题。其实对于这样的问题我们自己早就专门著文讨论过，但是，一再提出的疑问还是迫使我们对此问题作更深入的思考。事实上，如前所述，从社会转型的源头上说，最初的工业都是从农业中长出来的，所以，最初的工业化都是农区工业化，包括18世纪英国的产业革命，这是其一。其二，中国20世纪80年代初开始的大规模工业化就是从农区开始的，所谓的苏南模式、温州模式不都是农区工业发展的模式么！现在已成珠三角核心工业区的东莞市30年前还是典型的农业大县，为什么现在尚未实现工业化的农区就不能搞工业化了呢！其三，也是最重要的，工业化是一个社会现代化的过程，而社会的核心是人，所以工业化的核心问题是人的现代化，一个区域只有经过工业化的洗礼，这个区域的人才能由传统向现代转化，你不允许传统农区搞工业化，那不就意味着你不允许此类地区的人进入现代人的序列么，这无论如何也是说不过去的。当然，我们也知道，那些反对农区搞工业化的专家是从产业的区域分工格局来讨论问题的，但是要知道，这样的区域分工格局要经过工业化的洗礼才会形成，而不能通过阻止某一区域的工业化而人为地将其固化为某一特定产业区域类型。其四，反对农区工业化的人往往曲解了农区工业化的丰富内涵，似乎农区工业化就是在农田里建工厂。其实，农区工业化即使包含着在农区建工厂的内容，那也是指在更广大的农区的某些空间点上建工厂，并不意味着所有农田都要变成工厂，也就是说，农区工业化并不意味着一定会损害乃至替代农业的发展。农区工业化最重要的意义是将占人口比例最大的农民卷入社会现代化潮流中来。不能将传统农区农民的这一占人口比例最大的群体排除在中国社会的现代化进程之外，这是我们关于工业化和社会发展的基本认识，也是我们高度重视传统农区工业化问题的基本原因之一。

第二，是对工业化发生及文明转换原因和秩序的认识。从全球的角度看，现代工业和社会转型的起点是英国。过去我们有一种主流的、被不断强化的认识，即中国社会历史发展的逻辑进程与其他地方——比如说欧洲应该是一样的，也要由封建社会进入资本主义社会，虽然某一社会发展阶段的时间起点不一定完全一致。于是就有了资本主义萌芽说，即中国早在明清乃至宋代就有了资本主义萌芽，且迟早要长出资本主义的大树。这种观点用另一种语言来表述就是：即使没有欧洲的影响，中国也会爆发产业革命，发展出现代工业体系。近年来，随着对该问题研究的深入，提出并试图回答类似"李约瑟之谜"的下述问题越来越让人们感兴趣，即在现代化开启之前的1000多年中，中国科学技术都走在世界前列，为什么现代化开启以来的最近500年，中国却远远落在了西方的后面？与工业革命联系起来，这个问题自然就转换为：为什么产业革命爆发于欧洲而不是中国？虽然讨论仍如火如荼，然而一个无可争议的事实是：中国的确没有爆发产业革命，中国的现代工业是由西方输入的，或者说是从西方学的。这一事实决定了中国工业化的空间秩序必然从受西方工业文明影响最早的沿海地区逐渐向内陆地区推进。不管是19世纪下半叶洋务运动开启的旧的工业化，还是20世纪80年代开启的新一轮工业化，都不例外。现代工业诞生的基础和工业化在中国演变的这一空间秩序，意味着外来的现代工业生产方式和与此相应的经济社会结构在替代中国固有的传统农业生产方式和相应的经济社会结构的过程中，一定包含着前者对后者的改造和剧烈的冲突。而传统农耕文明历史最久、其经济社会乃至文化结构积淀最深的传统农区，一定也是现代工业推进难度最大、遇到障碍最多的区域。所以，将传统农区工业化进程作为研究对象，或许更容易发现两种不同文明结构的差异及其冲突、改造、替代的本质和规律，从而使得该项研究更具理论和思想价值。

第三，是对我们所处的研究工作环境和知识积累的认识。我们中的很多人都来自农民家庭，我自己甚至有一段当农民的经历，我们工作的河南省又是全国第一人口大省和第一农民大省，截至2008年末，其城市化率也才34%，也就是说在将近1亿人口中，至少有近7000万人是农民，所以，我们对农民、农业、农村的情况非常熟悉，研究农区问题，我们最容易获得第一手资料。同时，我们这些土生土长的农区人，对该区域的现代化进程最为关注，也有着最为强烈的社会责任感，因此，研究农区问题我们最有动力。还有，在众多的不断变化的热点经济社会问题吸引了相当多有抱负的经济学人的情况下，对事关整个中国现代化进程的传统农区工业化和社会转型问题进行一些深入思考可能是我们的比较优势。

我个人将研究兴趣聚焦到农区工业化上来始于20世纪90年代中期，进入21世纪以来，该项研究占去了我越来越多的精力和时间。随着实地调查机会的增多，进入视野的令人感兴趣的问题也越来越多。与该项研究相关的国家社科基金重点项目、一般项目以及教育部基地重大项目的相继立项，使研究的压力也越来越大。值得欣慰的是，该项研究的意义越来越为更多的同行学者和博士生及博士后研究人员所认可，研究队伍也越来越大，展开的面也越来越宽，研究的问题也越来越深入和具体。尤其值得一提的是日本大学的村上直树教授，他以其丰厚的学识和先进的研究方法，将中国中原地区的工业化作为自己重要的研究方向，且已经取得了重要进展，并打算与我们长期合作，这给我们很大的鼓舞。

总之，研究对象与研究领域已经初步锁定，研究队伍已聚集起来，课题研究平台在不断地拓展，若干研究也有了相应的进展。

今后，我们要做的是对相关的研究方向和研究课题作进一步的提炼，对研究队伍进行优化整合，对文献进行更系统的批判和梳理，做更多的实地调查，力争从多角度来回答若干重要问题，诸如：在传统农业基础上工业化发生、发育的基础和条件是什么？工业化究竟能不能在传统农业的基础上内生？外部的因素对传统农区工业化的推进究竟起着什么样的作用？从创业者和企业的行为方式看，工业企业成长和空间演进的轨迹是怎样的？在工业化背景下，农户的行为方式会发生怎样的变化，这种变化对工业化进程又会产生怎样的影响？县、乡等基层政府在工业化进程中究竟应该扮演何种角色？人口流动的方向、方式和居住空间结构调整演进的基本趋势是什么？这是一系列颇具争议但又很有研讨价值的问题。我们将尝试弄清楚随着工业化的推进，传统农业和乡村文明的经济社会结构逐步被破坏、被改造、被替代，以及与现代工业和城市文明相适应的经济社会结构逐步形成的整个过程。

按照目前的打算，今后相当长一个时期内，我们的研究都不可能离开传统农区工业化与社会转型这一领域，我们也期望近期在若干主要专题上能有所突破，并取得相应的研究成果。为了将所有相关成果汇集到一起，以便让读者了解到我们所研究问题的全貌，我们决定编辑出版《传统农区工业化与社会转型》丛书。我们希望，随着研究的进展，每年能拿出三到五本书的相关成果，经过三到五年，能形成十几乃至二十本书的丛书规模。

感谢社会科学文献出版社总编辑邹东涛教授，感谢该社皮书出版中心的邓泳红主任以及所有参与编辑该套丛书的人员，是他们敏锐的洞察力、强烈的社会责任感、极大的工作热情和一丝不苟的敬业精神，才促成了该套丛书的迅速立项，并使出版工作得以顺利推进。

耿明斋

2009 年 6 月 14 日

序言

总量增长与结构变动或结构调整是经济运行的两个侧面。总量增长意味着某一种或若干种既存产品产量的增加，结构变动或结构调整实际上是由技术进步所引起的既存产品的过剩产能向新的生产领域转移的过程。如果一切顺利，随着技术进步和既存产品生产能力的不断提高，既存产品的过剩产能就会持续转移到新的生产领域，产业链条会不断延长，产品种类会不断增多，人们的消费品种清单不断丰富，消费层次不断增加。这就是说，增长一方面表现为既存产品产量不断增加和产能不断扩张的过程，另一方面表现为既存产品剩余产能的转移，以及伴随这种转移而发生的产品种类不断增多、消费清单不断拉长的过程。从这个意义上说，增长与结构变动或结构调整又是完全统一的过程。

很显然，经济体系顺畅运行的前提是既存产品或产业因技术进步而不断产生的过剩产能能够及时通过向新生产领域转移或市场拓展被吸收，否则，就会呈现为既存产品生产过剩状态。这种过剩状态往往是从某一或某些特定产品开始，然后产生连锁反应，传导到所有其他既存产品，结果是整个社会所有产品生产增长的停止甚至萎缩，这就是经济理论中所描述的危机状态。既存产品过剩产能向新领域转移受阻的原因十分复杂，在不同时期以及同一时期不同经济体中也表现各异。但从根本上说是生产结构和需求结构脱节的缘故。不仅是生产产品的种类和数量结构与需求产品的种类和数量结构错位，更主要的是生产能力和消费能力的错位，即既存产品的产能超过了社会对这些产品的需求，新的需求因财富占有结构的问题以及由此引起的支付能力结构问题而不能被有效地激发出来。不管是马克思消费增长赶不上生产能力增长的理论解释，还是凯恩斯有效需求不足的理论解释，说的都是这个问题。经验描述也能证实这一点。

2007年由美国次贷危机引发的全球金融危机对中国的冲击，事实上也暴露了中国长期存在的经济结构问题。那就是由投资主导的经济增长使得产能不断扩大，国内消费则不断被压缩，需求能力和供给能力严重失衡，为了避免这种无法及时为国内消费所吸收的既存产品的产能影响到继续增长，就向国际市场出口，将大量国内的过剩产能输出到国际市场，这显然只是暂时的解决方案。国际金融危机一来，国际市场大幅收缩，国内产能过剩立即凸显出来，经济萎缩随之到来。于是，越来越多的人意识到，对于一个大国来说，首先还是要解决国内的平衡问题，因此就有了扩大内需、提升消费比重等一系列具有共识的宏观调控方向。

就一个大国内部的不同地区来说，由于资源禀赋、经济结构和经济发展水平存在着差异，这种由外部市场收缩的压力与内部转型及增长速度放慢的压力所带来的影响是不一样的。作为早已将对象锁定在中西部传统农区工业化与经济社会转型领域的研究者，近年来，尤其是金融危机以来，我在关注此类地区增长和发展的同时，也越来越多地开始关注其结构问题，并进行了系列探索，形成了相应的论文、会议发言稿、研究报告或规划报告等。

本书就由上述各类文稿汇集而成，并根据文稿类型，分成了两大部分，即理论与对策篇和案例篇。

理论与对策篇包括《把调整结构纳入扩内需、保增长的战略布局中来》《加大结构调整力度　为河南经济长期、持续、稳定增长奠定基础》《后危机时代河南经济增长乏力的原因及出路》等9个相对独立的短篇或研究报告。核心议题是认识总量波动和增长乏力背后的结构问题。最具代表性的观点有二：一是针对2008年金融危机刚刚到来时普遍存在的乐观情绪，提出了对于以能源原材料采掘和初级加工业为主导的结构，金融危机的影响注定会呈现来得迟、影响深、走得慢的特点；二是针对此类地区后危机时代经济增长为何依然乏力的疑问，提出了资源禀赋比较优势逐渐丧失和资源消耗能力迅速膨胀所导致的负效应制约了经济复苏步伐的观点。理论与对策篇也在相关的研究报告中讨论了诸如政府投融资平台建设、科学发展载体建设、承接产业转移和城市群发展等与产业发展和结构调整紧密联系的问题。

案例篇包含《新密市产业结构调整调研报告》《关于国际金融危机对安阳市影响的调研报告》《中原大化发展战略规划咨询研究报告》等6个独立的调研或规划报告。分别就相关区域或企业的产业发展与结构调整问题进行了个案分析。

上述研究、规划或调查大多是以河南省为区域范围的（也有少数研究报告是以中西部为区域范围的），但其分析方法及所得出的结论对于认识以资源采掘及其初级加工业为主导、处在工业化加速发展阶段的同类区域也具有普遍价值。

需要指出的是，本书收入的文章及调查和研究报告除了我独著的作品外，另一些是在我主持下集体完成的，也收入了2篇他人的成果。凡属于集体完成的研究及调查报告或他人的文章，都以题下注的形式作了说明。

我的硕士研究生王一鸣在本书资料的汇集整理和校对编排方

面做了大量工作，我的博士研究生刘涛也承担了出版方面大量事务性工作，在此一并表示感谢。此外，也要感谢社会科学文献出版社皮书出版中心邓泳红主任和责任编辑桂芳女士，她们的专业水平和敬业精神保证了本书的出版质量。

耿明斋

2012年7月3日

理论与对策篇

把调整结构纳入扩内需、保增长的战略布局中来 …………… 3

加大结构调整力度 为河南经济长期、持续、稳定增长
奠定基础 ……………………………………………………… 18

后危机时代河南经济增长乏力的原因及出路 ……………… 28

劳动密集型制造业发展与河南产业结构升级 ……………… 36

近年来河南省在转变经济发展方式上取得的进展及
存在的问题 …………………………………………………… 47

关于郑许产业对接问题的思考 ……………………………… 65

河南省科学发展载体建设研究 ……………………………… 81

河南省政府投融资平台建设研究 …………………………… 102

"十二五"时期促进中部地区承接产业转移和城市群发展的
政策研究 ……………………………………………………… 117

案例篇

新密市产业结构调整调研报告 ……………………………… 195

关于国际金融危机对安阳市影响的调研报告 ……………… 259

郑东新区自主创新体系建设与发展规划（2010-2020）…… 281

中原大化发展战略规划咨询研究报告 ……………………… 297

清明上河园景区成功之路
　　——民营控股旅游企业运营模式研究 ………………… 338

新疆昌吉国家农业科技园区调查报告 ……………………… 367

理论与对策篇

把调整结构纳入扩内需、保增长的战略布局中来[*]

一 河南可能是危机中受冲击较大的经济区域

（一）危机在由产业链的末端向上传导的过程中具有集聚和强化效应

危机看似眼花缭乱，其实原因异常简单，即都是由于一个经济体某些产品或产业的产能过度膨胀，超出了这个经济体乃至全球基础资源所能支撑的限度，因而经济内生的力量会强制性地遏制前述产业或产品的非理性暴涨，打断其盲目扩张的进程，迫使其放慢脚步甚至收缩乃至中断所引发的。此次美国次贷危机的源头是房地产业的过度膨胀逐步推高了其产品的成本和价格，并最终超出了市场

---

[*] 这篇报告是为河南省社科联组织的省领导与社科专家座谈会准备的发言稿，并于2008年12月17日在时任河南省委书记徐光春主持的会议上简要讲述了其观点，受到徐光春书记及与会同志的关注。后收入河南省政府研究室编辑供领导参阅的内部印刷物中，郭庚茂省长阅读此文后给予高度评价，并在2009年3月召开的全省县以上干部参加的经济运行分析电视电话会议上介绍此观点，推荐广大干部学习此文。时任河南省政协主席王全书也在随后召开的省政协常委会上高度肯定此项研究的价值，并号召全省政协委员学习作者关注重大现实问题研究的务实作风。本报告由我主笔，与郑州大学商学院李燕燕教授合作完成。——耿明斋

的承受能力。房价掉头向下引发了整个金融系统的多米诺骨牌效应。中国此次经济下行周期的源头实际上并非美国的次贷危机，而是2000年开始的新一轮经济增长周期中房地产、汽车及出口导向的低端制造业的过度膨胀，引发了对能源原材料的巨额需求，超出了中国乃至全球能源原材料的供给能力，导致了全球性的能源原材料价格暴涨，推高了各种下游产品的成本，进而导致了全面的通货膨胀，从而超出了市场的总承受力，迫使各种产品的价格不得不掉头向下，通过逐级传导，最终酿成了经济全面下滑的危机。

在这一过程中，股票价格的暴涨是源自对实体经济赢利的乐观预期，而股票价格的暴涨又使很多人觉得鼓起了钱包，整个社会的虚拟财富一下子膨胀了，这又反过来刺激了需求，从而促使实体经济的生产能力进一步膨胀。所以，金融泡沫只是危机的加速器，而不是危机的源头。

美国次贷危机对中国经济的直接影响不大，主要是间接影响，即美国乃至全球消费收缩导致对中国出口产品需求不足，殃及中国出口导向的低端加工业。实际上，在美国次贷危机爆发前，这些出口导向的低端制造业在长三角和珠三角就已经由于各种成本的上升出现了生存危机。美国次贷危机对此类产业的影响只是雪上加霜而已，它也不是此类产业危机的源头。

总之，实体经济危机的根源是实体经济某些产品或产业产能过剩，从而超出了特定经济体在特定时期可支配的资源所能支撑的限度。

需要指出的是，在某些产品或产业产能扩张的危机酝酿阶段，由于对资源的需求急剧增大，资源类产业往往是最先和最大的受益者。但是，当高涨的资源价格通过成本机制逐级向下游产品传递，造成成本普遍上升和价格普遍暴涨，最终需求环节不能承受时，产品价格掉头向下导致的需求萎缩就会逐级向上传递，并在传递的过程中逐级加强，因而会使处在产业链前端的资源类产业遭受的打击更大。道理很简单，资源类产业的产品直接或是间接地为几乎所有产品所使用,或者说资源类产品是几乎所有产品成本的构成要素,当这些处在产业链末端的所有产品市场都收缩时,它们会从多个点上同时向资源类产品这一个或少数几个点上传递,从而使得原来分布在多点上的需求收缩向一点或向少数几个点上聚集,使该点上的需求收缩成倍放大。这就是我们所看到的当经济下行周期来临时,石油、铁矿砂、钢铁、煤炭、有色金属等各种资源性产品和产业收缩幅度更大的原因所在。

我们可以依据此规律来观察一个地区在此次经济下行周期中的受损性质和受损程度,并找到治理危机的恰当切入点。也就是说,当一个地区的大多数支柱产业处在产业链的上端,从而属于资源类产业主导时,随着经济收缩的加剧,它遭受的打击会更大,经济下滑得也会更深。河南大致上就属于此类地区。

(二) 河南产业结构的特点及其受冲击程度评估

河南产业结构中居于主导地位的产业绝大多数是资源类产业。为了说明这一点,我们选取了沿海经济发达地区的山东、广东及中部大体上与河南处在同一发展水平的湖北,比较了各省对工业增加值的贡献排在前10位的行业的情况,相关的数据足以支持这一判断(见表1)。

表1 河南、湖北、山东、广东工业增加值中比重排在前10位的行业情况

单位:%

序号	河南		湖北		山东		广东	
1	非金属矿物制品业	12.17	交通运输设备制造业	15.53	农副食品加工业	8.38	通信设备、计算机及其他电子设备制造业	16.39
2	农副食品加工业	9.88	电力、热力的生产和供应业	12.70	化学原料及化学制品制造业	8.31	电气机械及器材制造业	8.37

续表

序号	河南		湖北		山东		广东	
3	煤炭开采和洗选业	6.57	黑色金属冶炼及压延加工业	8.07	纺织业	7.02	电力、热力的生产和供应业	6.02
4	电力、热力的生产和供应业	5.54	化学原料及化学制品制造业	6.17	石油和天然气开采业	6.12	化学原料及化学制品制造业	4.90
5	黑色金属冶炼及压延加工业	5.53	通信设备、计算机及其他电子设备制造业	5.40	非金属矿物制品业	5.64	交通运输设备制造业	4.43
6	有色金属冶炼及压延加工业	5.52	烟草制品业	4.89	通用设备制造业	5.62	金属制品业	3.60
7	化学原料及化学制品制造业	4.49	农副食品加工业	4.61	煤炭开采和洗选业	5.45	石油和天然气开采业	2.98
8	通用设备制造业	3.98	非金属矿物制品业	4.29	黑色金属冶炼及压延加工业	5.29	非金属矿物制品业	2.82
9	纺织业	3.23	纺织业	4.11	电气机械及器材制造业	4.93	塑料制品业	2.63
10	专用设备制造业	3.18	通用设备制造业	3.65	通信设备、计算机及其他电子设备制造业	3.65	纺织业	2.20

注：①河南、广东数据为2007年的工业增加值数据；湖北为2007年的规模以上工业增加值；山东为2006年的规模以上工业增加值。数据均来自各自的统计网。②非金属矿物制品业：砖瓦、石材及其他建筑材料制造业、水泥及石膏制品制造业、玻璃及玻璃制品制造业、耐火材料制品制造业、石墨及其他非金属矿物制品制造业、陶瓷制品制造业；黑色金属包括铁、锰与铬，其他都属于有色金属。

从表1可以看出，河南工业增加值中排在前5位的行业依次是非金属矿物制品，农副产品加工，煤炭开采和洗选，电力、热力的生产和供应，黑色金属冶炼及压延加工等，其中除了农副产品加工业之外，其他4个产业均是资源型的。如果算上有色金属冶炼及压延加工业，资源型产业增加值占河南全部工业增加值的比重高达35.33%。而同属中部地区的湖北排在前5位的支柱产业只有电力、热力的生产供应和黑色金属冶炼及压延加工两个产业是资源型的，其中电力还是以水电为主，属于可再生能源。实际上依赖不可再生资源的产业只是黑色金属冶炼及压延加工，其占工业增加值的比重不过8.07%，即使算上电力、热力的生产和供应及排在第8位的非金属矿物制品业，资源型产业占全部工业增加值的比重也不过是25.06%。处于发达地区的山东排在前5位的产业只有石油和天然气开采和非金属矿物制品两个资源型产业，且分别是排在第4位和第5位的，加上排在第7位和第8位的煤炭开采和洗选业、黑色金属冶炼及压延加工业，资源型产业在全部工业增加值中所占比重不过22.50%。广东排在前5位的只有电力、热力的生产和供应业，且核电占了相当大的比重，其增加值占比不过6.02%，加上排在第6、7、8位的金属制品、石油和天然气开采和非金属矿物制品等产业，资源型产业在全部工业增加值中所占比重不过15.42%。

可见，河南省不管是与经济发达省份相比，还是与中部经济发展水平相当的省份相比，资源型产业作为支柱产业的情况都是相当突出的。

为了评估河南在此轮经济下滑周期中可能受损的程度，我们绘制出河南及相关省份2008年1月以来按月份排列的工业增加值增长率曲线图（图1），以及2007年以来按季度排列的GDP增长率变化曲线图（图2）。

从图1可以看到，截止到2008年10月份，河南和湖北的工业增加值基本上在高位平稳运行，这可能意味着这两个内陆省份经

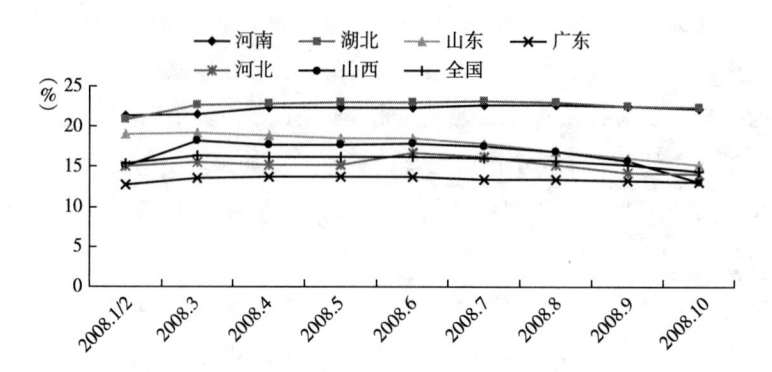

图1　2008年以来河南与相关省份的工业增加值月度增长率对比（累计）
注：河南、湖北、河北数据为规模以上，全国数据为全部国有与规模以上。

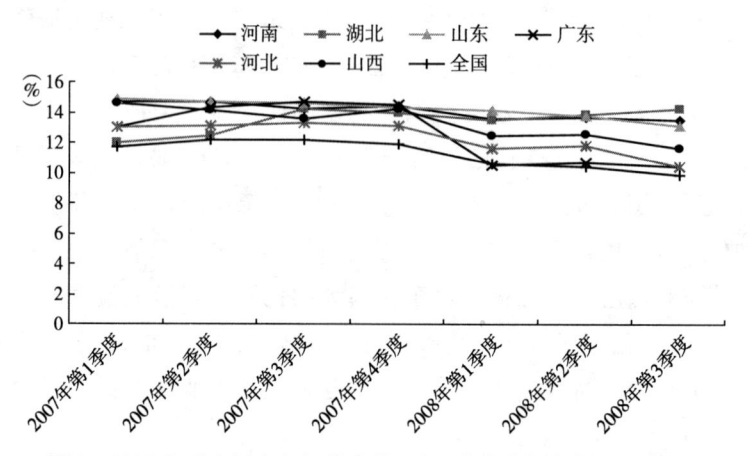

图2　2007年以来河南与相关省份GDP季度增长率变化（累计）

济外向度比较低，受国际市场的冲击相对较小；广东虽然一直在低位运行，但是相对平稳，这可能意味着外向度较高的广东较早地受到了国际市场的冲击，处在暴风雨过后的低位调整阶段；河北、山西增长率起伏较大，尤其是8月份以后大幅下滑，这是因为这两个省的产业结构过分倾斜于钢铁、煤炭等资源型产业，因而受冲击虽然较广东滞后，但猛烈程度可能远大于广东；山东2008年以来工业增加值处在下滑通道中，可能是因为山东经济外向产业的结构以食品等日常消费品为主，受国际市场冲击虽然较大，但较广东滞后。

需要指出的是，按照我们的分析，以河南的产业结构特点，由末端产品市场萎缩所引发的经济下滑周期迟早要逐级传递上去，并在传递的过程中愈来愈集聚于少数资源型产业，导致这些产业主导的地区经济急剧下滑，甚至调整的程度会更深。但是，河南的工业增加值2008年初以来一直在高位运行，对此的解释只能是除了河南经济外向度低从而基本不受国际市场收缩的影响之外，更重要的原因可能是沿海地区这些末端产品的收缩传导到河南的资源型产业相对会比较滞后。事实上，河南的工业增加值9、10两月已开始明显下滑。还有一个因素可能是价格下降幅度小于产量削减和产品积压的幅度，因此一些产能实际收缩的情况没有从增加值增长率上反映出来。还有，河南农产品加工业在支柱产业中排第二位，该产业受到冲击较小也可能阻滞了工业增加值的下滑速度。而资源型产业占比更大的山西和河北下半年以来的剧烈下降已经说明了资源型产业集中的地区经济受到冲击的严重程度。

可以预计，河南以资源型为主的产业结构很难避免经济下行周期所带来的较大冲击，更猛烈的冲击可能还没有到来，未来一个时期我们可能会面临更严峻的局面。河南与湖北相比，湖北产业结构明显优于河南，因而其抵挡冲击的能力也高于河南。从图1我们可以看到，在9、10两月河南开始明显走低时，湖北工业增长依然坚挺。这意味着，未来河南在中部地区竞争中可能会处在较为不利的地位。

从图2可以看出，2008年以来河南的GDP增长势头虽好于山西和河北，但不及湖北；2008以来，湖北的GDP一直处在上升通道中，而河南第二季度以后已经开始进入下降通道了。广东GDP增长率虽处在低位，但更平稳，山东2008年第三季度GDP增长率下滑明显。原因与前述工业增加值变动的原因基本相同。

在同等水平的经济规模和外部市场环境差不多的情况下，相对于湖北，河南明显处于劣势，这不能不说与河南资源型为主的产业结构相关。

二 面对危机，我们应当和能够做什么

（一）一抓产业结构调整

人们说危机也是机遇。我认为机遇主要存在于两个方面。一是同一产业的不同企业，那些技术落后、经营管理不善、产品成本较高的企业将被淘汰，这就给那些经营管理较好的优质企业提供更大的发展空间，产业集中度会提升，优秀企业会因此发展壮大。这是为同行业的优秀企业提供的机遇。二是不同地域空间中的同一产业，也会因区域因素造成的成本差异而有不同的发展机遇。那些处于高成本地区的企业将被淘汰，而处于低成本地区的同类企业将获得发展机遇。这是为同一产业的低成本地区提供的机遇。河南现在就面临着低成本地区产业发展的机遇。珠三角和长三角地区制造业的危机，既有全球金融危机所导致的国际市场需求萎缩的原因，更有地区经济发展所导致的人力资源、房地产、能源原材料等成本上升的原因，而且后者才是根本的和长期的原因。事实上，在全球金融危机没有到来之时，后一因素所造成的成本上涨压力已经使上述地区的制造业举步维艰，低端制造业从上述地区退出是必然趋势。危机加剧了这一趋势。河南显然属于制造业的低成本地区，因此在危机时期，必然存在着低成本产业发展的机遇。我们要有意识地、主动地抢抓这一机遇，大力吸引珠三角和长三角正在转移或待转移的制造业在中原落地。

具体可以采取如下三条措施：一是由省政府综合部门（比如发改委）牵头，组织相关部门，如中小企业局、商务厅等业务部门及相关研究人员共同组成赴长三角和珠三角的产业调研组，深

入相关的产业和企业，具体了解它们在上述两个地区的生存状况和发展意向、转移方向，获得第一手资料，有针对性地成批将这些产业和企业移植到河南省来；二是利用郑汴产业带建设和国家即将批准郑汴之间建设用地计划的机会，大手笔规划建设若干工业园区，大量吸纳沿海转移产业再次落地，破除目前工业项目落地的土地瓶颈约束；三是切实在税收及工商服务各个环节出台相应的优惠政策，排除企业成长的体制机制障碍。

我们认为，下一步河南省产业发展和产业调整的总方向应该是加大制造业在整个工业中的比重，逐步缩小对资源型产业的依赖。河南的资源型产业都是依靠不可再生的资源发展起来的，资源总有枯竭的一天，所以，从长期看，一个地区的经济不可能持久靠资源型产业来支撑。或者换句话说，靠资源型产业来支撑的经济发展是不可持续的。所以，大力发展不依赖本地资源的制造业，调整产业结构，是保持河南经济长期持续增长的战略性任务。

在制造业方面，汽车和电子产业有可能是未来最重要的增长点。由于分工和产业链条的拉长，电子类制造业产品，比如电视机、计算机、打印机、复印机等在末端越来越成为标准化程度很高但技术含量不高，一般熟练劳动者可以进入的相对简单的产业，这是大家都熟知的。所以，劳动力成本对这些产业的成长产生着越来越重要的影响，中原地区劳动力多和成本低的优势将对这些产业落户产生吸引力。实际上，汽车产业也日益向大众化发展。今天（2008年12月8日）早上的新闻就报道了这样一则消息：针对美国即将上任的奥巴马政府拟实施的对美国三大汽车公司的150亿美元救助政策，诺贝尔经济学奖得主克鲁格曼就提出异议说，根据国际贸易和产业空间配置理论，汽车业将来应该在美国消失。政府对汽车业的救助只是短期行为，只是从感情上不愿意让这些巨型企业破产而已。我相信克鲁格曼的预言，就像很多传统制造业早已在英国这样的早期工业化国家消失了一样，在分工越来细、产业链越拉越长的当今时代，单纯制造环节的汽车业将来确实会在美国消失。将来很可能像计算机等产品的制造那样，发达国家留下的只是研发和核心部件的制造环节，而一般的制造环节都会转移到像中国这样新兴的工业化快速发展的国家。未来若干年内，中国可能会逐步成长为汽车生产的超级大国，未来汽车业在中国有大量机会。河南的汽车工业已经有了一定的基础，随着交通基础设施的逐步完善和规划中的国际物流园区功能的发挥，中原城市群地区汽车工业发展的优势也会凸显出来。所以，在未来的产业发展规划中，应该把电子和汽车业作为重要的增长点纳入进来。

（二）二抓小企业培育和全空间范围的工业化

纵观国内各个地区的工业化发展过程，我们可以看到两种典型的发展模式：一种是众多小企业竞争发展模式，或形象地概括为小企业丛生模式；一种是大企业支撑模式，或形象地概括为一柱擎天模式。一般来说，珠三角及长三角的温州、苏南地区大概属于前一种模式，人们把山东青岛作为后一种发展模式的典型代表。就河南省来说，许昌、新乡的长垣县大概可归类为前一种模式，平顶山市则是后一种模式的代表。当然，随着地区经济的发展和工业化的演进，这两种模式的界线可能会越来越模糊，比如本来小企业丛生的珠三角和温州、苏南等地，也逐渐成长起一批巨型企业，而最初依靠大企业起家的地区也可能逐渐围绕大企业成长一批中小企业。开封一家空分厂现在就丛生出一个包含几十家中小企业的空分产业集群。

但是，从河南的实际情况来看，现有的大企业要么属于资源采掘和初级加工型的，要么属于传统产业型，且主要是国有的，基本不具备派生中小企业的条件或这些大企业本身还面临着生存问题，派生中小企业的能力不足。因此，河南的工业化更适合于走小企业丛生的发展模式。实际上，采取小企业丛生模式不仅是因为我们缺乏有能力派生中小企业的大企业或大企业自身缺乏充分的活力和扩张潜力,从而难以成为擎天大柱来支撑区域工业化的发展,更是因为这种小企业丛生模式在传统农区走上工业化道路的初始阶段,可以在全方位的空间范围内撒播工业化的种子,使得工业企业遍地开花,从而能够以更快的速度来推进区域工业化。进一步分析,小企业丛生的工业化模式还可以培育和造就数量众多的企业家,从而使得区域发展获得持久的动力和活力。过去我们往往过分强调资源、资金、区位、技术等因素对于工业化和区域发展的支撑作用,现在看来,企业家是支撑一个地区工业化发展非常重要的因素。企业家是将各种资源和要素有机地组合在一起,使之变成能够为社会所需要的产品的特殊人群,有了他们,没有资源可以找到资源,没有资金可以找到资金,没有技术可以找到技术,没有区位优势可以突破区位劣势的约束,使工业化发展势不可当。很多地方的工业化发展给我们提供了这样的案例,远的如浙江的温州,近的如新乡的长垣县,都是这种发展模式的很鲜活的案例。

现在小企业丛生模式发展的最大障碍是工业用地的约束,解决这个问题的有效办法是加大小城镇规划建设的力度,促使周边村落居住的农民尽可能地向镇区集中,即所谓合村并镇,这样就能腾出大量建设用地,通过置换把这些建设用地集中起来,规划成相应的工业园区,就可大量接纳中小企业在这些园区落地和成长。同时,小城镇建设和居民向镇区的集中还可为土地规模经营创造更大的空间,从而为农业的现代化发展创造条件。关于小城镇建设的意义及可行性,我曾有文章专门论述,这里就不多说了。

据我在广东东莞的调查,由于新《劳动合同法》实施,东莞地区众多资产在200万美元上下、雇佣劳动者在数十人的小业主纷纷撤摊,这实际上也为内地此类小企业的发展提供了机会和市场空间。

产业发展与结构调整

最后想再说一句，这种小企业丛生的工业化模式不仅可以使工业化在全空间范围内全面铺开，从而在整个区域形成工业化的氛围，可以造就成千上万的企业家，从而支撑地方经济长久持续发展，也可以在短时间内把更多的农业劳动者吸纳到非农产业中来，快速提升居民的整体收入水平和社会整体的发展水平。所以，小企业丛生的工业化模式是值得花大气力去推动的。

（三）三抓自主创新

自主创新可以使自己站在产业链的高端，从一个产业发展和成长过程中获取最大的利益，可以使自己的产品具有不可替代性，在一定时期内获得市场的垄断收益，其意义自不必多说。关键是如何实现自主创新或者如何创造有利于推动自主创新的体制机制环境和社会文化氛围。早几年在徐光春书记参加的一次有关自主创新的座谈会上，我曾经提出要把社会创新的中心由过去的大专院校科研机构转移到企业，因为学者们坐在书斋里往往习惯于从书本和各种文献中来找寻创新的切入点，这样弄出来的东西往往距离市场的需求很远，结果是花了很大气力，弄出来的东西却很难市场化，很多成果不得不束之高阁。企业作为社会创新的组织者，作为创新的中心，它一定会把创新的切入点放到市场需求上来，因为在市场风浪中搏击的企业最能感受到市场的需求和市场的空白点。所以，有条件的企业要建立大量高水平的技术中心和研究中心，就像微软在中国建立研究院一样。但是，当把企业作为社会创新活动的中心时，也要通过体制机制的变革把大批目前仍在各类大学和研究机构中的科技人员解放出来，解放的方法无非有两种：一是鼓励这些技术人员直接到企业谋职和创业，二是放松对他们的管制，让他们可以在职以各种方式与企业合作，为企业的创新贡献他们的才智，同时也获取创新的正当收益。

关于自主创新，这里我还想再强调一点：要搭建更多高水平的蓄积人才的平台，除了研究机构外，更重要的是高等学校。实际上，高等学校不仅是培养人才的场所，也是蓄积人才的最重要平台。高等学校聚集了一个时代最有理想和追求、最渴求知识、最具好奇心和探索精神、最具活力的人群，也聚集了大量学养深厚的知识分子，所以高等学校是知识密集度最高的地方，也是思想火花最容易闪耀的地方，拥有最好的创新土壤。越是发达的国家，高等学校对各类人才的吸引力越强，人才聚集的密度越大，其在经济和社会发展中的地位越重要，越能支撑一个社会获得持久发展的动力。河南自20世纪90年代以来凭借区位优势、资源优势和正确的战略决策，在新一轮区域发展竞争中脱颖而出，走在了中西部地区的前列，这是很了不起的成就。但是，资源优势在区域发展中的作用总是有限的，区位优势也可以被其他的优势所替代，真正支撑一个地区长期持续发展的因素是人才以及与人才相关的创新能力。放眼整个中西部地区，河南在人才及创新能力方面实际上是无优势可言的，差就差在高等学校的数量和水平上。西部地区的陕西、四川、重庆，中部地区的湖北、湖南和安徽，其高校聚集的数量之多、水平之高，我们无法望其项背。西安、成都、重庆、长沙、武汉等地之所以能聚集数量众多的高技术企业，武汉之所以能锻造出光谷，均得益于密集的高水平大学、高密度聚集的人才。因此，河南要实现自主创新，发展高新技术产业，从而调整产业结构，逐步摆脱对资源的依赖，使经济长期保持高速增长，就必须把打造更多高水平大学纳入区域发展的战略中来布局。打造更多高水平大学的途径除了目前郑州大学的"211"工程建设、郑州大学和河南大学的省部共建，以及下一步推动河南大学进入"211"建设行列等之外，应该推动至少一所大学进入教育部直属大学的建设行列。河南作为一个拥有1亿人口，且没有一所教育部直属大学的大省，无论从哪个角度说提出一所大学进入教育部直属行列的要求都不过分。

除了这两所大学之外，把整个高等教育纳入河南经济社会发展战略规划中，根据条件尽可能增大对高等教育的投入和实施更加有利于人才成长和聚集的政策措施，应该成为河南经济社会发展的基本省策。

此外，职业技术教育是提升普通劳动者素质，为工业化输送越来越多的熟练工人的最重要途径，应该大力发展。可喜的是，省委省政府正在大手笔规划和推动职业技术教育的发展。

（四）四抓基础设施项目建设

基础设施项目建设是遏制经济下滑势头、启动内需、迅速将经济引向持续增长轨道的最有效的短期措施。中央为扩内需、保增长已经出台了4万亿元的基础设施项目投资计划，河南省也提出了到2009年底投入1.2亿元刺激经济的计划。如何落实这些投资计划，怎样避免由此引发新一轮投资过热和重复传统的经济结构和增长方式，确实值得认真斟酌和讨论。当然，作为地方政府，尽可能将自己的投资计划纳入中央政府的轨道，并精心设计、充分论证，争取更多立项和更大的项目，是首先要做的。事实上，绝大多数项目投资还是要靠银行的资金来落实，所以，项目设计还要顾及银行对项目的偏好，符合银行对项目投资的要求。综合各方面因素，我认为河南省应该努力争取将中原城市群轨道交通系统列入新一轮的基础设施建设规划。中原城市群是河南省经济发展的高地、中原崛起的龙头，中原城市群建设的目标是九城市的一体化，前提和基础是交通基础设施的互联互通和快速化。根据国外都市群发展的经验，以铁路为主的轨道交通系统是实现城际快速通达的最主要方式，由于能源的约束，汽车作为主要交通工具的时代可能不会持续太久，未来公共交通系统可能会越来越占有更重要的地位。所以，建设中原城市群轨道交通系统是早晚的事，与其晚些部署，不如在国家大规模基础设施建设时期早下手。这是其一。其二，中原城市群轨道交通系统项目投资巨大，这样做可以将项目的设计论证、立项争取和资金落实高度集中在一个项目上，可以达到事半功倍的效果。其三，启动中原城市群轨道交通系统建设短期对于相邻和相关地区其他基础设施建设，以及相关地区产业发展的带动作用无比巨大，在扩大内需方面的效应会成倍放大。

当然，由于投入巨大，中原城市群轨道交通系统项目可采取一次规划、一次立项、分步建设的策略。

加大结构调整力度 为河南经济长期、持续、稳定增长奠定基础[*]

一 结构调整是我们面临的最紧迫任务

第一,过大的能源原材料及其初级加工业比重,使我们成为此次金融危机的重灾区,这已成为全省上下的共识,也是我们的切肤之痛。

为了更清晰地认识结构问题对危机以来经济增长和经济运行态势造成的影响,我们搜集整理了中部6省及广东、浙江、江苏、山东等具有典型意义省份自2008年1月至2009年10月工业增加值增长率月度变化的数据,并制作了比较图(见图1)。

从图1和图2可以看到,自2008年7、8月份尤其是第四季度以来,中部6省中的湖北、江西、安徽等省的工业增加值和GDP受金融危机冲击的影响,虽然也开始下行,到2009年1、2月份也有一个深幅下调,但其下行和下调的幅度都远不及河南和山西,和这两个省相比,该3省的工业增加值和GDP增长率实际上一直

---

[*] 本文是2009年6月为时任河南省委书记主持的专家座谈会准备的发言稿。该座谈会于7月举行时正逢我在内蒙古大学参加学术研讨会,因此未能参加并在会上介绍观点。后压缩整理发表在了《河南日报》理论版上。——耿明斋

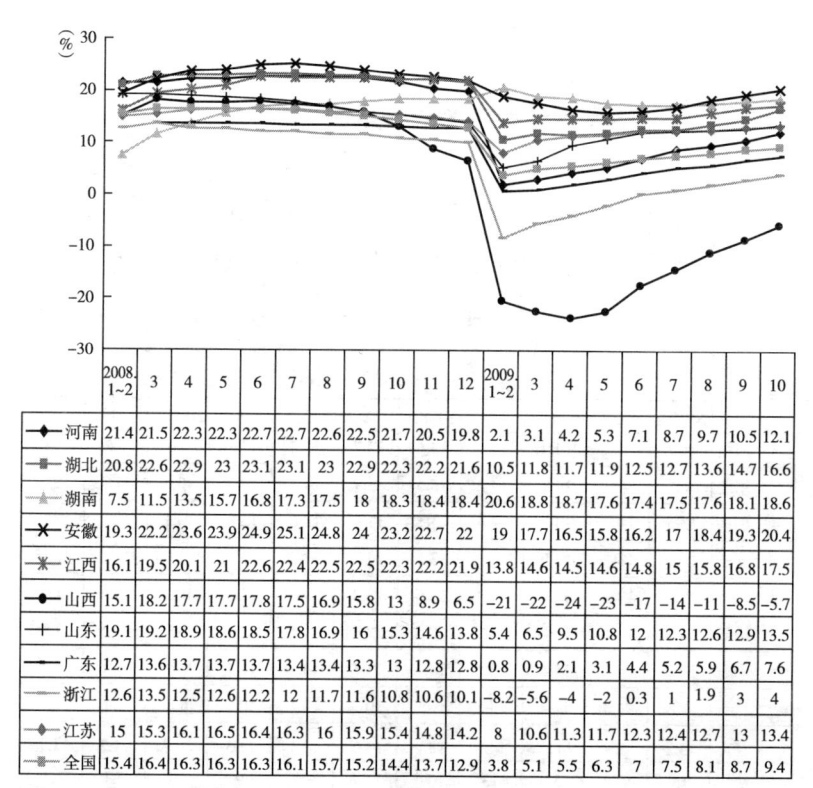

	2008.1~2	3	4	5	6	7	8	9	10	11	12	2009.1~2	3	4	5	6	7	8	9	10
河南	21.4	21.5	22.3	22.3	22.7	22.7	22.6	22.5	21.7	20.5	19.8	2.1	3.1	4.2	5.3	7.1	8.7	9.7	10.5	12.1
湖北	20.8	22.6	22.9	23	23.1	23.1	23	22.9	22.3	22.2	21.6	10.5	11.8	11.7	11.9	12.5	12.7	13.6	14.7	16.6
湖南	7.5	11.5	13.5	15.7	16.8	17.3	17.5	18	18.3	18.4	18.4	20.6	18.8	18.7	17.6	17.4	17.5	17.6	18.1	18.6
安徽	19.3	22.2	23.6	23.9	24.9	25.1	24.8	24	23.2	22.7	22	19	17.7	16.5	15.8	16.2	17	18.4	19.3	20.4
江西	16.1	19.5	20.1	21	22.6	22.4	22.5	22.5	22.2	21.9	13.8	14.6	14.5	14.6	14.8	15	15.8	16.8	17.5	
山西	15.1	18.2	17.7	17.7	17.8	17.5	16.9	15.8	13	8.9	6.5	−21	−22	−24	−23	−17	−14	−11	−8.5	−5.7
山东	19.1	19.2	18.9	18.6	18.5	17.8	16.9	16	15.3	14.6	13.8	5.4	6.5	9.5	10.8	12.3	12.6	12.9	13.5	
广东	12.7	13.6	13.7	13.7	13.4	13.4	13.3	13	12.8	12.8	0.8	0.9	2.1	3.1	4.4	5.2	5.9	6.7	7.6	
浙江	12.6	13.5	12.5	12.6	12.2	12	11.7	11.6	10.8	10.6	10.1	−8.2	−5.6	−4	−2	0.3	1	1.9	3	4
江苏	15	15.3	16.1	16.5	16.4	16.3	16	15.9	15.4	14.8	14.2	8	10.6	11.3	11.7	12.3	12.4	12.7	13	13.4
全国	15.4	16.4	16.3	16.3	16.3	16.1	15.7	15.2	14.4	13.7	12.9	3.8	5.1	5.5	6.3	7	7.5	8.1	8.7	9.4

图1　2008年1月至2009年10月河南省与相关各省工业增加值月度增长率

资料来源：均来自相关的统计网，工业增加值为规模以上工业，月度增长率为累计增长率。

维持着高位运行的态势，原因就在于该3省产业结构中深加工、高附加值产业占的比重大，而河南与山西产业结构中能源原材料及其初级加工业占的比重过大，而浙江和广东工业增加值和GDP低位运行的原因是出口比重过大和对国际市场的过分依赖。

2009年前三季度，河南省GDP增长率在全国排在第23位，工业增加值增长率排第16位。全国GDP增长率为7.7%，工业增加值增长率（1~8月份）为8.1%。相关省份工业增加值比重排序足以支持上述判断。

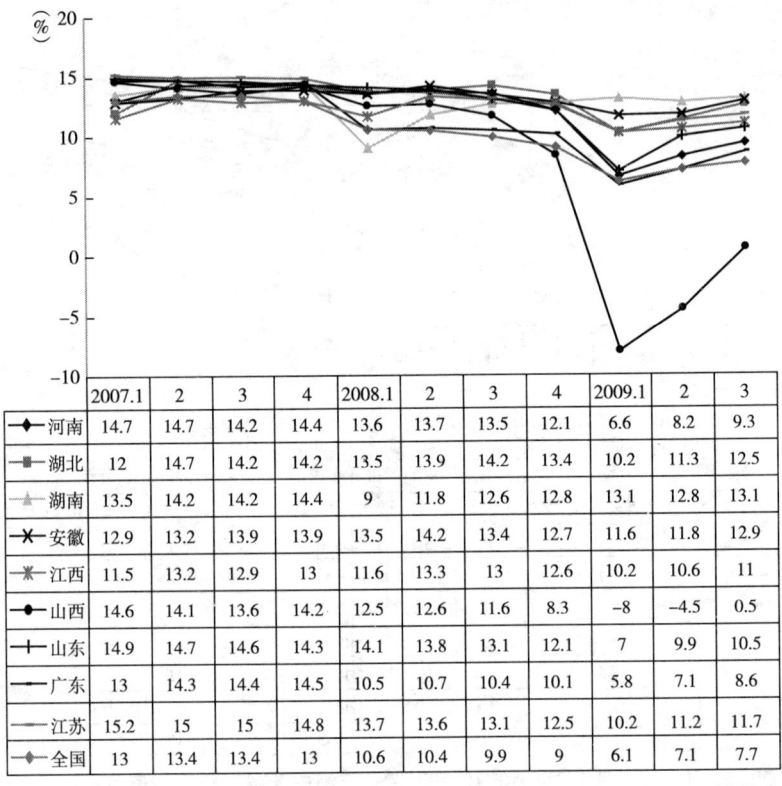

	2007.1	2	3	4	2008.1	2	3	4	2009.1	2	3
河南	14.7	14.7	14.2	14.4	13.6	13.7	13.5	12.1	6.6	8.2	9.3
湖北	12	14.7	14.2	14.2	13.5	13.9	14.2	13.4	10.2	11.3	12.5
湖南	13.5	14.2	14.2	14.4	9	11.8	12.6	12.8	13.1	12.8	13.1
安徽	12.9	13.2	13.9	13.9	13.5	14.2	13.4	12.7	11.6	11.8	12.9
江西	11.5	13.2	12.9	13	11.6	13.3	13	12.6	10.2	10.6	11
山西	14.6	14.1	13.6	14.2	12.5	12.6	11.6	8.3	−8	−4.5	0.5
山东	14.9	14.7	14.6	14.3	14.1	13.8	13.1	12.1	7	9.9	10.5
广东	13	14.3	14.4	14.5	10.5	10.7	10.4	10.1	5.8	7.1	8.6
江苏	15.2	15	15	14.8	13.7	13.6	13.1	12.5	10.2	11.2	11.7
全国	13	13.4	13.4	13	10.6	10.4	9.9	9	6.1	7.1	7.7

图 2　2007 年第一季度至 2009 年第三季度河南省与相关各省季度 GDP 增长率

资料来源：相关各省的统计网站。

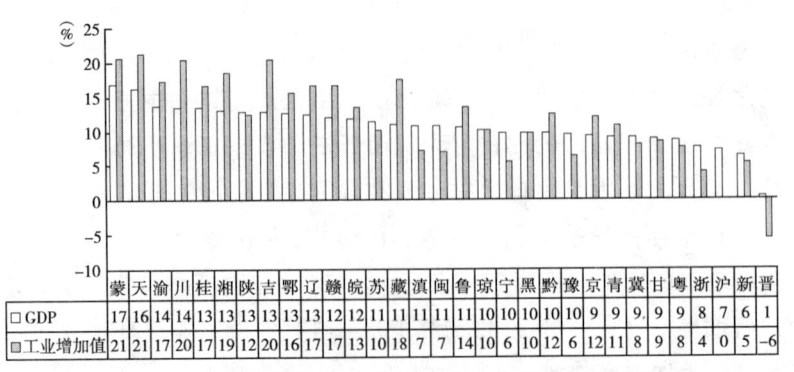

	蒙	天	渝	川	桂	湘	陕	吉	鄂	辽	赣	皖	苏	藏	滇	闽	鲁	琼	宁	黑	黔	豫	京	青	冀	甘	粤	浙	沪	新	晋
GDP	17	16	14	14	13	13	13	13	13	13	12	12	11	11	11	11	11	10	10	10	10	9	9	9	9	9	8	7	6	1	
工业增加值	21	21	18	17	20	17	19	12	20	16	17	17	13	10	18	7	7	14	10	6	10	12	6	12	11	8	9	8	4	0	5	−6

图 3　各省市 2009 年前三季度 GDP 和工业增加值增长率对比

资料来源：国家统计局网站和相关各省的统计网。

注：GDP 为 2009 年前三季度数据，工业增加值为 2009 年 1～10 月累计。

加大结构调整力度　为河南经济长期、持续、稳定增长奠定基础

表1　全国及相关省份工业增加值比重排前5位的行业

河南		湖北		湖南		安徽		江西		山西	
非金属矿业	12.17	交通运输设备制造	15.53	烟草制品	10.50	电气机械	9.94	有色金属	16.12	煤炭	38.64
食品	9.88	电力、热力	12.70	有色金属	9.03	黑色金属	9.94	电力、热力	7.67	黑色金属	16.77
煤炭	6.57	黑色金属	8.07	黑色金属	8.56	煤炭	9.14	非金属矿业	7.23	石油炼焦	11.43
电力、热力	5.54	化学原料化学制品	6.17	电力、热力	7.58	电力、热力	7.73	黑色金属	6.57	电力、热力	9.13
黑色金属	5.53	通信电子设备	5.40	化学原料化学制品	7.42	交通运输设备制造	7.39	化学原料化学制品	6.12	有色金属	4.78

山东		广东		浙江		江苏		全国	
食品加工	8.38	通信设备、电子设备	16.39	纺织业	11.48	通信设备、电子设备	12.97	黑色金属	7.70
化学原料化学制品	8.31	电气机械及器材	8.37	电力、热力	8.67	化学原料化学制品	9.69	电力、热力	7.54
纺织业	7.02	电力、热力	6.02	电气机械器材制造	7.77	黑色金属	8.82	通信设备、电子设备	6.77
石油、天然气开采业	6.12	化学原料化学制品	4.90	通用设备	7.71	纺织业	8.21	化学原料化学制品	6.27
非金属矿物制品业	5.64	交通运输设备制造	4.43	交通运输设备制造	5.52	电气机械器材制造	7.45	交通运输设备制造	5.96

资料来源：河南、广东、山西数据为2007年的工业增加值数据；山东为2006年的规模以上工业增加值；安徽为2007年全部国有及规模以上非国有工业增加值；其他为2007年规模以上工业增加值。

从表1可以看出，山西工业增加值排前5位的都为资源型产业，河南排前5位的有4个是资源型产业，而同属中部地区的湖北、湖南、江西、安徽虽然也有电力、热力及有色和（或）黑色金属压延等资源型产业，但其拥有交通运输设备制造、化工等比重较大的深加工产业作支撑。

第二，从全球和全国经济运行的趋势看，未来较长时期内很难再依赖资源型产业支撑起长期持续高速增长的格局。

应该说，在过去的十几二十年中，河南经济之所以在中部地区一直处于领头羊的位置，在全国的重要性也日益提升，除了正确的经济发展战略导向和观念、制度等基础层面因素的改善之外，也受益于资源型的产业结构。因为在宏观经济高增长的背景下，资源产品的价格会维持高位，资源型产业也会持续扩张。毫无疑问，未来如果中国经济还回到像过去几十年那样持续高速增长的状态，河南仍可依赖资源型结构来支撑持续的高速增长。

但问题是，未来还能否拥有像过去几十年那样持续高速增长的宏观经济环境？我个人认为基本上不可能再有那样的环境。一个基本判断是：全球经济将进入一个较长时期的低增长期。我们作了一个全球经济自20世纪50年代以来的增长曲线图，见图4。

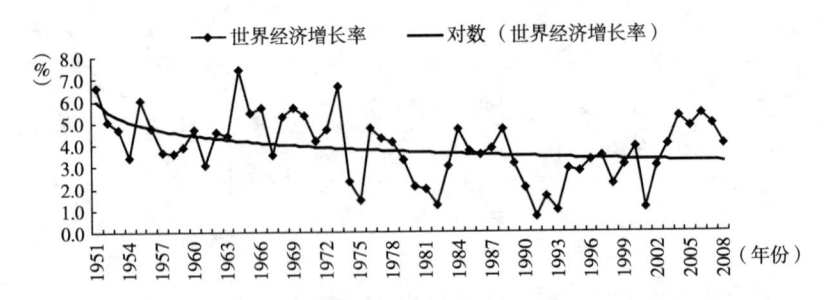

图4 1951年以来世界经济增长趋势

注：对数线为长期趋势线。

资料来源：1951～1992年数据根据安格斯·麦迪森《1820至1992年世界经济之考察》整理，1993～2007年数据根据中国统计网的国际数据整理，2008年为世界银行估计值。

加大结构调整力度 为河南经济长期、持续、稳定增长奠定基础

从图4可以看到，世界经济增长也是有周期的，21世纪以来的高速增长周期到2006年达到高点，2007年开始进入新一轮的下行周期。由于此次百年一遇的金融危机的影响，预计此轮下行调整的幅度会比较深，时间也会比较长，未来三五年甚至更长的时间内都可能在低位徘徊。实际上，自"二战"以来，世界经济已经经历20世纪50年代至70年代初和80年代初至21世纪头几年两轮的高速增长，尤其是刚刚结束的新一轮高速增长周期里，崛起了所谓金砖四国，把数倍于欧美、日本等发达地区的人口带入了现代化的行列。但是，到目前为止，这些新增的大量人口实现现代化的方式和所走的现代化道路仍与欧美、日本相同。这就带来一个可能会对世界经济增长影响巨大的问题，那就是能源原材料的巨额消耗，因此，世界经济增长将长期面临能源原材料瓶颈约束。除非新能源技术方面有重大突破，未来一个较长时期内世界经济将因能源原材料瓶颈约束而陷于停滞徘徊和低速增长的泥潭。

中国经济自然会受到世界经济增长格局的约束，金融危机可能会成为中国经济高速增长的拐点，并由此进入一个增长相对缓慢的（比如7%~9%）阶段，或者说进入一个稳定适度高速增长的时期。在全球低增长和中国超高增长已成过去时的背景下，河南经济很难再像过去那样依靠资源型产业支撑而保持持续高速增长的势头。

第三，单纯依靠资源开发而实现的经济增长是不可持续的。特定区域的资源总是有限的，若区域增长过分依赖资源，一旦资源耗竭，区域经济增长也会戛然而止，若干小的区域单元因资源开发而扩张和资源耗竭而衰败的案例证明了这一点。

第四，过分依赖资源型产业的经济增长难以避免经济的大起大落。资源型产业在经济学上称为周期性行业。因为这些行业总是高涨到来时更高涨，低谷到来时谷更深，经济忽高忽低，振幅较大，效率损失也就较为严重。

产业发展与结构调整

第五，资源型产业吸纳就业的能力有限，长期过分依赖资源型产业会影响到就业，进而影响到普通居民收入的增长，加剧社会的不公平和两极分化，从而带来越来越多的社会问题。

基于以上几个理由，我们认为，调整结构，降低资源型产业比重，增大高技术含量、深加工、高附加值产业乃至普通劳动密集型加工业的比重，是河南经济面临的长期任务，也是目前的当务之急。

二　把结构调整放在保增长的首位，通过优化结构来实现经济增长

第一，从理论上说，危机本质上就是由结构失衡引起的产能过剩，是生产结构不能适应需求结构的结果。危机是经济自身进行强制性结构调整的机制。所以，只能通过调整才能渡过危机，谁先调整结构谁先渡过危机。

第二，结构调整确实要在特定时间内忍受某种程度的增长损失。结构调整就是放弃一些产业或产品的生产，重新选择另一些新的产业和产品进行生产，而产业和产品生产的转换肯定需要时间，所以转换期间也会在一定程度上损失增长。但这种损失既不可避免，也是值得的。因为没有结构调整和增长损失，新的生产结构就建立不起来，新一轮的增长也就无法在新的需求结构引导下开始。因此，要正确处理保增长与调结构的关系，不能以保增长为借口拒绝调结构，必要时，宁可牺牲短期增长，也要硬着头皮调结构。只有调整结构，才能为长期持续高速增长奠定基础。

第三，短期内调结构与保增长的最佳结合是依托现有产业拉长产业链条，调整产品结构。河南的资源型产业结构是在特定区域资源条件下形成的，在一定时期内有其存在的合理性和价值，这是其一；其二，河南资源型产业已形成完整的技术体系和市场体系，聚集了大量具有该产业技术和管理经验的人员，形成了区

加大结构调整力度 为河南经济长期、持续、稳定增长奠定基础

域比较优势,想一下子放弃该产业既不可能,也没有必要;其三,未来较长时期内,中国仍会处在重化工业发展时期,整个中国的工业化需要能源原材料作支撑,总要有地方来生产和供应这些产品;其四,短期内要保增长,还得依靠这些产业来支撑。正是由于这些因素,对河南来说,调整结构不是不要这些产业,而是要提升此类产业的内在品质和竞争力。所以,增加这些产业产品的加工深度,拉长这些产业的链条,提升这些产业产品的技术含量,开发新产品等等,就是结构调整的重要内容。安阳鑫盛机床公司董事长说得好:一吨钢卖3000元,变成铸件就是7000元,再变成机床就是数万乃至数十万元。由钢变铸件、由铸件变机床就是结构调整。林州凤宝钢铁公司将自己生产的钢变成无缝钢管,就给自己的产品找到了市场,既调整了结构,又保证了原来产品的满负荷生产,这是最好的结构调整。

第四,结构调整的根本任务和基本方向是扩大有一定技术含量的普通加工工业甚至劳动密集型产业的比重,并借此弱化资源型产业在整个经济结构中的重要性。这就要将结构调整政策的着力点更多地放在鼓励加工工业发展的层面上。这有两个方面:一是投资、消费等政策向加工工业倾斜;二是加大对支撑加工工业发展的大量中小企业的支持力度。

第五,加大招商引资力度,承接产业转移。危机是一种强制性结构调整机制,这种结构调整不仅是产业之间比重的变化,也包含同一产业空间布局的变化,即产业空间布局结构的调整。全球金融危机创造了产业在全球范围内重新布局的重要契机,也创造了产业在国内不同地区之间重新布局的契机。目前国内沿海地区产业向内地转移已经如火如荼,但是承接地之间的竞争异常激烈,我们一定要将承接产业转移上升为省级产业结构调整战略的重要组成部分,统一筹划,认真组织,切实有效地使承接产业转移成为改善经济结构、增大加工工业比重的重要措施。

根据过去的经验,每当危机过后,国际资本就会大举涌入中

国这样的具有巨大成长潜力的国家，1997年亚洲金融危机后是如此，此次金融危机过后也会如此，河南要做好承接外部资本涌入的准备。

第六，把握国家调控政策导向，加快发展满足普通人消费需求的最终产品制造业。应对危机的4万亿刺激计划绝大多数投向了"铁公机"等基础设施领域，这一方面导致短期内取得了明显的成效，另一方面也使得投资和消费的扭曲程度加大。随着人们对危机影响认识的加深，结构调整的呼声日益高涨，加大消费比重成为未来一个较长时期内调控政策的着力点。而刺激消费最重要的举措就是调整收入分配结构，使收入分配向低收入人群倾斜。

表2 中国大陆、日本、中国台湾、韩国相关年份基尼系数与人均GDP对比

单位：美元

年份	日本 基尼系数	日本 人均GDP	韩国 基尼系数	韩国 人均GDP	中国台湾 基尼系数	中国台湾 人均GDP	年份	中国大陆 基尼系数	中国大陆 人均GDP
1964	0.36	844	0.33	119	0.32	205	1981	0.284	289
1970	0.36	1947	0.33	275	0.29	394	1985	0.306	292
1975	0.34	4482	0.39	806	0.31	985	1990	0.316	344
1980	0.33	9071	0.39	1632	0.28	2400	1995	0.373	604
1985	0.36	11120	0.35	2290	0.29	3319	2000	0.394	947
1990	0.35	24061	0.34	4293	0.30	8067	2006	0.496	2028

注：韩国1975年的数据以1976年替代，1990年数据以1988年数据替代。

资料来源：世界银行网站；IMF的《世界经济展望》（2001.10）；《历年中国居民总体基尼系数与高、中、低三组人群收入分配状况》，《理论参考》2004年第12期；世界银行的《世界发展报告2006》。

从表2可以看到，伴随着人均GDP的迅速上升，中国大陆的基尼系数上升的速度更为惊人，25年的时间里中国大陆的基尼系数由1981年的0.284增长到2006年的0.496，而日本、韩国以及中国台湾在同样处于经济高增长阶段时基尼系数保持了较为合理的水平，尤其是中国台湾，其基尼系数最高才为0.32，表明我国

大陆社会成员之间收入水平差距过大。所以，调整收入结构，提升低收入人群的收入水平一定是未来时期内宏观调控的基本方向。

因此，未来满足普通人消费需求的产品和产业一定会有较大的发展机会。

第七，加大自主创新的力度，提升高技术产业和高技术产品的比重。重要的不在于产业升级，而在于转换商业模式，努力通过自主创新和自主品牌塑造使自己上升到产业价值链的高端。

第八，加大对高水平大学和科研院所的建设支持力度。一个地区的长期经济增长最终要靠人才和技术来支撑，而高水平大学和科研院所是蓄积高素质人才的重要平台。

后危机时代河南经济增长乏力的原因及出路[*]

一 金融危机以来，河南经济增速下滑严重，回升乏力

河南经济增长率已经连续三年排在中部六省后列，先是倒数第二位，仅高于山西，后又被山西超过，已后退到中部六省的倒数第一位。

二 经济回升乏力的原因究竟何在

2008年金融危机的巨浪冲过来的时候，河南省经济经历了一个比兄弟省份更急剧下降的过程，经过这狠狠的一击，我们逐步认识到金融危机在河南省之所以来得迟、受害深、走得慢，是因为比重过大的能源原材料生产和初级加工业。然而，按理说，随着经济的慢慢复苏，能源原材料价格也随之上涨，而且上涨的速度有越来越快的趋势，我们作为能源原材料生产及初级加工业大

---

[*] 本文是为2010年12月28日河南省委书记卢展工主持的专家座谈会准备的发言稿。——耿明斋

省，似乎也应该随着能源原材料价格上涨而迅速复苏，进入后危机时代以后，河南省的经济应该重拾升势，继续领跑中西部省份才对！可为何事实反而是有些一蹶不振，持续低迷呢？曾经也不断有同志向我提出类似的问题：你一直说金融危机时期我们经济的快速下滑是能源原材料生产及初级加工业比重太大，可后危机时代在能源原材料价格逐步上涨的情况下，河南经济为什么没有能够随之快速上升呢？

第一，经过长时间的思索，我得出了问题的答案，即后危机时代河南经济之所以持续低迷，根本原因在于河南省虽然是能源原材料生产大省，却也是能源原材料消耗大省，而且能源原材料消耗量正快速超过能源原材料产量。能源原材料价格上涨所带来的收益增长，被超出产量的消耗量所带来的成本增加吞噬掉了，结果是能源原材料价格上涨带给河南省的负效应大于正效应，经济增长乏力也就是必然的了。

据统计，2008年河南省能源生产总量是15487万吨标准煤，能源消耗总量为18784万吨标准煤，消费量是产量的120%以上。消费量比生产量多出3297万吨标准煤。2009年河南省能源生产总量是17002万吨标准煤，能源消费总量却是19751万吨标准煤，消耗量是产量的116%，消耗量比产量多出2749万吨标准煤。消耗量大于生产量的差额就是能源原材料价格上涨带来的负效应，或者说是河南省生产成本增加的部分，也是抵消经济增长的因素。

以最主要的能源产品煤炭为例，进入2010年后，虽然由于需求的增长，1~7月份煤炭产量有10.43%的增幅，但煤炭消耗量的增速却明显高于产量的增速，1~9月份统计的增速达12.5%（见表1），后者高出前者2个百分点以上。煤炭消费增长率远大于煤炭生产增长率，这说明河南省能源消费与能源生产之间的缺口越来越大，从而能源价格上涨受损量远大于受益量。也就是说，随着经济复苏，能源原材料价格上涨带来的能源原材料生产增长被

产业发展与结构调整

消费的更大增长抵消掉了,从而能源价格上涨对河南省经济增长带来的是负效应而非正效应。

表1　2010年1~9月份河南省省辖市原煤、电力消费量

省辖市	原煤 本期止累计（万吨）	原煤 比上年同期增长（%）	原煤 占全省比重（%）	电力 本期止累计（亿千瓦时）	电力 比上年同期增长（%）	电力 占全省比重（%）
郑州市	1931.93	20.7	9.13	214.94	15.2	15.71
开封市	384.69	8.9	1.82	27.12	22.9	1.98
洛阳市	1882.85	13.1	8.90	234.77	22.5	17.16
平顶山市	4564.71	23.6	21.57	80.19	3.9	5.86
安阳市	1776.53	5.7	8.40	107.66	34.1	7.87
鹤壁市	1186.62	-0.3	5.61	22.47	15.0	1.64
新乡市	973.95	7.3	4.60	81.12	19.1	5.93
焦作市	1625.97	0.6	7.68	130.00	10.1	9.50
濮阳市	219.14	36.3	1.04	27.78	6.3	2.03
许昌市	771.02	15.6	3.64	39.46	24.4	2.88
漯河市	344.23	30.9	1.63	23.56	17.6	1.72
三门峡市	1081.18	19.3	5.11	97.54	36.9	7.13
南阳市	769.85	7.7	3.64	88.94	28.3	6.50
商丘市	2067.53	9.0	9.77	89.46	25.6	6.54
信阳市	345.51	-4.6	1.63	29.00	12.5	2.12
周口市	251.38	7.9	1.19	20.25	15.1	1.48
驻马店市	315.51	10.6	1.49	32.07	8.4	2.34
济源市	666.40	9.8	3.15	39.66	11.9	2.90
全省合计	21159.01	12.5	—	1367.89	19.6	—

注:全省电力数据来源于省电力公司。

河南省能源原材料产品的另一特点是资源赋存量与开采量严重错位,能源原材料产品增长后劲不足。资源赋存量小,开采强度大,产量大,开采难度也越来越大,开采成本增大,利润空间

逐步被压缩。比如，河南省煤炭探明总储量只有 920 亿吨，在全国排第 8 位，占全国总储量的比例只有 2.02%（见表 2），而开采量 2009 年却达 2.3 亿吨，排在全国各省区的第 4 位，仅次于山西、内蒙古和陕西，占全国总开采量的比例达 7.55%，高出储量比例 5.53 个百分点（见表 3）。2008 年全国国有重点煤矿产量为 127699 亿吨，河南省就有 12339 亿吨，占全国总产量的将近 10%。

表 2　全国各主要产煤省（区）探明储量及占全国总储量的比重

单位：亿吨，%

序号	省（区）	储量	占比
1	新　疆	18037	39.62
2	内蒙古	12250	26.91
3	山　西	3899	8.57
4	陕　西	2031	4.46
5	贵　州	1806	3.97
6	宁　夏	1721	3.78
7	甘　肃	1429	3.14
8	河　南	920	2.02
9	安　徽	612	1.34
10	河　北	601	1.32
11	云　南	438	0.96
12	山　东	405	0.89
13	青　海	380	0.83
14	四　川	303	0.67
15	黑龙江	176	0.39

表 3　2009 年全国煤炭工业原煤产量

单位：万吨，%

省（市、区）	产　量	占　比
山　西	61535	20.18
内蒙古	60280	19.76
陕　西	29820	9.78
河　南	23038	7.55

续表

省（市、区）	产量	占比
山东	14378	4.71
贵州	13691	4.49
安徽	12849	4.21
黑龙江	9901	3.25
四川	8997	2.95
云南	8625	2.83
河北	8585	2.81
宁夏	8327	2.73
新疆	6922	2.27
湖南	6880	2.26
辽宁	6624	2.17
吉林	4497	1.47
重庆	4464	1.46
甘肃	3976	1.30
江西	3414	1.12
福建	2466	0.81
青海	1577	0.52
江苏	1487	0.49
湖北	1399	0.46
北京	654	0.21
广西	589	0.19
浙江	13	0.004
合计	304989	—

可以这么认识问题：在金融危机冲击到来的时候，河南省作为能源生产大省和能源初级加工产品大省，会受到来自能源需求萎缩和能源初级加工产品需求萎缩的双重打击，因而经济收缩严重。但是在经济从谷底走出进入缓慢复苏阶段以后，一方面，市

场对能源消费需求的增长以及相应的价格上升带来的正效应，因能源生产增长潜力下降而无法充分实现，另一方面，却因远超过产量的能源消耗量增加导致的成本支出增幅加大，能源初级加工企业或依赖能源消耗维持生产的企业在成本不断被推高的情况下陷入困境，比如用天然气做原料生产化肥的濮阳大化就是最典型的案例。还有用煤炭做原料的甲醇，因成本升幅远大于价格升幅也日益显出新的危机。

第二，能源原材料初级加工品价格没能与能源原材料产品价格同步回升。

如果随着能源原材料产品价格上涨，能源原材料初级加工产品的价格也同步回升，那么，前者涨价导致的成本增加就可以为后者价格的上涨所弥补，能源原材料产品生产与消耗的缺口并不必然导致对经济增长率的阻滞作用。问题在于，这些大量消耗能源原材料的初级加工品的价格并没有随着能源原材料产品价格的上涨而上涨。

这些大量消耗能源原材料的产品价格之所以没能随着能源原材料价格上涨而同步上涨，从而消化因能源原材料价格上涨而带来的成本增加，是因为后危机时代整个市场需求结构的转型。

这一方面是金融危机后外需转内需、投资转消费等一系列结构调整的结果，另一方面更是恩格尔系数变动趋势的结果，即随着收入水平的提高，食品、衣物等基本消费需求在整个收入中所占比重逐步下降，收入中可用于基本消费以外的部分越来越大，消费升级的步伐也日益加快，在社会总需求中消费需求的比重也会逐步上升，相应的，生产结构也要随着消费结构变动的需要而逐渐缩小投资品所占比重，从而增大消费品所占比重。消费品生产增长会加快。而河南省经济增长最大的软肋是消费品工业在整个工业中所占比重较小。这也是河南省在后危机时代经济增长乏力的重要原因。

产业发展与结构调整

三　出路在哪里

下决心抑制大量消耗能源原材料的初级加工业产能的扩张，真正促进要素向普通加工工业和高新技术产业转移流动，大力发展消费品工业。

第一，要遏制能源原材料初级加工业产能的继续扩张。过去曾经有一个能源原材料产品产量远远超过此类产品需求量的时期，由于能源原材料就地可取，为拉长能源原材料产品链条，就发展起了很多能源原材料初级加工业，比如煤炭产地就建设了火电厂，后来又大规模建设了不少煤化工及电解铝产业，以至于能源原材料的消耗量日益扩大。但是，能源原材料赋存有限，达到一定开采年限就会逐年下降，濮阳的石油就是最典型的案例。可是，依托能源资源所形成的产业链条还在拉长，产品生产能力不但没有随之下降，反而在持续扩张。这就造成能源原材料产品生产和产品消耗需求差额越来越大，从而造成越来越严重的恶性循环。未来能源原材料瓶颈约束只会越来越紧，而对能源原材料初级加工品的需求却会越来越萎缩，在双重挤压下，更何况还有节能减排的环境硬约束，能源原材料初级加工业的路子只会越走越窄。所以，河南省能源原材料初级加工业产能扩张的势头一定要下决心抑制住（人们出于惯性，总是在现有基础上考虑产业链条的拉长和产能增长，所以，抑制这种惯性并不是一件容易的事情）。

第二，通过承接产业转移，引进更多的消费品企业项目。

第三，鼓励和扶持中小型民营企业发展，因为它们是真正依赖市场生存的，从而对市场上出现的消费品工业成长机会看得准，抓得牢，抓得及时。

第四，发展中小金融企业、地方金融企业和民间金融企业，促进能够服务于中小企业的金融业发展。

第五，培育资本市场，想尽一切办法推进有条件的中小企业进入资本市场融资。

第六，发展职业教育，提升劳动力素质，发展高等教育，搭建更好的聚集高素质人才的平台。

第七，鼓励创新，尤其是要鼓励高等院校科研机构与企业的协同创新活动。由企业出题目、出资金，由企业、高校及科研机构共同组织攻关。最后再由企业将创新项目产业化、市场化。创新才是经济发展可以持续依赖的动力。

第八，去除官本位，提高行政效率，切实转变吃拿卡要作风，转变政府职能，建设服务型政府，改善软环境。这一点十分重要。

第九，由工信厅牵头，加强对工业产业的宏观研究与谋划，认真论证工业发展的方向，诸如传统优势产业该如何升级，先进制造业、高新技术产业及消费品工业该如何发展等等，需要彻底弄清楚，然后加强指导与管理，引导产业发展长期沿着正确的轨道前进。

相信随着这些问题的解决，河南的经济一定会重拾升势，重新跻身中部乃至中西部地区经济增长的前列。

劳动密集型制造业发展与河南产业结构升级*

一 河南产业结构的现状及其成因

从地区生产总值构成看,2009 年河南三次产业的比例为 14.3∶56.6∶29.1（全国为 10.6∶46.8∶42.6）。其中,第二产业比重高于全国平均水平 9.8 个百分点,在全国省级区域排名第一;第三产业比重低于全国平均水平 13.5 个百分点,在全国省级区域排名倒数第一[①]。

从就业构成看,2008 年河南三次产业的比例为 48.8∶26.8∶24.4（全国为 39.6∶27.2∶33.2）,其中,第一产业比重比全国平均水平高 9.2 个百分点,第三产业比重比全国平均水平低 8.8 个百分点,第二产业比重与全国水平基本持平[②]。

三次产业之间是紧密联系的,河南产业结构的以上特点主要

---

* 本文作者为河南省委党校副教授宋伟,他曾是我的博士生、在站博士后,河南大学与河南省政府研究室共建高级智库——中原发展研究院骨干成员,近年来一直关注河南产业升级问题的研究。因文章讨论问题与本书主题高度吻合而征得其本人同意收入本书。——耿明斋

① 根据《河南统计提要 2010》相关数据计算。
② 根据《河南统计年鉴 2009》相关数据计算,以下河南 2008 年相关数据也来自《河南统计年鉴 2009》。

是由第二产业结构尤其是工业结构决定的。2008年河南轻重工业比例为30.7∶69.3，轻工业比全国平均水平低10个百分点左右，重工业比全国平均水平高10个百分点左右，是典型的偏重型结构。在重工业内部，采矿业占21.10%，原料工业占44.45%，具有强烈的资源依赖特征。

偏重型、资源型产业的重要特点是吸纳就业的能力不强。如2008年采矿业在河南工业增加值中的比重为15.19%，而采矿业的就业人员仅占河南工业就业总量的8.11%。正因为如此，河南第二产业增加值的比重虽高达56.6%，高于全国平均水平9.8个百分点（在全国省级区域排名第一），但第二产业就业的比例却比全国平均水平还低0.4个百分点。所以，资源型产业虽对地方生产总值的贡献较大，但在创造就业机会、提高居民收入方面的贡献相对较小，不能在工业产值增加的同时将更多的农村人口吸纳进去，造成河南第一产业就业比重仍高达48.8%，比全国平均水平高9.2个百分点。

此外，偏重型、资源型产业对第三产业发展的推动作用也不强。众所周知，第三产业是为生产与生活服务的行业，生产规模与生产结构、居民收入水平与消费结构决定了第三产业的市场需求与发展的可能性。一方面，偏重型、资源型产业由于产业链条短，对生产服务体系的需求远低于制造业，所以对生产服务型第三产业的需求不强；另一方面，由于吸纳就业的能力不强，在提高居民收入方面的贡献相对较小，偏重型、资源型产业同样不利于消费需求的扩大，所以对生活型服务业的带动作用也不强。因此，河南第三产业比重较低、发展相对滞后很大程度上也是由偏重型、资源型的工业结构决定的。

综上所述，偏重型、资源型的工业结构决定了河南虽然经济总量较大（居全国第五、中西部第一）、工业增加值比重为全国最高，但第三产业增加值比重却为全国最低，而且第一产业就业比重仍然很高。

产业发展与结构调整

二 大力发展劳动密集型制造业是河南产业结构升级的现实途径

那么，河南应该通过何种路径来改变偏重型、资源型产业为主的工业结构，实现产业结构的有效升级，既达到节能环保、转变发展方式的目的，又能够实现全省经济社会的快速发展呢？笔者认为，积极承接发达地区劳动密集型制造业的梯度转移，是河南实现产业结构升级与发展方式转变的现实途径。

（一）大力发展劳动密集型制造业是"亚洲四小龙"与我国珠三角、长三角地区经济快速发展的共同经验

"亚洲四小龙"的"经济起飞"均是从劳动密集型制造业的快速发展开始的。韩国、新加坡与我国的香港、台湾这些东亚"新兴"工业化国家（地区）在经济起飞之前无一例外的都是典型的欠发达地区，资本与技术缺乏、内生发展能力不足，单凭自身的力量无法摆脱经济发展的"贫困陷阱"，只有借助外力才可能实现快速发展。对于欠发达地区来说，所能依靠的外部力量主要是发达国家与地区的产业梯度转移，而首先被转移的肯定是劳动密集型制造业，而不可能是资本密集、技术密集甚至知识密集产业。从要素禀赋与比较优势来看，"亚洲四小龙"这些新兴区域在发展初期无一例外地都拥有丰富的低成本劳动力，在劳动力密集型制造业领域具有巨大的竞争优势。所以，"亚洲四小龙"等东亚新兴经济体通过承接发达国家与地区的产业梯度转移，大力发展劳动密集型制造业，经济社会获得了快速发展。与之形成鲜明对比的是，同一时期实现"赶超战略"的拉美发展中国家经济社会发展一度停滞不前。

改革开放以后，我国长三角、珠三角地区的快速发展同样也是从劳动密集型产业开始的，而且至今仍没有摆脱以劳动密集型

制造业为主的结构,但这并不妨碍其人口规模、经济总量与工业化、城镇化水平的快速提高。经过30年的快速发展,长三角、珠三角地区积累了资本、积累了技术、积累了企业家队伍和管理人才,具备了进行经济转型与产业升级的条件,正在向附加值高的资本密集、技术密集产业升级。所以,大力发展劳动密集型制造业是欠发达地区经济起飞的共同经验,我们不能想当然地将其看做附加值低的低端产业,忽视它在经济发展中的重要作用。

(二) 国际金融危机为河南承接劳动密集型制造业的梯度转移带来了良好机遇

改革开放30多年来,我国东部发达地区在快速发展的同时也在逐步失去继续发展劳动密集型制造业的条件,而本次金融危机加剧了这一进程。

一方面,随着工业化与城镇化水平的提高,东部发达地区的生活成本不断攀升,企业必须提高工资水平才能招到工人。但是,劳动密集型制造业的竞争优势主要来源于低成本劳动力,工资水平提高到一定程度之后产品就不再有竞争力,企业也就无法生存。所以,对于劳动密集型制造业来说,工资水平提高的幅度不可能太大,其对劳动者的吸引力必然下降,愈演愈烈的"民工荒"就是一个很好的证明。另一方面,随着中国工业化的整体推进,中西部地区尤其是河南这样人口众多的中部省份的工业化正在逐步向纵深推进。工业化与城镇化的发展使中西部地区也开始出现大量非农就业机会,虽然工资水平与东部地区比可能有一定差距,但中西部地区生活成本较低,劳动者在本地工作还可以节省一大笔交通费用,所以即使在工资水平比东部地区稍低的情况下,农民工在本省务工的实际收入也可能比到东部更高。而且,对于原来到东部务工的中西部农村劳动力来说,他们之所以愿意背井离乡到东部务工是由于以前本地缺乏非农就业机会。东部地区吸引他们的是能够获得较高的收入,而不是东部地区较高的城镇化水平与较好的生活条件，因为他们中的绝大部分没有能力甚至根本没有打算在东部安家落户。因此，随着中西部地区工业化与城镇化的加快发展，本地产生了大量非农就业机会，大部分农村劳动力开始倾向于在本地工作，而不愿意继续到东部去了。

由于以上两方面的原因，东部地区的"民工荒"会从"偶然现象"演变为一种"常态"，这意味着东部已经不具备继续发展劳动密集型制造业的条件，其向低成本劳动力供给仍然丰富的中西部地区转移成为一种必然。而作为全国第一人口大省，河南劳动力资源丰富的优势是非常明显的。

同时，国际金融危机背景下的出口萎缩并不意味着劳动密集型制造业没有发展前景了，实际上恰恰相反，服装、鞋帽、食品、消费类电子产品等劳动密集型产品多用于满足人们生活的直接需要，此类需求的弹性很小，市场是相对稳定的。劳动密集型产品的市场现在不会消失，将来也不可能消失，变化的只是劳动密集型产品的产地。所以，国际金融危机只是进一步加大了劳动密集型企业在东部发达地区继续生存的压力，促使其尽快向劳动力资源丰富且价格较低的区域转移。

（三）发展劳动密集型制造业有助于发挥河南的比较优势，加快河南经济发展的速度

在国际金融危机的背景下，东部地区劳动密集型制造业的收缩必然会导致一部分劳动力回流，而且作为全国第一人口大省，河南本地仍有大量富余劳动力，所以在相当长的时间内河南仍会有大量的、价格较低的劳动力供给，在劳动密集型制造业的发展上有着非常大的比较优势，只要我们努力抓住此次国际金融危机带来的区域产业分工与转移机会，劳动密集型制造业必将有一个大发展。

从要素禀赋来看，改革开放30多年来河南经济社会发展虽然取得了长足的进步，但在全国的经济体系当中仍属于欠发达地区，

仍属劳动力丰富、资本相对不足的省份。河南人均资本存量不足全国平均水平的60%，上海、浙江、江苏、广东、山东等沿海省市的人均资本存量分别是河南的6.5、3.7、3.4、2.6、2.2倍[①]。因此，河南在资本密集、技术密集型产业方面并不具备明显的比较优势。而且，附加值较高的资本密集、技术密集产业在整个国民经济中只能占有一定的比例，并不是谁想发展就能发展、想发展多少就发展多少，它需要很多条件。资本密集、技术密集产业不但需要较高的技术水平、大量的投资，同时也多是劳动节约的产业，吸纳就业较少，这与河南的要素禀赋是不相适应的。

所以，从要素禀赋来看，河南整体上尚不具备进入资本密集、技术密集型产业为主导的产业结构的条件。相反，如果河南借鉴"亚洲四小龙"与我国珠三角、长三角地区的发展经验，利用自身的比较优势扎扎实实地发展劳动密集型产业，倘若能够用10年左右的时间走完珠三角、长三角地区过去30年所走过的路，达到其目前的工业化与城镇化水平，就是非常大的成功。以劳动力密集型制造业为主导的发展阶段也是河南积累资本、积累技术、积累人才的阶段，过了这一阶段以后自然地也会向资本密集、技术密集产业转型与升级。

（四）发展劳动密集型制造业是与河南经济发展水平相适应的产业结构升级与发展方式转变

什么是产业结构升级？一个区域的产业结构升级应该是针对该地区现有产业结构而言的，只要发展的产业比现有产业进步了，就应该叫产业结构升级。所以，我们不能简单地认为发展高技术产业才叫产业升级，发展劳动密集型产业就不是产业升级！中国幅员辽阔，区域之间的发展水平与要素禀赋有着巨大的差异，各地的比较优势不同，不同区域的经济社会发展所要解决的主要矛

---

① 根据《中国统计年鉴2009》相关数据推算。

产业发展与结构调整

盾与关键问题也有很大差别，对于产业结构升级、发展方式转变也应该有不同的理解，衡量标准与具体做法也应该有所不同。

如前所述，偏重型、资源型产业在河南工业结构中居于主导地位。在河南工业增加值中居前6位的行业当中，除了农副产品加工业以外，其余均是资源型产业，如表1所示。

表1 2008年河南工业增加值中排在前6位的行业及其比重

单位：%

行业	非金属矿物制品业	农副食品加工业	煤炭开采和洗选业	黑色金属冶炼及压延加工业	有色金属冶炼及压延加工业	电力、热力的生产和供应业
比重	12.01	10.12	7.72	5.45	5.05	4.69
位次	1	2	3	4	5	6

通过大力发展劳动密集型制造业，河南的三次产业结构自然就会发生变化。一方面，劳动密集型制造业的发展会带来经济总量的快速增大，使农业与资源型产业的比重相对下降（大力发展劳动密集型制造业不意味着资源型产业不发展了，通过技术改造其效率可以更高，但受可采资源的限制资源型产业的发展空间有限，随着经济总量的提高其比重相对下降；农业的情况也是如此）；另一方面，劳动密集型制造业的自身发展会带动生产性服务业的发展，并通过创造更多非农就业机会，帮助更多的人口提高收入与生活水平，促进生活性服务业的发展，从而达到带动第三产业发展的目的。因此，大力发展劳动密集型制造业，加大制造业在工业中的比重，不但可以帮助河南降低经济发展对自然资源的依赖，还可以促进第三产业的发展。所以，大力发展劳动密集型制造业，从资源型产业主导转向劳动密集型制造业主导，从资源依赖转向劳动力依赖，对于河南来说就应该是与其经济发展水平相适应的产业结构升级。

而且，对于河南来说发展劳动密集型产业也符合节能、环保的理念。资源依赖型的产业大多是耗电多、耗能多、污染严重的行业，而劳动密集型产业主要靠劳动力，耗能少，排放也少，所以要从资源依赖转到劳动力依赖对河南来说就应该转变发展方式。

（五）发展劳动密集型制造业能够创造更多就业机会、吸纳更多劳动力，更好地体现科学发展的理念

从科学发展的意义来说，经济社会发展的根本目的应该是提高人民群众的生活水平，而提高生活水平首先要靠收入水平的提高。对于河南来说，仍有48.8%的劳动力从事第一产业是一个基本的事实，只有创造更多的非农就业机会，将其吸纳到工业化进程中去，才能真正有效地提高他们的收入水平与生活水平。

从将更多农村劳动力吸纳到工业化进程的角度看，劳动密集型制造业创造就业机会的能力既高于资本密集、技术密集产业，更远远高于资源型产业。比如一个发电厂、一个化工厂，投资与产值达到几千万、几亿甚至几十亿元，一般也只能有几十个人，资本密集、技术密集产业也大多如此。而劳动密集型制造业，比如服装、鞋帽，投资1000万元就可以解决上百人的就业问题，而电子厂一个车间里就有几百名工人。资源型项目可能使企业的利润比较高，上缴的利税也比较多，但是并不能给老百姓带来较多的实惠，相反可能由于污水、有害气体的排放而影响周围群众的生活环境乃至身体健康。相反，劳动密集型产业可能附加值和企业利润不高，但能够使越来越多的农村劳动力获得非农就业机会，给他们带来实实在在的收入，切实有效地改善他们的生存状况与提高生活水平。

所以，鉴于河南农村劳动力较多的现状，通过大力发展劳动密集型制造业创造更多非农就业机会，将更多农村人口吸纳到工业化进程中去，能够较好地体现科学发展的理念。

（六）发展劳动密集型产业有助于扩大内需，为经济发展开拓空间

扩大内需是当前中国经济发展面临的关键问题。内需在哪里？应该说，最大的内需在农村，因为对于那些已经完成工业化和城镇化的人口来说，应该买的消费品尤其是耐用消费品都已经买了，他们的消费需求已经释放得差不多了。而要释放农村的消费需求，首要的任务就是要为农民创造非农就业机会，提高其收入水平。毫无疑问，大力发展劳动密集型产业最能促进这一目标的实现。

河南是全国第一人口大省，2008年底全省劳动力总量达5835万，其中第一产业从业人员2847万。如果通过劳动密集型制造业的发展，使河南省第一产业就业人员中的1/2实现非农就业，就是1424万人，加上他们所供养的人口至少有2000万人。而随着2000万人口收入水平的提高与生活方式的转变，自然会产生巨大的消费需求。从这个意义上说，大力发展劳动密集型产业，创造更多的非农就业机会，不仅是河南经济社会发展面临的重要任务，也是河南进一步发展的动力之所在。

综上所述，发展劳动密集型制造业不但符合河南的禀赋条件和比较优势，有助于河南摆脱经济发展对自然资源的依赖，而且有助于解决广大农村人口的非农就业问题、扩大内需。所以，积极承接发达地区的产业转移，大力发展劳动密集型制造业，应该是当前河南实现产业结构升级与发展方式转变的切实而有效的途径。

三 促进河南劳动密集型制造业发展的政策建议

虽然总体上看东部发达地区继续发展劳动密集型制造业的成本优势已经逐步丧失，河南在发展劳动密集型制造业方面具有明显的优势，但并不意味着产业会自动地向河南转移，事实上我们

在承接产业转移上还面临不少困难。这主要有以下两方面原因。

一方面，经过30年的发展，东部发达地区已经形成了劳动密集型制造业发展所需要的良好的产业氛围和配套能力。一般情况下，除了那些能够凭一己之力在一个现代产业空白之地独立开拓出一片生存空间的强势企业外，绝大多数企业都希望在一个良好的产业环境里生存与发展。因为如果新的空间点没有相应的产业氛围和配套能力，企业落地后在新空间点就会面临高昂的运行成本，甚至出现生存困难。所以，在东部地区劳动力和土地价格逐步上升的情况下劳动密集型制造业的梯度转移表现出明显的"黏性"。

另一方面，目前中西部各地政府都把承接产业转移作为重要的资源进行争夺，以至于用政策换项目、用土地换项目、用环境换项目等方面的恶性竞争也屡见不鲜，这决定了在东部面临生存压力的劳动密集型制造业向中西部地区转移时具有较大的选择余地的。

所以，河南应该以积极主动的态度去承接劳动密集型制造业，在具体做法上应该注重"产业链条"的引进以在本地快速形成良好的产业环境与配套能力，使引进的企业既能够很好地生存与发展，又能够真正地为河南经济社会发展作出持续的贡献。

（一）以产业集聚区为载体，以"产业链"或者"产业集群"的方式承接劳动密集型制造业的整体转移

目前，河南已经确立了175个省级产业集聚区，但这些产业集聚区在产业定位上大多不太注重引进劳动密集型制造业，而是希望发展附加值高的资本密集与技术密集产业、现代服务业等。但高附加值产业引进的难度较大，所以进展也比较缓慢，产业集聚区的发展也没有出现预期的良好效果。笔者认为，这些产业集聚区在基础设施方面大多具备了整体引进劳动密集型制造业产业链的条件，如果能够降低对单个项目的投资规模等方面的过高期望

与要求,努力引进以中小企业为主的劳动密集型制造业集群,使这些企业在产业集聚区里自行配套,对企业的吸引力会更大,也能够快速形成良好的产业环境与配套能力,使产业集聚区更好更快地发展起来。

(二)利用外出劳动力多的优势,吸引其以"返乡创业"的形式在本地迅速形成劳动密集型制造业发展的产业链条

作为人口第一大省与劳动力第一大省,河南有超过2000万劳动力外出务工。由于农村劳动力外出就业的信息大多从自己的亲戚或邻居处获得,所以一定地域范围内(几个村庄乃至乡镇)外出务工的劳动力往往从事相同或者相近的职业。如许昌鄢陵就有数万劳动力在河北白沟从事箱包行业,其中有一些人经过努力在白沟建起了小工厂,当起了小老板。鄢陵当地政府利用这种优势,在本地建立箱包工业区,提供厂房及相关配套设施,吸引在白沟从事箱包生产的小企业主与外出务工人员返乡创业,在本地迅速形成了箱包生产的产业集群,一两年之内鄢陵箱包工业区从业人员达到上万人之多。这种外出务工人员在某个产业"扎堆"的现象,为河南通过"返乡创业"形式在本地迅速形成劳动密集型制造业产业链条创造了条件。我们应该利用这一优势,以这种新的形式来承接东部地区劳动密集型制造业的梯度转移。

近年来河南省在转变经济发展方式上取得的进展及存在的问题[*]

一 取得的主要进展

(一) 产业结构调整取得的成效

1. 产业结构逐步优化

(1) 产业结构不断优化

根据中国和河南的 2008 年统计年鉴数据计算得到两者 2007 年人均 GDP 分别为 2490 美元、2106 美元,根据钱纳里关于工业化阶段划分的标准,中国与河南都处在工业化中期阶段,且全国的工业化程度比河南省要高。该阶段第一产业所占比重逐渐降低,第二、三产业的比重逐渐提高。在三次产业产值结构上表现为:两者的第一产业都呈下降趋势,河南下降幅度比全国要大;第二产业都呈现上升趋势,由于河南的工业化程度比全国要低,通过工业化释放的产能增加比较多,所以河南的上升幅度要比全国上升幅度大;第三产业两者也都呈现逐步上升趋势,且由于工业化所处阶段不同,河南的第三产业增加幅度要低于全国水平。这是根

---

[*] 本文是 2008 年 11 月以应对金融危机为背景撰写的一篇研究报告,由我主笔,张建秋在搜集整理相关数据、进行图表化处理方面做了大量工作。——耿明斋

据钱纳里"标准结构"所得出的处于不同工业化阶段的经济主体三次产业结构的变化趋势。

表1列出了主要年份河南与全国三次产业产值结构比。

表1 主要年份河南与全国三次产业产值结构比

年份	1995	2000	2005	2007
河南	25.53∶46.68∶27.79	22.99∶45.40∶31.61	17.87∶52.08∶30.05	14.77∶55.17∶30.05
全国	19.96∶47.18∶32.86	15.06∶45.92∶39.02	12.55∶47.51∶39.94	11.26∶48.64∶40.10

由表1可以看出,河南省的三次产业产值结构走势基本与钱纳里的"标准结构"所蕴涵的走势一致,因此,我们可以说,经过多年的发展河南省的三次产业结构逐步得到了优化。

(2) 第二产业内部制造业的比重不断提高

产业结构的优化和提高还可以由第二产业内部制造业比重的变化来表示,该比值越大,说明产业结构越趋于合理。表2列出了河南和全国部分年份制造业占第二产业增加值的比重。

表2 河南和全国部分年份制造业占第二产业增加值的比重

单位:%

年份	2000	2001	2002	2003	2004	2005	2006
河南	64.86	66.51	66.58	67.37	67.49	69.70	70.70
全国	—	—	—	—	70.02	68.81	69.03

由表2可以看出,河南省制造业增加值占第二产业比重呈现逐渐增大的趋势。河南省的该数值由2004年小于全国数值逐渐变为2005年超过全国值,因此从第二产业内部结构来看,河南省产业结构优于全国。

(3) 能源生产弹性系数呈现下降趋势

能源生产弹性系数=能源生产总量增长速度/GDP增长速度,衡量的是GDP每变动1%,能源生产总量相应变动的百分比,代表的是产业结构中能源部分的相对变化。该数值越小,证明

GDP每变动1%，能源生产相应变动的百分比就小，从相对角度来说，产业结构越不依赖能源，经济系统越具有可持续发展能力。

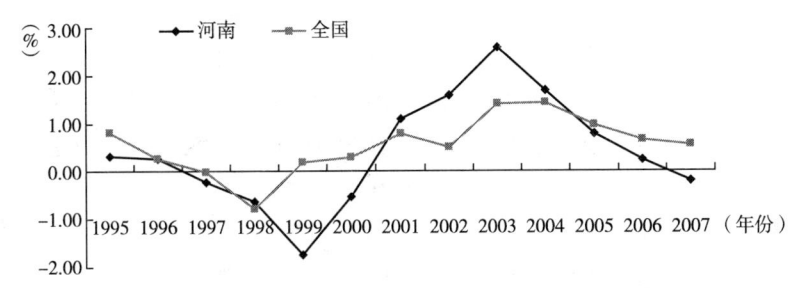

图1 1995~2007年河南与全国能源生产弹性系数

从图1可以看出，1998年以前河南与全国能源生产弹性系数走势呈现不规则变动；1998年以后该数值全国高于河南；而在2001~2004年，该数值全国低于河南；2005年之后全国又高于河南，且在这一阶段全国和河南都呈现下降趋势，但河南下降的幅度比全国要大，说明了该趋势可能会持续下去。所以说，经过这几年的努力，河南能源生产弹性系数有了质的变化，相对的产业结构得到了提升。

2. 淘汰落后产能

（1）铝

2002年，河南省在国内率先淘汰了自焙槽电解铝生产工艺。目前，160千安以上大型预焙槽产能占全部产能的80%以上，其中280千安以上的占40%。大型预焙槽技术的广泛应用，有效降低了能耗和污染。河南省吨铝综合电耗低于全国平均水平300千瓦时，降低生产成本100多元。

（2）煤炭

淘汰煤矿的落后产能最重要的是关闭小煤矿，这类煤矿具有污染严重、经济效益差、安全隐患大等特点。据统计，全省小煤矿数量已从2000年的近6000处减少到2007年（或2007年初）的

598处，累计关闭各类煤矿5029处。

(3) 造纸

河南省是国内纸张主产地之一，自2003年起，河南省对造纸行业实施结构调整，截至2006年底全省规模以上造纸企业由1360家减少到354家，在全省造纸总产量由2002年的355万吨提高到2006年的784万吨的同时，造纸行业的化学需氧量（COD）排放量由22.2万吨减少到10.7万吨。仅2007年全省就淘汰落后造纸企业18家，淘汰落后造纸产能25万吨。

3. 产业集中度提高

(1) 省管企业进行合并重组

河南省经济总量位列全国第五，但是产业集中度较低，缺少大的，有支撑力、带动力的企业集团，要实现中原崛起的目标，必须培育出一大批大型企业集团、具有支撑力和带动力的企业集团，这需要通过企业的重组和兼并来实现。而河南省的国有企业无疑应该起带头作用。

河南省《国资委关于加快省管企业战略重组的指导意见的通知》（以下简称《意见》）上规定的目标，掀起了如火如荼的河南省管企业重组运动：到2010年，省管企业要由2008年的34家调整到20家左右，力争年销售收入超200亿元的企业7家左右，其中达到500亿元的2到3家，达到800亿~1000亿元的1到2家。

(2) 铝

中铝中州分公司、河南分公司的氧化铝产能分别达到150万吨和130万吨，居全国第一位和第三位。全省18家电解铝企业平均产能达到12万吨，是全国平均水平的1.9倍。伊川电力、焦作万方、神火集团、新安万基等4家企业产能超过20万吨，其中伊川电力电解铝产能达到40万吨，居全国第一位。河南明泰铝加工产量达到13万吨，居国内第二位，其中铝箔产量达到4.8万吨，居国内首位。

(3) 煤炭①

煤炭资源整合后，产业集中度逐步提高。2004年初，河南省在全国率先开展煤炭资源整合工作，并制定出台了实施方案，明确规定，除部分独立块段的小煤矿的生产能力达不到15万吨/年外，其余小煤矿的生产规模不得低于15万吨/年，新建矿井的规模不得低于30万吨/年；通过近三年的努力工作，煤炭资源整合工作取得明显成效，产业集中度得到提高。7家骨干煤炭企业的生产矿井数由整合前的65个增加到151个，生产能力由整合前的7235万吨/年提高到9596万吨/年，控制的煤炭资源量由整合前的78.6亿吨提高到116.2亿吨，占全省煤炭可利用资源量的90%以上。

(4) 造纸

河南省是国内纸张主产地之一，自2003年起，开始对省内造纸行业实施结构调整，截至2006年底全省规模以上造纸企业由1360家减少到354家，其中草类制浆造纸企业由319家减少到30家。

(二) 河南省节能减排、土地"三项整治"、矿产资源整合、污水和垃圾处理设施建设等走在了全国前列

1. 节能减排

根据"十一五"确定的目标，河南省节能减排工作取得明显成效。火电行业"上大下小"和脱硫设施建设、水泥行业淘汰机立窑、污水垃圾处理厂（场）建设等工作走在了全国前列。

以造纸为例，2007年国务院节能减排工作部署后，河南省坚决贯彻并自我加压，将国家下达的"十一五"期间COD削减10.8%、二氧化硫削减14%的计划指标，分别提高到15.6%和17.4%，并围绕目标，采取有效措施，取得了初步成效。

---

① 中国能源投资网：http://www.ccei.org.cn/shownews.asp?id=20985。

产业发展与结构调整

河南省节能减排和环境保护成效明显。实行目标责任制,持续推动重点企业、重点行业、重点区域的节能降耗和环境综合整治。2003～2007 年五年间关停小火电机组 299 万千瓦,脱硫改造火电机组 1466 万千瓦;关闭小煤矿 1036 个、小铝土矿 92 个;分别淘汰水泥、钢铁落后产能 5500 万吨和 476 万吨;关闭取缔污染企业 5168 家;拆除黏土砖瓦窑场 7711 个,复垦整理土地 17.5 万亩;综合治理采煤沉陷区 417 平方公里;人工造林 1599 万亩。全省所有市县全部建设污水处理厂和垃圾处理场。2007 年全省单位生产总值能耗降低 5.1%;化学需氧量、二氧化硫排放量分别下降 5.5% 和 6.2%。

2. 土地"三项整治"

从 2004 年起,河南省率先开展了以整治"空心村"、砖瓦窑场和工矿废弃地为内容的"三项整治"工作,计划用 5 年时间整治出土地 150 万亩,用于县域经济发展或重新恢复为耕地。当前,河南省土地利用正面临着三个方面的挑战:一是全省人均耕地只有 1.23 亩,人均耕地面积低于全国平均水平;二是全省经济全面提速,建设用地需求量增长迅猛;三是国家紧缩"地根",严把土地供用闸门。要处理好这些矛盾,必须盘活存量建设用地,挖掘用地潜力,走集约用地之路。目光瞄准了历年已批未供、已供未用的建设用地,长期闲置或低效利用的建设用地,破产倒闭企业闲置的土地和厂房,企业非生产性占地和其他可利用的土地。而在全省,"空心村"、砖瓦窑场、工矿废弃地造成的土地资源浪费惊人。2004 年和 2005 年,全省共使用建设用地 83.2 万亩,而这两年国家分配给河南省的用地指标只有 32 万亩,其余土地都是通过"三项整治"和盘活城镇存量土地解决的。截至 2005 年底,全省共整治出的 70 万亩土地,在全省经济的快速发展中发挥了重要的支撑作用。

3. 矿产资源整合

由于对矿产品的需求日益旺盛,河南省一些地方矿业秩序一度较为混乱。为有效保护和合理利用矿产资源,继 2004 年在全国率先开展煤炭、铝土矿资源整合工作之后,2007 年河南省又启动了新一轮的矿产资源整合工作，要求各省辖市自选1~2个优势矿产开展资源整合。

从省国土资源厅获悉，河南省在全国率先开展的煤炭铝土矿资源整合已取得明显成效。截至2007年11月，河南省小煤矿由1569个减少到533个，减少了66%；小铝土矿由144个减少到52个，减少了64%。

据统计，在煤炭、铝土矿资源整合期间，全省共查处非法转让探矿权19起，非法转让采矿权34起，以采代探59起，越层越界151起，关闭整改不合格矿山395家，罚没款2102.2万元，没收矿产品18.2万吨，追究刑事责任上百人。目前，七大煤业集团与四大氧化铝企业集团占有资源分别达到70%与90%，采区回采率指标达到80%与75%，矿山布局不合理、资源浪费、环境破坏、安全生产条件差等突出矛盾正在逐步解决。

4. 污水和垃圾处理设施建设

2003年，河南省委、省政府在《关于加快城镇化进程的决定》中明确提出，到2007年，所有县级以上城市、县城和部分重点镇都要有污水处理厂和垃圾处理厂。据相关数据显示，近年来，河南省环保基础设施建设滞后与污水、垃圾排放大量增加的矛盾日益突出。2004年全省城镇年生活污水排放量大约19亿立方米，但集中处理率不到35%。全省前几年产生的城市生活垃圾已达1300多万吨，并以每年20%的速度增长，绝大多数垃圾在城市边缘露天堆放或简易填埋，对生态环境造成了极大危害。2007年河南省将加快污水和垃圾处理设施建设，确保所有县市的污水处理厂在年内建成，并通过加强污水处理费征收和财政适当补贴保证其正常运行。

（三）体制改革取得了重要进展

体制机制创新取得重大突破，开放型经济发展进入新阶段。

国有企业改革取得实质性进展，深入推进企业产权制度改革，分离企业办社会职能，98%的国有工业企业实现股权多元化。与

产业发展与结构调整

2002年相比，国有及国有控股工业企业户数减少60%，资产总额增长63%，利税增长2.2倍。

大力引进战略投资者，能源、有色、建材、煤化工等重点行业和企业重组取得重大进展。烟草工业实现全行业整合，工商利税突破160亿元。

非公有制经济快速发展，非公有制经济增加值占生产总值的比重达60%左右，比2002年提高17个百分点，非公有制工业增加值占全部工业比重、民间投资占全社会投资比重均达70%左右。

农村综合改革深入推进。乡镇机构改革顺利完成，减少乡镇153个，清退、分流19万人。扎实推进"乡财县管"，县乡财政收支管理进一步规范；农村义务教育管理体制改革不断深化，经费保障机制全面建立。

粮食流通体制改革顺利完成。放开粮食购销市场和价格，国有粮食购销企业减少73.7%，妥善分流安置富余职工19.7万人，粮食购销主体多元化格局基本形成。

矿产资源整合与改革不断推进；强力推动重要矿产资源向优势企业聚集，省骨干煤炭企业占有及控制资源90%以上，重点氧化铝企业占有资源80%以上，资源利用效率明显提高。

资源有偿使用和生态补偿机制初步建立，地质勘探体制改革取得新的进展。财税、金融、投融资体制改革进一步深化。

省市县财政体制和国库集中收付制度改革稳步推进，转移支付制度进一步规范，政府采购和投资评审规模不断扩大。

农村信用社改革深入展开，支农力度显著增大。农村合作银行、村镇银行组建开始起步。

全面放开投融资市场。省投资集团组建成立。资本市场发展壮大，上市企业发展到55家，募集资金总额442亿元，证券、保险、期货、信托等业务快速增长。行政管理体制改革成效明显。

政府机构改革不断推进，机构、编制均精简25%左右。减少和规范行政审批事项，省级审批项目取消60%以上，省市县三级普遍设立行政服务大厅。同时，分配制度改革稳步推进。交通、城建、供销、公用事业、科研机构、国有资产管理等领域的改革也迈出重要步伐。

对外开放水平不断提高。成功举办第二届中部投资贸易博览会、黄帝故里拜祖大典、中原文化港澳行等大型商贸文化活动。2007年实际利用外商直接投资30.6亿美元，对外承包工程合同金额10.4亿美元，分别是2002年的6.8倍和3.3倍；近四年引进省外资金3400亿元；世界500强企业有42家落户中原。[1]

二 存在的问题和面临的困难

（一）产业层次低

我们先来看一下河南、山东、广东及全国的三大产业产值结构对比，具体见图2至图4。

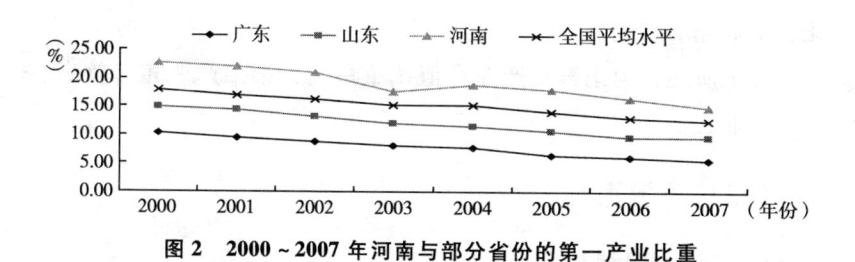

图2 2000~2007年河南与部分省份的第一产业比重

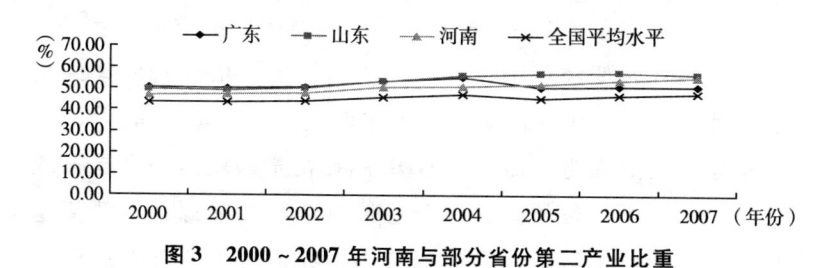

图3 2000~2007年河南与部分省份第二产业比重

---

[1] 源自2008年政府工作报告中的五年回顾（2002~2007年）。

产业发展与结构调整

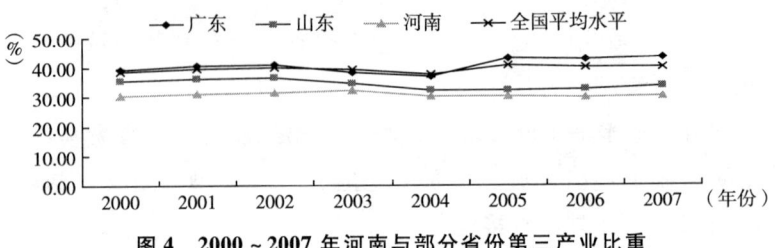

图4 2000~2007年河南与部分省份第三产业比重

就第一产业产值比重而言，虽然都呈现下降趋势，但河南该数值最高，比广东、山东以及全国分别高出9.3、5.1、2.3个百分点，第一产业比重较大，产业层次相对还较低。

而就第二产业而言，河南该数值分别高于广东、全国7.5和3.9个百分点，稍微低于山东。

再来看第三产业，河南该数值最低，比广东、山东、全国水平分别低13.2、3.4、9.8个百分点。第三产业产值较低意味着产业结构层次也较低。河南的工业化还没有导致第三产业结构的优化，工业化水平较低。

综上所述，河南第一产业产值比重最高，第二产业相对较高、第三产业最低，产业结构劣于全国水平。

（二）资源消耗大

1. 万元GDP能耗

中国经济高速增长的资源瓶颈受到前所未有的重视，立足国情，我们只有转变经济增长方式，从依靠粗放增长转向集约增长、从外延增长转到内涵发展上来才能适应我们这样的大国的未来可持续发展能力。而万元GDP能耗衡量的就是一个国家或地区每生产一个单位的国内生产总值所消耗的能源，该数值越小意味着该经济体对资源的依赖越小，经济的可持续发展能力越强。图5显示了1995~2007年河南与全国万元GDP能耗对比趋势。

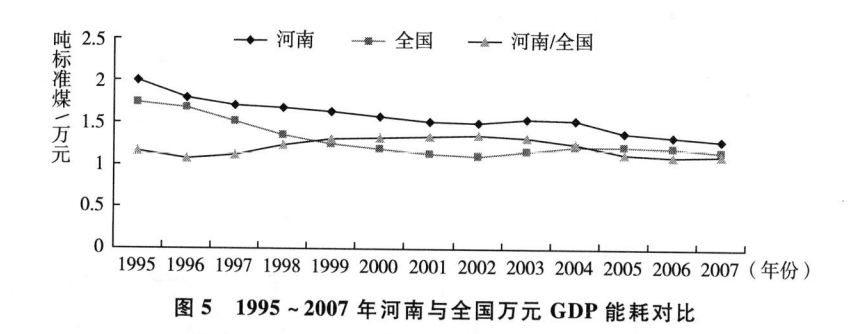

图5　1995～2007年河南与全国万元GDP能耗对比

由图5可以清楚地看出，从1995年以来，河南省的万元GDP能耗一直比全国要高，资源依赖一直高于全国平均水平。在总体趋势中，万元GDP能耗总体都呈下降趋势，在1995～2002年的下降趋势中，全国的下降幅度要大于河南的下降幅度，该阶段河南省的能源消耗状况劣于全国水平；在2002年以后的下降趋势中，河南的下降幅度要大于全国的下降幅度，两者的差距正在缩小。河南省的能耗水平逐渐降低，近几年节能减排工作成绩比较突出。这也可以从河南省与全国万元GDP能耗的比值走势得到佐证，河南省的节能减排工作迈出了一大步，由落后于全国水平逐渐赶上来。

但是，我们也应该清楚地看到，河南省的能耗还很高，以2007年为例，河南省万元GDP能耗在全国排名第十三位，在中部六省中排在第三位。这与河南省经济总量位列全国第五、中部第一的位置形成了鲜明的对比。因此，相对于河南的经济总量来说，其万元GDP能耗还是很高的，是北京的1.8倍、广东的1.72倍、全国平均水平的1.11倍。

2. 能源消费弹性系数

上面的分析只说明了能耗的绝对变化情况，并没有说明相对能耗变化情况，没有反映GDP与能耗之间的相对变化情况，能源消费弹性系数弥补了上述的不足。其计算公式为：能源消费弹性系数=能源消费增长速度/GDP增长速度。该系数衡量的是GDP每变动一个百分点，能源消费相应变化的百分比，衡量的是相对变化情况，该数值理论上应该是越小越好。图6显示了河南与全国能源消费弹性系数变动趋势。

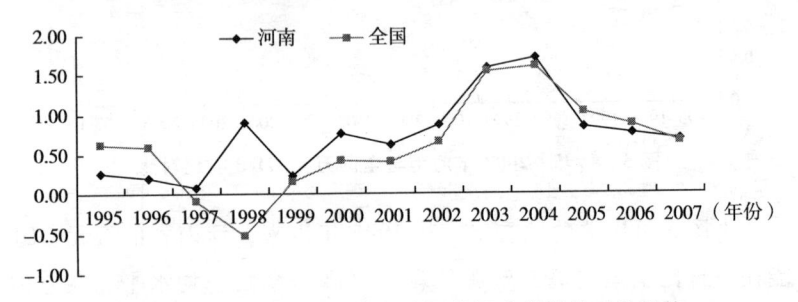

图6 1995~2007年河南与全国能源消费弹性系数趋势

图6把两者的变化趋势至少分为三个区间（2007年除外），1996年之前河南的能源消费弹性系数小于全国的能源消费弹性系数，从相对角度来说，河南省状况优于全国平均水平；1997~2004年河南的能源消费弹性系数大于全国的能源消费弹性系数，说明河南那时的能源状况劣于全国；而2005~2006年的走势与第一个区间相似，河南省该数值低于全国，但这只是两年的时间，到2007年河南省的该数值又略大于全国，且从二者曲线的倾斜度来看很可能意味着这种趋势一直进行下去。因此，尽管河南省的能源消费弹性系数呈逐步降低趋势，但与全国相比，形势仍然严峻。

（三）环境压力大

1. 污染压力

河南还处于工业化的初级阶段，相应的环境压力会比较大，我们以工业二氧化硫未去除量占比和生活垃圾无害化处理率来表示环境压力，具体见图7和图8。

从图中可以看出，工业二氧化硫未去除量的占比，河南显著高于全国水平，且趋势是：与全国水平比差距在逐渐扩大；2003~

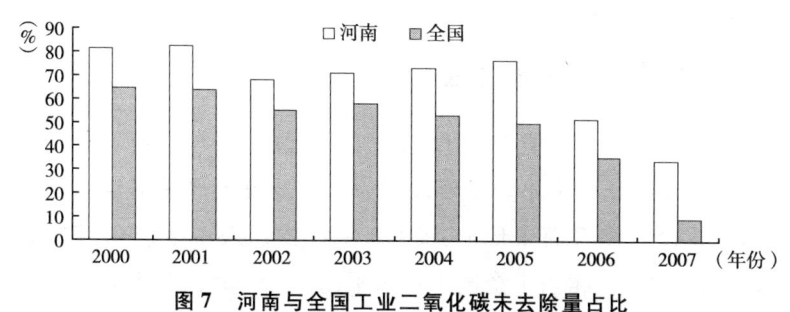

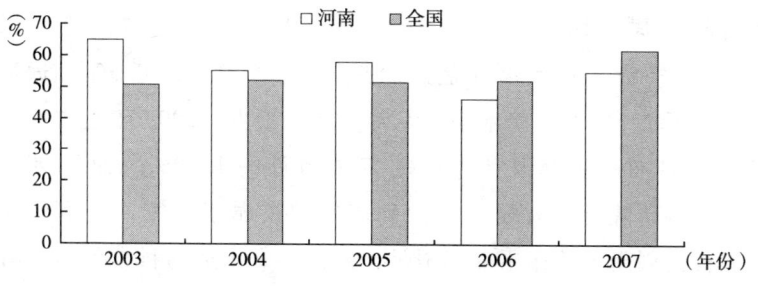

图7 河南与全国工业二氧化碳未去除量占比

图8 河南与全国生活垃圾无害化处理率

2007年，河南的生活垃圾无害化处理率由最初的高于全国水平变成最后低于全国水平，生活环境压力逐渐加大。

2. 治理环境投资水平较低

表3列出了2006~2007年两年间，河南与全国环境污染治理投资占GDP的比重。

表3 2006~2007年河南与全国环境污染治理投资占GDP比重

单位:%

年 份	2006	2007
河 南	0.76	0.76
全 国	1.22	1.24

在污染投资方面，河南近两年的投资占GDP的比例较小，从表3可以看出河南在环境污染治理投资占GDP比重方面远远低于全国平均水平。

所以，河南的环境压力是逐渐增大的。

（四）自主创新能力低

河南省自主创新能力还比较薄弱，科技进步与创新不适应经济发展的矛盾比较突出。主要表现为，科技投入严重不足，多元化的科技投入体系尚未形成：2005年科技投入占生产总值的比重仅为0.48%，相当于全国平均水平的1/3；每万人从事科研活动人员为15人，大大低于全国43人的平均水平；2005年发明专利授权量居全国第17位；2005年全省科学研究与试验发展（R&D）经费支出为52.4亿元，占全省生产总值的0.5%，远远低于全国1.3%的平均水平；发明专利数量少，2005年全省申请专利8981件，占全国申请专利47.6万件的1.89%，而且90%以上的科研院所（省属以上）和高等院校属于"零"专利；企业在科技创新中的作用发挥不足，还没有真正成为科技创新、科技投入、科技成果转化的主体，以企业为主体的自主创新体系尚未完全建立。相当一部分重点企业还没有建立研发中心，原始创新、集成创新和消化吸收再创新的能力较弱；科技体制改革滞后，科技管理条块分割，科技资源分散、使用效率低下，科学研究质量不高；科技与经济结合不紧密，科技成果不能及时转化为现实生产力；高层次科技创新人才匮乏，创新环境有待进一步优化；等等。[1]

河南的技术市场成交额总量及国内专利申请受理数和授权数较低，远远落后于北京、上海等发达城市或地区。我们以2007年为例来说明，图9和图10描述了2007年河南与其他主要省份的技术成交额与专利申请情况。

图9和图10清楚地说明了河南省面临严峻的自主创新形势，技术市场成交额在所列的几个省市中，基本处于最低位；而专利

---

[1] 河南省发改委网站。

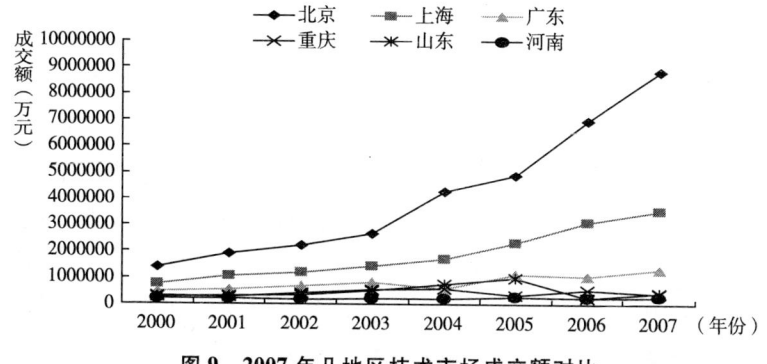

图9 2007年几地区技术市场成交额对比

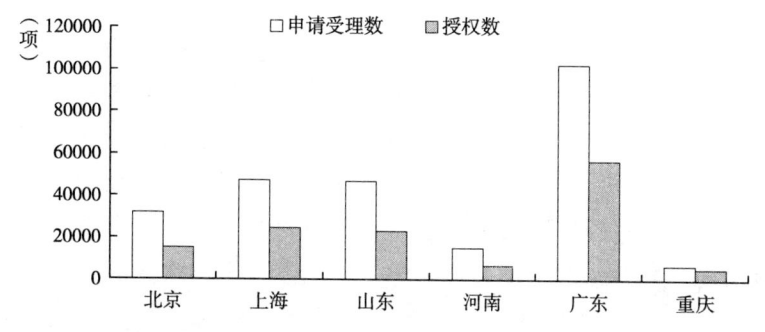

图10 2007年国内部分省市专利申请受理数和授权数对比

申请受理数和授权数河南仅仅比重庆稍高，全省经济未来发展所依托的创新形势比较严峻。

（五）体制机制障碍多

目前存在的各级政府职责不清、事权财权不匹配、政绩考核偏重经济增长速度、新增领导干部选拔任用方面市场竞争与社会评价机制作用不充分等体制弊病，导致了一些地方政府单纯追求经济增长速度，搞"政绩工程""形象工程"并因此而盲目投资、搞重复建设，实施地区封锁和市场分割；公共服务不均等，包括户籍制度在内的城乡管理体制分割等是城乡、地区发展不平衡的重要原因；在政绩和利润的驱使下，政企不分的政府行政体制，产权不清晰、责任主体不明确的国有企业制度，不完善市场制度下的非公有经济的发展，也都成了资源浪费、环境破坏，不惜以牺牲长远发展来换取一时繁荣行为的体制依据。而精力和财力集中到了单纯追求经济增长速度方面，社会事业的发展就会受到抑制，"一条腿长、一条腿短"的问题也就不可避免了。因此，要转变增长方式，创新发展模式，落实统筹城乡发展、统筹区域发展、统筹经济社会发展、统筹人和自然和谐发展、统筹国内发展和对外开放的要求，把经济社会发展切实转入全面协调可持续发展的轨道，必须深化改革，排除实现科学发展的体制障碍。

随着改革不断推进，市场配置资源的基础性作用日益增强，经济的市场化程度越来越高，为经济增长带来了空前的活力。与此同时，经济生活中一些不健康、不稳定、不协调的矛盾和问题也凸显出来，这在一定程度上与改革不完善、市场机制固有缺陷有关。只有充分发挥市场配置资源的基础性作用，才能使经济充满活力、富有效率。

（六）财政实力较小

从图11可见，河南作为我国第一人口大省，财政收入却与北京、上海、山东、广东等地区差距很大。税收收入是财政收入的主要部分，而对比2007年税收收入，北京为1435.6亿元，上海为2074亿元，广东为2785亿元，而河南仅为862亿元。

河南省从1994年实行分税制财政管理体制以来，新增财政收入来源主要是各项税收中的工商税收和企业所得税，收入新体制运行平衡，调动了各级政府当家理财的积极性，促进了全省财政收入的稳定增长和经济发展。但经济发展不平衡，也反映出一些问题，主要是部分县财政收入规模小，县级所得收入增量偏低，财力增长不能满足正常支出的需要，另外近年来企业效益下降也影响了财政收入增长。

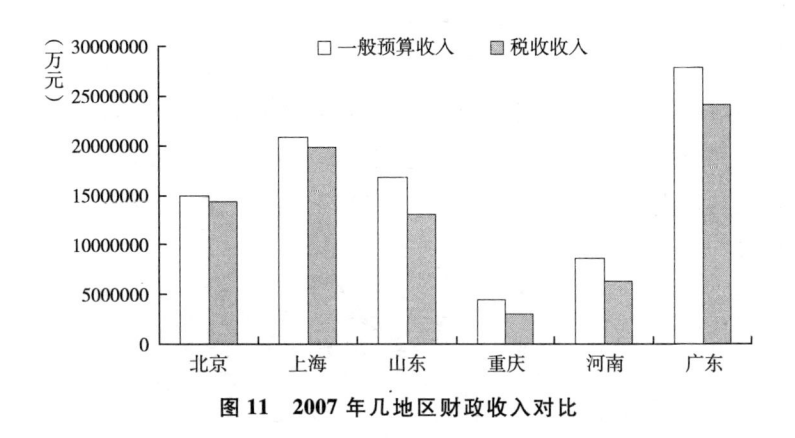

图 11　2007年几地区财政收入对比

（七）干部观念转变滞后

在计划经济条件下，发展经济就是上项目、铺摊子，通过规模扩张实现经济增长。改革开放以来，人们的思想观念已经发生了很大变化，对于计划经济体制向社会主义经济体制转变，各方面已形成共识。但是，由于河南省长期受经济基础薄弱、发展愿望迫切、发展惯性强等因素的影响，争投资、上项目，追求规模、攀比速度的现象仍然较为突出，在不少地方仍相当多地存在着重投入轻产出、重数量轻质量、重速度轻效益的倾向。

实现经济增长方式的转变，是对传统的粗放经营思想的一大冲击。由于转变经济增长方式的难度较之因袭传统的增长方式要艰巨得多，再加上河南省客观上存在着"发展远远不够"的问题，因此，在经济生活中涉及经济增长方式转变这一全局性问题时，有些部门往往是口头上讲得多，实际落实为行动的少。这一切表明，在短时间内要把长期以来形成的传统发展观念扭转过来，不是一件容易的事，只有经过长期的努力和实践，才能逐步放弃传统观念，自觉地走上集约型经营的轨道。

（八）宏观环境趋紧

这主要体现在全球金融危机对河南省的出口影响上。目前，

产业发展与结构调整

欧美市场出口量占全省出口量的38.85%，出口增长压力较大。美国次贷危机仍在向纵深发展，其对美国以及世界经济的拖累效应仍在不断扩散。这使我国经济发展面临的外部环境继续偏紧，不确定性较强，虽然美国以及其他国家采取的一揽子救市方案已出台且其效应逐步显现，但美、日、欧三大经济体经济增长仍十分缓慢。

关于郑许产业对接问题的思考[*]

一 许昌经济发展的优势与特点

(一) 近10年来经济增长强劲,经济活力十足

我们选取从1996~2003年、2005年的《河南省统计年鉴》以及《中国统计年鉴》的官方数据对许昌的经济发展特点作一总体描述。

第一,1996~2005年的10年中,许昌GDP在全省GDP中所占比重上升趋势明显。10年升幅为1.16个百分点,仅次于郑州和洛阳,与郑州、洛阳并列为河南省的三大经济增长极。

从表1中可以看出,从1996年至2005年10年中,全省18个地区中,只有7个地区的GDP在全省GDP中所占比重是上升的,升幅在1个百分点以上的地区只有郑州、洛阳和许昌,其他4个地区

---

[*] 本文是在许昌干部培训班讲稿基础上修改而成的。演讲时间是2007年9月27日,收入本书时又作了修订。从2007年秋至今已过去了近五年时间,这期间许昌的经济社会发展和城市建设发生了翻天覆地的变化,我们于2008年1月和2010年1月又先后赴许昌就城市建设和工业发展深入调研,获得了很多新信息,对很多问题也有了新认识。但为了展现当时的实际情况和认识水平,这次并未对文章原有结构和观点做大的改变,数据资料也没有增加新的。——耿明斋

产业发展与结构调整

表1 河南省1996~2005年各市GDP及其在全省GDP中所占比重变化情况

地区	1996年（万元）	2000年（万元）	2003年（万元）	2004年（万元）	2005年（万元）	1996年全省比重	2003年全省比重	2005年占全省比重	1996~2003变化率	2003~2005变化率	1996~2005变化率
郑州市	5044902	7380243	11022770	13352162	16606006	0.134028	0.1571	0.156313	0.0231	0.011228	0.022285
开封市	1550150	2262409	2820917	3251702	4080088	0.041183	0.0402	0.038406	-0.001	-0.00607	-0.00278
洛阳市	2927564	4227640	6863165	8802846	11123986	0.077777	0.0978	0.104711	0.021	0.021601	0.026934
平顶山市	2371639	2715029	3656628	4553661	5609931	0.063007	0.0521	0.052807	-0.0109	-0.00057	-0.0102
安阳市	2134862	2560095	3617866	4515087	5574577	0.056717	0.0516	0.052474	-0.0051	0.002146	-0.00424
鹤壁市	666755	853405	1222482	1485442	1862357	0.017714	0.0174	0.01753	-0.0003	0.000754	-0.00018
新乡市	2646752	2808535	3789452	4502839	5441633	0.070316	0.054	0.051222	-0.0163	-0.00399	-0.01909
焦作市	2362853	2285547	3414205	4492470	5839740	0.062774	0.0486	0.05497	-0.0142	0.010039	0.0078
濮阳市	1485335	2039449	2650299	3137264	3839824	0.039461	0.0378	0.036144	-0.0017	-0.00395	-0.00332
许昌市	1707094	2913482	4116846	4892469	6054744	0.045352	0.0587	0.056994	0.0133	-0.00028	0.011641
漯河市	1100015	1642624	2215676	2588847	3221361	0.029224	0.0316	0.030323	0.0024	-0.00197	0.001099
三门峡市	1137323	1686397	2245634	2576682	3351823	0.030215	0.032	0.031551	0.0018	-0.0016	0.001336
南阳市	3753541	5196645	7241573	8786686	10534299	0.09972	0.1032	0.09916	0.0035	-0.003	-0.00056
商丘市	2061253	2876513	3397493	4514346	5607773	0.054761	0.0484	0.052786	-0.0064	-0.00376	-0.00198
信阳市	2451898	2610514	3471173	4319443	5085635	0.06514	0.0495	0.047871	-0.0156	-0.00345	-0.01727
周口市	2000714	3414728	4034625	5016008	5954976	0.053153	0.0575	0.056054	0.0043	-0.01107	0.002901
驻马店市	1789471	2800835	3457143	4273907	5003555	0.047541	0.0493	0.047099	0.0018	-0.00796	-0.00044
济源市	448496	594391	941930	1146747	1443279	0.011915	0.0134	0.013586	0.0015	0.001901	0.00167

升幅都在0.1~0.3个百分点之间。所以,许昌是最近10年来全省名副其实的三大增长极之一。

在中原城市群9个城市中,许昌的表现也是最抢眼的。在5个比重上升的城市中,许昌列在郑州和洛阳之后,位列第三。开封、新乡、焦作、平顶山比重是持续下降的。

相对于1996年,2005年许昌市GDP在全省GDP中的比重上升幅度是1.16个百分点,较2003年的1.33个百分点升幅有所下降。

第二,从人均GDP来看,许昌在1996~2003年8年中年均增长率为11.9%,按增长率计排名第6位。2005年绝对值为13468元,也排在全省18个省辖市的第6位。不管是增长率还是绝对量,都明显居于18个省辖市前列(见表2)。

表2 河南省各地市1996~2005年人均GDP增长速度变化表

单位:元

地区	1996年人均GDP	2000年人均GDP	2003年人均GDP	2004年人均GDP	2005年人均GDP	1996~2003年人均GDP增长率	排名	2003~2005年人均GDP增长率	排名	1996~2005年人均GDP增长率	排名
郑州市	8352	11743	17063	20575	25474	0.107449	2	0.221858	8	0.13191	3
开封市	3421	4876	5981	6860	8570	0.083079	10	0.197026	15	0.107425	13
洛阳市	4872	6830	10823	13813	17383	0.120779	1	0.267327	3	0.151807	1
平顶山市	4384	5680	7502	9303	11407	0.079766	11	0.233097	5	0.112102	8
安阳市	4249	4966	6869	8521	10472	0.071028	14	0.234719	4	0.105419	14
鹤壁市	5068	6140	8587	10389	12976	0.078239	12	0.229277	6	0.110113	11
新乡市	5123	5245	6940	8209	9876	0.04432	17	0.192919	18	0.075655	18
焦作市	7594	7000	10115	13236	17145	0.041802	18	0.301925	1	0.094703	16
濮阳市	4481	5894	7495	8825	10754	0.076252	13	0.197841	15	0.102158	15
许昌市	4892	6644	9229	10925	13468	0.094917	6	0.20802	11	0.119099	6
漯河市	4557	6664	8868	10300	12759	0.0997587	4	0.199487	14	0.121197	5
三门峡市	5327	7771	10181	11648	15124	0.09695	5	0.218816	9	0.122933	4

续表

地区	1996年人均GDP	2000年人均GDP	2003年人均GDP	2004年人均GDP	2005年人均GDP	1996~2003年人均GDP增长率	排名	2003~2005年人均GDP增长率	排名	1996~2005年人均GDP增长率	排名
南阳市	3651	4963	6814	8233	9826	0.093233	7	0.200846	13	0.116282	7
商丘市	2670	3618	4200	5559	6879	0.066855	15	0.279788	2	0.110883	10
信阳市	2491	3392	4462	5524	6476	0.086839	8	0.204727	12	0.111997	9
周口市	2560	3325	3817	4720	5579	0.058725	16	0.208974	10	0.090412	17
驻马店市	2396	3475	4197	5158	6010	0.083375	9	0.196652	17	0.107583	12
济源市	7146	9287	14501	17520	21863	0.106382	3	0.22788	7	0.132298	2
河南省	3978.4	5449.7	7375.9	9200.6	11346.5	0.092197	—	0.2402	—	0.1235	—
中国	5846	7858	10542	12336	14040	0.087879	—	0.154	—	0.1022	—

（二）工业优势突出

2005年许昌市第二产业产值为3702862万元，仅次于郑州、洛阳和南阳，列全省第4位（见表3）。

2005年河南省三次产业结构为17.9∶52.1∶46.3，中原城市群的三次产业结构为11.54∶56.09∶32.37，而许昌这一指标为16.44∶61.16∶22.40。较为明显的是，许昌市第一产业在GDP中的比重明显高于中原城市群的水平，虽然较全省的该指标略低，但差别不大。许昌的第三产业在GDP中的比重不仅显著低于全省第三产业在GDP中的比重，也比中原城市群第三产业指标低约10个百分点。但是值得肯定的是，许昌的第二产业发展情况无论是总产值还是人均产值都排在全省的前列，其中总产值位于全省第4位，在中原城市群中排第3位，人均产值位于全省第6位，在中原城市群中排第5位，显示出了良好的工业基础和发展态势。

表3 各地区三次产业结构

单位：万元

地 区	2005年总值	第一产业	第二产业	第三产业
郑州市	16606006	723767	8728398	7153841
开封市	4080088	1212932	1638892	1228264
洛阳市	11123986	1105013	6484214	3534759
平顶山市	5609931	669754	3373263	1566914
安阳市	5574577	884380	3205215	1484982
鹤壁市	1862357	326757	1104823	430777
新乡市	5441633	890248	2804105	1747280
焦作市	5839740	584293	3619400	1636047
濮阳市	3839824	624632	2410211	804981
许昌市	6054744	995555	3702862	1356327
漯河市	3221361	577638	2006312	637411
三门峡市	3351823	330981	2022630	998212
南阳市	10534299	2757621	5279889	2496789
商丘市	5607773	1881285	2209447	1517041
信阳市	5085635	1504174	1934750	1646711
周口地区	5954976	2052910	2365311	1536755
驻马店市	5003555	1701860	1926505	1375190
济源市	1443279	99746	968821	374712

（三）能源消耗低，每度电产生的工业增加值最大，或单位产值的电量消耗最小

近几年河南省经济快速发展，资源型城市的粗放发展模式成为不少地区经济发展的主要动力。比较表4我们可以发现，近两年经济发展快的地区，却在每度电的产值和每吨煤的产值全省排名中，处于全省的落后地位。特别是近年经济增长最快的地区，如焦作和商丘单位电耗产值却最小，单位煤耗的产值也分别排全省的倒数第四和第一。可见在现阶段，一个地区在资源上的优势大小已经成为其能否快速发展的决定因素。许昌地区虽然每度电的

产值最大，但是近两年的增长速度却仅排名第 11 位。但许昌这种发展模式应是可持续的。

表4　河南省各地区能源消耗情况

单位：元/度，元/吨

地　区	2003~2005年增长速度全省排名	每度电工业增加值	全省排名	每吨煤工业增加值	全省排名
焦作市	1	1.789264555	17	1275.803517	15
商丘市	2	1.705167963	18	692.7167737	18
洛阳市	3	2.300894576	15	2269.799797	8
安阳市	4	2.884778017	10	1714.69079	13
平顶山市	5	3.079829235	9	762.3983096	17
鹤壁市	6	2.528969621	14	1235.325181	16
济源市	7	3.21359003	7	1507.136782	14
郑州市	8	2.602563001	13	2697.58317	7
三门峡市	9	2.036842197	16	1735.908777	12
周口市	10	6.447571884	2	3366.499818	4
许昌市	11	8.792191468	1	2240.450274	9
信阳市	12	3.890745241	5	1984.597355	11
南阳市	13	3.133704445	8	3637.340127	3
漯河市	14	5.571033756	3	5516.684635	2
濮阳市	15	4.475306652	4	12525.73745	1
开封市	16	3.802486299	6	2787.731029	6
驻马店市	17	2.777312871	11	2935.534394	5
新乡市	18	2.612756478	12	2032.650235	10

（四）工业结构偏轻型，加工工业在整个工业结构中占据主导地位，经济增长不依赖资源型产业拉动

河南近几年的经济发展速度很大程度上取决于河南省重工业的发展，2005年重工业增加值占全省工业增加值的65%。

表5　2005年河南省各地区轻重工业及其比重

单位：亿元

地　区	轻工业	重工业	工业增加值	轻工业比重	重工业比重
河南省	1709.3	3186.71	4896.011735	0.3491209	0.65087875
郑州市	158.98	600.75	759.73	0.20925855	0.790741448
开封市	65.43	81.73	147.16	0.4446181	0.555381897
洛阳市	124.01	442.06	566.07	0.21907185	0.780928154
平顶山市	51.74	264.48	316.2	0.16363061	0.836432638
安阳市	76.13	207.96	284.08	0.26798789	0.732047311
鹤壁市	33.69	70	103.68	0.32494213	0.675154321
新乡市	105.98	127.99	233.97	0.45296406	0.547035945
焦作市	113.18	220.24	333.42	0.33945174	0.660548257
濮阳市	62.11	151.66	213.77	0.29054591	0.709454086
许昌市	138.58	206.32	344.89	0.40180927	0.598219722
漯河市	132.0514	57.4172	189.4586	0.69699343	0.303059349
三门峡市	15.96	172.22	188.16	0.08482143	0.915284864
南阳市	242.76	225.42	468.18	0.51851852	0.481481481
商丘市	70.54	112.65	183.19	0.38506469	0.614935313
信阳市	72.73	80.51	153.24	0.47461498	0.525385017
周口市	128.93	79.9302	208.8583	0.61730848	0.382700616
驻马店市	90.0308	82.4534	172.4842	0.52196549	0.47803451
济源市	12.86	77.19	90.06	0.14279369	0.85709527

经济发展速度快的地市，其重工业比重均位于全省前列，但许昌的重工业增加值占其工业增加值的比重比全省平均水平却低了近6个百分点。在中原城市群9个城市中，许昌重工业比重排在济源、平顶山、郑州、洛阳、焦作之后，居第6位，高于漯河、新乡和开封，属于偏轻型的工业结构。可以说，许昌的经济发展已经基本摆脱了对本地资源的依赖，进入了内生良性可持续增长轨道。

（五）私营企业发达

许昌民间素有依托市场需求创业和从事经营活动的传统，许多以民营经济为主体成长起来的产业都有很久远的历史渊源。自北宋以来就传承下来的种植花草的传统成就了现在鄢陵县发达的花木产业。19世纪由欧洲传教士引入的头发收购和加工整理传统成就了现在以瑞贝卡为首的假发产业集群。浓郁的创业文化和良好的人文制度环境培育了民间企业家群体的成长，促进了民营经济的蓬勃发展。按私营企业数量占本地企业总数的比重计算，许昌位于全省第一。按经济总量计算，许昌非公经济占到75%。对市场的适应能力强，经济活力较强，且其相对能源消耗水平较低的发展模式，会在更长时期支撑许昌经济的发展。

除了上述五大特点和优势之外，产业空间聚集度较高（6个工业聚集区）、区位优势突出（郑州南大门、航空港、公路四通八达、铁路交通优势明显）、资本市场与产业发展关联度比较高（3家国内上市公司、2家国外上市公司）、生态环境好、有一定的资源基础等，也是许昌经济发展突出的特点和优势。

二　许昌经济发展的隐忧

（一）2003年以来许昌经济增长相对于其他地区有放缓的迹象

其表现就是人均GDP的年均增长速度由1996~2003年的第6位下降到了2003~2005年的第11位，虽然这三年年均20.8%的增长速度远远超过了1996~2003年8年年均9.49%的绝对增长速度，但相对增长速度放缓了。许昌的经济增长速度不仅低于增速较快的焦作（30.2%）、洛阳（26.7%）等市，甚至低于全省平均

24%的增长速度。

许昌人均 GDP 与同期河南省人均 GDP 的比值，2003 年为 1.25，2005 年这一比值却下降到了 1.19。

从许昌市 GDP 占全省 GDP 比重的变化也可以看出这一趋势。1996 年许昌市 GDP 占全省 GDP 的比重为 4.54%，到 2003 年这一比重上升到了 5.87%，但到 2005 年这一比重又下降到了 5.7%，2005 年较 2003 年这一比值下降了 0.17 个百分点。

在中原城市群内，许昌 GDP 排在第 3 位，仅次于郑州和洛阳。以人均 GDP 排名，许昌一直处于第 5 名的位次，但自 2003 年开始，许昌与排名第 4 位的焦作差距越来越大，与排在第 6 位的漯河市差距却越来越小。

出现这种现象，可能是近几年河南经济的高速增长是靠资源型产业支撑的缘故，许昌以加工工业为主的产业结构难以像资源型产业那样依靠强劲的市场需求和快速上涨的价格来支撑起超高的增长速度。从这个意义上说，以资源型产业为主的城市近几年经济的超高速增长很难长期持续，而许昌以加工工业为主的产业结构高速增长可能是可持续的。

（二）城市化水平低

从表 6 可以看出，许昌 2005 年城市化率仅有 32%，稍高于全省 30.7% 的平均水平。在河南省 18 个地市中排名第 11 位，在中原城市群 9 个城市中排名第 8 位，仅高于漯河。比全国水平低将近 15 个百分点。

此外，许昌市区的规划面积也在河南省各地市中处于较为靠后的位置，2004 年仅排在全省的第 14 位，2005 年虽有所上升但也仅居第 12 位。在中原城市群中城市规划面积最小。这与许昌经济发展水平居全省第 6 位的经济水平发展指标相差过远。

产业发展与结构调整

表6 河南省各地区城市化率

单位：%

区 域	1999年	2000年	2001年	2002年	2003年	2004年	2005年
全 省	17.9	18.3	19.0	19.0	20.2	28.9	30.7
郑 州 市	33.3	35.4	36.7	36.7	38.6	57.9	59.2
开 封 市	18.9	19.4	19.7	19.7	19.9	26.6	32.7
洛 阳 市	24.4	24.7	24.8	24.8	26.9	35.6	38.0
平顶山市	23.5	23.8	24.0	24.0	23.8	33.5	35.0
新 乡 市	19.9	20.4	20.9	20.9	22.1	32.0	33.6
焦 作 市	30.7	29.9	30.4	30.4	31.6	38.5	40.0
许 昌 市	16.1	16.1	16.9	16.9	18.6	30.1	32.0
漯 河 市	21.9	22.4	23.5	23.5	24.2	30.0	31.7
济 源 市	37.6	28.1	28.0	28.0	29.3	36.0	40.0
安 阳 市	17.7	18.0	18.4	18.4	21.3	31.0	32.5
鹤 壁 市	28.8	30.7	31.2	31.2	32.1	41.2	42.6
濮 阳 市	16.9	17.0	17.1	17.1	19.1	27.3	28.7
三门峡市	26.6	27.4	27.9	27.9	28.4	37.7	39.3
南 阳 市	13.6	14.1	14.2	14.2	14.8	27.1	30.0
商 丘 市	10.2	12.8	16.6	16.6	17.6	23.7	26.1
信 阳 市	13.8	14.5	14.8	14.8	16.0	25.5	27.4
周 口 市	9.8	9.9	10.2	10.2	11.2	16.6	19.0
驻马店市	11.0	10.5	11.0	11.0	11.5	16.8	18.7

注：1999～2003年，是以河南年鉴上各地市的非农业人口除以总人口得出来的城市化率。2004、2005两年由年鉴直接给出，其算法是以城市常住人口为分子。

表7 河南省各市建成区面积和人口密度

单位：平方公里、平方公里/人

地 区	2004年 建成区面积	2004年 城市人口密度	2005年 建成区面积	2005年 城市人口密度
郑 州	187.69	2474	262	2529
开 封	70	11195	75	11052
洛 阳	131.84	10732	133.34	11259
平顶山	55.3	10939	59.6	11158

续表

地 区	2004年		2005年	
	建成区面积	城市人口密度	建成区面积	城市人口密度
安 阳	73	7300	73	7500
鹤 壁	40.37	5297	40.37	5526
新 乡	73.5	11164	76.78	11344
焦 作	71.48	7927	75.2	8006
濮 阳	33.7	6620	35.1	6840
许 昌	36	6811	45.8	7107
漯 河	38.84	4428	46.7	4277
三门峡	24.7	8957	26.7	8341
南 阳	69.37	8433	77.48	8464
商 丘	55	9026	56	9300
信 阳	43.2	8802	46	8882
周 口	32	3348	40	2280
驻马店	38.17	5821	38.17	5821
济 源	22.97	5282	24	5500

（三）第三产业发展水平低

2005年河南省三次产业就业结构：全省为55.4∶22.1∶22.5，中原城市群为50.4∶24.8∶24.6，许昌为50.7∶26.2∶23.1。同产业结构情况相同，许昌第一产业就业人数高于中原城市群，第三产业明显低于中原城市群水平1.5个百分点。其第二产业吸纳就业人数位于全省第7位，在中原城市群中居第6位，第三产业吸纳就业人数位于全省第8位，在中原城市群中居第6位。

一个地区就业人员能否顺利地从低附加值产业向高附加值产业转移对于一个地区的经济发展往往起着决定性的作用。以河南省和许昌2005年的统计数据为例，全省2005年第一、二、三产业人均产值分别为6028、44567、24787元，许昌2005年第一、二、三产业人均产值分别为 7170、51730、21450 元。以许昌的数据来计算，第一产业每向第二产业转移一个劳动力，其产值会增加 44560 元；第一产业每向第三产业转移一个劳动力，其产值会增加 14280 元。虽然第三产业人均增加值不及第二产业多，但由于第二产业自身的发展已经达到了相当高的水平，在进一步发展特别是工业结构由轻工业向重工业转型的过程中，第二产业吸纳就业人员的能力会大大降低。而与此同时，许昌第三产业的发展水平即便是相对于河南省的平均发展水平而言也存在较大的差距，并且第三产业能否充分发展反过来也会影响第二产业的发展，所以许昌在抓好第二产业发展的基础上应大力发展第三产业。

一个地区的经济发展水平和速度取决于一个地区第二、三产业的发展，而一个地区的城市化率以及该城市本身的发展是第二、三产业快速发展的客观物质基础。特别是城市规模决定了其第三产业发展水平。而在这两个指标上，许昌在全省以及中原城市群中的排名都与其经济发展水平不相符，如何快速提升许昌地区的城市化率，以及加快许昌城市自身的建设是许昌面临的一个较为突出的问题。

三　郑许产业对接与郑许一体化

（一）郑许对接是优先选项

一个相对独立的经济区的发展和进化以开放和加强外部交往为前提。

开放为本地产品找到更广阔的市场，使之得以扩大本地经济活动的规模；开放可以吸引外部的资本、资源、技术和人才，为本地经济规模成长提供强有力的支撑；开放可以为本地提供先进的理念，调整和扭转经济社会发展的方向。

许昌经济要保持近 10 年来持续快速增长的势头，基本思路只能是全方位开放和与外部经济活动对接，首先是与距离最近的强大增长极对接，即与郑州对接。

（二）"郑许对接"与"郑许一体化"

产业对接不仅仅是空间上两地之间的产业联结起来，更重要的是不同空间点之间在同一产业链条上不同环节之间的内在联结。一般认为，郑州、开封、新乡、许昌等四市所构成的区域是中原城市群的核心区，也是中原城市群中未来的都市区。在该核心区和都市区中，开封经济元气仍在恢复中，新乡尚未从计划经济遗存下来的环境中完全走出来，除郑州之外，最具活力和成长力的无疑是许昌。而许昌的最大比较优势又是制造业，制造业却是郑州的弱项，所以，许昌与郑州的联结在整个核心区或都市区内就形成了强大的产业支柱。从城市之间的功能分工格局来看，郑州发展的重点在服务业和高端制造业，具有制造业优势的许昌与郑州联结发展不但对郑州是补充，而且会成为整个核心区或都市区内制造业的中心。

产业对接无疑是郑许对接的核心内容，但随着产业在空间上尤其是在各种相关产品制造环节上联结成一体，郑许之间交通基础设施建设也必将向一体化方向大步推进。因此，郑许之间在区域发展方面全方位的一体化应该是不可逆转的趋势。所以，郑许产业对接是切入点和基本内容，郑许一体化则是总体趋势和目标。与其讲郑许产业对接或郑许产业带，不如直接讲郑许一体化发展。从更宏观的角度讲，中原城市群建设和发展的目标就是一体化，郑许一体化不过是整个中原城市群一体化发展的一部分。

四 如何实现郑许一体化

什么是一体化？一体化就是要素无障碍流动和在更大空间范围内资源优化配置的状态。所以，一体化的核心是扫除要素流动的障碍，不仅是基础设施不足造成的障碍，更是制度因素所造成的障碍。简要地说，实现郑许一体化发展至少要从以下几个方面入手。

（一）产业空间上重新合理配置

以宇通客车、东风日产、远东传动和许继电气等为龙头的高端装备制造业为郑许产业带的脊梁，以黄河旋风为龙头的超硬新材料制造业、瑞贝卡为龙头的假发制造业为支撑，以新郑、长葛两县级市为支点，从郑州一路向南建成真正的先进制造业产业带。

（二）产业链条对接

从现代的产业组织体系和产业存在形态来看，每一种产品或每一种产业都是由一个或几个大企业主导，又有围绕在大企业周围依托大企业生存的大量中小企业群体所构成的分工产业链。郑州的人才优势和公共服务体系优势会日益成为产业和产品的创新中心及产业成长源头，许昌的制造优势和活跃的企业家群体创业优势会成为产业和产品链条延长、膨胀和成长壮大的腹地。郑许产业链条对接与互动会推动中原城市群核心区、都市区乃至整个中原城市群强大制造中心的形成与发展。

（三）规划对接

规划对接是一体化发展的前提。两市应该就产业空间布局、城市功能布局、经济发展、土地利用等方面的规划进行充分协调，全方位对接。同时，还要把郑许一体化放在整个中原城市群核心区或都市区以及整个中原城市群的发展方向和功能分工格局中，找准自身定位，使两市对接规划尽可能与全局的功能分工及发展趋势相一致。

（四） 交通基础设施对接

一是连接郑许的现有交通通道的升级改造，包括京珠高速公路郑许段的拓宽改造、107 国道郑许段的二级升一级改造、正在建设的石武高铁郑许段建设的快速推进等；二是规划建设新的通道，包括从东侧打通从郑东新区沿京珠高速东侧向南横穿机场直达许昌东区的高标准城市道路，以及尽快开工建设早已规划的郑州西侧与 107 国道并行的安阳—信阳一级公路郑许段；三是启动郑州—机场与机场—许昌的城际轨道接通体系建设；四是规划建设郑许之间的水系和生态带；五是规划建设郑许之间的供排水、供暖、供气等管道系统。

（五） 制度对接

主要是户籍、养老、低保、医保等制度的一体化对接。欧共体、日本等发达经济体的真正意义上的一体化，主要是制度障碍的排除。中国区域发展的问题根本在于在制度上人为制造了城乡分割、区域分割、等级阶层分割，使得人口在城乡之间、区域之间、层次之间流动障碍重重。郑许一体化推进过程中要率先探索、尝试找到破除人口在区域间自由流动障碍的途径，努力做到区域之间在制度上的全方位对接。当然，这会涉及税制改革等一系列整个国家层面复杂的制度变革问题，但地方上还是在自己所能控制的范围内进行了一些探索。

（六） 一体化实施过程中的相关问题

除了上面列举的几个面上的问题之外，郑许一体化推进的过程中还需探索几个深层次的问题。主要是三个方面的问题。

一是核心区四城市功能重新定位的问题。中原城市群核心区以郑州为中心的四城市，前期已启动了郑汴一体化，现在又谋划了郑许一体化，郑新一体化也在酝酿中。随着一体化的完成，郑汴许新四市就会构成一个庞大的城市综合体。在该城市综合体中，各自的城市功能定位该如何界定？这显然是一个需要长期思考和充分协调的深层次问题。

二是城乡一体化发展问题。随着郑许对接和郑许一体化推进，郑许之间广大的农村地区会不可避免地被卷进城市化浪潮中。农村改造和农民生产生活方式城市化转型就成为大问题。顺应这种需要，许昌已经规划并启动了城乡一体化推进区建设，涵盖从许昌向北到长葛的103平方公里、72个村子。最终目标是将推进区变成新城区。提出了"三集中"的举措，即土地集中于业主和公司手里，农民向社区集中，产业向园区集中。要实现"三统筹"，即统筹三产、统筹城乡、统筹经济与社会发展。愿景是实现"城在村中，村在城中，城在水中，水在城中"的新型城市形态。但是，要同时实现城市发展、产业发展、村庄改造、就业转换和社会组织再造，问题将会十分复杂，需要下一番统筹兼顾的工夫。

三是制度变革。最主要的是土地制度，特别是关于农民宅基地的。如何在村庄拆旧建新过程中保证农户得到足够的补偿，改造安置村民后剩余的集体建设用地收益如何处置，土地增值收益在集体内部如何进行分割等等，都是没有现成模式，需要在实践中摸索解决办法的问题。根本的问题实际上是如何分割土地权益、实现土地流转和保证农民的利益，让农民分享城市化的利益。

最后，建议以许昌、开封、新乡、郑州等四市所形成的中原城市群核心区为基础，申报国家区域一体化和城乡一体化试验区。

河南省科学发展载体建设研究*

一 实现科学发展的前提是提高资源的使用效率

1. 什么是科学发展

我们理解,科学发展就是按照经济社会进步的内在规律实现的发展。什么是经济社会进步的内在规律?科学发展观所概括的发展目标、路径和方法,就体现了经济社会进步的内在规律。所以,按照科学发展观的要求实现的发展就是科学发展。

按照党的十六届三中全会的表述,科学发展观就是要"坚持以人为本,树立全面、协调、可持续的发展观,促进经济社会和人的全面发展"。要按照"统筹城乡发展、统筹区域发展、统筹经济社会发展、统筹人与自然和谐发展、统筹国内发展和对外开放"的要求推进各项事业的改革和发展。

胡锦涛总书记在党的十七大报告中进一步将科学发展观提炼为:"第一要义是发展,核心是以人为本,基本要求是全面、协

---

* 本报告是河南省政府下达的决策咨询课题的最终成果,我是课题主持及报告撰写执笔人,课题组成员包括高保中、董栓成、宋伟、刘涛、张建秋等,其中张建秋做了大量资料整理工作。报告于 2009 年 11 月完成,并提交省政府研究室。——耿明斋

调、可持续，根本方法是统筹兼顾。"

2. 为什么说实现科学发展的前提是提高资源的使用效率

我们理解，所谓"第一要义是发展"，说的是科学发展观归根结底是要发展，也就是要总量增长和结构优化，没有发展，没有总量增长和结构优化，一切都无从谈起。所谓"核心是以人为本"，说的是发展的目的是为了人，也就是为了满足社会大众的需求和实现社会大众的素质提升及能力增强，而不是为了生产而生产，为了增加总量而增加总量。所谓"基本要求是全面、协调、可持续"，说的是发展不是片面追求某一方面进步，而是要追求全方位的进步；发展所涉及的各个领域不是相互损害或以牺牲一个领域来实现另一个领域发展，而是相互促进，均衡发展；发展不是竭泽而渔、滥用资源，只顾眼前、不顾长远，而是要合理使用资源，兼顾短期和长期，持续不断地进步。所谓"根本方法是统筹兼顾"，说的是要实现总量增长和结构优化，满足人的需要和促进人的素质提高和能力提升，做到全面、协调、可持续，只能通过统筹城乡、经济与社会、人与自然等各种关系、各种发展需要的方法来实现。

用一句话来概括，科学发展观就是要求通过统筹兼顾的方法，实现各方面的相互促进和均衡前进，以持续进步的方式来促进总量增长和结构优化，达到满足人的需求和提升人的素质及能力的目的。

显然，如何通过统筹兼顾及相互促进和均衡前进来实现总量增长和结构优化，是实现科学发展的关键。而其中的根本是提高资源的使用效率。因为可用于发展的资源是有限的，只有提高这些资源的使用效率，才能最大限度地增加财富的总量，满足各个方面发展的要求。同时，各个方面的发展相互促进、均衡前进，也是实现资源有效利用的基本途径。正是在这种意义上，我们说实现科学发展的前提是提高资源的使用效率。

二 产业聚集区和现代城镇体系是实现科学发展的重要载体

1. 要素的空间聚集是提升其使用效率和实现总量增长与结构优化的基本途径

自 18 世纪下半叶英国爆发产业革命以来，人类社会就摆脱了农耕社会持续几千年的停滞状态，开始了以持续的总量增长和结构优化为基本内容的发展过程。工业化是这一过程的核心和发动机。工业化所带来的高效率使得社会财富快速增长；工业化将大量农业劳动者吸纳到工业生产过程中，它提供的物质和技术也为农业的现代化奠定了基础；工业化促进了现代城市的发展和扩张。

这一切的背后是要素在特定空间点聚集的过程。工业生产过程与农业最大的不同是它需要基础设施支撑，而基础设施只有在众多企业共享的情况下才能实现成本最小化，所以，工业化一定会导致产业在特定空间点的聚集。产业的聚集会导致人口的聚集和服务业的发展，这构成了现代城市发展的基本推动力。城市本身就是产业聚集和人口聚集的结果。从工业和城市发展的内在逻辑来看，聚集本来就是共享基础设施、降低资源使用成本、提高资源使用效率的结果。从农业的现代化来说，正是人口向工业化城市的聚集腾出了空间，使得仍然留在农业和农村的劳动者可以拥有更多的耕地面积，实现规模化、专业化种植和商品化规模经营，从而提高了农业劳动的效率和农业生产领域资源利用的效率。

可见，要素向特定空间点的聚集不仅是提高资源使用效率的结果，也是提高资源使用效率的基本途径。

2. 产业聚集区和现代城镇体系是河南实现科学发展的重要载体

河南有近 1 亿人口，按照科学发展观以人为本的要求，河南实现科学发展的基本目标是要满足近 1 亿人的需要、提升他们的素质

产业发展与结构调整

和能力。2008年河南的城镇化率是36%，反过来也就是说，河南的农村人口占总人口的64%，绝对量应该是近6400万。全国平均的城镇化率是46%，按13亿人口计，农村人口总数是7.02亿。河南的农村人口占全国农村人口的9%以上。河南的粮食年产量超过1000亿斤，是全国的1/10。河南是典型的农业大省和农民大省，"三农"问题异常突出。所以，河南实现科学发展的重点是要提高农民的收入，满足农民的需要和提升农民的素质及能力。根据前面的分析，工业化是总量增长和结构改善的起点，是财富和收入增长的发动机，也是农业效率提升和农业现代化的前提。工业化的逻辑就是聚集，是产业向特定空间点聚集和人口向城镇聚集，并在聚集的基础上实现基础设施的多主体共享和资源的更有效利用。正是在这个意义上，我们说河南目前正在规划实施的产业聚集区和现代城镇体系是实现科学发展的载体。

有一种意见认为，按照区域分工理论，农业是河南的比较优势，河南只要专注于农业就行了，让沿海地区发展工业和城镇，并吸纳河南的农民人口，也可以为农业的土地规模经营腾出空间，实现河南农业的现代化。我们认为在一个小的国家中，这种区域分工的发展模式或许可行，中国是一个大国，其工业和城市不可能都布局在沿海的狭小空间内，人口也不可能都聚集在这一地区。中国的工业和城镇布局一定是多中心的，广大中西部地区一定也要有工业和城镇聚集区。河南作为1亿人口的大省和中西部地区经济规模最大的省份，一定要有自己的工业和城镇聚集区。试想，如果河南自己没有工业和城镇聚集区，有哪一个区域能够容纳如此多的河南人口？撇开这一点不说，从效率的意义上说，河南拥有丰富的资源和巨大的市场，又是中西部地区最重要的交通枢纽，具有低成本从事工业生产、建设城镇和聚集人口的明显优势，放弃这种优势而选择高成本的人口迁徙和人口生存空间，以及高成本经济活动空间，肯定是违背规律和得不偿失的。所以，河南在现有的空间内发展自己的产业聚集区和现代城镇体系是提升资源利用效率，促进总量增长和结构优化，提高居民尤其是农村居民收入水平、素质与能力，实现科学发展的最佳选择。

此外，河南必须要建设产业聚集区和现代城镇体系，实现聚集发展的有说服力的理由还在于，河南作为全国的农业大省，肩负着保障国家粮食安全的责任，现在又被国家列为需要特别保护的重点粮食产区，必须在不大幅度减少耕地和不牺牲农业的前提下实现工业化和城镇化发展。这就必须实行更加节约土地的发展方式，走一条不以牺牲农业为代价的工业化和城镇化的路子。这就必须提前对产业摆放空间和城市发展空间作出规划，以更加合理地利用和更加集约地使用土地。

三 产业聚集区和现代城镇体系建设的进展情况

1. 产业聚集区建设进展情况

如前所述，空间聚集是产业发展的内在要求和一般规律，河南省委、省政府正是基于对科学发展观和河南实际的认识，于2008年下半年提出了规划建设产业聚集区的重大战略决策。产业聚集区建设进展表现为以下三个方面。

（1）提出了战略，界定了功能，完善了相关政策。自2008年9月份以后，根据省政府的统一部署，省发改委、国土、建设、环保等7个部门集中专业人员和力量，就全省及分市、县的各类空间规划进行了高效衔接，开展了产业集聚区规划编制工作。

2008年12月24日，在全省土体利用、城乡和产业集聚区规划工作会议上，郭庚茂省长明确提出产业集聚区是河南优化经济结构、转变发展方式、实现集约化发展的基础工程，是构建现代产业体系、现代城镇体系和自主创新体系"三大体系"的有效载体，并对产业集聚区工作进行了安排部署。

2009年2月，河南省把大力发展产业集聚区写入了2009年的《政府工作报告》。明确提出要加快产业集聚区基础设施和结构调

产业发展与结构调整

整项目建设，推动企业向园区集中、园区向城镇集中、劳动力向城镇转移，实现产业与城市发展相互推动，逐步形成集聚促进就业、就业创造消费、消费拉动经济增长的良性发展机制，促进城镇化与工业化协调发展。之后，2009年4月24日，省委、省政府出台了《中共河南省委河南省人民政府关于加快产业集聚区科学规划科学发展的指导意见》，明确了产业集聚区建设的总体思路、发展目标、重点任务和政策框架。

2009年6月召开了全省产业集聚区发展工作会议，就《河南省人民政府关于加快产业集聚区科学发展若干政策的意见》（征求意见稿）、《河南省产业集聚区发展监测方案》（征求意见稿）和《河南省产业集聚区发展考核方案》（征求意见稿）进行了广泛讨论。在此基础上，于2009年8月，省政府推出了《关于加快产业集聚区科学发展若干政策》（试行），从资金、税收等方面出台25条优惠措施，来推动产业集聚区发展。具体包括：在资金方面，省设立的企业自主创新资金、中小企业发展资金等专项资金，同等条件下，优先安排县（市）产业集聚区内的项目；在集聚区内，有较强公益性和示范带动作用的服务业项目，按不超过项目投资总额的10%给予补贴；对使用中长期银行贷款投资的公益性项目，省财政给予一定的贷款贴息。对于产业集聚区成功引进的重大招商项目，根据项目资金实际到位情况，给予相应的现金奖励。2009~2012年，省财政设扶持县（市）产业集聚区发展的专项引导资金。4年之内筹措30亿元，支持集聚区的投融资体系建设。支持在产业集聚区内开展小额贷款公司试点，信用担保机构要重点支持产业集聚区内企业。在税收方面，凡是属于国家重点支持的高新技术领域的现代物流企业、服务企业，自认定合格当年起，可申请按15%的税率征收企业所得税。在产业集聚区内，从事国家重点扶持的公共基础设施项目和节能减排项目的企业，第1年至第3年免征企业所得税，第4年至第6年减半征收企业所得税。2009~2012年入驻产业集聚区的项目，除中央规定的收费项目外，各项行政事业性费用全部免收。

（2）初步落实了规划，启动了建设进程。根据各地提出的方案，有关部门进行梳理后，初步确定了175个产业集聚区，平均每个产业聚集区5~10平方公里，总面积1500~2000平方公里。其中已有100多个通过了专家评审，正式启动了建设进程。各产业集聚区主导产业涵盖的范围包括食品、纺织、轻工、化工、装备制造、电子信息、物流等诸行业。

（3）一些地区推进明显并取得了初步经验。在实际的调研过程中，我们发现凡是经济较发达的地市，其产业集聚区建设水平相对较高。在省级层面还没有统一规划产业集聚区的时候，它们就已经根据自身的实际和沿海发达地区的经验，逐步探索出一套适合自身发展的产业集聚区模式。因此，当省里统一规划的时候，它们就占据了天时、地利、人和，这些地区利用这次重新规划的机会，不仅解决了以往诸如土地紧缺等问题，而且，使得集聚区建设有了更为宽松的外部环境。例如，洛阳的洛龙科技园区、许昌魏都区民营科技园区等都是典型的代表，它们的经验可以概括为如下几点。

①提高认识，转变经济发展观念，以产业集聚区建设为突破口。在省委、省政府2008年提出打造"三大体系、一个载体"的战略目标后，各地市高度重视，并及时跟进开展产业集聚区规划建设相关工作。例如，2008年10月，洛阳市政府组织发改委、规划局、国土局、环保局、文物局等相关市直部门集中对全市拟列入省级产业集聚区的园区进行了初步评审，结合每家产业集聚区实际明确了2~3个主导产业，初步拟定了产业集聚区的规划位置，并于2009年3月出台了《中共洛阳市委洛阳市人民政府关于加快推进产业集聚区建设的实施意见》。以产业集聚区建设为核心的产业发展不同于过去星罗棋布式的模式，讲究的是产业间和产业内的集聚效应和互动效应，而这两种效应的发挥建立在产业集聚区规划高度合理的基础上。这就需要我们在发展的过程中，提高认

识，把经济建设的重心转移到产业集聚区建设上来。以产业集聚区为载体，打造高质量的入驻企业，最大限度地实现产业之间的集聚效应和互动效应，实现经济社会的又好又快发展。

②建立联动推进机制。洛阳市在这方面的表现最为突出。洛阳市成立了由市长为组长、主管副市长为副组长、政府相关部门主要负责人为组员的全市产业集聚区发展领导小组，领导小组组长、副组长每月主持召开一次会议，听取各产业集聚区和市直部门的工作进展情况，及时协调存在的困难和问题，促进产业集聚区工作有序开展。据洛阳市经济工作部副部长、工业局局长徐新介绍，为了应对目前多晶硅等原材料行业产能过剩给企业带来的诸多问题，洛阳市发改委专门成立了硅光电科解决这些问题，同时计划在三个月内走访主要的20个硅光伏企业，上门服务，解决企业面临的相关问题。

③加快融资平台建设，加大资金支持力度。基础设施建设是产业集聚区建设的核心，只有基础设施建设较完备了，才能在吸引企业上具有较强的竞争能力。纵观河南省成熟的产业集聚区，都有完备的融资平台。如洛阳市已经成立了14个投资公司、7个担保中心，已担保融资20.8亿元。同时，洛阳市财政统筹安排5000万元，用于产业集聚区基础设施项目建设，安排1000万元奖励资金，用于支持以服务产业集聚区企业为重点的融资担保机构建设，安排1000万元专项资金，用于支持标准化厂房建设，这些都有力地支持了集聚区的建设。

④高标准编制发展规划，优化产业集聚区项目建设。按照徐书记"抓住工业化这个牛鼻子"和郭省长"实施项目带动"的要求，各地组织相关部门编制好产业集聚区总体发展规划和控制性详细规划，科学合理布局，促进产业链接、产城融合、城乡统筹。加强基础设施建设，重点支持起步区道路、供排水、供电、供气、多层标准化厂房等基础设施和企业生产生活社会化服务设施建设，集中构建设施服务功能，为项目入驻、劳动就业和人口集聚创造

条件。在项目建设上，把引进项目、积极承接产业转移、壮大现有企业实力和搞好产业配套结合起来，促进特色产业发展。例如，洛阳洛龙科技园区的新洛轴工程项目，依托原有的洛阳轴承集团的行业基础，由外来资金永煤投资，"新洛轴工程"总投资25亿元，建设用地1000亩，重点发展符合国家产业政策、市场前景广阔的风力发电机专用轴承、精密机床轴承及特种精密轴承等。目前洛阳LYC已经建立了研发检测试验中心，同时也承担我国风电轴承标准编制工作。

2. 现代城镇体系建设进展情况

现代城镇体系建设进展包括三个方面。

（1）提出了系统的建设现代城镇体系的战略。建设现代城镇体系是在20世纪90年代提出的，2003年的《河南省全面建设小康社会规划》中提出了中原城市群概念，2005年启动了郑汴一体化建设。在此基础上，2009年初，郭庚茂在《政府工作报告》中提出了构建现代城镇体系的构想，即逐步形成国家区域中心城市、地区性中心城市、中小城市、小城镇、居民点协调发展的城乡布局结构；统筹"郑汴新区"规划布局，将其逐步建设成为现代产业集聚区、城乡一体发展的现代复合型新城区、综合改革核心试验区、对外开放示范区、环境优美宜居区和为全省乃至中西部地区服务的区域服务中心；以"郑汴新区"为核心增长极，以郑州综合交通枢纽为中心，打造"半小时交通圈"和"一小时交通圈"，即以郑汴一体化区域为核心层、"半小时交通圈"区域为紧密层、"一小时交通圈"内城市为辐射层，形成"一极两圈三层"的城乡统筹发展新格局。

（2）启动了郑汴、洛阳、许昌、焦作、新乡等五大城市新区建设。郑汴新区。根据2009年6月18日省政府常务会议通过的《郑汴新区建设总体方案》，郑汴新区空间范围位于郑州市中州大道以东、开封市金明大道以西、郑州航空港以北、黄河沿岸以南区域，由郑州新区和汴西新区两个部分构成，涵盖中牟县，总面

产业发展与结构调整

积约2077平方公里。其中，郑州新区西起中州大道、东至中牟县东边界、南至航空港区、北至黄河大堤，面积约1840平方公里。汴西新区东起金明大道、西至中牟东边界、南至规划建设的郑民高速、北至黄河大堤，面积约237平方公里，主要在郑汴产业带规划的原汴西新区基础上，与郑州新区实现空间衔接。郑汴新区的目标定位是"全省经济社会发展的核心增长极和改革发展综合试验区"。根据这一定位，《郑汴新区建设总体方案》规定，到2020年，要把郑汴新区建设成为"五区一中心"，在全省工业化和城镇化进程中发挥引领作用。具体说，"五区一中心"就是现代产业集聚区、城乡一体发展的现代复合型新区、全省综合改革核心试验区、对外开放示范区、环境优美宜居区和为全省乃至中西部地区服务的区域服务中心。郑汴新区是现代复合型新区，要按照"复合城市"理念进行开发，推动组团式发展，建设既有城市又有农村，第一、二、三产业复合，经济、人居、生态功能复合的现代复合型新区。

洛阳新区。根据2009年7月15日省委、省政府通过的《洛阳新区建设总体方案》，洛阳新区空间范围为西至洛阳环城高速、东至偃师市高龙镇西边界、南至偃师—伊川边界、北至白马寺镇，涵盖洛龙区、龙门文化旅游园区、偃师市西南部三个部分，总面积480平方公里。其中，洛龙区面积185平方公里，主要包括原洛阳新区、洛阳经济技术开发区、洛龙科技园、白马寺景区。龙门文化旅游园区面积31平方公里。偃师市部分面积264平方公里，涵盖李村、诸葛、佃庄、庞村、寇店5个镇，主要包括伊洛产业集聚区和城乡一体化发展区域。洛阳新区发展定位为：全省经济社会发展的重要增长极、现代产业发展示范区、河洛文化旅游精品区、城乡统筹改革发展试验区、现代复合型新区和对外开放示范区。洛阳新区也要按照"复合城市"理念进行统筹规划、有序开发，强化土地节约集约利用，以产业集聚区建设为突破口，推动组团式发展，加强生态环境保护和建设，成为产城一体，第一、

二、三产业融合发展，经济、人居、生态功能复合的现代复合型新区。

许昌新区。根据 2009 年 8 月 3 日省委、省政府通过的《许昌新区建设总体方案》，许昌新区的空间范围为：南至市主城区北外环及延长线、北至许昌县与长葛市行政边界、东至市主城区东外环北延（忠武路）、西至规划建设的安信公路（新 107 国道），共涉及许昌县、魏都区的 5 个乡、镇、办（许昌县的尚集镇、苏桥镇、小召乡、河街乡，魏都区高桥营办事处），建成后面积将达到180.4 平方公里。许昌新区的功能定位为全市经济社会发展的核心增长极、全国重要的输变电装备制造业基地。它将按照现代田园生态城市的定位来建设、经营、发展。

焦作新区和新乡新区也都相继通过了建设总体方案，明确了范围、功能定位和建设思路。

（3）各地新区建设都取得了实质性的进展。其中尤以郑汴新区和许昌新区最为突出。郑汴新区启动并初步完成了建设规划，基础设施建设进度加快，其中的汴西新区同时启动了数十条道路工程建设，项目入驻的数量增多、质量提高，投资数十亿元的大项目频现。许昌新区总面积超过 100 平方公里的城乡一体化推进区建设已具雏形。

四　问题与建议

1. 产业选择与产业来源问题

虽然从理论上说，产业集聚区的建设有助于河南工业化与城镇化相互促进、协调发展，但是如果操作不当，在产业集聚区规划建设以后，最终没有产业进驻或者不能形成集聚优势，就可能达不到预期的效果，甚至成为新一轮的"圈占土地"。因此，产业问题是产业集聚区发展最为基本也是最为重要的问题。

（1）产业选择问题。我们认为，产业选择方面要遵循比较优势原则。就河南的现实情况来说,应该大力倡导与积极发展劳动密集型产业,适当发展资本、技术密集型产业。

首先,我们不能想当然地认为劳动密集型产业是低端产业,附加值低,所以看轻它甚至看不起它。高技术产业、高附加值产业在整个国民经济中只能占有一定的比例,并不是谁想发展就能发展、想发展多少就发展多少,它需要很多条件,河南大多数的县市还不具备条件。高技术产业、高附加值产业都是资本密集、技术密集、劳动节约型产业,需要较高的技术水平、大量的投资,而且吸纳就业较少。在全国的经济体系当中,河南恰恰是资本相对不足、劳动力相对充足的省份,所以这些产业与河南的禀赋状况并不适应。当然不是说河南不能发展高技术、高附加值产业,而是说河南大部分县市不具备条件,像郑州、洛阳等基础较好的城市也具备了一定的条件,但河南尚不具备大范围发展高技术、高附加值产业的条件。

其次,劳动密集型产业有助于河南解决就业问题,实现产业结构升级。目前河南尚有2000万农村富余劳动力需要非农就业机会,但创造就业机会仅仅依靠所谓的大项目是不行的,还要靠中小企业,要靠劳动密集型企业。如果眼睛只盯着大项目、只盯着高附加值产业,而不重视甚至忽略中小企业与劳动密集型企业的发展,很可能大的没做好,小的也没做,竹篮打水一场空。相反,如果通过劳动密集型产业的不断发展壮大,逐步解决了农村2000万富余劳动力的非农就业问题,那么河南的工业化自然会达到很高的水平。事实上东部地区的工业化也是从劳动密集型产业开始的,经过30年的发展它们积累了资本、积累了技术,也积累了企业家队伍和管理人才,所以东部地区现在具备了进行经济转型与产业升级条件,可以发展资本密集的高技术、高附加值产业。东部地区过去30年走过的路就是河南现在要走的路,有些东西能够跨越,有些东西则是很难跨越的。河南也应该遵循比较优势原则,通过劳动密集型产业的发展来积累资本、积累技术、积累人才,然后逐步实现向资本密集、技术密集产业的转型与升级。

目前河南产业结构中居于主导地位的产业绝大多数是资源类产业（见表1）。

表1　2008年河南省工业增加值比重排在前6位的行业情况

单位：亿元，%

排　　名	1	2	3	4	5	6
行　　业	非金属矿物制品业	农副食品加工业	煤炭开采和洗选业	黑色金属冶炼及压延加工业	有色金属冶炼及压延加工业	电力、热力的生产和供应业
工业增加值	1146.65	966.02	736.96	520.61	481.75	447.36
比　　重	12.0	10.1	7.7	5.5	5.1	4.7

注：非金属矿物制品业包括砖瓦、石材及其他建筑材料制造业，水泥及石膏制品制造业，玻璃及玻璃制品制造业，耐火材料制品制造业，石墨及其他非金属矿物制品制造业，陶瓷制品制造业；黑色金属包括铁、锰与铬，其他都属于有色金属。

资料来源：《河南统计年鉴2009》。

河南工业增加值中排在前6位的行业依次是非金属矿物制品，农副食品加工，煤炭开采和洗选，黑色金属冶炼及压延，有色金属冶炼及压延，电力、热力生产和供应，其中除了农副食品加工业（10.1%）之外，其他5个产业均是资源型的，资源型产业增加值在河南全部工业增加值中占的比重高达35%。更为重要的是，这5个资源型产业中有4个基本上依靠不可再生资源，而另一个电力、热力的生产和供应业也大部分是靠不可再生资源。

但是，资源迟早是要枯竭的。从长期看，一个地区的经济不可能持久靠资源型产业来支撑，或者说，靠资源型产业来支撑的经济发展是不可持续的。因此，对于河南来说，大力发展劳动密集型制造业，加大其在整个工业中的比重，逐步缩小对资源型产业的依赖，是保持河南经济社会能够长期持续增长的战略性问题。对河南来说，从资源依赖到劳动力依赖就是产业结构升级，是符合当前经济社会发展现实状况的产业结构升级。

最后，劳动密集型产业是有市场的。国际金融危机背景下的出口萎缩并不意味着劳动密集型产业没有市场了，实际上恰恰相反，萎缩只是暂时的。劳动密集型产品的市场现在不会消失，将来也不会消失，变化的只是劳动密集型产品的产地。在地价上升、劳动力成本上升的情况下，东部地区已经逐步失去继续发展劳动密集型产业的优势，即使国家去救也救不活。

因此，东部地区的劳动密集型产业要么向资本密集、技术密集升级，要么转移战场，向内地转移。东部地区失去的优势，恰恰是河南这样的劳动力丰富的人口大省的机会。河南应该借助这次机会，通过产业集聚区这个平台，把东部地区劳动密集行业的产业链乃至产业集群直接承接过来。

(2) 产业来源问题。产业从何处来是产业集聚区起步时面临的关键问题。没有产业，自然没有集聚，也就不可能有产业集聚区。那么，产业如何产生呢？一般不外乎两种方式：一种是外来企业的进驻，也就是通常所说的招商引资，可以称之为"外生"；一种是本地企业的成长，可以称之为"内生"。这两种类型的产业发展方式，各有其优缺点。

外生型产业有着明显的优点，即一般规模较大，起点较高，对地方GDP和财政收入的贡献较大。但也有明显的缺点，即不容易形成产业链条，缺乏发展的持续性与稳定性。外生型企业一般投资规模较大，具备一定的技术含量，本地人较难模仿，所以一般不能较好地带动本地的创业活动。而且，招商引进的企业很多属于两头在外（市场在外、原材料在外），甚至有的是三头或者四头在外（技术与管理团队也在外），与本地企业的联系不强，本地也较难由此而衍生一批相关的、配套的中小企业，难以形成产业链。

与外生型产业相比，内生型产业同样有其优缺点。缺点是：内生型企业起点低，初始规模较小，产业的发展需要一个较长甚至漫长的过程，因此成效慢，对地方GDP与财政收入的贡献也小。

同沿海发达地区相比河南仍然是相对落后省份，不少县市仍然呈现较多的传统农业生活的特征，本地既不具备较大的市场需求，基础设施也相对欠缺，人力（具有较高的素质、能够兴办企业的人）、财力、物力均不具优势，尤其缺乏创业资本。所以，本地创业的内生型企业一般初始规模较小，往往要经过相当长的时间才能逐步发展壮大。

优点是：具有较好的本地根植性，能够在本地形成较长的产业链条乃至产业集群，稳定性与持续性强于外生型企业。本地人创办的企业一般起点低，规模小，他们创办的企业取得了一点成功就会产生强大的示范作用，很容易被周围的人所模仿。这样就会带动更多企业出现，经过若干年的发展，会促进该产业在当地不断发展壮大，形成较长的产业链条。此外，内生型企业对外部条件的要求不高，有很强的自发性，相对容易起步；投资小，规模小，有些甚至是从家庭作坊起步，所以对外部条件的要求低。而且，当本地的内生型企业和产业有了一定的发展时，就能够优化本地的产业氛围，如知名度提升、熟练劳动力增多等，成为招商引资的优势，使本地产业不断升级与壮大，形成良性循环。因此，应当鼓励内生型发展，使之在本地生根发芽，开花结果。可能这些企业初始规模很小，技术简单、产品也简单，而且很多创业活动可能会失败，但是大范围的创业活动总有一部分会成功。而且，这一类的创业活动很容易被周围的人所模仿，不断提升规模与档次，形成一个产业。这种小企业丛生的工业化模式不仅可以使工业化在全空间范围内全面铺开，从而在整个区域形成工业化的氛围，不仅可以造就成千上万企业与企业家，支撑地方经济长久持续发展，也可以在短时间内把更多的农业劳动者吸纳到非农产业中来，快速提升居民的整体收入水平和经济社会的整体发展水平。

所以，在产业集聚区的产业来源方面，要有两手打算，既要注重现在，也要着眼未来：一方面要加大招商引资的力度，利用产业区域转移的机会，采用链式招商、集团招商的方式，争取把东部地区劳动密集型产业的整个产业链条乃至产业集群直接转移过来。另一方面，长远来看本地企业的成长也至关重要。虽然本地的小规模创业活动见效慢，尤其是其对财政收入与 GDP 的贡献不大，但它们的长远效果是不容忽视的，要积极地鼓励其发展，最起码不能阻碍其发展。内生型企业对政府政策的要求不高，对基础设施等各方面的要求也不高，其实只是需要在不违反国家法律、不造成严重的环境污染的条件下给予它们自由发展的空间。所以，不能把产业集聚区的发展与内生型企业的发展对立起来。

2. 聚集和土地集约利用问题

产业聚集区和现代城镇体系建设的一个共性问题是需要大量的建设用地，由于河南是国家粮食主产区，承担着国家粮食安全的责任，这决定了河南省不能像沿海地区那样以牺牲农业来换取工业化和城镇化的发展。在恪守耕地红线、保证耕地面积不减少的情况下，如何解决产业聚集区和现代城镇体系建设所需土地问题就成为焦点。理论上说，办法只有一条，那就是从现有的建设用地、荒地林地和废弃土地中挤出产业聚集区和城镇体系建设所需土地。

（1）合理规划土地用途。就是对中原城市群 9 城市管辖范围内的土地乃至全省 16.7 万平方公里的土地按照耕地、建设用地、湿地、林地等分类进行合理分割和明确的空间界定，不但确定各类用途土地的总量及其比例，也要对每一类土地的空间分布进行明确界定。就像明确界定耕地的空间位置一样明确界定建设用地的空间位置，以确定河南 16.7 万平方公里土地上在哪里建设城市，建设多少个城市；在哪里建镇，建设多少个镇；在哪里建居民点，建设多少个居民点；每个城市、镇、居民点面积多大，人口多少，空间界限在哪里；等等。

如此规划，根本原因在于要了解在国土面积和耕地面积一定的条件下，除去湿地和林地外，究竟有多少可用做摆放工厂和建设城市的土地，对此要做到心中有数。只有这个确定了，我们才能够最终确定究竟哪个空间点该摆工厂，哪个空间点该建城市，建多大规模的城市，才能避免不该建工厂的地方建了，不该建城市的地方建了，不该建大城市的地方建了。工厂和城市都建在了该建的地方，土地就节约了，土地使用就集约了。沿海尤其是珠三角城镇化发展严重滞后于工业化、城镇和工厂摆放无序和混乱，就是因为没有事先通过规划来界定城镇和工厂的位置和面积。

这里有一个问题，就是谁能够在现在就确定未来哪个地方该摆工厂和该建城市，或者说你如何能做到规划的科学和符合未来事物演化的实际。说实话，没有人能够准确地知道这一点！但并不能因此而否定规划的必要性。正像没有人能够知道自己未来能从事什么职业以及能在该职业道路上走多远，但还是要对自己的职业生涯作出规划一样。实际上，任何对未来发展格局的规划都是根据现在的状况和能预测到的未来趋势进行的。规划之可能，就是因为我们知道现在的状况，我们也具有预测事物未来走势的一定能力。从这个意义上说，规划绝不是不可能做到的事情。

要能根据现在的状况对未来发展趋势进行估计和预测的一个基本理论和经验基础是，在工业化城镇化快速发展的过程中，要素是加速向某些特定空间点聚集的。我们知道，河南要素聚集流动的朝向是以郑州为中心的区域，从而，随着工业化城镇化的推进，郑州及其周边地区要素聚集越来越厚、外围地区越来越薄是总的趋势格局。根据这一规律和趋势，我们就可以通过对未来城镇化水平的测算，确定城镇总人口会有多少，然后再根据城镇人口分布规律确定各空间点上的不同城镇各自人口的目标数量，并据此确定不同城镇的目标占地面积。比如现在城镇化率是36%，城镇人口是3600万，按年均增长率1.8%算，再有20年，到2030年，城镇人口将达5143.49万。有了这个总数，我们就可以根据人口集中的趋势核定出各个空间点城镇人口规模并据此界定土地使用规模。

规划不仅是可能的，而且也是现实的需要。我们要从现有非耕地中整理出足够的建设用地，就得知道哪些地方可以挤出土地来，还要知道挤出来的建设用地摆放在哪里。比如整治空心村，某个村子有空置的建设用地，但你要把它拿出来，你起码要知道未来该空置建设用地在这个村子是多余的。你怎么知道它在未来是多余的？你就是根据工业化城镇化空间演变的规律和人口空间转移的趋势进行判断的。同样，你要把该村建设用地指标拿到某一空间点用，那你也一定得知道未来该空间点是用来摆放工厂和扩张城镇的。

规划的必要性和紧迫性还在于现在很多地方工业化和城镇化已经发展到了一部分村庄已经没有了种地的功能或要实现种地的功能也无须居民居住在原来的村庄的地步，居民搬迁和居住空间重新配置已成为现实的需要，这时候如果还不知道新的居民聚集点在哪里怎么能行呢？或者没有科学的规划，将居民搬迁到了不该落脚的地方，以至于几年以后又要搬迁，造成不必要的重复建设和浪费，怎么行呢？！再有，现在的新农村建设是在没有对土地空间利用进行合理规划的情况下各自自搞的，很多新农村建设的投入和项目从长期看可能是重复建设，因为很多村庄未来可能会不存在。

总之，土地空间利用规划已成为一种现实的迫切需要。

(2) 提高土地利用效率。①真正树立集约用地的理念，严把规划关。在产业集聚区建设中，各级领导、生产企业、工作人员，都必须充分认识我国的基本国情，摒弃贪大求多的惯性思维，真正树立集约用地的理念，高度珍惜宝贵的土地资源。目前，尽管土地资源十分紧张，但现实中我们仍然可以看到浪费土地的现象，如有的产业集聚区在规划区内，依然在建超大马路、规划超大广场；有的企业宽打窄用，提出较高的占地要求，而实际厂区内非生产用地比重很大等。因此，在产业集聚区规划设计之初，就要树立正确的指导思想，一定要根据实际需要合理确定产业集聚区整体规模，科学规划园区用地、企业用地、项目用地、交通道路占地、生活及公共设施用地等，既适当超前，又要避免贪大求快，防止建好园区无企业、建好厂房无项目、建好交通无货运、建好道路无客流等不良现象。

②盘活处于闲置状态的存量土地，提高存量土地利用率。有的产业集聚区是在原开发区或者工业园区基础上发展的，园区内存在一些趋于停产倒闭的老企业，也有一些土地征而不用或者没有充分利用的新企业。对于那些经营困难而无法继续生产的老企业，应该加快其破产重组和改制工作，利用其闲置土地建设新项目或重组企业，实行腾地换企，盘活闲置土地。对于那些土地征而不用或者没有充分利用的新企业，应该充分挖掘原有厂区土地的潜力，将闲置土地尽快用于开发新项目，或者用于发展新企业。对于以上两类土地的盘活利用，地方政府应该给予相应的优惠政策。

③改造农村"空心村"，相对增加建设土地供给。理论上讲，工业化与城镇化应该会增加耕地而不是减少耕地，因为土地得到了更集约的利用。道理很简单，1亩地如果用于农业生产，可能连一个人都养活不了，但如果用于建工厂，可以解决10个人甚至100个人的就业和生活。同样，农村一处住宅占用半亩宅基地，一般只有3~5口人居住，而在城市半亩地可以居住20人甚至更多。现实是，中国的工业化与城镇化不但没有增加耕地反而造成耕地减少，重要的原因就是数以亿计的农民工（2亿人）在城市工作和生活，增加了工业与城市用地的需求，但是并没有减少对耕地和宅基地的需求，造成工业化与城镇化集约使用土地的效应无法显现出来。另外，很多农民工虽然在农村有住宅，但是他们每年大部分的时间（10~11个月）都不在家居住，有的甚至几年都不回家。农村很多住宅常年没人住，或者一年到头住不了几天，造成农村存在许多"空心村"，土地浪费严重。针对这种情况，可以通过整治"空心村"，对宅基地和村庄进行土地整理，推进已经实现

非农就业的农民工城镇化。

④探索乡村居民点的重新规划和乡村居民重新集中的途径。随着产业向园区集中和居民向城镇集中,农村居民一定会逐步减少,相应的,传统的村落空间布局也需要重新调整和配置,在此过程中,一些传统村落可能会消失,而另一些村落或镇会形成规模更大的居民点。因此,在推进产业聚集区和城镇体系建设过程中,应该顺应这种趋势,推动乡村居民点的重新规划布局和村庄居民向新规划居民点乃至镇区集中,以腾出更多的建设用地来。在这方面,登封市大冶镇的全镇居民点统一重新规划和全镇居民向一个空间点集中就是最好的案例。

3. 土地转让机制问题

通过各种方式挤出的建设用地最终要被用在规划的产业聚集区和城镇体系建设中,因此,建设用地需要在空间上重新布局和调节,甲地空置的建设用地可能要被用于乙地。在此过程中,也涉及土地所有权和使用权主体的转换。这就必须建立土地转让机制。包括宅基地使用权所有人向集体转让使用权或村集体对使用权进行回购,以及在此基础上村庄居民点住宅区的重新布局集中,并最终将空置宅基地连片复耕转化为耕地,而由此增加的可耕地指标在另一地被使用,也就是将另一地可耕地的同样面积划作建设用地,实现建设用地的空间置换,达到建设用地占补平衡、一地腾出来的建设用地归另一地使用的目的。这里的问题是:集体用于回购空置宅基地使用权的资金从何而来?有人提出的办法是该建设用地指标使用地区将农地转化为建设用地过程中增值的部分拿出一部分分给腾出建设用地指标的地区,回购农户宅基地资金从此而来。这从理论上说是对的,但操作起来可能还有很多具体问题要解决。土地整治和建设用地使用权转让是连在一起的,必须同时启动。

4. 人口集中问题

产业聚集以及由此引起的城镇扩张必然带动农村人口向城市

流动和集中，而目前这方面还存在着诸多障碍。建议以农民工向市民转换为突破口，打破户籍壁垒，促进农村人口向城镇流动迁移。这里最主要的问题是农民工子女入托及农民工住房、养老、失业保障、医疗保障等与现有市民的同待遇化。显然这会增加接纳城市的负担，需要额外支出，所以很多城市包括长珠三角的城市都不愿为之。理论上说，既然农民工为城市的发展作出了贡献，理应享受由该城市发展所带来的给予市民的各种利益。但这在实际操作上会比较复杂。我们可以探索在一省范围内能否解决此问题。强制各个城市让农民工享受同等待遇是否具有可行性？算账，然后看如何做，中央政府是否愿为促进这种转换而进行专项投入。

河南省政府投融资平台建设研究[*]

地方政府肩负着管理城市、经营城市、发展城市、繁荣地方经济的重任。但是，随着我国总体经济与地方经济的高速发展，资金短缺成了制约中国地方政府的一大瓶颈问题。河南省为实施中部崛起战略，正在全面推进"一极、两圈、三层"的中原城市群建设，建设资金的短缺在当前表现得更为突出。本研究的目的在于拓宽河南省政府的融资渠道，充分地发挥市场机制，调动各个方面的积极性，为经济发展所必需的公共基础设施建设搭建良好的投融资平台。

一 地方政府投融资平台的理论与实践

（一）构建地方政府投融资平台的必要性与可行性

地方政府投融资平台的建立是经济发展的必然要求。从职能来说，地方政府的投融资平台的作用应是为地方建设筹集发展资金，资金主要用于提供公共品和准公共产品。建立地方政府投融

---

[*] 本报告是 2009 年 8 月河南省发改委投资处委托研究的项目，项目由我主持，由郑祖玄、余萍执笔完成。——耿明斋

资平台的现实原因在于公共财政的有限性，由于地方基础设施的建设一般需要巨大的投资，仅仅依靠公共财政投资无法满足需要。

随着地方经济的不断发展、金融体制和投资体制改革的不断深入，构建地方政府的投融资平台不仅有必要，而且完全可行。河南省目前的投融资体制具有巨大的发展潜力，主要表现在两个方面。

其一是政府所拥有的资产众多，却未能有效地利用，需要通过投融资平台来进行整合。特别是要通过投融资平台逐步将其资产证券化，提高这些资产的流动性，从而通过抵押、质押、发债和出售资产等手段为未来的公共基础设施建设融通资金。

其二是河南省目前的PPP模式融资还有很大的潜力。PPP模式（Public–Private Partnership）指公共部门（政府）与私人部门构建合作关系，共同为公共基础设施建设筹集资金，进行投资开发及经营管理。

美国民营化大师萨瓦斯在他的《民营化与公私部门的伙伴关系》一书中对PPP管理模式进行了比较详细、系统的探讨。首先，他认为在城市基础设施领域里采用公私合作管理模式可以有以下好处：①对基础设施升级更新，以适应人口的增长，满足更为严格的规制要求（如更洁净的水体）及吸引投资以利发展；②使基础设施兴建成本最小化，避免高成本高收费在市民中引起的震动；③通过收取企业为了获得基础设施特许权而预付的费用，为其他项目募集资金。

其次，他认为在公私合作管理模式中，民营部门可以在如下几个方面帮助政府，从而满足公众对城市基础设施的需求：①以利润为导向的民营企业有直接的经济动力去寻求并开展新的基础设施项目，并愿意在公众能够支付的价格水平上提供服务，满足公众的需求。新的基础设施项目不仅包括那些新建的、设计新颖、用者付费的营利性基础设施，也包括那些需要改造、更新或扩建的现有的基础设施。②民营资本所有者和有经验的商业借贷者的参与，有助于更好地保证一个项目在技术上和财政上的可行性。③民营部门的资本可以弥补政府投资的不足，极大地弥补公共资金的不足，并提高政府的信誉等级。④民营部门的参与可以加快项目的建设速度，提高资金的使用效率，因此能够以更低的成本更快地满足公众的需要。⑤即使同样遵守有关的规制条例（如保持水体质量），民营机构一般也比政府部门能更有效地经营基础设施。⑥经营基础设施的民营部门成为政府一个新的税收来源。据估计，民营部门在基础设施建设项目中每一美元的投入，可以通过税收和特许经营权授予的方式，为国家增加两美元的税收。例如，如果新的基础设施建设能够带动房地产业的发展或为特许经营权的授予提供新的机会，就可以为政府增加更多的税收。⑦民营部门可以分担本来由公共部门承担的风险。⑧民营部门不仅可以弥补公共资金的不足，还可以促进技术转让，并为政府部门培训人才。⑨民营部门的管理可以作为一个标杆（benchmark），用来衡量类似项目的效率。这最终将有助于提高未来基础设施建设项目的公共管理绩效。

（二）国际经验

国外发达国家的地方政府主要通过市政债券为公共基础设施及其他财政支出目标进行融资。以美国为例，市政债券项目涵盖了教育、交通、公用事业、福利事业、产业补贴以及其他项目。具体来说既包括机场、港口、高速公路网、电力系统、供水或排污系统、公立学校、公园和旅游景点以及为低收入家庭提供的补贴、住宅等，也包括医院、会议中心、废品和污染控制、自然资源恢复、养老制度融资等。

尽管市政债券项目涵盖的投资标的十分广泛，但是对于不同的项目，市政债券的发行却有明确的区分。市政债券的发行者可以根据自身的信用状况来发行不同类型的债券。但一般来说，市政债券主要分为两种基本类型：一般责任债券和收益债券。一般责任债券并不与特定项目相联系,而是以发行机构的全部声誉和信用作为担保的债券。其还本付息得到发行政府的信誉和税收支持。收益债券与特定项目或部分特定税收相联系。其还本付息来自投资项目,如高速公路和机场的收费。大部分收益债券是用来为政府拥有的公用事业(如自来水、电力和煤气供应、污水处理)和准公用事业(如公共交通、机场以及医院、学校等)筹资的。

地方政府何时发行一般责任债券,何时发行收益债权,主要依据融资项目本身的特征:某些项目在未来可以具有持续的经营收入,足以全额或者部分地弥补项目建设的成本,那么此类项目即有利于引入PPP模式,通过发行收益债券进行融资,项目未来的经营现金流(当项目本身的现金流不足时,还可以有政府的财政补贴)用于偿付债券的本息,项目的经营和管理可通过公用事业公司进行,通常还要受到政府的垄断经营保护并接受政府的价格管制。某些公用基础设施在未来不能产生经营收入,具有纯粹公共品的性质,如市政道路等。这类项目一般通过发行一般责任债券进行融资,主要以政府信用来担保债券的发行,以政府税收来支持其还本付息。

无论是一般责任债券还是收益债券,一般都不是地方政府直接发行的,而是通过承销地方政府债券的专业投资银行来发行的。专业投资银行发行地方政府债券的过程就是一个将地方政府资产证券化的过程。资产证券化可以为地方政府的公共基础设施的建设提供大量的资金。

(三)国内经验

通过市政债券为公共基础设施建设融资在美国、加拿大、日本和德国等发达国家已经发展得十分充分。但是这种模式并不适合我国的地方政府。我国的《预算法》要求地方政府必须平衡预算,不允许地方政府发债。近年来我国虽然已经开始发行地方债券,但也是由中央政府代为发行。为了摆脱《预算法》的限制,

产业发展与结构调整

我国的一些地方政府开始组建投资公司，通过投资公司举债或出售权益来为公共基础设施融资并进行经营管理。这些模式主要有：

重庆模式：把原来由政府直接举债为主的投资方式，转变为由建设性投资集团向社会融资为主的市场化方式，从根本上改变了城市基础设施建设的投融资机制，形成了政府主导、市场运作、社会参与的多元投资格局。其运作模式可归纳为：政府把城市资产无偿划拨给投资公司，使公司的资产规模符合一定的贷款条件，公司根据政府建设的要求筹措资金后再将资金转借给项目法人。重庆城投模式的关键技巧是，"储地—融资—建设"循环，保证城市基础设施建设投资；"储地—融资—建设"循环，保证投资公司自身投融资能力。重庆市通过组建八大投资公司构建了自己的投融资平台。这八大公司分别是：①重庆市水利投资（集团）有限公司（水投集团）、②重庆市地产集团、③重庆渝富资产经营管理公司、④重庆交通旅游投资集团有限公司（原重庆高等级公路建设投资有限公司）、⑤重庆市城市建设投资公司、⑥重庆市水务控股（集团）有限公司、⑦重庆高速公路发展有限公司、⑧重庆市开发投资有限公司。

上海模式：上海市组建城市建设投资开发总公司，其业务涵盖了上海市各类公共基础设施，其下设立多家实体公司。上海的融资模式涉及两个方面：一方面是通过上海城市建设投资开发总公司发行建设债券；另一方面，上海市政府大力发展项目融资，通过与投资者签署"特许权协议"的方式，利用公开招标方式来选择投资者，对缺乏现金流量的城市基础设施项目给予投资者现金流量补贴，以吸引投资者和保证其利益。

天津模式：与上海市的投融资平台类似，天津于2004年11月正式对外挂牌成立了天津城市基础设施建设投资集团有限公司（天津城投）。作为一家国有独资的国有资产授权经营的大型国有独资集团公司，天津城投更重要的意义在于成为一个负债主体。它最主要的融资功能是以城市基础设施和土地增值收益作为还贷保证，成为一个承贷主体，从而克服《预算法》对地方政府负债的限制。

其他模式：除此之外，我国的其他一些地方政府融资平台也各有特色，如浙江省铁路投资集团有限公司独特的"浙铁模式"。浙铁主要通过银行贷款和发行中期票据进行融资，通过发展辅业来补贴铁路主业。同时利用其控制的上市公司直接在资本市场上进行权益融资。

二 河南省投融资平台建设应选择的模式

从全球公共基础设施投资的发展现状来看，单纯依靠公共财政无力应付巨大的公众的基础设施投资需求。通过PPP方式为公共基础设施进行融资、投资及经营管理是各国发展的共同趋势。而《国务院关于投资体制改革的决定》所体现的基本精神也是把投融资的权力和责任还给私人部门。河南省未来的关于公共基础设施的投融资平台建设也不能脱离这一大的背景。

（一）对西方发达国家经验的借鉴

西方发达国家的地方政府融资方式并不适合我国的国情，但其中有许多可借鉴的良好经验。最重要的经验是首先应区分投融资项目的性质，那些纯粹公共品的项目，应当通过公共财政及抵押、出售政府所掌握的公共资源为其融资。为了最大化地利用公共财政和政府所掌握的公共资源，可以专门设立一个一般性的投融资平台。这个平台的主要业务是接受政府的各种各样的资产，通过专业的金融机构将这些资产证券化，利用资产证券化提供的流动性为纯粹的公共品项目进行融资建设及维护。这个投融资平台及资产证券化的方式应类似于发达国家地方政府发行一般责任债券。

除了那些纯粹公共品的项目外，其他的公共基础设施项目或多或少均能够以公共设施的使用费来足额或者部分弥补建设和运营成本。这类项目完全可以借鉴发达国家的公用事业公司模式来进行融资建设和管理运营。需要强调的一点是，考虑到这些项目一般都要涉及行政准入、垄断保护、价格管制和财政补贴，故而应按不同项目设立项目公司。通过各个项目公司进行投融资和管理运营。这样的好处是可以降低监管的信息成本，从而为设计最优的监管合约、最有效地利用社会资源提供更好的条件。

（二）对国内经验的评述与借鉴

总的来说，国内的投融资平台中，上海模式最接近于发达国家的公共基础设施投融资模式。上海城投的建设债券类似于发达国家地方政府的一般责任债券，而项目融资方式也同发达国家的PPP模式相一致。从长远看，选择上海模式公共基础设施的投融资平台效率最高，融资成本最低。但上海模式的成功运用需要一系列的条件。

第一，财政收入雄厚并且持续增加。类似于一般责任债券的上海城投建设债券可以成功发行，离不开上海市财政收入与经济发展所形成的良性互动，公共财政财力的不断提升，可以使其杠杆作用也不断加强。离开了具体收益项目的支持，投资者和债权人只能根据地方政府的财政收入和已经拥有的资产评估地方政府的融资能力。

第二，PPP方式的运用要有完善的产权交易市场、专业的投资服务机构（投资银行）、发达的银行信贷市场和不同风险等级和风险偏好的投资者队伍。PPP方式运用涉及比较复杂的合约设计，其中的财务风险评估至关重要。离开了专业的金融服务机构和专业的投资者难以成功地进行。

第三，政府的超然态度。上海市投融资平台要求政府由直接管理转变为间接管理、由微观经营转变为宏观调控、由经营转变为监管，政府由市场的直接参与者转变为市场的仲裁者。这一观念的不断转变、不断创新的过程，也是政府管理模式按市场经济规律重构的过程。

河南省的各种条件与上海市都存在着不小的差距。尽管上海模式更合乎未来的趋势，但河南省能否成功移植上海模式却有待权衡。

天津模式更主要的是为了克服《预算法》的限制，其融资更多的还是依靠国家开发银行等传统的间接融资渠道。如果有国家的政策性银行支持，那么这种模式应当是最易于施行的模式。只需要将省政府所拥有的各类资产装入一个统一的投资公司，然后利用这些资产形成杠杆向银行借贷即可。而筹集来的资金也可以较为方便地统一筹划使用。但是，这种模式一方面要看河南省政府所拥有资产的数量和质量，另一方面也要看国家政策性银行和其他商业银行是否对河南省的建设给予大力支持。

重庆模式则比较特殊，其八大投资公司之间的关系是竞争性的，融资主要依靠城市土地在基础设施建成后的增值收益，以"渝富模式"为代表。但"渝富模式"却是一种粗放地利用国有土地资源的模式。政府的资产在划归八大投资公司的时候不可避免地面临着各公司的竞争，但是这种竞争却难以通过市场化方式来进行。在重庆八大投资公司的投资领域内，许多项目在未来可以具有良好的现金流量。这些项目若能吸引私人部门的投资就不必过多地依赖于政府的土地资源。土地资源作为政府所拥有的一项优质资产，更应当为那些缺乏未来现金流的纯粹的公共品项目融资，这样才能充分地利用政府掌控的资源。

重庆模式的优点在于可以在较短的时间内迅速地为公共基础设施筹集大量的资金，对于现代金融服务业不够发达的内陆地区更具有操作上的可行性。

（三）河南省的模式选择

综合国内外的经验，特别是国内的经验，我们认为适合河南省的投融资平台应当是对上海模式和重庆模式的综合。综合的方式是：以上海模式为发展的目标，而当前具体的操作则以重庆模式为主要借鉴。

1. 对上海模式的借鉴

具体来说，可以通过建立一个全面接管河南省省属资产的投资公司，履行地方政府的融资和投资事务（公司名称可考虑为河南建投）。这个公司的主要职能是以所拥有的资产做抵押，向金融机构借贷，为一般性的无特定项目现金流支持的公共基础设施的投资和维护进行融资；同时，这个公司也应当是省属资产证券化的主体，向社会发行企业债，其性质类似于发达国家地方政府的一般责任债券。国外地方政府资产证券化的经验告诉我们，承销一般责任债券的金融机构总是将地方政府的多个市政部门的融资要求打包，再向市场发行债券。其目的在于发行量较大的债券具有更好的流动性，较易为投资者接受。也正是基于这一方面的考虑，我们建议将全省的资产和资源归并为一家投资公司。这不仅有利于充分利用杠杆向商业银行进行间接融资，也有利于通过资产证券化向社会直接融资。从经济学的意义来考虑，这一融资平台有利于充分利用规模效益，极大地发挥存量资产的融资杠杆作用。

另外，新组建的河南建投不宜直接参与具体项目的投资建设，而应当组建以项目为核心的公用事业公司。河南建投通过控股这些公用事业公司参与到具体项目的融资、投资和经营中去。组建以项目为核心的公用事业公司的原因主要是许多的公共基础设施项目在未来存在持续的现金流。存在持续现金流的项目为公私合作提供了基础。此类项目有利于大力发展 PPP 模式，从而最大可能地调动社会资源为公共基础设施项目融资。

但是不同项目在未来的现金流量不同，用于弥补成本的潜力也不同，这是设计具体的 PPP 模式中关键的因素。项目的不同性质要求有不同的 PPP 模式，特别是这些项目大多会涉及政府的专营权授权、价格管制、财政补贴以及资产回收等。从专业化的角度来看，以项目为核心组建公用事业公司将会是效率最高的方式。

2. 对重庆模式的借鉴

以项目为核心组建公用事业公司，并不能完全以专营权和一定水平的财政补贴来吸引投资者，因为河南省缺乏前述的一系列条件。考虑到河南省的实际发展水平和条件，为了加快发展，可以考虑向这些项目公司注入其他一些优质资产（比如土地），借鉴重庆的"储地—融资—建设"循环模式快速发展。

借鉴重庆模式可能会带来一些其他的风险：注入了土地等优良资产的项目公司价值较难评估，如果向社会公众或者私有投资机构进行股权融资可能会招致国有资产流失的非议，这样的公用事业项目公司往往需要100%国有控股。这并不利于充分调动社会资源实现融资目标。另一个风险是公司可能不再关注公用事业项目本身，而更加关注于那些注入的优质资产的投资经营，从而浪费了政府所授予的专营权，不利于公共服务水平的提高。

对上海模式和重庆模式的综合是发展目标和现实条件共同作用下的一个折中。这种折中充分考虑到了国内外的发展趋势及河南省的实际情况。河南省通过组建新的河南建投及其旗下的一系列以项目为核心的公共事业公司，最终形成一个业务相互独立、经营范围不同的投融资体系。这一体系以河南建投为中心，通过控股关系建立起联系，而各公用事业公司均是独立经营的法人。河南建投因其特殊的业务性质和独特的控股公司地位，需要国有资本100%完全控股。而其旗下的各个公用事业公司则可以根据自身业务的特点，以各种方式吸引投资，其中包括股权融资。

三 河南省投融资平台的融资来源和运营

投融资平台的融资来源总是与投资项目未来的运营直接相联系。世界银行在1994年提出了对不同类型基础设施进行评估和体制改革的政策建议，并为公共基础设施编制了可售指数，参见表1。我们可以根据可售指数来区分不同项目的运营模式和融资来源。

表1 公共基础设施的可售指数

		竞争的潜力	货物与服务特征	以使用费弥补成本潜力	公共服务义务	环境外部因素	可售指数
电力天然气	热电	高	私人	高	极少	高	2.6
	输电	低	会员	高	极少	低	2.4
	配电	中	私人	高	很多	低	2.4
	天然气生产运输	高	私人	高	极少	低	3.0
交通运输	路基和车站	低	会员	高	中	中	2.0
	铁路运输和客运	高	私人	高	中	中	2.6
	城市公共汽车	高	私人	高	很多	中	2.4
	城市有轨交通	高	私人	中	中	中	2.4
	城市道路	低	共有财产	中	极少	低	1.8
水	城区管理网络	中	私人	高	很多	高	2.0
	非管道网络	高	私人	高	中	高	2.4
卫生设施	管道排污和处理	低	会员	中	极少	高	1.8
	公寓污水处理	中	会员	高	中	高	2.0
	现场处理	高	私人	高	中	高	2.4
废弃物	收集	高	私人	中	极少	低	2.8
	环境卫生处理	中	共有财产	中	极少	高	2.0

资料来源：世界银行，1994。

但是，世界银行的分类只是提供参考，并不太适合我国国情，而上海市城市信息研究中心提供的分类则更为简明，也易于操作。可参见表2。

表 2　项目属性分类

序号	项目属性		市政、公用基础设施实例	投资主体
1	经营性项目	纯经营性项目	收费高速公路、收费桥梁、废弃物的高收益资源利用厂等	全社会投资者
		准经营性项目	煤气厂、地铁、轻轨、自来水厂、收费不到位的高速公路等	政府适当补贴，吸纳各方投资
2	非经营性项目		敞开式城市道路等	政府投资

资料来源：上海城市信息研究中心。

依据表1与表2，我们可以设计河南省未来的投融资平台的融资和经营管理模式。

（一）河南建投的融资和经营模式

河南建投是河南省政府的投融资平台，其融资来源主要依靠负债融资。这一平台可能涉及大量的纯粹公共物品的投资，这一平台直接运营的投融资业务将主要集中在表2的非经营性项目上。而经营性项目则主要通过河南建投设立控股的以项目为核心的公用事业公司来完成。另外，河南建投也是河南省政府发挥经济管理职能的重要平台，因此不太可能通过发行股权融资，只能也必须依靠负债融资。

而负债融资的前提是公司必须有可抵押的资产。因此，有必要通过省政府协调和划拨省属的国有资产注入公司。在资产注入后，可考虑的融资渠道有三：其一是向银行借款；其二是向社会公众发行建设债券；其三是向社会公众发行中期票据。考虑到河南建投未来投入的项目多为纯粹的公共物品，因此用以支持其负债的资产种类有限，其中城市土地资产是最为重要的一部分，也是债权人最容易接受的抵押物。另一部分的可抵押资产是河南建投作为创立人所设立的以项目为核心的一系列公用事业公司，这些公用事业公司可以存在正的现金流，因此河南建投所拥有的这些公司股份也可作为抵押品支持其负债。

除了可抵押资产以外，为了增强河南建投的融资能力，可考虑以行政法规的形式规定：各级政府从税收中提取一部分财政收入投入河南建投，用以支持其负债融资。除了税收来源支持负债融资之外，还可考虑出售资产来支持负债融资。这就有必要充分调查河南省所拥有的国有资产数量和种类。

河南建投的性质决定了它的主要业务应是融资和金融投资。而由其自身完成的投资建设项目局限于那些非经营性项目。这类项目的运营和维护可在项目建设完成后交给市政机构。因此，河南建投的运营模式主要是一家金融控股公司的运营模式。

（二）以项目为核心的公用事业公司的融资和运营模式

对于河南建投组建的公司而言，其融资来源较为复杂，依赖于公司的具体合约设计。依据可销售指数的大小，可以决定哪些公司能成为项目公司。销售指数越大的公司，越可能成为项目公司。

以项目为核心的公用事业公司，其建立的基础是政府授予的专营权。而其初始资产可分为两部分，其一是与政府所授专营权直接联系的运营资产。这一部分的资产是建立项目公司的最基础的资产。在河南省未来的投融资体系中，这些基础资产将由新组建的河南建投来注资形成。其二是类似于重庆模式中八大投资公司所获得的土地储备。这一部分的资产应根据政府授权经营项目在未来可能的现金流特点来划拨：如果项目在未来可通过向公众收费弥补全部的投资财务成本和运营成本，那么组建项目公司时也可以没有这一部分资产；如果项目在未来的收费不足以弥补全部的财务成本和运营成本，那么有必要在公司组建时注入一些此类资产，以保证项目公司的正常运营。

具体来说，我们可以依据使用费弥补成本的能力高低，以及项目的其他特点来决定具体的公司合约设计。

对于使用费可以足额弥补投资财务成本和运营成本、竞争潜力较高、公共服务义务较少且环境外部因素较小的项目，如城市天然气、热力发电等项目，这些可以成为政府管制下的公众持股的项目公司，融资来源主要是股权融资。如果政府一定要保持控制权，也可以由河南建投占有绝对的或者相对的控股权，其他股份向社会募集。考虑到这样的项目现金流比较稳定，风险较小，这类项目公司还可以向商业银行进行贷款，商业银行也乐于向这样的项目提供资金。但是需要注意的是，这类公用事业公司，一方面要依赖于政府的授权及经营，以保证其垄断权；另一方面也要接受政府的价格管制，以避免损害公众利益和滥用垄断权。这类公司对应于图1中的第四象限。

对于使用费可以足额弥补投资财务成本和运营成本，但竞争潜力不高、公共服务义务较多的项目，如收费桥梁等，可考虑通过BTO（Build – Transfer – Operate，即建设—转移—运营）的方式进行融资。这类项目的融资也较容易实现，因为这类项目也具有稳定的足以弥补成本的现金流量。但主要是通过向商业银行借贷或者发行债券进行融资。这类公司对应于图1中的第二象限。

对于使用费可以足额弥补运营成本但不足以弥补投资财务成本、竞争潜力较大、具有一定的公共服务义务且环境外部因素中等的项目，可通过注入公司一定质量和数量的土地资产，弥补公用设施的财务成本，吸引外部投资者。这样的项目可通过BOT（Build – Operate – Transfer，建设—运营—转移）方式进行融资。土地增值及土地的开发收益由项目公司拥有。这类项目主要适合于公共交通、地铁站、机场等基础设施。这类项目也可以通过财政补贴结合BOT的方式来运营。这类项目对应于图1中的第三象限。

对于那些使用费不可以弥补运营成本和投资财务成本、竞争潜力较小、具有较多的公共服务义务且环境外部因素较大的项目，则主要通过公共财政来完成投资，或者通过河南建投借款或发行建设债券来完成投资。这类项目如市政道路等。注意，这种形式的项目不能设立公用事业公司。这类项目对应于图 1 中的第一象限。

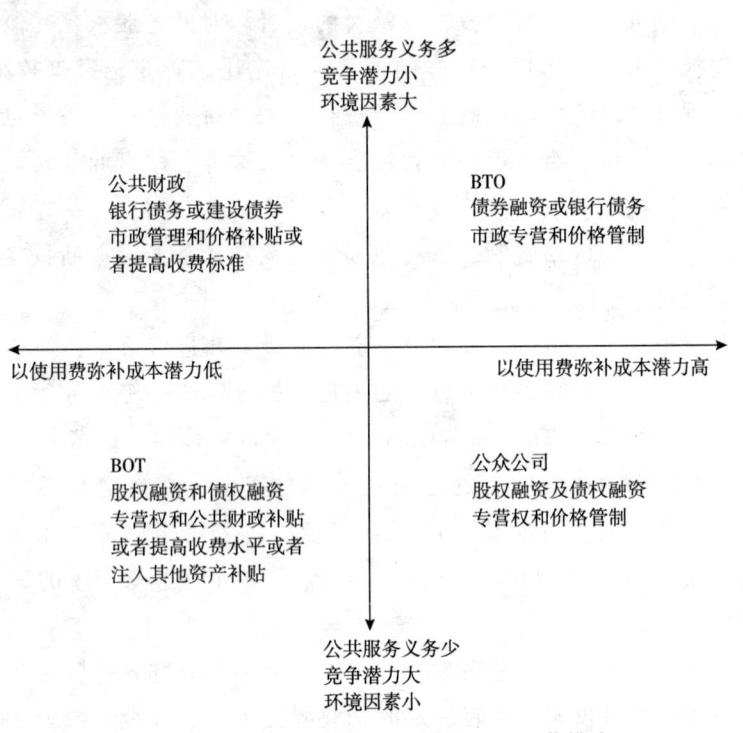

```
                    公共服务义务多
                    竞争潜力小
                    环境因素大
                         │
   公共财政              │    BTO
   银行债务或建设债券     │    债券融资或银行债务
   市政管理和价格补贴或    │    市政专营和价格管制
   者提高收费标准         │
                         │
以使用费弥补成本潜力低 ────┼──── 以使用费弥补成本潜力高
                         │
   BOT                   │    公众公司
   股权融资和债权融资      │    股权融资及债权融资
   专营权和公共财政补贴    │    专营权和价格管制
   或者提高收费水平或者   │
   注入其他资产补贴        │
                         │
                    公共服务义务少
                    竞争潜力大
                    环境因素小
```

图 1　项目的特征及适用的融资模式及运营模式

"十二五"时期促进中部地区承接产业转移和城市群发展的政策研究[*]

一 前言

本次席卷全球的金融危机让我们更深刻地认识到了真实市场需求对经济发展的重要作用。现代工业技术的产生使人类社会从农耕文明转向工业文明，使现代工业社会所创造的物质财富超过了几千年传统社会的总和，这些物质财富极大促进了人类生活方式的转变和生活水平的提高。根据经济学供求平衡的基本原理，经济发展是供给和需求共同作用的结果。如果没有现代工业生产方式所创造的物质财富，就无法实现生活方式从农耕文明向工业文明的转变；同样，如果没有生活方式转变所产生的巨大市场需求，经济的持续增长也难以为继。目前，全球的工业化尤其是发达国家和地区的工业化已经完成，它们进一步发展所需要的市场

---

[*] 本报告是国家发改委"十二五"规划课题"'十二五'时期促进中部地区承接产业转移和城市群发展的政策研究"（编号：2009-39-19）的最终成果。课题由我主持，参加课题调研和撰写的有郑祖玄、宋伟、刘涛、张建秋、董栓成等，郑祖玄是主笔人。河南省发改委地区处时任副处长乔长恩、副主任科员刘学增等为课题立项和研究提供了很大帮助。课题研究工作2009年9月启动，2010年3月完成。——耿明斋

产业发展与结构调整

需求无非来自两个方面——技术创新产生的新市场与欠发达地区潜在市场的开发。在现代工业社会的范畴内，技术创新所能开拓的新的市场需求是非常有限的，也是比较缓慢的。从目前技术创新的速度来看，从技术层面再次创造出农业社会向工业社会转变这种数量级的庞大市场需求是不可能的。所以，欠发达国家和地区的巨大发展潜力是促进全球经济发展的最为重要的现实推动力。

促进中部崛起是国家落实促进区域经济协调发展总体战略的重大任务，也是统筹区域经济协调发展、贯彻落实科学发展观的重要内容，这一战略任务是基于我国区域经济发展不平衡的背景提出的。改革开放以来，我国区域经济非均衡发展不但没有减弱的趋势，反而表现出一些新特征：一是区域产业结构对当地资源的依赖减弱，东部经济相对发达地区产业发展加工业化突出，这一方面吸引国内大量劳动力的流入，导致中部地区人力资源的外流，另一方面导致东部地区产业同构化严重，简单加工业的发展空间有限，易受宏观经济波动的影响，进而通过区域传导机制影响中部地区的经济发展；二是城市在区域经济中的作用日益加强，地区间经济协作和竞争主要表现为地区城市间的竞争，由于我国不同地区城市群发育程度的差异，进而导致区域经济发展在结构和水平上均表现出较大差异。

随着经济发展水平的上升，沿海地区土地、劳动力等要素成本也日益抬升，大量劳动密集型甚至资本密集和低附加值的产品及产业已无法在当地立足，这些地区产业升级和产业向外转移的压力越来越大，紧迫感越来越强。全球性金融危机的蔓延所导致的国际市场萎缩和贸易保护主义抬头，更是加剧了这种压力和紧迫性。中国经济发展模式由外需驱动到内需—外需均衡发展的时代已经来临。仅仅从产业扩张的角度来说，把产业转移到中西部腹地就具有必要性和可行性。东部沿海的一些企业为了更接近和融入内地市场，已经开始了自觉的产业转移行动。

中部地区是中国人口最为密集的区域，六省总人口超过3亿。

虽然这一区域经济社会发展仍然相对落后,但经过30年的发展已经开始进入工业化的中期阶段,并具备了相当的基础。在"十二五"期间乃至更长的时间,中部地区都将处于工业化、城镇化快速发展的时期,并且会由于其巨大的市场潜力而成为带动中国乃至全球经济发展的新的增长极。

产业转移不仅是次生工业化地区走上工业化道路的必经之路和一般规律,也是提升中西部地区的工业化水平、缩小区域之间发展差距、化解各种社会矛盾、保证整个中国经济长期持续稳定增长的内在要求,各种条件也都在日益成熟,产业转移已呈风起云涌之势。在这种情况下,深入研究产业转移的基本规律,并在此基础上提出促进产业向中西部地区转移和中西部地区积极承接产业转移的政策措施就显得尤为重要。

本报告重点考察了近几年来河南省许昌市的城市社会经济发展,总结了许昌市的一些政策思维和实践,以此为参照,提出中部地区应改革社会经济诸方面与时代发展要求相脱节甚至被证明是落后的不适宜的思维定式、政策架构以及行政管理体制,重新筹划中部地区社会经济发展的政策措施。

因此,研究中部地区如何通过城市群发展来承接产业转移,无论对于加快中部地区的工业化、城镇化进程,还是对于东部产业结构的协同升级及整个中国经济的持续发展,都具有重要意义。

二 我国经济及产业的区域差异

(一) 概述

改革开放以来,我国区域经济发展并未出现严重的两极分化现象。但自20世纪90年代以来,地区间的经济发展差距却越来越显示出拉大的趋势。众多的国内学者对中国近30余年以来的经济增长地区差距的研究都显示出了较为一致的结论,如林毅夫、蔡昉、李周、蔡昉、都阳、王小鲁、樊纲等人各自的研究结论都显示出了这种情况。

进入21世纪以来，随着东部地区经济发展水平的不断提升，中西部地区与东部之间的差距明显拉大了。区域之间发展严重的不均衡和居民收入差距的持续拉大引发了一系列的社会矛盾，事实上也已经开始危及整个中国经济的长期持续稳定增长态势。所以，从世纪之交开始，中央先后出台了西部大开发、东北老工业基地振兴和中部崛起等一系列旨在促进中西部地区快速发展的举措。毋庸置疑，未来一个很长的时期内，如何促进中西部地区发展都会是政府尤其是中央政府区域发展政策的核心，而促进东部乃至国外产业向中西部地区转移自然应该是这些政策的重要组成部分。

随着中国经济持续快速发展，东部地区的劳动力成本、土地成本在持续上升。许多产业的比较优势正在丧失。而2008年爆发的金融危机，更是大大加剧了我国东部地区企业的这种困境。众多产业，特别是制造业正面临结构调整和升级，并由此产生了由我国东南沿海向中西部、内陆及周边国家转移的趋势。但是，哪种产业要转移，哪类产品线要转移，产业如何转移都是有待解决的问题。因此，本研究报告首要的任务就是厘清中部地区和东部沿海地区经济发展水平，产业分布的结构，中、东部地区产业结构与区域要素、资源禀赋之间的契合关系。

（二）我国东部、中部和西部以及东北的划分

将我国划分为东部、中部、西部三个地区的时间始于1986年，由全国人大六届四次会议通过的"七五"计划正式公布。东部地区包括北京、天津、河北、辽宁、上海、江苏、浙江、福建、山东、广东和海南等11个省（市）；中部地区包括山西、内蒙古、吉林、黑龙江、安徽、江西、河南、湖北、湖南、广西等10个省（区）；西部地区包括四川、贵州、云南、西藏、陕西、甘肃、青

海、宁夏、新疆等9个省（区）。

1997年全国人大八届五次会议决定设立重庆市为直辖市，并划入西部地区后，西部地区所包括的省级行政区就由9个增加为10个省（区、市）。

由于内蒙古和广西两个自治区人均国内生产总值的水平正好相当于上述西部10省（市、区）的平均状况，2000年国家制定的在西部大开发中享受优惠政策的范围又增加了内蒙古和广西，而中部地区则减少至8个省。

2003年10月，中共中央、国务院正式印发《关于实施东北地区等老工业基地振兴战略的若干意见》，制定了振兴东北战略的各项方针政策，自此以后，研究人员往往单独地将东北四省区（辽宁、吉林、黑龙江和内蒙古）单列为一个区域。至此，我国经济地理区划上的东部、中部、西部和东北即形成当前的格局：

东部地区包括的省级行政区共10个，分别是北京、天津、河北、上海、江苏、浙江、福建、山东、广东和海南；中部地区包括的省级行政区共6个，分别是山西、安徽、江西、河南、湖北、湖南；西部地区包括的省级行政区共11个，分别是四川、重庆、贵州、云南、西藏、陕西、甘肃、青海、宁夏、新疆、广西；东北地区包括的省级行政区共4个，分别是辽宁、吉林、黑龙江和内蒙古。本研究报告着力于研究中部地区承接东部地区的产业转移。因此，本报告的研究对象主要限于中部六省和东部十省市。

当然，上述区划仅仅是经济地理概念上的区划。此种区划是否合理，是否足以显现我国区域社会经济发展水平的梯次关系并未得到学术界的一致认同。但本报告依然采用上述最为正式的经济地理区划概念。

为了进一步分析中部地区的发展与东部地区的发展差距，并对这一差距有更为客观而深刻的认识，本报告选择了"国内生产总值""固定资本投资额""居民消费水平""国际贸易"这四组参数作比较。之所以选择这四组参数，主要是考虑到国内生产总

产业发展与结构调整

图1 中国的经济地理区划

中国的经济地理区划
- 东部十省市
- 中部六省
- 西部十省市区
- 东北四省区

值反映了一个区域的整体经济实力,而其人均值则反映了此区域的发展水平;"固定资本投资额"指标则主要显示了这一区域的积累水平,并为未来的发展提供相应的基础;"居民消费水平"则一方面显示了经济发展的水平,另一方面从消费率的高低可以看出区域经济发展的可持续性;"国际贸易"水平则显示了经济的活跃程度和质量。从这四个方面大体上可以评价一个区域经济发展的水平,可以比较出不同地区的经济发展差距,从而为我们的研究提供基础性的概况。

(三) 东部和中部社会经济发展总量数据上的差异

1. 国内生产总值

比较分析图 2 的数据，可以发现：东部的经济发展实力明显强于其他各个地区，而中部地区在全国四个经济地理区划中排名第二。尽管国内生产总值并不等于经济发展水平，特别是考虑到各个区域内人口多少、地域大小存在着明显的差别后更是如此，但是，国内生产总值作为一个总量指标却可以衡量出经济发展的整体实力。从 2006~2008 年的数据来看，其他地区与东部地区的差距还是十分明显的，因此国家当前实施相对均衡的发展策略也是必由之路。

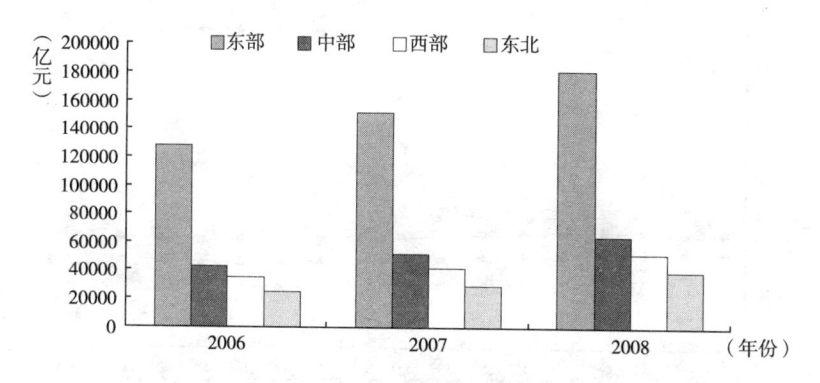

图 2 2006~2008 年各地区国内生产总值比较

资料来源：课题组根据国家统计局网站公布的支出法分省国内生产总值总结而来，数值均为当年现值。

更为重要的是，我们不仅要关心近期国内生产总值上的差距，还应当考察一段时间以来，东部地区和其他地区的这种差距是拉大了还是缩小了。图 3 将我国四大经济地理区划各自的国内生产总值占加总后的总量①的百分比表示了出来。从图 3 可以看到，东部

---

① 国民经济核算的时候，全国数据与各省市区加总的数据是不一致的。并且这个差距并不太小，其原因主要是由统计口径不同而导致的重复计算。

产业发展与结构调整

地区与中部、西部以及东北地区的差距在90年代以后出现了拉大的情况，这不利于我国和谐社会的建设。其实改革开放至90年代之前的一段时间，我国经济发展的地区差距并不是拉大而是缩小的，只是在90年代以后，特别是1992年后发展差距拉大才成为一个被广泛关注的事实。只是在2006年以后，总量数据上的这种趋势才得以初步扭转。更值得关注的是，自2000年以来，中部地区在总量数据上的表现不及西部地区和东北地区，可能的原因是国家实施西部大开发和振兴东北的计划所导致的"中部塌陷"。从中可以看出，中部地区承接东部地区的产业转移是一项紧迫的任务。

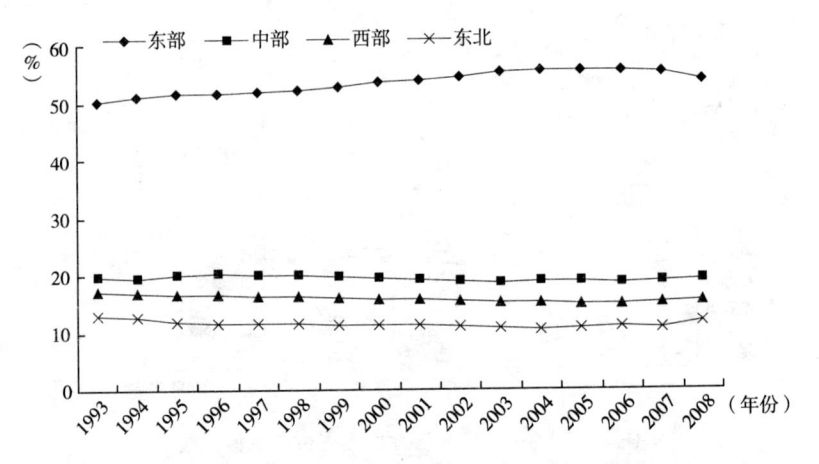

图3 1993~2008年各地区国内生产总值占全国国内生产总值的比重

资料来源：课题组根据国家统计局网站公布的支出法分省国内生产总值总结而来，数值均为当年现值。

与总量数据相比，人均数据更能体现不同地区的发展水平。从图4的数据来看，中部地区的经济发展水平仅仅略高于西部地区，而与东部地区形成了巨大的落差。即使与东北地区相比，中部地区依然是比较落后的。值得注意的是，自2003年以来，东部地区与其他地区在人均国内生产总值上的相对差距开始缩小，这固然同我国相对均衡的区域发展战略有关，但同时也显现出东部地区受人口、土地、自然资源等条件的限制，渐次出现产业转移的要求。特别是自2006年以来这种趋势得到了相应的加强。在这个过程中，东北地区表现得尤为突出。我们知道，我国的振兴东北老工业基地的国家开发战略就是从2003年开始的，人均GDP数据的这种变化不能不说与国家振兴东北老工业基地的战略有关。这也显示出政府的区域开发战略确实可以发挥强大的影响力。

而在这一时期，虽然中部和西部地区与东部地区的人均GDP相对差距也在缩小，但这种缩小的速度还远远不够，也不足以与东北地区的速度相媲美。中部地区在2003年的人均国内生产总值相当于东部地区的41.26%，至2008年则增至47.91%，增加了6.65个百分点；西部地区在2003年的人均国内生产总值相当于东部地区的35.71%，至2008年则增至40.35%，增加了4.64个百分点。与此同时，东北地区在2003年的人均国内生产总值相当于东部地区的66.11%，至2008年则增至78.67%，增加了12.56个百分点。

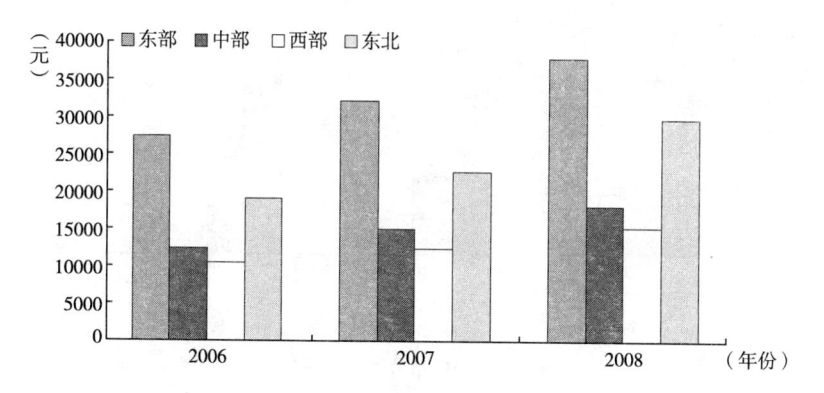

图4　2006~2008年各地区人均国内生产总值

资料来源：课题组根据国家统计局网站公布的支出法分省国内生产总值和分省总人口总结而来，数值均为当年现值。

2. 固定资本投资额

固定资本投资是工业化的基本前提，这一指标不仅反映了不同地区之间的积累水平，也反映了企业对未来经济发展的预期。

产业发展与结构调整

数据显示，东部地区的固定资本投资水平一直远远高于其他地区，但是近几年的趋势却显现出落后地区在经济发展上赶超东部地区的态势：东部地区在2007年及2008年，固定资本投资（名义值）的增速已经不足20%，低于全国总体水平。但是中部、西部和东北地区固定资本投资（名义值）的增速均已经超过全国总体水平。其中，中部地区和东北地区的固定资本投资增速较高，已经超过30%，而西部地区较低，但也接近于30%。这一数据显现的另一种信息是：产业的发展和转移合乎梯次转移理论的基本观点，总是经济发展水平具备了一定基础后，大规模的产业转移才会随之而来。与西部地区相比，承接产业转移的更为主要的地区应当是中部地区和东北地区，而中部地区的固定资本投资增速更是快于东北地区，这也显示了中部地区承接产业转移的必要性。

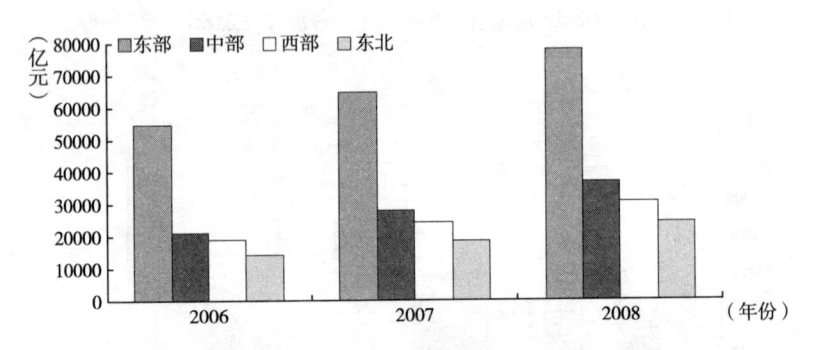

图5　2006～2008年各地区全社会固定资本投资额

资料来源：课题组根据国家统计局网站公布的数据整理总结而来，数值均为当年现值。

3. 居民消费水平

社会消费品零售总额不仅代表着一个地区的生活水平，也代表着该地区的经济活跃程度与市场发育程度。图6清楚地说明了我国消费水平的地区差距，而且这种差距从绝对量来说，呈现逐步扩大趋势。东部和中部的社会消费品零售总额的差距由2006

年的 27394 亿元扩大到 2008 年的 38387 亿元，三年间差距扩大了 40%。

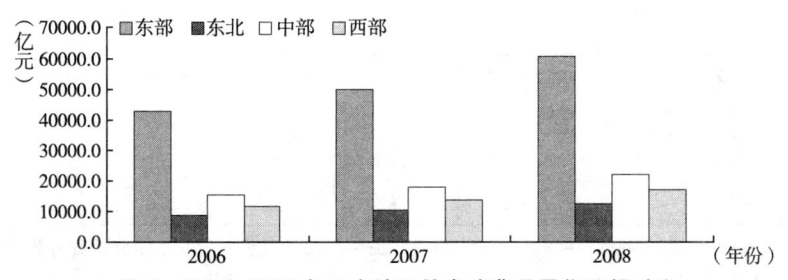

图 6　2006～2008 年四大地区社会消费品零售总额对比

资料来源：课题组根据 2007～2009 年《中国统计年鉴》中提供的分省社会消费品零售总额加总得到，数值均为当年现值。

地区之间的消费差距也能从人均消费品零售额看出，只不过考虑了人口因素后，四大地区的排位有所变化，东北地区由倒数第一位变为第二位，东北地区的人均消费与东部地区的差距较总量数据明显缩小。其中，东部和中部的人均社会消费品零售总额的差距由 2006 年的 4769 元扩大到 2008 年的 6375 元，三年间差距扩大了约 34%。

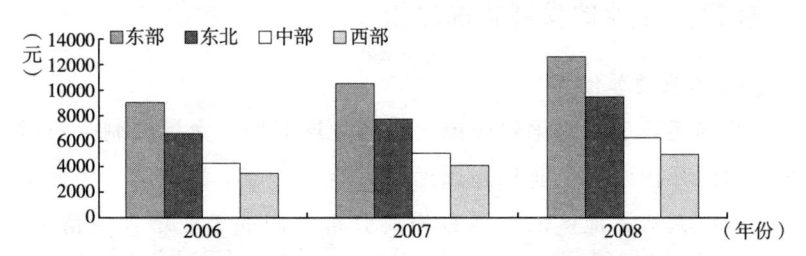

图 7　2006～2008 年四大地区人均社会消费品零售额对比

资料来源：课题组根据 2007～2009 年《中国统计年鉴》中提供的分省社会消费品零售总额和分省人口数加总计算得到，数值均为当年现值。

4. 对外贸易情况

对外贸易反映的是一个地区利用两种市场的能力，反映的是地区的国际化水平。由于该指标的大小与区域位置有很大关系，因此我们在此考察的重点是相对量的变化。

产业发展与结构调整

表1 四大地区对外贸易情况

单位:%

地区	进出口			出口		
	2000年	2007年	2008年	2000年	2007年	2008年
东部	88.09	88.96	87.73	86.69	88.31	86.85
东北	5.74	4.36	4.60	5.83	4.47	4.70
中部	3.11	3.42	3.86	3.89	3.60	4.14
西部	3.07	3.26	3.82	3.59	3.62	4.32

资料来源:根据《中国统计年鉴2009》提供的按经营单位所在地划分的分省数据整理得到。

在对外贸易方面,东部地区有绝对优势,从2000年到2007年,东部地区的对外贸易所占比重在缓慢增加,东北和中部地区在逐步减少,而2008年东部地区所占比重下降,而东北和中部地区却在逐步上升,这反映了金融危机以来东部地区产业的脆弱性和不可持续性。在金融危机和内部产业结构双重压力下,东部地区产业的发展模式面临着革命性的变革。也许,市场由外需转向内需、产业由东部转向中部是必由之路。

(四) 工业的发展状况比较

1. 工业增加值

我国还处于工业化和城镇化快速发展时期,大量的剩余农村劳动力的存在说明工业化还远远没有结束,经济的推动力仍是工业。因此,衡量地区的差距首先要分析它们的工业增加值情况,工业增加值多则地区经济实力就强,工业增加值少则地区经济实力就弱。我们选择2001年、2004年和2007年三个代表性年份,具体请看图8及图9。

从2001年到2004年,东部地区与其他地区不论是绝对差距还是相对差距都在逐步扩大,东部地区的相对量增加了近3个百分点,而其他地区无一例外地呈现下降趋势;从2004年到2007年这

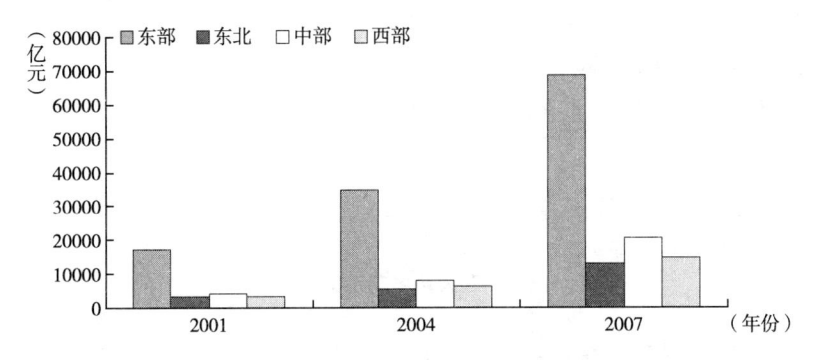

图8 代表性年份四大地区工业增加值对比

资料来源：根据 2002 年、2005 年、2008 年《中国统计年鉴》分省数据计算得到，为当年现值。其中，2001 年、2004 年为全部国有及规模以上全部非国有工业增加值，2007 年为规模以上工业增加值。

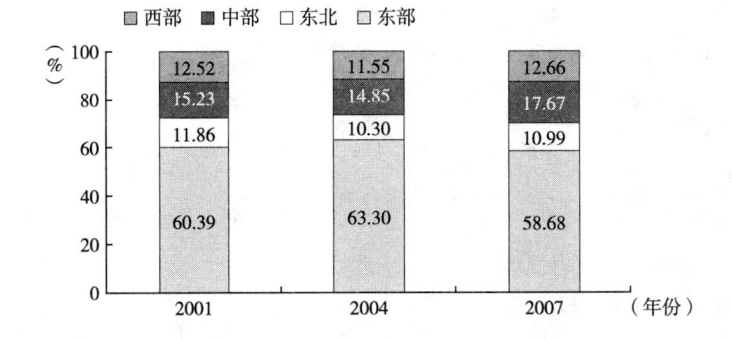

图9 代表性年份四大地区工业增加值比重

资料来源：根据 2002 年、2005 年、2008 年《中国统计年鉴》分省数据计算得到，为当年现值。其中，2001 年、2004 年为全部国有及规模以上全部非国有工业增加值，2007 年为规模以上工业增加值。

一局势得以扭转，尽管绝对量还在逐步扩大，但至少相对量扩大趋势得以遏制，这也许是国家层面的区域协调发展战略的应有成果。

2. 制造业

我们知道，工业从大的范围看包括采选业、制造业和电力热力及水的生产和供应业，而制造业是核心。采选业、电力热力及水的生产和供应业受限于当地资源，与技术水平的高低没有直接的关系，

产业发展与结构调整

而且生产能力从理论上来说不能无限扩张。所以,制造业才是衡量工业发展水平的指标,而制造业也明显地分为两部分:一部分是与资源有关的金属与非金属相关行业,另一部分是专用设备、通用设备、通信等相关行业。前者我们通常称之为资源型制造业,后者我们称之为装备制造业。四大地区制造业情况见表2。

表2 四大地区制造业情况

单位:亿元

行 业	东部	东北	中部	西部
电气机械及器材制造业	3717.45	198.96	458.17	243.38
交通运输设备制造业	2761.02	745.44	760.22	666.74
专用设备制造业	1455.79	232.88	397.57	210.09
通用设备制造业	2677.09	408.11	424.06	289.99
通信设备计算机及其他电子设备制造业	6509.07	143.46	233.02	198.72
仪器仪表及文化办公机械制造业	814.06	28.75	72.98	52.14
金属制品业	1801.9	120.19	213.1	90.75
装备制造业小计	19736.38	1877.79	2559.12	1751.81
非金属矿物制品业	2079.72	320.45	848.46	407.59
黑色金属冶炼及压延加工业	3943.31	1054.46	1320.92	685.76
有色金属冶炼及压延加工业	1205.31	250.91	979.33	762.46
石油及炼焦加工业	1042.09	554.36	452.43	265.33
资源型制造业小计	8270.43	2180.18	3601.14	2121.14

资料来源:根据《中国工业经济统计年鉴2007》中地区分组数据计算得到,小计部分只包括列举的项目,均为当年数值。

在装备制造业方面,东部地区发展质量明显高于其他地区,而资源型制造业差距则没有那么大。这显现出东部地区的工业发展处于产业链更高端的位置,东部地区制造业的发展质量高于其他地区。中西部地区工业的发展更多地依赖于中西部地区丰富的矿产资源和其他自然资源。从中西部地区的产业链来看,资源型制造业发展得较好,仅仅是因为此类制造业的运输成本在其总成本中所占的比重较大。因此，这样的制造业结构存在着资源耗尽以后的转型问题。

3. 采选业

对于矿采选业，四大地区各有优势。其中，在煤炭开采方面中部有明显优势，山西和河南煤炭资源丰富；在石油和天然气开采方面，除了中部地区外，其他三个地区都较丰富；在有色金属采选业方面，中部和西部优势明显；在黑色金属采选业方面东部有明显优势；在非金属矿采选业方面，东部和中部分列第一、二位。

表3 三大地区矿采选业对比

单位：亿元

地 区	煤炭开采和洗选业	石油和天然气开采业	有色金属矿采选业	非金属矿采选业	黑色金属矿采选业	矿采选业合计
东 部	961.36	2028.14	131.67	168.15	290.71	3580.03
东 北	528.8	2082.89	91.47	38.89	113.1	2855.15
中 部	1618.28	196.28	203.14	110.89	120.52	2249.11
西 部	478.83	1679.36	251.28	60.21	63.75	2533.43

资料来源：根据《中国工业经济统计年鉴2007》地区分组数据计算得到，合计部分不包括其他采选业，均为当年数值。

采选业的状况比起资源型制造业来更依赖于当地的资源状态。从产业的发展来看，我国中部、西部、东北在这些产业上的发展水平不再逊色于东部地区。考虑到我国自然资源蕴藏量主要集中在中西部的现实，可以发现中西部地区的资源开发依然还有很大的余地。

4. 食品制造业

在食品行业中，东部地区的优势也是无可比拟的，尤其是制造业中层次稍高的食品制造业。西部地区在食品行业方面的劣势比较明显，只在饮料制造业方面较突出，这也与当地水资源状况有关。而中部和东北地区表现较平稳，在未来，中部地区在食品行业尤其是农副食品加工和食品制造方面还有很大的上升空间（见图10）。

产业发展与结构调整

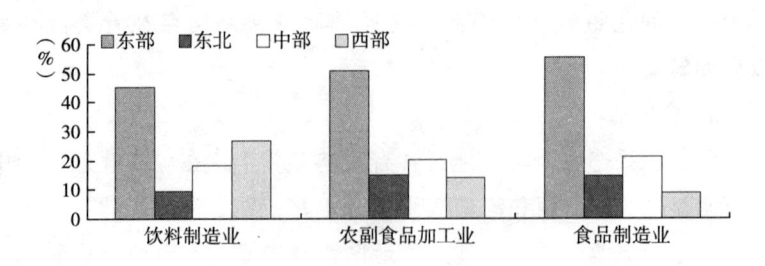

图 10　2006 年四大地区食品行业对比

资料来源：根据《中国工业经济统计年鉴 2007》中地区分组数据计算得到，均为当年数值。

三　产业转移的基本理论

（一）产业转移与经济收敛

依据索洛（Solo）的新古典增长模型，人均产出水平较低的经济系统其增长率应高于人均产出水平较高的经济系统，是为 β 收敛。β 收敛的根本原因在于资本的边际生产力递减。这显示出资本流动存在着由发达经济体流向欠发达经济体的驱动力。这一理论为中西部地区承接东部地区产业转移提供了理论基础。但是这一理论却受到内生经济增长理论的挑战。对不同国家的经济收敛的检验并不支持索洛模型的结论。这一系列经验研究的结果也促进了各种所谓的内生经济增长理论的诞生与发展。如果内生经济增长理论更合乎中国东、中、西部经济增长的现实，那么中西部地区承接东部地区产业转移的政策前景即会随之暗淡——除非存在着足够有力的政策措施来改变现状，否则至少难以期冀来自东部发达地区的资本流入。这对中西部欠发达地区的金融政策的制定会产生不同的影响。

Barro 和 Sala－I－Martin 通过对 OECD 国家、美国国内各州、日本国内各县、欧洲一些地区的实证检验，发现了明显的绝对 β 收敛和 δ 收敛证据。但对 110 个不同发展水平国家的检验，仅发现了控制其他变量时的（条件收敛）现象。绝对收敛只分别存在于富裕国家集团内部或贫穷国家集团内部，不存在于分属不同俱乐部的国家之间。同样的问题也出现在国内的相关研究文献当中。越来越多的经济学家注意到我国不同地区间，分省数据显示的俱乐部收敛问题，这都对我们的研究具有启发意义。

就国内关于经济收敛的研究而言，现有研究主要关注三个方面：收敛的形态、度量和解释。关于中国各地区经济收敛的文献，也在这三个方面展开。

一是收敛的形态。关于经济收敛的学术兴趣，是由所谓"俱乐部收敛"现象引起的。在1978年以来中国各省的经济增长中，是否存在类似现象，是文献讨论的焦点之一。承认此说的文献有不少，如沈坤荣和马俊认为中国地区间的经济增长，存在着显著的"俱乐部收敛"特征，表现为按东中西划分的区域内部人均产出具有明显的聚集现象。按照地域来划分"俱乐部"简单易行，但可能在统计上并不是最显著的。例如，彭国华（2008）表明，1978～2006年我国30个省份中存在两种可能的收敛"俱乐部"：一个是领先省份收敛"俱乐部"，有15个省份向上海人均收入绝对收敛；另一个是平均收敛"俱乐部"，由10个省份组成，它们的人均收入向全国平均值绝对收敛。其中，每一种"俱乐部"都既有属于东部和中部地区的，也有属于西部地区的。所以，近年的文献也依据相关变量的多峰（一般是双峰）分布来划分俱乐部。傅晓霞、吴利学（2009），Wei Zou，Hao Zhou（2007）体现了这一思路。尽管大多数文献都接受"俱乐部收敛"的假说，但也有文献表示异议，如刘夏明、魏英琪、李国平（2004）认为地区经济的总体差距主要来自沿海和内陆地区的差距，在各地区内部不存在所谓的"俱乐部收敛"。

收敛形态的研究，除了"俱乐部收敛"问题外，另一议题是，收敛是 δ 收敛还是 β 收敛。前者可以认为是绝对收敛，后者则是相对或条件收敛。"俱乐部收敛"主要是从 δ 收敛的意义上而言的。文献大多同时讨论两种形态的收敛。沈坤荣和马俊认为中国地区间的经济增长，不仅存在"俱乐部收敛"，而且存在着条件收敛的特征，即在具有相同的人力资本、市场开放度等结构特征的经济地区间存在着一定的增长收敛趋势。张茹（2008）对条件收敛的估计结果则表明，如果控制一系列地区的结构特征变量，结构特征相似的地区有相似的稳态产出水平，其经济增长长期将趋于收敛，收敛速度大约为每年 2.2%。

二是收敛的度量。这分为两个方面：一是俱乐部收敛的度量，二是条件收敛的度量。关于前者，主要涉及变异指标的分解问题。刘夏明、魏英琪、李国平（2004）采用了 Dagum 1997 年提出的新方法分解基尼系数，以改进 Theil 指标或 CV 分解，结果表明，中国地区经济的总体差距在 20 世纪 80 年代有所下降，但在 90 年代却呈上升趋势，并否定了俱乐部收敛。对于条件收敛的度量，涉及增长模型的设定问题，存在更多讨论。新近的文献倾向于借鉴生产率研究中的随机前沿模型，来对增长中各因素的贡献进行分解，从而得到更好的条件收敛估计，并对各种影响地区增长的因素进行更全面的分析。傅晓霞、吴利学（2009）在这方面有比较详细的讨论。Wei Zou，Hao Zhou（2007）的模型则试图将俱乐部收敛和条件收敛同时进行估计。他们采用了一个包含固定效应和期初收入的面板模型。通过固定效应的估计，他们得到了一个代表初始技术水平的双峰分布，从而将各省划为发达和发展中两个俱乐部。期初收入的效应则对应条件收敛的估计。

也有文献尝试用新的思路来度量经济收敛。金相郁（2006）试图进行概率收敛的推断，彭国华（2008）则从相对标准省份的收入变化趋势来推断收敛。但这些尝试在理论上仍欠严谨。以上述二文为例，前者实质上只不过是对地区收入协整性的判定，与收敛是两个概念；后者的标准省份选择具有随意性。

三是收敛的解释。这方面试图作出最全面讨论的是王小鲁、樊纲（2004）。他们得出了 9 点结论：①在过去 20 年的经济改革期间，市场导向的外商直接投资以及民间资本流动使资金大量流向东部，加速了东部地区的经济增长，同时也扩大了地区差距。②东部持续的资本流入同时也在逐渐缩小东西部的资本边际生产率差距。③政府转移支付有助于改善中西部软硬基础设施条件，但缩小地区差距主要不能依赖政府主导的资金转移，而要着眼于提高效率，改善投资环境。④东部地区长期以来享受的外资优惠政策，是导致地区间经济差距的一个原因。长期保持区域性的优惠政策不利于资源在地区间的优化配置和缩小地区差距，应当逐步向全国统一的国民待遇靠拢。⑤推进银行业的改革，发展区域性金融机构，改善中小企业特别是小企业的融资环境，从而提高资本使用效率和就业水平，也将对中西部地区的发展产生重要的作用。⑥受收入和就业机会差距的吸引，农村劳动力有从中西部向东部地区流动的趋势，这有利于缩小地区间人均收入的差距，同时也有利于提高效率。⑦东部与中西部之间在人力资本存量方面存在差距，但更重要的差距在于中西部科技成果市场化程度很低，严重影响了人力资本的生产率。⑧中西部地区的经济增长率与东部的差距在很大程度上是由于要素生产率低。而这主要取决于技术进步和市场化程度的差异。在市场化方面，东西部差距明显，尤其是在非国有经济的发展和要素市场发育方面差距非常突出。这是制约中西部地区经济发展的一个关键因素。⑨东西部地区间发展程度差异的另一个重要原因是西部地区城市化程度低。在市场导向的基础上推进城市化发展将是西部发展的一个推动力。

其他研究各对某些因素有所强调。Wei Zou，Hao Zhou（2007）发现人力资本和基础设施对发达地区的收敛有更强的推动力，而道路对发展中地区居然是负向作用（尽管不显著），开放度对发展中地区的推动作用也未得到体现。他们的解释是道路的负向作用正体现了发展中地区基础设施还不够，从而不足以发挥其网络效应，开放度不显著也是利用不够的体现。傅晓霞、吴利学（2009）则表明，物质资本深化是增长分布的重要影响因素，但其单独效应并不能完全决定其演进过程，只有与其他因素特别是技术效率的联合效应才能对地区增长分布产生决定性影响。而人力资本的影响虽然一直在缩小地区差异，但是其作用受劳动力流动等因素影响，远不足以导致地区增长收敛。李斌、陈开军（2007）发现对外贸易对地区差距的解释能力也是显著的。郝睿（2006）对30个省的人均GDP增长的分析则表明，在增长的各个源泉中，效率提高是唯一引起收敛的因素，并且随着改革的推进其作用在不断减小。

以上学者对经济收敛的研究为我们的研究开辟了道路。总体上，较多的经验数据支持我国存在俱乐部收敛的特征。

（二）产业转移的含义和方式

从全球的视野来看，现代工业首先是在一个空间点（英国）孕育发展然后逐步扩展到外围地区的。现代工业从原生地（发达地区）向次生地（欠发达地区）的逐步扩展无非是通过两种途径来实现的：一是伴随资本流动的产业搬迁，即生产企业的全部或部分从原生地搬迁到次生地，一般会包含着资本、设备、技术、生产组织和管理模式的转移；二是不包含资本流动的技术扩散，即源于原生地的现代工业技术通过掌握技术的人员、出版物等各种技术信息载体扩散到次生地，促使次生地也生发出现代工业来。前一种途径实际上属于现在人们所说的产业转移，后一种途径虽然可以依赖次生地传统农业剩余转换为工业资本，也可以依赖本地人员的学习掌握现代工业技术，从而不必依赖原生地资本的流入，但无论通过何种方式，现代工业生产技术和生产组织形式一定是从原生地移入的，因而也包含着产业转移的因素。

所以，产业转移的含义应该有广义与狭义之分。广义的产业转移是指现代经济发展在空间上的扩散，即随着欠发达地区与发达地区之间各种交流的增加，欠发达地区出现了各种现代产业扩张的结果，当然这些产业的发展，既可能是发达地区企业搬迁过来的结果,也有可能是本地企业生长壮大的结果。狭义的产业转移是指与资本流动密切相关的企业及企业集群的迁移,即生产企业的全部或部分从原生地搬迁到次生地,并伴随着资本、设备、技术、生产组织和管理模式的转移。

相应地,产业转移的方式也有两种,即伴随资本流动的产业转移与不包含资本流动的以信息尤其是技术传递为主的产业扩散。

虽然产业转移有广义和狭义两个范畴,但很多时候为了分析的方便,人们往往从狭义的角度(即伴随资本流动的搬迁角度)来使用产业转移的概念。由于本文是从中部欠发达地区的工业化与经济社会转型这样的视角来看待产业转移问题,我们将会对两种类型的产业转移都予以关注。

(三)产业转移的方向

早在中世纪晚期,欧洲就记录了人类历史上第一次大规模的纺织业区际转移,即毛纺业与亚麻纺织业先后从南欧的意大利北部到北欧的低地国家,再到英格兰,并在英格兰过渡到棉纺织业从而引发了产业革命。进入工业化时代之后,钢铁、棉纺织业同样经历了由英国向法国、美国、德国等后起之秀工业化国家的转移过程。特别是"二战"以来,全球先后发生了四次大规模的产业转移,第一次是20世纪50年代,美国主动推进其产业转移,通过承接产业转移,日本、西欧大大加快了工业化步伐,工业产业的竞争力迅速提高。第二次是20世纪60年代,日本经济快速发展,产业结构不断提高,日本和美国一起主导了第二次产业转移。他们把服装、纺织等劳动密集型产业和重化工业等污染重、能耗多的产业转移到"亚洲四小龙"与部分拉美国家,"亚洲四小龙"抓住契机积极承接产业转移,发展自己的劳动密集型加工产业,迅速实现了工业化,成为新兴工业国(地区)。第三次是20世纪70年代,受到石油危机打击的发达国家,纷纷把高能耗与污染重的造船、化工、钢铁行业转移到"亚洲四小龙"等新兴工业化地区，"亚洲四小龙"积极承接发达国家转移出来的资本密集型产业，并加快把部分失去比较优势的劳动密集型产业转移到泰国、马来西亚等国，促进了这些国家与地区的工业化进程。第四次是20世纪80年代中期以后，日本、美国等发达国家重点发展高新技术与信息化产业，进一步把劳动密集型、资本密集型和部分低附加值的技术密集型产业转移到海外，"亚洲四小龙"等新兴工业化地区通过大量吸收发达国家的投资，承接美日转移出来的重化工业与微电子等高科技产业，并将劳动密集型产业和部分资本密集型产业转移到东盟，促进了这些国家（地区）的工业化进程和产业升级。

20世纪80年代以来我国沿海地区工业化的快速发展虽然得益于改革开放所导致的传统产业剩余积累的增大和原生地的技术扩散效应，更得益于欧、美、日等发达经济体以及韩国、中国台湾和香港、新加坡等所谓"亚洲四小龙"国家和地区产业向珠三角、长三角和京津冀地区的转移。

因此，从国际和国内的经验来看，产业转移确实都是从劳动密集型产业开始的，然后再逐步向资本技术密集型的产业过渡（吕政、杨丹辉，2006）。产业转移的路径是从发达国家到次发达国家，再到发展中国家（原小能，2004）。

（四）产业转移的动因

1. 有关产业转移动因的传统理论

（1）产业梯度转移理论。由于国家、地区间经济发展水平、技术水平和生产要素禀赋的不同，形成了各国或地区间在产业结构层次上的不同差异，并按高低不同呈阶梯状排列。由于这种产业梯度的存在以及各国或地区产业结构不断升级的需要，产业在国家间、地区间是梯度转移的，一国或地区相对落后或不再具有比较优势的产业可以转移到其他与该国（地区）存在产业梯度的国家或地区，成为其他国家（地区）相对先进或具有相对比较优势的产业，从而提高吸收方的产业结构层次与水平，这就是产业结构在国家间、地区间的梯度转移规律。学者们指出，这种产业转移对于双方都有利，是产业转移方和被转移方"双赢"的良性转移。

（2）产品生命周期理论。产品生命周期理论（弗农，1966）也是解释产业从发达地区向不发达地区转移的一种理论。该理论认为，工业各部门及各种工业产品，都处于生命周期的不同发展阶段，即创新、发展、成熟、衰退等四个阶段。当发达国家与地区的产业发展进入成熟期之后，随着生产技术的普及，位于发达地区的该产业将逐渐失去竞争优势，资本将逐渐转移至欠发达地区寻求成本低廉的发展机会，原有地区的该产业将逐步衰退并最终退出该产业的竞争，该产业就完成了空间区位上的转移。

（3）二元经济结构理论。二元经济结构理论（刘易斯，1954）揭示了劳动力成本是引发产业转移的重要因素。该理论认为，在欠发达地区的工业化早期，存在两个相互独立又相互联系的经济部门：一个是市场导向和技术先进的现代产业部门，一个是落后的传统经济部门。传统经济部门劳动力大量过剩，并以隐性失业形式存在，可以为现代产业部门的扩张不断提供劳动力。由于劳动力供给无限的压力，落后地区的劳动力成本得以长期保持在较低的水平，从而使得劳动密集型产业向落后地区的转移成为一种规律。随着该地区产业的发展与工业化过程的完成，劳动力成本逐渐上升，劳动密集型产业又会寻找新的落后地区，并进行新的产业转移。在这个产业转移的过程中，落后地区一个接着一个地成功实现了工业化的转型。

（4）企业迁移行为理论。Simon、Pred、Schmenner等人的"企业迁移行为理论"关注企业迁移的区位推力与拉力的共同作用，并考虑了企业迁移的外部原因，从而把区位的市场贴近度、空间结构、劳动力价格、环境适宜度、房地产价格等考虑在内，

"新制度企业迁移理论"甚至考虑了当地的政府声誉、政府政策、基础设施服务质量、社会文化与价值观对产业发展的影响（马子红，2008）。

（5）其他理论。日本学者赤松要（Akamatsu, K., 1962）从后期工业国发展的角度讨论了日本战前的工业发展过程中产业转移的进程，并提出了类似的雁行经济发展模式（邹积亮，2007）。在此基础之上，日本学者小岛清（Kiyochi Kojma）1978年以日本成熟产业的发展趋势为关注点，也以李嘉图的比较优势理论和赫克歇尔－俄林的要素禀赋理论为基础提出了"边际产业扩张论"，揭示产业在国际转移的动因。而经济学家缪尔达尔（Myrdal）1957年则从区域经济发展规律的角度讨论产业演变在空间扩散过程中的动态规律，并提出了产业转移的极化、扩散、回程三种效应，它们共同制约着产业在地区分布方面的集中与扩散。

2. 有关产业转移动因的最新研究进展

由克鲁格曼引领的新经济地理学从产业地理区位的角度对产业聚集的形成、发展与消亡过程的分析，较完整地解释了相关产业进入与离开某一地理区位的过程，揭示了产业集聚优势对产业转移的影响。

美国学者基维奇（Peter Gourevitch）2000年通过对计算机硬盘驱动器产业的研究表明，要素成本、集聚经济效应、政府公共政策是国际产业转移的三个动因。还有一些学者如Cantwell、Wesson、Dunning、Florida、Kuemmerle发现，为了获得知识和人才而向大学和国家实验室靠近是产业转移的另一诱因。

Ettore Bolisani 1996年通过对世界服装行业的布点状况的分析，发现了工序间国际产业转移的四个动因：资源动因、市场动因、效率动因与战略动因。同样的分析结果也出现在Maccarthy（2003）的论文中（龚雪、高长春，2009）。中国学者陈建军（2002）结合浙江105家企业的问卷调查报告，研究了我国东部地区现阶段产业区域转移现象，认为导致企业进行产业转移决策的主要因素分为两类：市场扩张因素和资源利用因素。戴宏伟教授也认识到，随着产业竞争的加剧，发达地区的产业也会为了抢占市场的目的而向落后但拥有巨大市场潜力的地区转移。像家电、汽车等资本技术密集型产业的扩散与转移就是出于这个原因。

范剑勇、杨丙见（2002）通过对美国经验的分析表明，欠发达地区内部城市化的发展、交通设施的改善是产业转移的重要前提与条件。两位作者不同意供给增长型的现代化工业化发展思路，认为美国中西部现代化产业的发展是市场拉动的结果，城市化为中西部地区市场的扩张提供依赖市场的人口基础，后者为地区内市场的深化与扩展提供成本降低的条件。该研究为我国中部地区通过承接产业实现现代化工业化指明了方向。在随后的研究中，范剑勇（2004）又进一步指出，国内市场一体化水平低于沿海地区与国际市场之间的一体化水平严重影响了东部地区产业向中西部地区的转移。

张孝峰及陈建军（2002）分别从产业转移承接地与产业转出地的角度对企业进行的实证分析验证了范剑勇进行的国际经验研究，中国东部的企业在向中西部转移时主要关心的恰恰是需求拉动方的市场因素，而在选择区位时明显对转入地的政府服务与基础设施等市场扩展条件十分关心。

3. 小结

从企业的角度看，产业转移的动因有二：一个是向距离原生产地更远的市场扩张的需要，一个是原生产地和远距离市场地之间的成本差异，这种成本差异，从理论上说，只要存在着市场扩张的需要和异地之间的成本差异，产业转移就无可阻挡。一般来说，远距离市场和低成本地区总是次生地和欠发达地区，所以，产业转移的方向总是由原生地指向次生地，由发达地区指向不发达地区。

四 产业集聚与产业转移

(一) 产业集聚效应的含义

所谓集聚效应，指的是产业在空间上聚集带来的规模经济、分工经济、网络经济和城市化经济等。从企业和产业的层面来看，空间聚集使产业总体规模扩大并加强企业之间的相互联系，促生良好的产业氛围和地方产业环境，帮助企业降低生产成本、提高市场竞争力，并有利于提升产业的整体素质。从区域经济社会发展的层面来看，产业空间聚集会带来人口集中，带动第三产业发展，带动区域工业基础设施水平与生活基础设施水平提高，并由此获取更高水平的工业基础设施和城市服务体系的支持，有利于提高企业的综合素质和区域经济社会发展水平，这也就是产业空间聚集产生的"城市化经济"。

1. 企业和产业层面的集聚效应

同类产业或相关产业的空间集中，至少能给企业和产业带来三个方面的集聚效应。一是规模经济。同类和相关产业的空间集聚使区域内产业绝对规模扩大，一方面使原材料、中间投入品、熟练劳动力等生产要素的需求总量随之扩大，催生本地生产要素市场的发育，给企业带来生产资料采购方面的便利并降低要素成本。另一方面，本地同类产品的销售规模与市场份额也随之扩大，同样会催生本地产品市场的发育，给企业产品的销售带来便利并降低销售成本。二是分工经济。空间集中有利于扩大产业内部企业间的分工协作，一方面促进与规模经济有关的生产要素采购、产品销售等产业外围服务环节的专业化，另一方面使产业内部各个生产环节之间的分工和专业化水平提高，这两种类型的专业化都会提升企业和产业的生产率。三是网络经济。空间集聚使企业之间空间距离缩短，方便了产业内企业之间正式和非正式的人员交往，由此带动行业的技术、市场需求、要素供给等方面知识与信息的传播，使区域内产业氛围更为浓厚，行业信息、熟练劳动力和技术人才等更容易获得。

显然，产业空间聚集带来的规模经济、分工经济、网络经济等三方面的集聚效应会给企业的生产经营带来极大的便利，既有利于企业降低生产成本、提高生产效率，又使企业产品的销售变得相对容易并降低交易成本，还有利于企业获得生产要素和行业知识、提高技术水平与创新能力、制定与及时调整发展战略。所以，空间聚集所形成的良好的产业氛围和地方产业环境对企业和产业的发展具有重要意义，既能够帮助本地企业更好地生存和发展，又能够吸引外来企业的进驻，对广义和狭义层面的产业转移都会产生重要的影响。

2. 区域层面的集聚效应

除了产业和企业层面的集聚效应以外，产业集聚效应还表现在提高工业基础设施的建设水平，促进区域人口集中、第三产业发展、生活基础设施化水平提高等方面。

（1）空间集聚有助于提高工业基础设施的建设水平和使用效率。水电气暖、道路、通信等工业基础设施的建设水平对企业的生产经营成本有着较大的影响。工业基础设施的特点是需要大量的投资，还要占用大量的土地。当企业空间分散时，每个企业均需要进行相对独立的基础设施建设，进行相应的投资。由于单个企业的实力有限，无力投资建设高水平的基础设施，所以布局分散时每个企业的基础设施水平都很低，而且利用率也不高。同时，这些分散的基础设施都要占用土地，造成大量土地的浪费性使用。而产业在空间上集聚，就可以相对集中地建设工业基础设施、减少重复投资，不但能够提高基础设施的建设水平和使用效率，帮助企业降低生产经营成本，还可以减少对土地的占用。

（2）产业空间集聚有助于推动区域人口的空间集中。经济社会发展的最终目的是提高人民群众的生活水平。但是，不改变人

产业发展与结构调整

口在自然村落（自然村落是经过漫长的传统农业社会所形成的，是传统农业社会的典型特征）分散居住的状态，就无法完成广大农民的生产方式尤其是生活方式从传统农耕文明向现代工业文明的转变。而人口的空间集中必须以为广大农民创造大量的非农就业机会为先决条件，没有就业机会人口是无法集中的，即使集中了也没有意义。非农就业机会的创造要靠工业化与城镇化的发展，而空间集聚所带来的产业关联发展与规模扩大，自然会带来非农就业机会的增加。但仅仅创造了非农就业机会农民并不会自然实现居住方式的集中，尤其是在农村工业本身还处于分散布局状态的情况下。只有通过产业的空间聚集带动就业人口的空间集中，通过就业人口工作地点的变化带动他们生活与居住地点的变化，才能逐步实现农村人口居住方式的集中。另外，企业发展需要大量的工人，没有劳动力的供给企业生产能力也无法扩大。中部地区虽然人口密度很大，劳动力总量很多，但大部分农村人口仍然分散布局在广袤的自然村落中，在某一个具体产业区内的人口数量和劳动力数量并不是很多，甚至劳动力供给也十分有限。河南的一些工业相对发达的地方，就已经出现了劳动力供给不足的问题。所以，工业发展及空间聚集与人口集中是相辅相成的：没有工业的发展与空间集中，人口就无法集中；没有人口空间集中带来的劳动力供给增加，工业的进一步发展也难以为继。也就是说，通过产业空间聚集会带来人口集中效应，而人口集中反过来又会促进产业发展，因而人口的区域集中也是产业集聚效应的重要内容。

（3）产业空间聚集有助于带动第三产业的发展。第三产业的发展不是凭空出现的，必须有其发展的客观经济条件，那就是工业的发展、人口数量增加与空间集中。因为第三产业是为生产与生活服务的行业，没有第二产业发展、没有一定规模的消费人口，就没有服务对象，就没有市场需求，第三产业的发展就是一句空话。所以，产业空间聚集与人口集中所带来的市场需求是第三产业发展的基础与动力。另外，工业发展到一定程度之后，如果没有第三产业的发展为其提供支撑，就会出现成本的上升与竞争力的下降。因为随着工业的发展与规模扩大，所使用的劳动力数量会不断增加，尤其是对高素质的管理与技术人员的需求会不断增加。由于人的生活半径是有限的，区域内第三产业发展不足，就不能为劳动者提供便利的生活条件，就会造成劳动者生活成本的上升，并不可避免地增加企业的生产成本。更重要的是，不便的生活条件还会成为企业吸引高素质管理与技术人才的障碍，至少影响他们为企业长期服务的决心，所以第三产业发展滞后会成为制约企业技术升级和管理转型的人才"瓶颈"，影响企业与产业的长远发展。因此，工业发展、人口集中与第三产业发展之间也是一种相互促进、相辅相成的关系，通过产业空间聚集带动人口集中和第三产业发展，第三产业的发展又反过来支持产业的发展，因而带动区域第三产业的发展也是产业集聚效应的重要内容。

（4）产业空间聚集有助于提升区域生活基础设施水平。产业空间聚集带动人口集中和第三产业发展的过程，自然也是区域生活基础设施水平提高的过程。区域生活基础设施水平的提高会给居民的生产生活带来更大的便利，并支持人们生活方式的转变。而生活方式的转变会带来居民整体素质的提高，也会带动企业员工素质的整体提高，帮助企业提升自身素质。与第三产业一样，区域生活基础设施水平的提高有助于企业吸引更高素质的管理与技术人才，帮助企业实现技术升级和管理转型，使企业与产业能够更好地发展。

产业空间聚集带来的以上四个方面的集聚效应的释放，实际上是城镇化水平提高的过程，又被称为"城市化经济"。显然，"城市化经济"不但是产业聚集的结果，而且反过来又成为提升企业和产业素质及发展潜力的优化效应。所以，与企业和产业层面的产业集聚效应一样，区域层面的产业集聚效应既能帮助本地企业更好地生存和发展，又能够吸引外来企业的进驻，对广义和狭义层面的产业转移都会产生重要的影响。

3. 小结

综上，不管是企业和产业层面的集聚效应，还是区域层面的集聚效应，对企业和产业的发展来说均是非常重要的地方产业环境，均会对我们要研究的产业转移和城市群发展产生重要的影响。一般来说，企业和产业层面的集聚效应被称为地方专业化经济（Localization Economies），区域层面的集聚效应被称为城市化经济（Urbanization Economies）。为了研究的方便，在本文中我们将产业氛围和配套能力这些企业和产业层面的集聚效应定义为影响产业转移的"地方产业环境"，而将区域第三产业发展水平、工业基础设施与生活基础设施水平等区域层面的集聚效应定义为影响产业转移的"城市化环境"。显然，从广义上理解，这里定义的"城市化环境"同样也是一种产业环境，使用它只是为了用来与"地方产业环境"有所区别。

值得注意的是，产业空间聚集产生的规模经济、分工经济、网络经济和城市化经济等集聚效应，对一个区域的产业发展、人口集中、第三产业发展与城镇化水平提高等都具有非常重要的作用，而这一系列的变化恰恰就是经济社会从传统农耕文明向现代工业文明转变所要经历的一个综合性过程。所以，产业空间集聚不仅是工业自身发展的客观规律，也是经济社会发展与转型的动力来源。

（二）产业集聚效应对产业转移的影响

虽然许多专家与学者一致认为中国东部地区经过多年的发展，劳动力和土地成本已经大大上升，明显高于中西部地区，所以目前加快东西部之间产业区域转移的时机已经成熟，但是，如果从1999年西部大开发政策出台算起，中西部地区的开发已经整整十年了，迄今为止并没有出现理论上预测的"劳动密集型制造业按照区域经济梯度循序大规模向中西部转移"之现象。为什么呢？

其中一个很重要的因素就是产业集聚效应对产业转移的影响。

1. 地方产业环境对产业转移的影响

产业空间集聚产生的良好的产业氛围和配套能力等地方产业环境，使产业区域转移表现出明显的"黏性"。

李小建早在1996年就开始注意到我国制造业区位选择中的黏性问题，通过对在内地有投资的55家香港纺织服装和电子企业进行问卷调查，发现这些企业的初始区位几乎全都集中于广东，且到当时为止香港厂商在内地的工业直接投资仍主要集中于广东，向北及向内地转移的趋势并不明显，呈现明显的区域黏性。

罗浩（2003）曾经用劳动力单向流动解释我国产业转移中区位黏性的存在，中西部地区仍然存在大量的富余劳动力并源源不断地流向东部地区，使东部地区仍然维持在劳动力接近于无限供给的状态，所以向落后地区的产业区域转移十分迟滞。魏敏、李国平（2005），李秀敏、张见（2008），孙旭（2008），郭丽（2009）等则认为东部地区产业空间集聚形成的配套能力、规模经济等集聚优势是形成产业区域转移黏性的主要原因。产业集聚发展水平越高，产业的竞争力越强，区域整体竞争力也相应提高，并会吸引更多的生产要素进入，从而产生有利于该区域经济发展的"极化效应"。所以，集聚优势及其极化效应形成的正反馈机制是我国自东向西的产业转移呈现较为显著的黏性的主要原因。

可以肯定的是，虽然中部地区较低的劳动力和土地价格有助于企业降低生产成本，但除了可以凭一己之力在一个现代产业空白的空间独立拓出一片生存空间的强势企业外，绝大多数企业希望在一个良好的地方产业环境里生存与发展。如果新的空间点没有相应的产业氛围和配套能力，企业落地后在新空间点就会面临高昂的运行成本，甚至出现生存困难。

同样，对于本文定义的不伴随直接资本流动的第二类产业转移——也就是本地企业的成长来说，地方产业环境也有重要的影响。正是由于产业本身滞后，产业的空间聚集程度也不高，所以中部地区企业与产业的市场竞争力总体来说与东部沿海比还有相当的差距。而且，在这样的地方产业环境下本地企业的成长速度比较慢，这也是中部地区地方政府如此看重招商引资工作（也就是本课题定义的第一类产业转移）的原因。

所以，产业空间集聚形成的良好产业氛围与配套能力等地方产业环境对狭义和广义的产业转移都有非常重要的影响。但是，受区域经济发展水平的制约，中西部地区产业配套严重不足，承接产业转移的产业集聚条件差是一个公认的事实。在目前中西部各地政府把承接产业转移作为重要的资源进行争夺，甚至在不具备基本产业配套能力的条件下用政策换项目、用土地换项目、用环境换项目，进行恶性竞争的情况下，落地之后的企业不一定能够很好地生存和发展（白小明，2007；张鑫，2009）。因此，为了实现产业转移方面的双赢，中部地方政府在承接产业转移时一定要实事求是，结合地方产业环境选择所要承接的产业。否则，制定的承接产业转移的方案就缺乏吸引力，产业也不会来，产业转移无法真正实现；即使产业落地了，如果不能很好地生存和发展，也不能给本地经济社会的发展带来好处。

对于中部地区之间的竞争而言，产业集聚效应毫无疑问应该是一种增强区域产业吸引力最重要的因素。

2. 城市化环境对产业转移的影响

当然，也有研究对产业集聚效应导致产业区域转移黏性的问题提出了不同看法。张鑫（2009）认为"产业集聚导致产业区域转移黏性"也会产生"异化"。集聚经济的另一面是集聚不经济，即过度集聚导致集聚边际成本上升。在产业集聚程度很高的地区，往往企业间的竞争强度很大，越来越拥挤的集聚区争夺有限土地、能源、原料、劳动力等生产要素，使得这些要素价格上升，并出现"民工荒""电荒""水荒""油荒"等严重供给不足，限制了企业的获利能力。集聚规模过大也会出现内部僵化、系统不优化，使得集聚区不再具有创新优势，集聚区结构不合理等等，导致集聚不经济。所以，产业过度集聚也可能成为推动产业转移的力量。

其实，所谓的聚集不经济主要指的是第二类集聚效应，即本文定义的城市化环境。因为城市内产业和人口密度的不断增大，导致超出工业基础设施和生活基础设施的承载能力，造成各种生产要素的供给紧张和价格升高，造成居民生活不便和生活成本提高，土地更是由于供给缺乏弹性而随着稀缺性的增强变得日益昂贵，这样就会极大地提高企业的生产成本。在这种情况下，占地较多、用工较多、能源与原料消耗较多的企业就无法承受成本的上升而迁出城市。一般来说，城市聚集不经济对一般制造业具有较强的挤出效应，而对高技术产业和高端服务业的影响并不大。这也是现实中我们很少在大城市核心区发现制造业尤其是劳动密集、资源密集制造业的重要原因。

3. 地方产业环境与城市化环境对产业转出地的综合影响

综上所述，就地方产业环境而言，东部地区由于先发优势形成了良好的产业氛围和配套能力，而且这种优势会加速当地企业的成长及新的投资者、新的企业进入，在极化效应的作用下不断积累优势。所以，良好的地方产业环境及其累积效应会吸引产业留在东部地区，而不是转出。

就城市化环境而言，东部地区本身的情况有所差异。东部城市化水平相对较高的区域，土地、劳动力、能源等生产要素不仅价格上升幅度大，而且供应日益紧张，已经出现了明显的聚集不经济；而东部城市化水平相对较低的区域，聚集不经济可能不太明显。如图11所示，当产业集聚水平 $I \leq I_1$ 时，地方产业环境与城市化环境的集聚效应都在增强，产业不会转出；当产业集聚水平 $I_1 < I \leq I_2$ 时，虽然城市化环境的集聚效应在降低，但两类集聚效应都是正的，这时产业也不会转出；当产业集聚水平 $I_2 < I \leq I_3$ 时（当 $I = I_3$ 时，$E_1 = E_C$），产业开始有转出的趋势；当 $I > I_3$ 时，产业就会转出。其中，横轴 I 表示产业集聚水平，纵轴 E 表示产业集聚效应，曲线 E_I 表示第一类集聚效应——地方产业环境，曲线 E_C 表示第二类集聚效应——城市化环境。

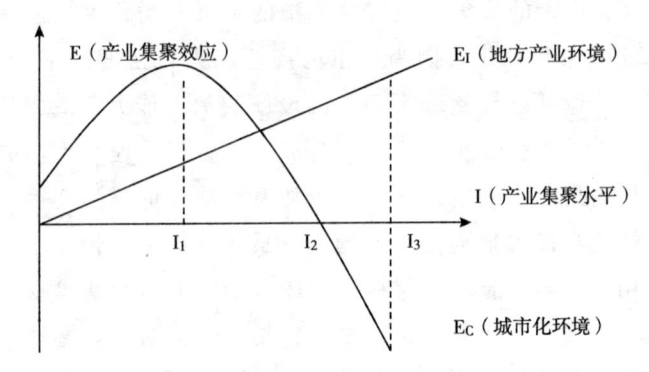

图 11　地方产业环境、城市化环境对产业转出地的综合影响

4. 地方产业环境与城市化环境对产业承接地的综合影响

地方产业环境与城市化环境这两方面的集聚效应对产业承接地的作用机理与产业转出地是相同的，不同的是产业承接地的产业集聚水平仍处于 $I<I_1$ 的状态，集聚水平的提高会加大两方面的集聚效应，短期内不会出现集聚效应下降的现象。因此，产业集聚水平的提高会显著提高中部地区承接产业的能力，包括第一类产业转移和第二类产业转移。

所以，就当前我国东部产业向中部转移的现实状况而言，转移的动力应该取决于东部与中部之间地方产业环境、城市化环境与低成本土地、劳动力之间的综合比较，前者大于后者就会表现为黏性，后者大于前者就会表现为转移。

（三）案例：许昌市温州产业园承接产业转移的做法和启示

许昌市位于河南省中部，地处中原腹地，北及西北部与郑州市相邻，距郑州国际机场 50km，距郑州市区 80km。由于区位条件好、交通便利，许昌是河南省重要的工业基地。其中许继集团经过30年的发展已经成为全国知名的输配电设备供应企业,其品牌在行业内有着较高的知名度。

为了推进产业发展与空间集聚,许昌市依托许继集团及电器行业发展的产业基础,在市区东北部规划了 13.9km² 的产业集聚区——中原电器谷,下分新能源产业园、输配电产业园、民用机电产业园与产业孵化园四个园区,温州产业园就属于其中民用机电产业园的一个部分。

1. 温州产业园的建设和经营模式

中原电器谷温州产业园的建设和经营采用了地方政府和企业联合开发的形式,具体做法是中原电器谷管委会将温州产业园区内及其周边实现"九通一平"后将土地出让给民间投资人林金富先生及其合伙人投资组建的工业地产开发公司,由后者负责温州产业园的厂房及其他设施建设、招商、后期营运等工作。

温州产业园的建设和经营模式有着非常鲜明的特点:一是由民间资本组建工业地产开发公司投资建设产业园内的厂房和其他基础设施,并负责招商、产业园后期营运等工作,摆脱了各地产业园区开发过度依赖政府投资的模式,成功引进了市场主体和市场机制;二是工业地产开发公司的投资人是温州人,由其通过乡土关系引进温州企业,有助于增强彼此的信任,降低招商成本。

温州产业园的投资人之一林金富先生是温州人,6年前来许昌办企业(生产电器产品),当时来许昌的目的是依托许继集团的品牌和知名度。后来,林金富先生的企业扩大生产规模需增加用地,在申请用地的过程中了解到中原电器谷的规划。由于有着多年在许昌从事电器行业的经验,林先生非常了解许继集团的业内知名度及其在许昌营造的良好产业基础,所以对中原电器谷的规划和发展前景表现出了浓厚的兴趣。经过沟通,林先生决定牵头组建公司投资建设中原电器谷温州产业园,希望依托许继集团的业内知名度和产业基础,吸引一批温州企业进驻,形成低压电器生产的完整产业链条,复制温州集群式的产业模式。

2. 温州产业园建设和经营模式对中部地区承接产业转移的启示

我们认为，之所以是在许昌的中原电器谷而不是在其他地方出现上述温州产业园开发模式，有两个重要的原因。

一是许昌有着电器行业发展所需要的良好的产业基础。作为全国著名的电器生产企业，许继集团在业内有着较高的知名度和明显的品牌优势。而且经过多年的发展，在许继集团周围也发展了一批中小型的电器生产企业，并由此培养了数量庞大的电器行业的熟练技术工人。在许昌已经形成了电器行业发展的产业氛围，使得中原电器谷的发展具有了较好的产业基础，也说明了这种结合本地实际作出的可行性很强的发展规划对投资者是很有吸引力的。

二是交通区位优势以及城乡一体化使得区内尤其是中原电器谷内具有较高的基础设施水平，使得许昌具备较好地支撑企业发展的硬环境。许昌处在以郑州为中心的中原城市群和半小时经济圈内，境内石武高铁、京广铁路、郑许城际铁路、郑渝高铁4条铁路以及京珠、永登、许平南、兰南、郑石5条高速和107国道等纵横交错、四通八达。中原电器谷是省级产业集聚区，已经完成土地利用规划的调整，基础设施也已经成形，呈现良好的发展势头。

综上所述，电器行业发展所需要的良好的产业氛围和产业基础是许昌经过多年发展所逐步积累的，是别的地方短期内难以模仿的，因而也是许昌最独特的比较优势。这一案例证明了前面提出的产业氛围与配套能力等地方产业环境是中部地区承接产业转移的重要竞争力的观点。

五 城市群与产业转移

（一）城市群的基本理论

1. 城市群的一般含义

城市群的概念源于欧美。法国地理学家戈特曼1957年首次提出了 Megalopolis 概念，用以说明美国东北部沿海地区北起波士顿、南至华盛顿，由纽约、费城等一系列大城市组成的城市密集地域。在这一地域，城市沿主要交通干线连绵分布，城市之间联系密切，产业高度集聚，主轴长 600km，人口达 3000 万人。戈特曼总结了 Megalopolis 的几个基本特征：①区域内有比较密集的城市；②有相当多的大城市形成各自的都市区，核心城市与都市区外围地区有密切的社会经济联系；③有联系方便的交通走廊把核心城市连接起来，各都市之间联系密切；④必须达到相对大的总规模，人口在 2500 万人以上。

王乃静（2005）认为国外城市群的发展主要得益于五个方面：①作为根本驱动力的工业化的发展；②城市群内各城市之间合理的分工及密切的合作关系；③充分发挥了核心城市的辐射带动作用；④发挥了发达的交通网络的沟通作用；⑤充分发挥了政府的协调作用。王乃静教授还将国外城市群的发展归结为两种模式：一是"核心城市带动的城市群发展模式"——在这种发展模式下，存在一个超级城市，该超级城市以极强的辐射和带动功能影响和带动城市群中每一城市的发展；另一种是"多中心齐头并进的城市群发展模式"——这种发展模式中没有核心城市的带动，但存在分工明确、联系紧密、平衡发展的多个中心城市，共同推进城市群的发展。

由于我国是个发展中国家，城市化水平相对滞后，国内关于城市群的理论研究，基本上沿袭了国外对城市群的概念界定。如姚士谋等（2001）将城市群定义为：在特定的地域范围内具有相当数量的不同性质、类型和等级规模的城市，依托一定的自然环境条件，以一个或两个特大或大城市作为地区经济的核心，借助于现代化的交通工具和综合运输网的通达性以及高度发达的信息网络，发展着城市个体之间的内在联系，共同构成一个相对完整的城市集合体。

2005 年中国科学院牛文元教授总结了城市发展空间形态演进

的规律：点状城市（0维模式——传统中心城市，强调集聚性，容易产生城市病）→线状城市（一维模式——沿江沿路城市带，强调通达性，腹地相对狭小）→面状城市（二维模式——城市群，强调网络性，功能相对不对称）→体状城市（三维模式——组团式城市群，强调等级、有序、互补和立体协调性，最大限度获取"发展红利"），城市群是城市发展在空间形态上的最高形式。

综上所述，城市群是众多分工互补、合作有序的城市，经由发达的现代交通网络联系在核心都市的周围，形成的产业高度密集、人口数量众多、经济社会高度发达的城市密集区域。

2. 城市群的产业空间特征及其演进

（1）城市群形成时期的产业空间特征。由于产业集聚效应及城市集聚不经济（本文第二部分已经作了详细分析，这里不再赘述），在城市群发展过程中，一般制造企业初期在中心地区集聚，随后在次级地区集聚，最后在边缘地区集聚。经过一定时期的发展，最先发生产业集聚的中心地区经过历史累积作用最终演变为中心城市，次级地区演变为二级城市，边缘地区则演变为外围制造业基地。在现实经济中，中心城市是城市群金融、贸易、物流、信息、技术与人力资本的枢纽，其产业定位以本城市群生产经营性服务业为主，专业化于信息交流、经营管理、产品设计、核心技术研发、市场营销与拓展等价值链高端环节；二级城市承接中心城市一般制造业组装区段与生活性服务业区段的转移；外围是零部件与零配件、特色小商品、农产品的加工基地。

中心城市由于在历史累积过程中形成了强大的市场区位优势，将在经济发展中占据核心地位，对整个城市群及其外围腹地产生强大的市场辐射力。在中心城市之外，不同级别城市依靠各自的市场区位优势，"吸引"不同类型产业企业或企业不同生产环节集聚。在卫星城市或外围制造业基地某一具体地理单元，产业企业之间关联效应很强（因为与该地理单元的产业企业关联效应不强的企业会迁出并转移到其他"单元"），形成不同的产业链、供应链，并保持强大的市场竞争力。

这样，由经济力量自发演变形成的中心城市及分布在其周围的卫星城市群、外围制造业基地群，共同组成了协调发展的城市群。各层级之间紧密的市场联系使整个城市群的产业特征在空间上保持一定的稳定性。

（2）城市群内部产业的合理转移。随着国际国内市场条件的动态演变、城市群内部经济发展水平的不断提高、各级城市发展定位的变化以及其他的一些经济因素的变化（比如整个产业价值链的调整重组），以前定位于城市群内某级城市的产业、企业或企业的生产环节可能不再与该城市的区位优势相匹配。此时，为了保持城市产业的市场竞争力，必须迅速将不再适合该城市区位比较优势的产业和企业部门向城市群内其他城市进行有效转移，甚至是转移到城市群之外的城市。比如中心城市将一些产业企业部门扩散到卫星城市，卫星城市将一些企业部门、工序环节向外围制造业基地转移，等等。产业和企业部门在城市群内城市之间的动态循环转移，保证了整个城市群经济发展的效率与活力，并使城市群内部各层级之间的产业结构向上动态有序攀升。

（3）不同城市群之间的产业转移与结构协同升级。由于不同城市群在市场中的区位比较优势各不相同，每个城市群都会在全国市场范围中将那些符合自身优势的产业或者产业链中的一些环节"吸引"到自己区域范围内。同时，每个城市群由于受到外部经济与外部不经济的同时作用，不可能将一国所有的产业企业部门都"吸引"到自身内。这样，不同城市群都会成为全国产业分工中的重要一部分。而这种产业在不同城市群之间的合理布局与专业化分工将大大降低不同城市群之间的产业结构趋同程度，增加了城市群之间的经济贸易往来，有利于全国统一大市场的形成，从而扩大了市场需求，有利于企业生产的规模经济效应发挥，并进一步为城市群产业结构的协同升级创造有利的市场需求条件。而且，不同等级城市群之间通过合理高效的技术、产业转移与引进,将不符合本城市群经济区位比较优势的产业、技术及时地向城市群外转移,实现了产业结构在更大范围内的动态整合以及不同区域城市群之间产业结构的协同升级。

以上城市群的产业空间特征及其演进的分析框架清楚显示,在企业自由选择生产区位的条件下,一国区域内部的不同地区将在历史中演变成不同等级的城市群。在单个城市群内部,以不同等级的城市为节点,通过充分发挥各城市在城市群中的区位比较优势,实现了城市群内部城市之间更为合理精细的专业化分工,使区域内各地区的区位比较优势重新整合和有效组织,将各地区经济发展的战略轨迹由"散点"、"直线"形状凝聚为"圈层"形态,将各地区分散和关联性不强的区位比较优势整合为整个城市群强大的市场竞争力,来更加有效地参与国内、国际区域分工,提高区域自身产业结构。而在不同区域城市群之间,合理的产业转移能够降低区域间产业结构"同化"程度,实现不同区域城市群之间产业结构的协同升级(张亚斌等,2006)。

(二)承接产业转移是中部城市群发展的重要推动力

世界发达国家城市化发展实践表明,城市群是城市化的高级组织形式和区域经济空间组织的有效手段。目前世界发达国家城市化水平在70%以上,已形成数十个城市群,其中比较著名的有纽约城市群、北美五大湖城市群、东京城市群、巴黎城市群、伦敦城市群等。城市群已成为世界工业化和城市化的火车头、生产要素最集中的地方,在区域发展中的地位和作用十分突出。如大纽约的GDP、对外贸易周转额、制产业产值分别占全美国的24%、20%、30%,全美最大的500家公司有30%将总部设在该城市圈中。日本京滨、阪神、中京三大城市群仅占其国土面积的6.6%,却集中了全国45.2%的人口、69%的GDP和79%的工业产值。

我国是一个"不均质"大国,由于国内各区域所拥有的经济资源(包括生产性的和非生产性的)在数量和质量上是极其不均匀的，加上历史累积因素，造成了地区社会文化差异巨大、经济发展水平各异，城市群的发育程度也有很大区别。

1. 目前我国城乡发展水平及城市建设状况

尽管改革开放以来，我国的城市化水平已经有了长足的发展，但城乡二元结构没有得到根本性改变。地区经济发展不协调状况虽然从 20 世纪末开始趋向缓和，但从总体上说，改革以来这种不协调状况也有进一步发展。其最主要的表现就是：我国各地区的工业化水平差异扩大。2005 年，我国东部地区综合指数为 78，整体进入工业化后期；东北地区工业化综合指数为 45，处于工业化中期；中部地区和西部地区的工业化综合指数分别为 30 和 25，整体处于工业化初期。就省级地区看，上海、北京、天津、广东、浙江、江苏 6 个省市已经达到工业化后期阶段，其中上海、北京已经率先实现了工业化，进入后工业化社会，而西藏还处于前工业化阶段。

从工业化走到中途的中部地区来看，经济发展快的区域城乡经济社会差距反而日趋扩大，导致城乡矛盾日益加深。以河南省工业化较为发达的新密市为例：新密位于省会郑州西南 40km 处，总面积 1001km^2，辖 13 个乡镇、3 个街道办事处，人口 75.9 万人。新密是全省 26 个加快城镇化进程重点县（市）、35 个扩权县（市）和 23 个对外开放重点县（市）之一。2005 年，全市完成生产总值 163.2 亿元，比"九五"末增加 94.2 亿元，年均增长 5.2%；财政收入 6.35 亿元，比"九五"末增加近 4.1 亿元，年均增长 23.1%；城镇居民人均可支配收入 8773 元，比"九五"末增加 4117 元，年均增长 13.5%；农民人均纯收入 4558 元，比"九五"末增加 1756 元，年均增长 10.2%；城乡居民储蓄余额 101 亿元，比"九五"末增加 62 亿元，年均增长 21%。2003 年以来，综合经济实力连续三年位居全省第二。但其城市化率远低于它的工业化水平，2000 年城市化率是 12.74%，2006 年上升到 38.78%，和城市化率 70% 的世界标准还有很大的差距。

产业发展与结构调整

新密市的例子可以作为中部城区快速实现城市化的许多地区的缩影。工业化水平虽然有了显著提高，但在城市化方面许多指标仍然是滞后的。直到2008年，我国城镇人口占全国人口的比重仍然低于第二、三产业增加值在国内生产总值中的比重，而第二、三产业主要集中在城市。

如何破解长期困扰我国城乡不平衡发展的这一世界性难题？党的十六大把统筹城乡发展作为重大命题第一次提了出来；十六届三中全会提出了以人为本，全面、协调、可持续的科学发展观和"五个统筹"的思想；十六届四中全会胡锦涛总书记提出了"两个趋向"的重要论断，即在工业化初始阶段，农业支持工业、为工业提供积累是带有普遍性的趋向，但在工业化达到相当程度以后，工业反哺农业、城市支持农村，实现工业与农业、城市与农村协调发展，也是带有普遍性的趋向；十六届五中全会提出了建设社会主义新农村的重大历史任务，并要求"建立以工促农、以城带乡的长效机制"；党的十七大在"五个统筹"的基础上，进一步提出了要统筹中央和地方的关系，统筹个人和集体利益，统筹局部利益和整体利益，统筹当前利益和长远利益，统筹国内和国际两个大局，并要求通盘考虑和配置各种资源，加大对农村的支持力度，推进新农村建设。这一系列的战略思想和重大决策，给我们指明了发展战略的调整方向，就是把城市和农村经济与社会发展作为整体来统一规划，通盘考虑，把城市和农村存在的问题及其相互因果关系综合起来统筹解决，让农村和城市共享工农协调发展的成果。

城市化要以工业化为基础，没有工业支撑的城市化只能是过度城市化，而城市化严重滞后的工业化也只能是过度工业化。如何实现工业化与城市化协调发展，在世界近百年的发展过程中，不少国家和地区结合本国和地区实际做了很多有价值的探索，也不乏成功的例子，如欧美发达国家、亚洲的新加坡和日本等等。但是，目前我们面临的不仅是工业化与城市化协调发展问题，还有国家粮食安全问题（即农业现代化问题）。

随着工业化和城市化的深入，我国耕地总量的增加是困难的，在相当长的时间内还会减少。国土资源部发布的2004年全国土地利用变更调查结果显示，2004年全国耕地净减少80万公顷（合1200万亩）。从往年土地变更调查结构来看，全国耕地面积由1996年10月底的13006.67万公顷（19.5亿亩），减少为2004年10月的12244.43万公顷（18.4亿亩），耕地减少了约760万公顷（1.1亿亩），人均耕地由0.106公顷（1.6亩），降为0.094公顷（1.4亩）。耕地面积减少直接造成粮食供应不足。据预测，到2020年，我国人口将达到14亿人，若按人均400公斤（每年）的粮食需求计，则年需求粮食5600亿公斤。若粮食产量不变（2004年平均亩产306公斤），则需要粮食种植面积12120万公顷（18.2亿亩），相当于目前的所有耕地面积，这显然是不可能的（2004年粮食种植面积15.2亿亩）。国家划定18亿亩土地红线的意义显而易见，实现工业化、城市化、农业现代化协调发展，即在保证国家粮食安全的条件下，实现工业化和城市化是我们中部省区发展面临的重大课题。

2. 东部沿海城市群的发展水平

我国的长三角城市群已进入世界六大都市群之列，与纽约、东京、伦敦等城市群齐名。长三角城市群土地面积仅占全国的1.14%，人口占全国的6.3%，在2003年就创造了全国20.4%的GDP，贡献了全国25.5%的财政收入，完成了全国32.6%的进出口额。

在发展阶段上，长三角、珠三角城市群发展无论从规模还是阶段上都比较成熟，区域经济整体水平高，中心城市扩散能力强，区域发展差异较小。在发展动力机制上，长三角和珠三角城市群基本上是靠城市群自生力量发展，并已明显地出现了群内的经济扩散和联动发展过程。

产业发展与结构调整

3. 中部城市群的经济特征

中部城市群包括以郑州为中心的中原城市群、以武汉为中心的大武汉城市群、以长沙为中心的长株潭城市群等。

其中，中原城市群是以郑州为核心，以洛阳、开封为支撑，包括新乡、焦作、许昌、平顶山、漯河、济源的，由9个城市构成的城市群体。其中，有特大城市2个，大城市4个，中等城市2个，小城市15个，县城34个，建制镇374个，城镇化水平为31.8%。土地面积5.88万平方公里，人口3836万，分别占河南省总量的35.2%和40.1%。

武汉城市群以武汉为中心，其周围100km半径内包括黄石、鄂州、黄冈、孝感、咸宁、仙桃、天门、潜江等8个城市。整个城市群呈现"1+8"格局，即1个特大城市武汉加8个中小城市。在经济实力上，武汉远远超过其他城市，而其他8个城市之间的平均水平相近，但武汉的城市产业链传递和扩张功能不够，与周边城市的关联度不高。

长株潭城市群是以长沙为中心，周围100~120km范围内包括株洲、湘潭及岳阳、常德、益阳、娄底、衡阳等城市在内的城市群体。土地面积2.8万平方公里，人口1300万人，分别占湖南全省的13.3%、19.2%。

与东部沿海相比，中部地区的工业化与经济社会发展水平均相对滞后，中部城市群在发展阶段和水平方面与长三角、珠三角城市群有明显差距。长三角、珠三角城市群在城镇体系、运行机制、驱动力、空间格局等方面已趋于成熟，中部城市群则处于发展初期阶段，发展还不成熟。在动力机制上，前者主要依靠内生力量支撑，后者则主要靠外生力量尤其是政府政策推动。目前中部城市群明显的经济特征如下：一是产业发展水平低，集聚优势不明显，群内城市的产业发展尚处于向心集聚阶段，仍需外力推动来促进其内在发展动力机制的形成；二是中心城市极核地位不够突出，带动和辐射能力不强；三是城镇体系整体功能不完善，城市群内部城市之间的联系还不密切，竞争大于合作；四是基础设施建设短缺与重复建设并存；五是资源过度开发，环境污染较严重。

所以，无论从产业发育与集聚程度、人口密度与数量，还是从区域内经济社会发展的总体水平来看，中部城市群还不是理论意义上的典型城市群，而是发展中或者说向城市群目标迈进的一个空间经济区域。要实现预期目标，中部城市群还面临产业发展与集聚、人口集中、城镇化水平提高等一系列艰巨的任务。在这一系列任务中，产业的发展和集聚无疑是最基础的。只有通过产业的发展，才能形成区位集聚优势，才能增强城市群内部各城市之间的联系，才能逐步形成分工合作、协调共生、具有强大总和竞争力与辐射功能的现代城市群。而在本地产业发育不成熟、自生发展能力尚较弱的情况下，通过承接发达地区的产业转移来促进产业发展，对中部城市群的发展无疑具有非常重要的意义。

（三）城市群是中部地区承接产业转移的首要平台

根据前文对两类产业集聚效应的分析，地方产业环境与城市化环境对承接产业转移均有重要的影响。与东部经过30年快速发展形成的发达产业体系相比，中部地区的产业氛围、配套能力等地方产业环境存在很大差距，造成在土地、劳动力成本差别巨大甚至供给不足的情况下，产业转移仍然呈现明显的"黏性"。

但是，产业转移迟早要出现的。因为随着中部地区工业化和城镇化水平的提高，目前中部总体上已经进入工业化的中期阶段，其对本区域劳动力的吸纳能力有了很大的提高。虽然中部劳动力的货币工资水平还低于东部，但差距已经逐步缩小，综合考虑交通费用、生活成本之后的实际工资水平的差距更小，所以中部的劳动力开始倾向于在本地就业，而不是去东部了。这样，东部一般制造业开始面临严重的"民工荒"。更重要的是，随着中部地区的快速发展，本地就业机会增多，大量劳动力流向东部沿海的状况可能一去不复返了。东部地区一般制造业发展面临的"民工荒"可能从"暂时"变为"永久",东部沿海靠中西部地区提供廉价劳动力发展的机会可能就此不复返了。因此,东部一般制造业所积累起来的地方产业环境优势,可能会因为无法获得劳动力的供给而消失。从这个意义上看,东部向中部地区的产业转移尤其是一般制造业的转移是无法阻挡的,即使东部企业不直接通过资本流动的方式向中西部转移,也会因为无法在东部继续生存而倒闭(或转向技术密集、资本密集行业),其一般制造业同样会以本文界定的第二种方式向中部地区转移。

另外,中部城市群虽然与长三角、珠三角城市群有较大的差距,但是在中部地区却是城市化环境最好的区域,也是地方产业环境最好的区域。因此,中部城市群应该理所当然地成为中部地区承接产业转移的首要空间平台。

六 促进中部地区承接产业转移和城市群发展的政策建议

根据以上分析,产业集聚效应是影响产业转移的最重要因素之一。中部地区承接产业转移时要自觉尊重产业发展的客观规律,根据本地的产业氛围与配套能力等地方产业环境来考虑是不是要承接产业转移以及应该承接哪些类型的产业。而中部城市群作为区域内地方产业环境与城市化环境最好的地区,应该充分发挥其承接产业转移的平台作用,并通过承接产业转移带动本地产业发展,逐步提高工业化与城镇化水平,提高其对整个区域的辐射和带动能力,实现中部地区经济社会的又好又快发展。

(一) 鼓励东部地区转移一般制造业、升级产业结构

针对产业集聚效应造成的产业转移黏性问题,中央政府应该从区域分工与协调区域发展的角度制定政策措施,促进东部政府

努力将本地失去比较优势的产业整体转出。思路是：结合主体功能区的划分，东部地区应该是资本密集和技术密集产业优化发展区，其主要任务是产业结构的升级与优化，即从劳动密集向资本密集和技术密集产业升级。具体做法上，①可以通过建立东部地区产业升级基金，对东部的产业升级进行扶持，而不鼓励一般制造业尤其是劳动密集产业在东部地区的继续发展。实际上劳动密集型制造业在东部地区的生存环境压力已经非常大了，只需要不再对其采取鼓励与扶持的政策即可。②鼓励东部地区政府或行业协会与中部地区的政府对接，出面协调或者组织本地面临土地和劳动力成本上升压力的产业整体向中部转移，保持产业的集聚效应。为了激发东部地区政府的动力，一方面制定政策让东部地区政府或者行业协会在产业转移后的前几年负责中部新建的此类产业集聚区的管理和服务工作，并与中部地区进行税收分成；另一方面放松政府作为投资主体对外投资的相关政策，让东部地区的政府可以对中部新建的此类产业集聚区的基础设施等进行投资入股，参与后期产业发展带来的收益分配。同时，可以考虑在中部地区专门设立产业集聚区承接此类整体性产业转移，优先给予建设用地的保障。这样，产业转出后东部地区政府仍然可以受益，企业则可以在转移到中西部后继续获得原有的产业集聚效应。

（二）明确城市间的产业分工与功能定位

产业是城市群得以发展的基础，而产业的发展需要良好的产业环境。对于城市群的发展来说，城市之间的分工协作与优势互补是其整体功能形成和发展的基本动力和要求。

目前中部城市群城市规模相对较小，城市群的内在联系较弱，城市之间由于缺乏明确的分工而产业结构趋同，竞争大于合作。这种功能定位不明确的状况使得每个城市在发展产业时重点不明确，显得多而杂，难以形成较强的集聚效应和竞争优势，不但影响了承接产业转移的能力，也不利于产业转移后的结构优化与长

产业发展与结构调整

期发展。为了能够更好地承接区外产业转移，提高承接能力和自身结构的优化，应该做好城市群内部各城市的功能定位。

一是要打造城市群的中心城市，使之成为自身实力强大、能带动和辐射整个城市群乃至全省经济社会发展的发动机。在中部城市群的中心城市中，除了武汉一个特大城市之外，郑州、长沙等省会城市的规模和经济实力都偏小，其带动和辐射能力也不够强（武汉虽然自身经济实力很强，但其在产业方面与周边城市的关联度也不高，城市产业链传递和扩张功能也不够）。所以，应该利用省会城市的政治和地缘优势，进一步吸引各种生产要素的向心聚集，提升其作为城市群中心城市的综合实力。在产业分工与功能定位方面，应该立足于整个城市群，在中心城市大力发展金融、贸易、信息、物流等现代服务业与高新技术产业，使其成为整个城市群内部人、财、物的交流中心，成为整个城市群与其他地区交流的桥头堡。

二是要立足于各省市经济发展的实际状况，综合考虑产业基础、区位因素、历史因素等，确定资源整合、产业互补的基本思路，明确城市群内不同等级城市的产业发展定位，使之有合理清晰的分工，避免城市群内部产业同构化。不同等级城市在定位明确的基础上承接产业转移，逐步打造和培育城市群不同等级城市节点的区位竞争优势，并通过动态整合各节点城市分散的区位比较优势，形成具有较强关联性的城市群整体优势。具体来说，应该在深入研究各个城市的产业结构的基础上加大政府调控力度，确定各城市发展的主导产业和区域联动产业。对于基础性产业和技术含量不高的产业，如能源、建材、食品等应允许同构，鼓励竞争，在竞争中联合，形成捆绑优势；对于高加工度工业、开放型产业，更应鼓励创新、扩大差别，彰显城市个性，提高协调竞争能力，并在竞争中形成团队，以整体优势参与国内外竞争。

三是要重视产业集群发展，构造块状组团。在城市群外围的卫星城市，构建优良的、中小企业生存与发展的企业生态群落，促进民营经济和中小型企业集群化发展。浙江的块状集聚就是由于大批中小企业的空间聚集而形成了强大竞争优势。日本在其城市圈发展和产业向外围转移中采用的"小企业团地"（按照计划将产业上有关联的中小企业迁入拟建设的卫星城镇的某一区域，从而使该部分成为中小企业的集结地），也是类似的方案。中部地区在承接产业转移时，应该争取整体引进在东部地区已经形成的产业链条或企业群落，而不鼓励转移的产业再分散发展。可以考虑在中部城市群规划建设更多的类似"皖江城市带承接产业转移示范区"的承接产业转移的集聚区，保障建设用地的供给并给予一定的财政支持，来承接产业链式的整体产业转移。

（三）进行空间总体规划，保证布局合理

一方面，中部地区是中国重要的粮食主产区，承担着保障国家粮食安全的重任，因此中部各省国土面积中大部分是农业用地和基本农田。在国家严格保护耕地的政策背景下，中部地区承接产业转移与城市群发展均面临建设用地紧张的问题。另一方面，中部地区大量的人口还是农民身份，还分散居住在自然村落里，即使在中部城市群规划的范围内仍然有大量的自然村落，这些自然村落的改造又为中部地区承接产业转移与城市群发展挖掘建设用地提供了可能。通过制定科学、可行的空间利用规划，合理安排将来经济社会发展的产业用地、居住用地、城镇发展用地，对于中部地区承接产业转移和城市群发展均有重要意义。

首先需要做好产业和经济社会发展规划，这是所有空间利用规划的基础。产业是工业化与城镇化发展的初始动力。区域产业发展规划要考虑发展何种产业，并对其在五年、十年乃至更长时间的发展规模作出科学合理的推测。发展何种产业一定要结合本地要素禀赋、产业基础、比较优势及历史传统等。如果不能科学地选择产业发展方向，致使所选择的产业在当地无法很好地生存与发展，那么后续的所有工作都会成为无用功。在产业选择作出

之后，再对产业的未来发展趋势尤其是五年、十年乃至更长时间的发展规模进行推测，对产业发展对劳动力的需求，以及由此带来的人口流动和空间集中和随之产生的商业居住等需求进行科学的推算。只有对产业和经济社会发展的趋势尤其是五年、十年乃至更长时间的发展规模作出科学合理的预期，才能对相应时期的产业、居住、商业服务等方面的土地需求量作出估计和规划。如果不能较为合理地预测未来的产业、人口状况，显然无法评估未来产业用地、居住用地、商业服务用地的数量，进一步的土地利用规划就是无的放矢。所以，产业和社会经济发展规划是所有空间利用规划的前提和基础。

其次要做好土地利用规划。土地利用规划是在产业和经济社会发展规划的基础上，对未来的产业用地、居住用地、商业服务用地等的需求量作出估算，根据用地指标和相关政策，对区域内的土地利用进行规划。

当前，中部地区制定土地利用规划面临的一个重要约束是耕地数量的占补平衡。农村和城镇是两种不同的经济社会形态。农村以农业为主，农业吸纳就业的能力非常有限而且在空间是不可移动的，随着工业化的推进农村的人口会越来越少。城镇的特征是集中大量的产业和人口。在土地使用方面，农业的产量要靠耕地数量来保证，土地使用是相对粗放的，国家也规定了耕地保护的18亿亩红线；城镇对土地的使用则是集约的，城镇单位土地承载产业和人口的能力远远高于农业和农村。理论上说，工业化和城镇化的发展应该不会减少耕地，还会节省土地，只是工业化和城镇化的发展会大幅度地调整城镇与农村、工商业与农业的空间格局。考虑到将来中部地区不可能所有区域都发展工业（东部的一些地区已经实现了空间上的区域整体工业化，如深圳、东莞等地已经几乎全是工业区与城市而没有农业用地了。从中国工业化的总体空间布局来看，中部不可能步东部的后尘实现空间上的区域整体工业化，只能是大部分人口与工业集中在各级城镇体系，而区域内的大部分土地仍要保留下来用于农业生产），在中部一些区域范围内，会出现一些产业和人口相对集中的、规模较大的城镇，但它们只占区域国土面积的一小部分，其余大部分地方是耕地和农田。也就是说，有些区域将来要发展成工业区和城市，可能将来没有农田了（但是会保留一部分生态和绿化用地）。

因此，在作土地利用规划时应该在较大的空间范围内统一协调农业和非农用地。我们认为，就中部城市群工业化与经济社会发展的现实状况而言，应该从群内每一个城市的层面进行土地利用规划。目前，中部城市群的二级城市的国土面积一般都在几千平方公里。在这样大的一个空间范围内统一布局农业和非农用地的话，市区及周边就不需要再保留基本农田，只是需要一些城市生态区，而不是每一个较小的地理单元都要必须既有工业，又有城区，还要有农业和耕地。将来随着市区及周边集中大量的产业和人口，相对偏远的一些村庄会自动消失，成为单纯的农田。反之，如果在一个较小的空间范围内进行土地利用规划，既要安排建设用地，又要保证耕地的占补平衡，由于操作空间很小可能会不伦不类。而且，在将来可能变成农田的地方规划产业和城镇，既不利于其长远的发展，也会造成巨大的浪费。所以，从城市层面对土地利用进行总体规划时，应该将那些相对偏远、不具备基本地方产业环境的区域视为将来的农业区，将其功能定位为工业限制发展区，政策的指向应该是促进这些区域的人口向其他工业区和城镇转移；对其他区位条件相对较好的区域，应该鼓励并支持其发展工业，通过整体规划、集中投资，建设较高水平的工业基础设施，争取通过承接产业链式的产业转移，使其成为将来的工业区与城市。同时，通过制定政策鼓励当地政府支持后一类区域的创业活动，如建立中小企业发展基金、对于本地的小规模创业活动给予税收优惠等等。

土地利用规划另一个重要的内容应该是农村宅基地的整理。虽然理论上说工业化和城镇化的发展应该不会减少耕地，但实际

产业发展与结构调整

上现在各地都面临严重的建设用地紧张问题。其中一个最主要的原因就是农民工"双重占地"。农民工实现了非农就业，他们的非农就业机会是城镇工商业发展创造的，而城镇工商业的发展肯定要增加工业和城镇建设用地。与此同时，农民工的居住和生活方式还没有彻底转变，尤其是他们并没有减少在农村的宅基地占有。也就是说，农民工在城镇就业和生活从而新增工业和城镇建设用地的同时，他们在农村占用的宅基地却并没有减少，存在在农村和城镇"双重占地"现象，这是当前各地普遍面临建设用地紧张问题的最主要原因。就这样的问题课题组曾对中原城市群内的一个城市——许昌市的村庄综合改造工程进行了调研，该市尚集镇的武店和邓庄两个村将村民进行了集中安置。其中邓庄村全村居民原来占用290亩宅基地，后来集中安置在9栋7层住宅楼，新住宅占地40亩地，可以整理出250亩土地。集中安置后所需居住用地仅为原有宅基地的15%左右，武店村的情况大概也是如此。据我们了解，在2008年许昌市全部建设用地87222公顷当中，农村居民点占地54012公顷，占62%，城镇工矿、交通水利等所有其他建设用地总和仅为33210公顷，占38%。如果按照武店和邓庄这两个村庄集中安置后居住用地为原居民点占地的15%计算，许昌全市农村居民点"迁村并点"后可以腾出45910公顷建设用地，比当前城镇工矿、交通水利等所有其他建设用地总和还多出10000多公顷。也就是说，在不减少农业用地的情况下，仅仅通过整理农村居民点许昌全市就可以腾出比现有全部城镇建设用地还多将近1/3的土地用于建设。中部城市群中很多城市的情况与许昌都比较相似，农村居民点整治在建设用地供给方面有着巨大的潜力。

因此，在制定土地利用规划时，通过村庄宅基地整理来充分挖掘建设用地潜力，并科学合理安排产业用地、居住用地、商业服务用地等的数量与比例关系，应该是可以在保证耕地数量占补平衡的条件下满足经济社会发展的用地需求的。

最后要做好城镇建设规划，对区域内的产业、居住和商业服务等功能进行空间布局。传统的城市空间是随着产业和人口的增加而逐步拓展的，从最初的中心开始以圈层方式向外推进。可能由于最初对城镇发展速度缺乏适当的预期，交通体系难以承载越来越多的产业和人口而出现严重的拥挤状况，产业、居住和商业服务等功能区也不能很好地区分，产生一些不良的相互影响。而且，随着城市的规模越来越大，后续改造的难度和成本也越来越高。因此，当前就承接产业转移进行规划时不能仅仅考虑产业自身，还要考虑产城融合，产业、居住和服务功能并重。在产业和经济社会发展规划所确定的未来产业和人口规模、土地总体利用规划所确定的未来产业、居住、商业服务用地规模的基础上，充分考虑五年、十年和更长时间的发展需要，对产业、居住和商业服务功能区进行合理布局。既要把产业、居住和商业服务功能区分别组团，避免相互影响，又不能使这三个功能区之间的空间距离太远，使居民因日常生活半径太大而增加生产和生活成本，并给城市交通体系造成较大的负担。所以，规划时应该产业、居住和商业服务功能并重，在居民日常生活半径的范围内规划相应的产业、居住和商业功能区，使之在这一范围内基本可以实现就业、居住和其他生活需求，减少交通支出和对城市交通体系的压力。

综上所述，中部地区承接产业转移和城市群发展是涉及产业发展与集聚、人口集中、第三产业发展、城镇化水平提高等问题的系统工程，所以规划就不能仅仅考虑产业发展本身，还要产业、居住和服务功能并重，要站在一个较长时期内，站在工业化和城镇化协调发展的高度，在较大的空间范围内来布局。

（四）加强城市群基础设施和公共服务体系建设

为了实现承接产业转移和城市群发展的目标，在明确了城市群内部各城市的功能定位并对产业和城市的空间布局作出合理规划以后，还需要从促进产业发展的硬件和软件两方面下工夫。

硬件就是生产和生活基础设施的发展与完善问题。生产和生活基础设施的相对滞后,既不利于承接产业转移,也不利于落地后企业和产业的发展,因此确定将城市群作为承接产业转移的平台并进行相应的规划以后,就要集中力量建设城市群内各级城市的基础设施,为产业的发展创造条件。在具体建设过程中,重大基础设施要统一布局,实现资源共享,避免重复建设。

软件就是排除各种因素对产业发展的阻碍。产业转移是企业主体追求利益最大化的市场行为,但是,在实践上往往又会遇到很多非市场因素的阻碍,这些阻碍有些是社会的因素,有些是政府所为。但不管是社会的原因还是政府的原因所形成的产业转移和产业承接障碍,其扫除无疑都是政府的职责。政府应该制定促进承接产业转移的保证措施和绩效评价体系,排除各种非正常干扰,创造产业发展的良好环境。

七 促进中部地区城市建设和承接产业转移的案例和经验

在承接产业转移,促进本地工业化和城市化的过程当中,困扰地方政府的三大问题分别是:①工业项目的用地问题,②产业发展和招商问题,③基础设施建设的融资问题。下文依据课题组在河南省许昌市的调研,就以上问题分别给出了相应的政策建议。其中,"建立复合式新城市,为产业转移提供条件"一节,给出总体上的原则;"依托龙头企业,发展优势产业,形成产业集群"一节为产业发展提供方向;"利用商业模式建设工业园区,以商招商"一节为基础设施建设的融资问题和招商问题提供具体的对策。

(一) 建立复合式新城市,为产业转移提供条件

承接产业转移必须依托城市,城市化与工业化其实是一个问题的两个侧面。但是我国土地资源的短缺是城市化推进的一个限制因素。随着我国经济发展和城市化推进,耕地数量呈下降趋势

也是不可否认的事实。现今实行的《土地管理法》也明确规定要保持"耕地总量动态平衡"。

采用开发建设优先或保护利用优先的不同思路，必然会相应产生不同的土地空间格局和城市发展模式。一方面，由于我国正处在城市化和工业化快速发展时期，建设用地规模的不断扩展是该时期的重要特征；另一方面，从可持续发展角度看，由于我国人均土地资源相对匮乏，对耕地资源以及生态环境进行保护又是必须执行的方针，从而在理论上构成了土地开发和保护的矛盾，在现实中表现为县（市）域总体规划和土地利用总体规划的不协调。

事实上，城市化和工业化的发展并不应当造成对农业的侵害，也不应当导致耕地面积的减少。城市化的一个基本特征就是大量分散居住的农业人口转变为集中居住、共享城市基础设施的市民。在这个过程中，应当会有大量的住宅用地被节省出来。但是，在我国大量存在的现实却是"空心村"现象：工业化的发展将大量农村劳动力带到城市，但是这些劳动力并未完全融入城市成为市民。工业化转移出了人口，却未能转移出这些人口所占用的土地资源。在城市打工，却未能融入城市的农村劳动力只能将其财富投资于农村，建造住宅却不使用，形成空心村。因此在发展为前提这一硬道理面前，我们应该针对城市化、工业化同保护农业、保护耕地的矛盾冲突进行内涵上的拓展，并寻求新的思路。

另外，从生态保护角度考虑，土地系统是一个自然生态和社会经济共同组成的生态经济综合体，所以要把开发建设、保护利用有机结合起来。根据某些土地类型的特殊生态特性，必定要维持一定数量的生态用地，并且保护好具有重要地位的生态保障用地，禁止过度开发。最终要以实现土地可持续利用为目标，合理改变和调整土地用途，协调人地关系。

在我们的调研过程中，河南省许昌市的城乡一体化推进区发展模式为破解这一难题提供了有益的理论创新范本。本文将在此基础上探讨建立复合式新城市，为产业转移提供基础设施条件这一命题。

1. 许昌市城乡一体化推进区发展模式介绍

2006年2月，许昌市委、市政府着眼于密切郑州—许昌经济联系，实现郑许空间对接、产业对接，作出了建设许昌至长葛城乡一体化推进区的决策部署。根据"大许昌"建设的目标，推进区积极主动实现许昌和长葛产业、交通、居住、信息等全方位的配套与对接。

推进区的建设目标：总体概括为"五区"，就是要把推进区建设成为统筹城乡发展的试验区、新农村建设的示范区、特色产业的集聚区、林水生态的旅游区、未来带状城市的新城区，突出城、村、林、水一体特色（城在村中、村在城中、城在林中、林在城中、城在水中、水在城中），探索统筹城乡发展的新路子，逐步把推进区建设成为工业发达、文化繁荣、环境优美、城乡融合的新区域。

推进区的区域范围为京广铁路以东、京珠高速公路以西、南外环以北、长葛高速公路引线以南地区，涉及长葛市、许昌县、魏都区、东城区、经济开发区等5个县（市、区）、10个乡（镇、办）、81个行政村、13.14万人、13.69万亩耕地，总面积约130km^2。

整个推进区同许昌市区、长葛（许昌所属县级市）市区连接在一起，形成了一个包含了政务中心区、城市工业拓展区、生态旅游区、商贸物流园区、农业园区和农业新型社区的复合型新城区。

许昌市城乡一体化推进区发展模式是"政府主导，规划引领；轴线带动，组团发展；项目带动，产城融合；环境保育，生态支撑；城乡统筹，系统推进"。

"政府主导，规划引领"指许昌市委、市政府按照"规划一张图、建设一盘棋"的思路，建立统筹城乡的规划体系，包括城乡发展空间规划、基础设施建设规划、社会事业发展规划、产业发展规划、生态环境建设与保护规划,形成了较为完善的规划体系,为推进区长远发展、科学开发、有序建设提供了保证。

"轴线带动,组团发展"指根据许昌的实际情况,借鉴"点—轴"系统理论,由点带线,由线带面,带动组团外围地区发展。许昌市城乡一体化推进区呈带状分布,许昌市和长葛市分居两侧,经济社会发展水平相对较高,许昌县位于中部。许昌市和长葛市以道路为轴线相向发展,许昌县作为节点,形成了特殊的双城一体的轴向发展模式。

"项目带动,产城融合"指许昌城乡一体化推进区的建设和发展依托于产业化,通过产业化实现产业与城市发展相融合。在以推进区为主体的复合型新城区内,不仅有工业、商业、住宅、行政中心,还有大量的农业用地。第一产业是基于农业产业化的视角和观念来发展的,坚持以抓工业化的理念去推进农业产业化经营,重点以花卉苗木种植为基础,发展绿色农业、生态农业和观光农业。在第二产业方面,以工业集聚区为载体,大力发展产业集群,突出发展特色产业和新型工业。在第三产业方面,充分发挥推进区的资源优势,大力发展现代商贸物流业,积极发展文化与生态旅游业。

"环境保育,生态支撑"指按照以生态承载旅游,以旅游激活生态的思路,积极打造分布合理、植物多样、景观优美的生态景观。按照"规划见绿、见缝插绿、协力植绿"的目标要求,加快农田林网建设,积极打造"绿色生态新农村"。

"城乡统筹,系统推进"指推进区建设坚持城乡统筹发展,严格按照市场经济规律办事、按照群众意愿办事,努力做到科学推进、和谐推进、系统推进。按照农民向社区集中的原则,加快推进区农村改造步伐;按照项目向园区集中的原则,加快工业集聚区建设,实现工业经济发展新突破;按照土地向规模经营集中的原则,实现城乡规划一体、产业发展一体、基础设施建设一

产业发展与结构调整

体、公共服务一体、就业市场一体、社会管理一体的要求，逐步破除城乡分割的体制障碍，努力使公共服务向农村延伸、社会保障向农村覆盖、公共财政向农村惠及，最终实现城乡的融合发展。

2. 许昌市城乡一体化推进区发展模式可供借鉴的经验

许昌市城乡一体化推进区发展模式中，最有价值的内容在于三个方面："政府主导，规划引领"——统一规划复合式新城市体系，从而可以在保证产业发展的同时，保证耕地动态平衡和生态环境良好；"项目带动，产城融合"——以企业为核心，以产业化为方向谋求发展，促进工业化水平的提高；"城乡统筹，系统推进"——城市建设和农村居民的市民化同步进行，实施彻底的城市化。

所谓"政府主导，规划引领"最终体现在土地利用的规划上，只有在一个统一的较大尺度的平台上，才能通过地方政府来协调区域管理的利益矛盾和冲突，协调土地开发和保护；才能建立统筹城乡的规划体系，包括城乡发展空间规划、基础设施建设规划、社会事业发展规划、产业发展规划、生态环境建设与保护规划，形成较为完善的规划体系。这也是许昌市城乡一体化推进区发展模式的核心所在。

承接产业转移，工业化和城市化离不开建设用地，推进区这种模式就是利用这种包含各种功能分区的复合式新型城市在一个统一的平台上协调人地关系。《土地管理法》中明确规定的保持"耕地总量动态平衡"原则，离开了较大尺度上的统一规划，是无法保证实施的。毕竟，其他用地（主要是工业用地和商业用地）相对于农用地（特别是粮食种植利用方向的耕地）存在着巨大的溢价。我国现在还没有这种土地利用方向调整过程中的商业化补偿机制。如果没有政府的统一规划，是无法协调下一级地方政府在土地利用规划方面的利益冲突的。许昌市城乡一体化推进区的建设就是在许昌市委、市政府的统一规划下，将许昌市魏都区、长葛市、许昌县的资源整合在一起，通过"迁村并点"改造推进区内的村落将大量农村建设用地置换出来，统一规划和建设推进区内的工业区、商业区、农业区和生态区，通过这种措施，推进城市化的进程，使得大量分散居住的农业人口转变为集中居住、共享城市基础设施的市民。在这个过程中，大量的农村住宅用地被节省出来，为工业化建设提供用地。这样，一方面保证了"耕地总量动态平衡"的原则，避免了工业化和城市化过程中侵占耕地；另一方面也有效地将原来的农村居民真正地转化为城市居民，有效地消灭了"空心村"现象，保证了城市化的发展落到实处。

所谓"项目带动，产城融合"则体现了城市化、工业化发展与农业现代化发展的协调并举。在以许昌市城乡一体化推进区为主体的复合型新城区中，产业集聚区的建设和发展为产业和城市发展的融合提供了最为重要的产业支撑。而项目带动强调的是商业化的发展模型，产业集聚区的成功与否在于产业集聚区是否可以招商成功，而不仅仅在于园区规划。从许昌近四年来的实践来看，推进区的工业园区建设取得了巨大的成功。推进区的5个工业集聚区截至2009年上半年累计建成和在建项目546个，项目入驻率达到80%。2009年，围绕国家扩内需、保增长、调结构的要求，谋划了帝豪专线、许继风力发电制造、航空枢纽港、西区热电厂等一批重大项目。目前，推进区初步形成了超硬材料制造、汽车及零部件制造、食品加工、纺织、发制品、有色金属回收加工、现代物流、生态文化旅游等八大产业集群。

城市化和工业化的发展其实并不是要削弱农业。事实上，世界范围内的工业化强国，如美国同样也是农业大国和强国。欧洲、大洋洲的一些发达国家，同时也都有富有特色的优势农业。在英文中工业化和产业化其实是同一个单词"Industry"。农业也可以通过现代化的生产经营模式形成"工业化"，也应当是工业化的一部分。如许昌市鄢陵县的花木产业园即为典型的工业化农业项目。

产业发展与结构调整

引入产业园的农业公司"天亿林牧"的樱花园项目，最终占地10000亩。该公司经营以花木为核心的农业综合项目，含花木、林下养鹅、屠宰及肉分割、养鱼等循环经济项目。

所谓"城乡统筹，系统推进"，则体现了政府处理好人口转移力度和城市化速度的关系，按照功能区的思想进行区域分工，引导人口和产业合理布局的思路。城乡统筹的核心内容在于将城市基础设施和城市服务体系惠及原推进区内的农村和农民。随着城市的发展和建设，将会有越来越多的"城中村"出现。解决"城中村"问题不仅是个拆迁建设方面的土地问题，更是一个农村居民向城市居民转变的城市化过程。"城中村"以及推进区农业园区部分的"空心村"建设主要是通过"政府零收益"的措施来保证实施的。"政府零收益"指城中村改造中，政府把城中村改造土地的升值部分的全部收益用于农民安置补贴和弥补开发企业的亏损，最大限度地让利于群众、让利于企业，鼓励开发建设企业积极参与到城市建设当中，以此方式为城中村改造进行融资，从而有力地解决城市建设的融资问题。对于迁村并点的农村户口居民，集中建设住宅小区并完善城市基础设施，给予其一切市民社会福利和保障。在推进区的工业、商业项目上，优先招聘迁村并点居民就业。考虑到许昌城乡一体化推进区内周边工业化程度较高，相当一部分农村户口居民已经不再进行农业生产的事实，就业问题较易于解决。从中也可以看出，城乡一体化统筹的过程同样离不开工业化的基础，而城市化则是与工业化互为促进。

（二）推动土地流转市场化，保障中部地区工业化进程和保护耕地协调发展

在下一轮的中国经济增长上，中部地区的工业化无疑会是一个推动中国经济增长的强大的发动机。但是，中西部地区在当前还是重要的农业区。工业化建设涉及大量建设用地的问题，这个

问题处理不好不但会妨害工业化的进程，而且会妨害我国的粮食安全。

其实工业化与粮食安全不应成为一对矛盾。工业化同时也是一个城市化的过程，城市化在理论上不仅不会占用更多的耕地，而且还可将通过人口的集中居住而节省下来的大量土地用于农业生产。我们在河南省的一些地方调研时发现，通过对空心村的改造，居住用地的节约效果是很明显的。往往一个村落经改造后，可节省下的建设用地多达70%以上。但是现有的一系列土地制度制约了土地资源的合理配置，使得一方面城市建设和工业发展不断地占用新的耕地，另一方面大量闲置的土地资源却不能有效地投入到农业利用，甚至也不能有效地投入到工业和建设利用方向上。典型的例子就是广泛存在的空心村现象。

我们设想，可以通过土地制度的改革，在保证农业用地"占补平衡"这一基本政策的情况下，充分地调动市场的力量，大规模地推进土地资源和土地利用方向的置换、配置，从而一方面保证工业化和城市化的发展，另一方面也保证农业用地及粮食生产的安全。

具体而言，当前的"占补平衡"政策并未积极有效地调动各方的积极性，特别是开垦"四荒"地的积极性、复垦"空心村"的积极性。此外，还有一些地方，工业用地的利用程度也远远不足，每亩工业用地的投资强度不足。与此同时，另外一些地方却因为用地指标不足而使一些十分有竞争力的工业项目无法落地。其根本的原因在于工业用地、商业用地相对于农业用地存在着较大的土地利用方向上的溢价。这个溢价导致经济行为人在占用耕地上的积极性很高，而将闲置土地转化为农业用地这方面的积极性不高。虽然现在部分地方也通过经济补偿等方法进行建设用地和工业用地指标调配，以保证"占补平衡"，但是这种补偿机制却不是一种市场化机制，而是更多地依赖于各级地方政府之间的协调。

我们考虑的改革方向是：通过市场机制，使得开垦和复垦耕地的村民或者经济组织可以充分地享用到土地利用方向上的溢价，而不是将这种溢价直接给予占用耕地的利益方。通过这种手段来刺激各种利益主体积极地参与"四荒"地的开垦和"空心村"的复耕。

我们考虑的改革方案是：任何个人或者经济组织，凡是将非农用地合法地转化为耕地，在得到土地管理部门的确认、纳入土地利用方向规划之后，即可同时获得国家赋予的特定数量的土地利用方向变更的权证（为了保证土地利用更多地转向农业用地，或者至少不减少农业用地，颁发的土地利用方向变更权证所代表的土地面积要等于甚至少于土地管理部门新增的耕地，国家可以通过调整这个折让率来实施紧的或者松的土地利用政策）。任何要将耕地转化为非耕地的经济主体都必须在市场上购买与其占地面积相符的土地利用方向变更权证。由国家（或者国家委托相关机构、地方政府）设立土地利用方向变更权证交易市场。通过在市场上的竞价交易来实现土地利用方向上的溢价，并使出售权证的经济主体得到这种溢价。

可以想象，一旦这种溢价在市场上有效地实现，必将鼓励更多的经济主体积极地参与到耕地的开发上去，也必将鼓励工业企业和地产开发企业更加集约地使用工业用地及建设用地。同时这样一种权证市场也为国家政策的实施提供了方便，比如，国家为了更有效地实施土地利用政策，可以委托相关金融机构以"做市商"的身份入市，同时申报土地利用方向权证的买入价和卖出价，从而实施有效地管理。

我们甚至可以预期，一旦这个权证市场发展壮大，必将会有更多的专业的农业土地开发利用公司在市场上出现，专注于开发"四荒"以及复耕"空心村"，以获取可以在市场上直接变现的土地利用方向权证。这将使土地的开发和利用更加集约化和有效率，也将会使更多的交易商在市场上出现，以更有效地提高土地利用方向转变溢价水平。

纵观中国改革开放的历史，我们发现，市场化方向的改革为中国的经济增长提供了强大的动力。回顾历史可以知道，商品市场的市场化改革，迅速地解决了我国改革开放之初的短缺经济的局面，生产资料市场的改革、劳动市场的改革、企业股份制的改革等各项主要的市场化方向的改革大大地增强了我国的经济活力，增强了企业的竞争力，推动了经济增长和发展。而今看来，土地这种重要的生产资料市场尚没有改革。我们提出的改革方案并未触动我国基本的土地制度，也没有与我国的土地利用政策相冲突，在现在基本制度的框架内却有可能大大提高土地利用的效率，应当是一种切实可行的改革方案。

当然，这一改革的实施也存在着相应的风险。比如，农村村民的宅基地在当前还不属于村民私有，那么，改革村落，复耕为农田，从而取得土地利用方向权证，获取土地利用方向溢价的主体究竟应当是农村居民还是农村集体经济组织，对此还需要进一步研究论证甚至进行制度改革。但是，我们相信这些问题不会成为改革过程中不可逾越的障碍。还需要强调的是，如果同意将自己的宅基地复耕的农民家庭可以得到土地利用方向溢价（或者至少一部分）的话，那么这还将为农村居民积极转入城市提供一个财务基础，使得农村居民的城市化彻底得以实现。也可以推理出：越是城市化条件好的农村居民，会越积极地通过将自有宅基地复耕而参与到彻底的城市化过程中。并且，市场上的自由交易机制也会保证越是城市化条件好的农村居民，会越积极地通过这一市场实现自己的城市化步骤。

对于这样的改革，我们建议首先应在部分地区特别是河南省这样的地区进行试点。因为河南省一方面肩负着保证农业安全的任务，另一方面又是新兴的工业大省，合理集约使用土地的要求最为迫切。同时，河南省省会郑州又是一个地区性的金融中心，具有较为丰富的金融机构和金融人才。在郑州设立一个土地利用方向权证交易市场具有足够好的条件。

(三) 依托龙头企业，发展优势产业，形成产业集群

1990年迈克·波特在《国家竞争优势》一书中首先提出用产业集群（Industrial Cluster）一词对集群现象进行分析。区域的竞争力对企业的竞争力有很大的影响，波特通过对10个工业化国家的考察发现，产业集群是工业化过程中的普遍现象，在所有发达的经济体中，都可以明显看到各种产业集群。按波特的观点，产业集群是产业发达国家的核心特征。它不仅包括对竞争起重要作用、相互联系的产业和其他实体，而且还经常向下延伸到销售渠道和客户，以及一些辅助性机构、职业培训机构，当然也包括政府及相关联机构提供的一些基础性设施，如大学、工业或产品标准制定机构、职业培训机构和智囊团。

中部地区承接产业转移，其实质是一个地域的工业化问题，总是在地域的工业化过程中伴随着产业集群的兴起而兴起。这样的例子在我国东部的经济发展过程中比比皆是。如：温州有"中国金属外壳打火机生产基地"，上海有"浦东微电子产业集群"，广东有"中山家电产业集群"，等等。

产业集群之所以对地方经济发展很重要，是因为它是工业化过程中一个不可或缺的产业演化阶段和形态。产业从小自大、从低级到高级的演化过程中，会有不同的形态：一种是投资者建立众多的中小企业，企业之间通过市场交易的关系联系在一起形成分工协作，在产业组织理论上表现为一种市场组织；另一种是投资者通过产权关系联系在一起形成大型企业，在大型企业内部实现分工与协作，在产业组织理论上表现为一种科层组织。产权学派的著名学者、诺贝尔经济学奖得主威廉姆森指出产业集群是基于专业化分工和协作的众多中小企业集合起来的组织，这种组织机构是介于纯市场和科层组织之间的中间性组织。它比市场稳定，比科层组织灵活。事实上，产业的演化形态受到各种条件的影响，

对于中部这样缺乏足够产业基础、金融深化水平较低、资本市场不发达的地区，更为适合的形态应当是中小企业产业集群。而对于东部发达地区来说，产业升级的一个重要方面就是产业组织的变迁：从产业集群走向以产权为纽带的企业集团或控股公司。

正是基于对产业组织理论的认识，以及对中部地区产业发展状态的掌握，课题组认为承接东部地区的产业转移过程中，中部地区应以发展产业集群作为一个重要的突破口。

在以往的理论中，要依据当地的资源禀赋状况来发展产业和产业集群，这并没有错误，但这不是产业集群形成和发展壮大的根本因素。产业集群形成和发展壮大的根本在于企业而不在于资源禀赋，资源禀赋仅是产业和产业集群发展的一个次一级的因素。在许昌市调研的过程中，给课题组留下深刻印象的是产业集群的发展要依托龙头企业。

案例之一：许昌襄县的河南平煤集团许昌首山焦化公司，在2003年开始投资建设的时候是一个民营企业，当时的名称为卧虎山焦化。我们在调研中得知，投资人张健五在襄县投资煤焦化这一项目取决于以下因素：当地适宜炼焦的煤炭资源丰富，中原地区的电力等基础条件有保证，当地领导支持。同时，根据我们对行业周期的回顾发现，2001年以来，焦炭市场需求急剧增长，产品价格持续攀高，国内平均价格由2001年的400元/吨上升到2004年的1400元/吨，国际市场价格也由67美元/吨上涨到400美元/吨，卧虎山焦化即是在此轮焦炭涨价的热潮中上马的。卧虎山焦化投产之际，得益于行业景气周期，当年实现销售收入7600万元，税收753万元，对于一个总资产仅数千万元的企业来说实属难得。

但是，随着焦炭行业景气周期的过去，卧虎山焦化利润空间受到严重挤压。公司当时是一个产品链条短，缺乏煤气、焦油及化工产品的独立焦化企业，在焦炭行业调整周期来临时面临着巨大的经营风险。挽救卧虎山焦化的根本措施在于煤炭行业龙头企业平煤集团和中国电力投资公司（平顶山热力）控股和参股。卧虎山焦化在接受上述两家企业投资后形成的河南平煤集团许昌首山焦化公司中，平煤投资占51%，中国电力投资公司（平顶山热力）投资25%，原投资人张健五占24%。随着平煤和中国电力投资公司的进入，首山焦化不仅得到了资金，更得到了技术。现在首山焦化已经成为一个煤焦化链条最长的企业，其产品包含硫铵、焦油、甲醇、二甲醚、苯甲氢、煤气氢、发电等，其16km长的煤气管道直接输入神马，已经实现废弃物零排放。2009年销售收入达24亿元，2010年可以实现40亿元以上的销售收入。

案例之二：位于许昌的中原电气谷是正在组织实施的一个以电力装备制造业为主体的省级重点产业集聚区。目前许继电气在中原电气谷核心区内投资的2.0MW双馈风力发电机组正式开工生产，并且已经有成品产出。还有许继年产500套风电控制及并网系统项目。此外许继电气的其他一些项目，如智能变电站、联网技术、智能电表、储能充电等智能电网的系列配套产品也将在未来渐次入驻中原电气谷。正是许继电气这一中国输配电龙头企业入驻中原电气谷，才使得更多的企业特别是高压开关和电力二次设备等与此产业密切相关的其他企业愿意入驻中原电气谷。如以生产真空断路器为主业的中继奥博电气股份有限公司等。

更有意义的是，正是龙头企业许继电气的存在，使得中国的输配电行业正向许昌中原电气谷整体转移。我国的低压电气最为集中的产业集聚区是温州，仅温州一个乐清市就有电气生产企业4000多家，低压电气产品占全国总产量的2/3，号称我国"电气之都"。2009年10月28日中原电气谷温州电气产业园项目签约，在温州乐清市输配电行业协会的组织下，温州乐清的客商与当地政府签约11个合作项目，6家企业率先进驻产业园。这一温州电气产业园将作为温州人中原创业的新基地，不断地吸引温州输配电企业前来投资。

上述案例分析的结论：行业龙头企业对行业的周期、技术、发展方向、投资方向都有较深入的把握，有更强大的融资能力。离开了龙头企业，产品单一的中小企业存在着巨大的经营风险，往往难以发展壮大。因此产业集群的发展要依托龙头企业，依托的可以是股权关系，但更多的是依靠联系紧密的产品、中间品交易关系。

（四）利用商业模式建设工业园区，以商招商

地方政府肩负着管理城市、经营城市、发展城市、繁荣地方经济的重任。在工业化的过程中，地方政府有责任为承接产业转移和工业化提供相应的基础设施条件。同时，招商工作也是地方政府的重要任务。但是，后进地区的地方政府往往受当地经济社会发展水平的限制，其基础设施的建设往往缺乏足够的资金，这会限制地方政府提供基础设施的能力；另外，地方政府的主要责任在于提供公共服务，它并不是商业机构，也不是投资管理公司，因此在招商上常常心有余而力不足。这些都对中部地区承接产业转移造成了困难。

课题组在许昌调研的过程中，发现了当地政府的一些有益的探索，这些探索有助于形成后进地区承接产业转移和工业化的共同经验。

1. 工业地产的创新开发模式

许昌市的中原电气谷是该市最为重要的一个工业集聚区，目前主要由市政府下辖的中原电气谷投资建设公司提供基础设施的投资。自2009年4月底许继风电产业园开工奠基以来，中原电气谷的建设已经进入实质性阶段。

整个电气谷的基础设施主要存在两种建设方式，其一是由传统的地方政府投融资平台进行融资和投资建设，对于电气谷来说投融资平台就是中原电气谷投资建设公司。典型的项目为中原电气谷内的主干道——魏武大道建设。魏武大道中由中原电气谷投资建设公司承担投资建设的部分有12.5km，总投资6亿元。当前

产业发展与结构调整

魏武大道的建设已经完成工程量的50%，2010年7月建成开通。其融资的方式是中央政府代为发行的河南省地方政府债券1000万元，从平安集团投资公司借款2亿元。利用BT（Build - Transfer）方式建设。这显然是一种较为传统的基础设施建设方式。

另一种创新型的开发模式则是"温州电气产业园"模式。占地1000亩的温州电气产业园综合开发建设项目位于中原电气谷核心区东南部，由温州企业家兴办的中继奥博电气股份有限公司牵头，签约总投资20亿元。中继奥博负责为温州电气产业园的基础设施建设融资和投资，并负责温州电气产业园的招商工作。中继奥博投资建设温州电气产业园采取的是一种新型的工业地产开发模式。投资方在这一工业地产项目上的土地开发投资——包括园区内的"七通一平"、标准厂房的勘察设计、临时设施、桩基工程、土建安装以及各种税费等最终会大幅提高工业用地的商业价值。投资方通过出租工业地产来部分地回收投资，同时也将享受地方政府对招商企业的一系列优惠政策，如入园企业享受的地方政府税收返还①的50%。

在商业地产的开发上，基础设施的融资向来不是地方政府所应担心的事务，而是房地产开发商所要考虑的事务。在工业地产上，地方政府为了招商引资，不得不压低工业地产的价格，导致出让工业地产难以弥补工业地产基础开发的成本，这是造成工业项目基础设施融资困难的根本所在。商业地产由于存在着很高的土地开发溢价，并且通过房地产开发可以很快地回收这一高溢价，因此不存在土地开发的融资难题。而工业地产在地方政府手中出让的时候并不存在土地开发溢价，因此存在着融资难题。中继奥博之所以看好温州电气产业园的工业地产项目，得益于这一土地开发溢价可以有效地实现。这是因为，中继奥博作为真空断路器

---

① 税收返还是政府按照国家有关规定采取先征后返（退）、即征即退等办法向企业返还的税款，属于以税收优惠形式给予的一种政府补助。

行业中一家实力雄厚的公司，对整个输配电行业产业链和供应链十分了解，公司认识到产业集聚可能带来的工业地产溢价有多高，并且有相应的商业渠道来实现其经营目标。

这一模式可以总结为：企业主导工业地产项目的开发，有利于在其专业化知识和经营管理经验的基础上衡量工业地产项目的开发溢价，从而鼓励企业创造价值。而政府主导工业地产项目的开发，由于缺乏足够的专业化知识和商业运营能力，难以实现工业地产项目的开发溢价。因此，对于未来的工业园区的建设，许昌市中原电气谷温州电气产业园是一个很好的范例。

2. 由企业主导，在产业链和供应链上整合工业园区

不可否认，东部地区的投资和经营成本已经远高于中部地区，但是现阶段大规模的产业转移依然未能实现。其根本原因在于产业集聚中的"黏性"。黏性存在的一个重要原因在于现代产业集群中发达的分工与协作构成了企业间相互依存的供应链和价值链。正是这种供应链和价值链的存在，导致了企业难以独立于产业集群。

课题组通过调研了解到，中继奥博考虑在中原电气谷温州电气产业园的招商过程中，在输配电这一产业链上引进一批温州的电器企业，建立一个产品和物料供应的物流中心并提供相关服务，同时，建设一个中原电器城交易中心。这一构想是否可以实现是温州电气产业园项目成败的关键。

中继奥博作为温州产业园的投资开发商，一方面提供基础设施，另一方面也是输配电行业内重要的一员。中继奥博正是由于是这一行业中的成员，因此了解输配电行业中供应链和价值链的细节所在。专业方面的知识和以往的经营交易关系，使得中继奥博在招商方向上、入园企业的选择上、信息沟通的渠道上都具有得天独厚的优势。同时，也使得这种"以商招商"的模式效率很高，招商的进程很快、力度很大。

2009年春，在许昌—温州企业家恳谈会暨温州电气产业园签约仪式上，中原电气谷及温州电气产业园与温州企业家和温州籍其他地区企业家签约投资合作项目 10 个，签约资金共 20.85 亿元，其中率先进驻温州电气产业园项目 8 个，签约金额 4.25 亿元。此外，温州电气产业园还与温州正泰集团、德力西集团、人民电器集团、环宇集团、长城集团、精益集团、天正集团、耀华集团等在许昌设立的分公司达成了物流项目进驻温州产业园的协议。

3. 通过金融服务和股权关系升级整个产业集群

2009 年诺贝尔经济学奖获得者威廉姆森提出了特定的交易类型和组织之间最优匹配的模型，经济组织的运行效率是依具体的交易技术结构和组织形式的不同组合而有所不同。当交易技术结构与特定的体制组织形式相匹配时，其交易费用最低，这时，这种资源配置的运行效率最高。威氏认为随着资产专用性的提高和交易频率的提高，体制组织的形式应当从市场交易体系向企业内部组织过渡。对具有中等程度资产专用性或中等程度交易频率的交易，适合采取纵向的中间体组织。比如通过形成长期的订货、供货合约来保证交易的顺利完成。而当企业的投资具有高强度资产专用性时，或对于频率很高的交易，适合由组织内部交易。这一理论昭示了随着企业集群内部分工的发展和集群内部交易的增加，企业集群面临着通过产权关系进行联系，构造供应链和价值链上纵向一体化的倾向。

在课题组的调研过程中，温州电气产业园的投资方中继奥博向课题组表示，随着产业园的发展和成熟，中继奥博还要在产权交易上发挥作用。通过引进战略公司，提供相应的融资和股权交易的金融服务，产业园中的企业在未来很有可能会通过相互参股的形式结合在一起，甚至实现公开上市。这是中继奥博投资于这一工业地产项目更高层级的考虑。通过未来的参股与控股，中继奥博不仅要做电气行业内的一个制造商，还要做这一行业内的一个投资控股、参股公司，以实现整个产业集群的高层次发展。参股和控股园内企业也是激励中继奥博投资于温州产业园的重大利益所在。

参考文献

（一）中文参考文献

白小明：《我国产业区域转移粘性问题研究》，《北方论丛》2007 年第 1 期。

陈刚、刘珊珊：《产业转移理论研究：现状与展望》，《当代财经》2006 年第 10 期。

陈建军：《中国现阶段产业区域转移的实证研究》，《管理世界》2002 年第 6 期。

陈耀：《国家中西部发展政策研究》，经济管理出版社，2000。

范剑勇、杨丙见：《美国早期制造业集中的转变及其对中国西部开发的启示》，《经济研究》2002 年第 8 期。

范剑勇：《市场一体化、地区专业化与产业集聚趋势：兼谈对地区差距的影响》，《中国社会科学》2004 年第 6 期。

范金、严斌剑：《长三角都市圈劳动生产率的收敛性检验：1991 – 2005》，《世界经济文汇》2008 年第 3 期。

冯德显：《从中外城市群发展看中原经济隆起——中原城市群发展研究》，《人文地理》2004 年第 12 期。

符正平、曾素英：《集群产业转移中的转移模式与行动特征——基于企业社会网络视角的分析》，《管理世界》2008 年第 12 期。

傅晓霞、吴利学：《中国地区差异的动态演进及其决定机制：基于随机前沿模型和反事实收入分布方法的分析》，《世界经济》2009 年第 5 期。

高见、覃成林：《基于东部发达地区产业转移的中部地区工业发展分析》,《经济经纬》2005年第5期。

龚雪、高长春:《国际产业转移理论综述》,《生产力研究》2009年第4期。

郭丽:《产业区域转移黏性分析》,《经济地理》2009年第3期。

国家统计局国际统计信息中心课题组:《国际产业转移的动向及我国的选择》,《统计研究》2004年第4期。

郝睿:《经济效率与地区平等:中国省际经济增长与差距的实证分析(1978~2003)》,《世界经济文汇》2006年第2期。

侯小星、郑海静:《城市群产业转移与区域发展对策研究——以滇中城市群为例》,《全国商情:经济理论研究》2008年第9期。

金相郁:《区域经济增长收敛的分析方法》,《数量经济技术经济研究》2006年第3期。

李斌、陈开军:《对外贸易与地区经济差距变动》,《世界经济》2007年第5期。

李二玲、李小建:《企业集群的竞争优势研究》,《河南大学学报(社会科学版)》2005年第5期。

李松志、刘叶飚:《国外产业转移研究的综述》,《经济问题探索》2007年第2期。

李小建:《香港对大陆投资的区位变化与公司空间行为》,《地理学报》1996年第3期。

李秀敏、张见:《我国制造业梯度推移粘性研究》,《广东社会科学》2008年第1期。

李学鑫、苗长虹:《城市群产业结构与分工的测度研究——以中原城市群为例》,《人文地理》2006年第4期。

李学鑫:《基于产业分工的中原城市群经济联系研究》,《许昌学院学报》2009年第3期。

刘夏明、魏英琪、李国平:《收敛还是发散?——中国区域经济发展争论的文献综述》,《经济研究》2004年第7期。

吕政、杨丹辉：《国际产业转移的趋势和对策》，《经济与管理研究》2006年第4期。

罗浩：《中国劳动力无限供给与产业区域粘性》，《中国工业经济》2003年第4期。

马子红、胡洪斌：《中国区际产业转移的主要模式探究》，《生产力研究》2009年第13期。

马子红：《区际产业转移：理论述评》，《经济问题探索》2008年第5期。

苗长虹、王海江：《河南省城市的经济联系方向与强度——兼论中原城市群的形成与对外联系》，《地理研究》2006年第3期。

彭国华：《我国地区经济的"俱乐部"收敛性》，《数量经济技术经济研究》2008年第12期。

沈坤荣、马俊：《中国经济增长的"俱乐部收敛"特征及其成因研究》，《经济研究》2004年第1期。

孙旭：《我国FDI东部区域集聚和向西部转移的粘性分析》，《区域经济》2008年第3期。

汪斌、赵张耀：《国际产业转移理论述评》，《浙江社会科学》2003年第11期。

王乃静：《国外城市群发展模式与经验新探》，《技术经济与管理研究》2005年第2期。

王小鲁、樊纲：《中国地区差距的变动趋势和影响因素》，《经济研究》2004年第1期。

魏敏、李国平：《基于区域经济差异的梯度推移粘性研究》，《经济地理》2005年第1期。

姚士谋等：《中国城市群》，中国科学技术大学出版社，2001。

俞国琴：《国内外产业转移理论回顾与评述》，《长江论坛》2007年第5期。

原小能：《国际产业转移规律和趋势分析》，《上海经济研究》2004年第2期。

张茹:《中国经济增长地区差异的动态演进:1978-2005》,《世界经济文汇》2008年第2期。

张鑫:《基于产业集聚的中西部地区承接产业转移问题研究》,《特区经济》2009年第6期。

张亚斌等:《城市群、"圈层"经济与产业结构升级——基于经济地理学理论视角的分析》,《中国工业经济》2006年第12期。

张自如、胡晖:《国际产业转移的演变及其对世界经济的影响》,《生产力研究》2007年第13期。

赵果庆:《为什么国际直接投资不集聚中国西部?》,《管理世界》2004年第11期。

赵勇、白永秀:《城市群国内研究文献综述》,《城市问题》2007年第7期。

邹积亮:《产业转移理论及其发展趋势分析》,《中南财经政法大学学报》2007年第6期。

(二) 外文参考文献

Akamatsu, K. "A History Pattern of Economic Growth in Developing Countries", *The Developing Economies*, 1962, (1): 3-25.

Anthony J., Venables. "Localization of Industry and Trade Performance", *Oxford Review of Economic Policy*, 1998, Vol. 12, No. 3, pp. 52-60.

Arthur, W. B. "Urban Systems and Historical Path-dependenec". In Arthur, W. B.: *Increasing Returns and Path Dependence in the Economy*. Michigan Press, 1994.

Beata Smarzynska Jacorcik. "Does Foreign Direct Investment Increase the Productivity of Domestic Firms? In Search of Spillovers through Backward Linkages", *The American Economic Review*, 2004, Vol. 194, No. 13, 605-6271.

Boulding, Kenneth E. "The Economics of the Coming Spaceship

earth". In: Boulding, Kenneth E., Jarrett H., eds., *Environment Quality in A Growing Economy*. Johns Hopkins Press, 1966.

Cantwell, J. "The Globalization of Technology: What Remains of the Product – cycle Model", *The Dynamic Firm*. New York, Oxford University Press, 1998, 263 – 288.

Fredrik Burstrom, Jouni Korhonen. "Municipalities and Industrial Ecology: Reconsidering Municipal Environmental Management Sustainable Development". *Sust*, 2001, (12); 36 – 46.

Frosch, R. A., Gallopoulos, N. "Strategies for Manufacturing". *Scientific American*, 1989, Vol. 261 (3), pp. 94 – 102.

Gourevitch, Peter, Roger Bohn and David Mckendrick. "Globalization of Production: Insights from the Hard Disk Drive Industry", *World Development*, Vol. 28, No. 2, 301 – 317, 2000.

Gradel, T. E., Allenby, B. R., Linhart, P. B. "Implementing Industrial Ecology". *IEEE Technology and Society Magazine*, Spring 1993, p. 18 – 26.

Maccarthy, B. L. and W. Atthirawong, "Factors Affecting Location Decisions in International Operation – a Delphi Study", *International Journal of Operation & Production Management*, Vol. 23, No. 7, 794 – 818, 2003.

Meyer D R. "A dynamic Model of the Integration of Frontier Urban Places into the United States Systen of Cities". *Economic GeoGraphy*, 1980, 56: 39 – 120.

Peter W. G. Newman. "Sustainblility and Cities: Extending the Metabolism Model", *Landscape and Urban Planning*, 1999, (44): 219 – 226.

Redding, Stephen and Anthony J. Venables. "Geography and Export Performance: External Market Access and Internal Supply Capacity", *NBER Working Paper*, 2003, No. 9637.

Robert J. Barro & Xavier Sala – I – Martin. "Technological Diffusion, Convergence, and Growth," *Economics Working Papers* 116, Department of Economics and Business, Universitat Pompeu Fabra, 1995.

Wei Zou, Hao Zhou. "Classification of Growth Clubs and Convergence: Evidence from Panel Data in China, 1981 – 2004". *China & World Economy*, 2007, (5).

Yao, S. and Zhang, Z. , "On Regional Inequality and Diverging Clubs: A Case Study of Contemporary China", *Journal of Comparative Economics*, 2001, Vol. 29, pp. 466 – 484.

案例篇

新密市产业结构调整调研报告[*]

产业结构是一个国家或地区经济发展状况的重要标志之一，反映了生产要素的投入方向和使用效率，决定着经济增长的质量和竞争力水平。经济发展规律和历史经验证明，产业结构的优化调整能够有力地促进经济社会发展出现质的变化。2006 年，新密市国内生产总值、工业增加值分别达到了 209.22 亿元和 137.2 亿元，居全省 108 个县（县级市）的第三位和第二位，是河南省的经济大县（市）、工业大县（市）之一；2006 年新密市人均国内生产总值达到 27527 元，远远高于全省 13313 元的平均水平。但是，长期形成的产业结构粗放、质量效益较低的状况特别是对煤炭资源过度依赖的局面尚未从根本上得到改变。面对新的形势和历史任务，认真剖析新密产业结构的演变历程和现状特征，把握机遇、扬长避短、调整思路、创新模式，尽快推进结构优化升级，

---

[*] 本报告是根据时任河南省省长李成玉的指示，由河南省社会科学界联合会立项委托课题的最终成果。课题由我主持，成员有李燕燕、宋伟、刘涛、董栓成等。于 2007 年秋冬时节，在新密市委及相关部门大力配合下，课题组走遍了新密全境实地考察，召开了多次座谈会，历时月余，完成了本报告。并于 2008 年 10 月获河南省政府发展研究奖。当时在读的河南大学硕士研究生赵雷、郑州大学硕士研究生朱姝也全程参与了调研活动。——耿明斋

实现经济发展模式的可持续,经济增长速度、质量和效益的协调,是一项紧迫而艰巨的任务。

一 新密工业化进程与产业结构状况

(一)工业经济发展历程与结构变迁

新中国成立50多年来,新密第二产业特别是工业经济从小到大快速发展,整体上取得了巨大成就,大致可划分为以下四个发展阶段。

1. 第一阶段:初步奠定了新密现代工业发展的基础(1951~1977年)

新中国成立前,新密的工业生产主要是煤炭开采和手工业。新密煤炭资源丰富,开采利用始于唐代,盛于明清。民国时期,杨坟坡煤矿安装蒸汽机。1944年,新密(密县)沦陷,煤业停废。抗日战争胜利后虽有恢复,但发展缓慢。新中国成立前夕,仅存小煤窑18处,原煤年产量11万吨。1951年10月,接收恒大私营煤矿,始有国营工业,到1977年,工业产值超过第一产业产值,标志着进入了工业化初期阶段(河南省直到1986年才实现第二产业产值超过第一产业,进入工业化初期),走在了河南省的前列。

2. 第二阶段:工业化初期(1978~1986年)

从1978年改革开放至1986年,新密的三次产业结构由1978年的34.03:37.70:28.27演化为1986年的20.88:50.90:28.22,第二产业年均增长1.47%。

在1986年全市国内生产总值30043万元中,第一、二、三产业增加值依次为8601万元、12813万元和8629万元,其中工业增加值达到11214万元,超过了农业增加值,实现了半工业化(工业化初期阶段任务基本完成)。其中农业产值比重首次降到20%,标志着工业化中期的来临(河南省1986~2002年基本完成了工业化初期阶段任务：以1986年第二产业增加值所占比重超过第一产业为标志，进入了工业化初期阶段，到2002年三次产业结构发展到20.9∶47.8∶31.3，其中农业产值比重首次降到约20%，标志着工业化初期阶段任务基本完成），工业化水平领先河南省16年。

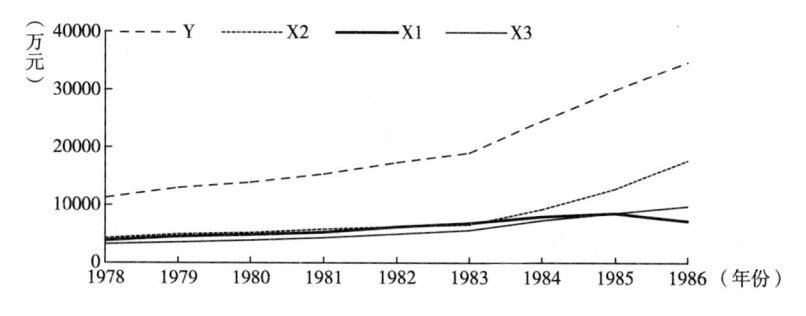

图1　1978~1986年新密GDP与三次产业结构曲线

注：Y代表新密GDP，X1代表第一产业总值，X2代表第二产业总值，X3代表第三产业总值。

从图1可以清楚看出，工业化初期阶段三次产业与GDP之间的弱相关性。

3. 第三阶段：工业化中期（1987~1995年）

1995年新密市国内生产总值达到31.66亿元，第一、二、三产业增加值依次为2.99亿元、18.58亿元和10.09亿元，三次产业结构由1987年的16.70∶62.06∶21.24演化为1995年的9.45∶58.68∶31.87。农业产值比重降到10%以下，同时，非农业劳动力达到17.7万人，占全市劳动力总数33.4万人的53.1%，超过了农业劳动力总数（15.7万人），工业化中期阶段的任务基本完成，开始进入工业化后期阶段。

从图2可以清楚看出工业化中期阶段三次产业演变轨迹，特别是第二次产业与GDP之间由弱相关到强相关的转换过程，以及第三产业从农业中分化出来的过程（第三产业曲线与第一产业曲线的分离）。

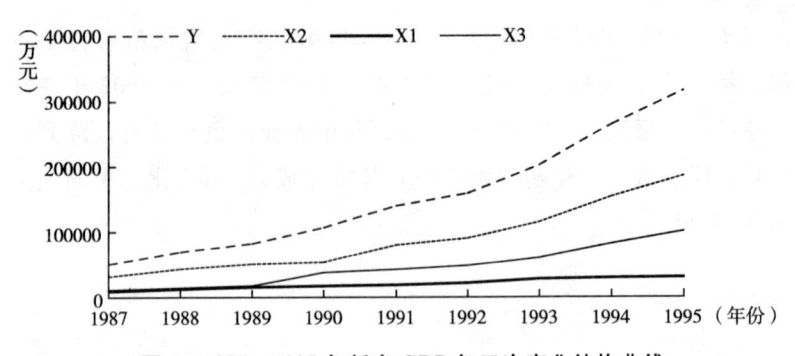

图 2 1987～1995 年新密 GDP 与三次产业结构曲线

注：Y 代表新密 GDP，X1 代表第一产业总值，X2 代表第二产业总值，X3 代表第三产业总值。

4. 第四阶段：工业化中后期（1996 年～   ）

截至 2006 年，全市国内生产总值达 209 亿元，第一、二、三产业增加值依次为 6.06 亿元、142.37 亿元和 60.78 亿元，三次产业的结构为 2.9∶68.0∶29.1，人均生产总值达 27529 元（3575 美元）。

表 1 钱纳里关于工业化阶段的划分标准

单位：美元

人均 GDP	序号	所处阶段	
364～728	1	初级产品生产阶段	
729～1456	2	工业化初期	工业化阶段
1457～2912	3	工业化中期	
2913～5460	4	工业化后期	
5461～8736	5	经济发达初期	经济发达阶段
8737～13104	6	经济发达后期	

按照（人均 GDP）工业化的阶段划分标准，新密的经济发展程度已经处于工业化后期。

从图 3 可以清楚地看出，第二、三产业对 GDP 的贡献远高于第一产业。并且，第二产业与 GDP 之间具有极强的正相关性。

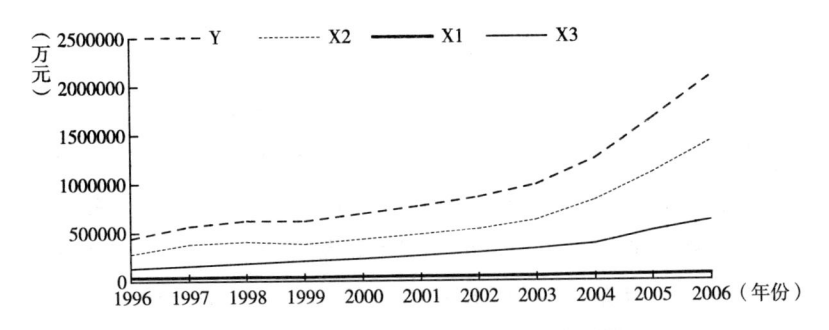

图3 1996~2006年新密GDP与三次产业结构曲线

注：Y代表新密GDP，X1代表第一产业总值，X2代表第二产业总值，X3代表第三产业总值。

（二）新密市产业结构现状分析

1. 三次产业结构现状分析

美国经济学家钱纳里在1960年通过计算51个不同类型的国家经济统计数据，将开放型的产业结构理论规范化，提出了"发展型式"理论，得到随人均收入水平变化制造业各部门相对比重变化的一组标准值，用来对照分析本国（地区）在某种经济条件下制造业内部结构，即工业结构是否偏离正常值。之后，许多经济学家进一步发展了钱纳里的理论，在钱纳里的产业结构理论基础上对世界各国的经济增长因素进行了科学分析，进一步发现随着人均收入的增长，产业结构会出现规律性的变化。其基本特征是：在国民生产总值中工业所占份额逐渐上升，农业份额下降，而按不变价格计算的服务业份额则缓慢上升；在劳动力就业结构中，农业所占份额下降，工业所占份额变动缓慢，而第三产业将吸收从农业中转移出来的大量劳动力。当然，由于每个国家、每个地区都有自己的具体国情和区情，如自然资源禀赋条件和工业化进程不同，所处的政治经济形势和中长期发展战略各有所异等，所谓标准产业结构与实际产业结构之间的偏差只能作为判断产业结构状况的参考。

以2006年统计数据为例将新密市产业结构现状与"钱纳里标

准产业结构"进行比较会发现：在新密三次产业中第一产业所占份额与标准结构值大致相符；第二产业所占份额为68%，明显高于钱纳里标准产业结构所提供的33.2%～38.9%的标准；第三产业的份额为29.1%，所占比重偏低，明显低于钱纳里标准产业结构所提供的50.5%～51.3%的标准，偏差值较大。进一步分析与产业发展相关的就业结构，也呈现不正常状态。2006年新密三次产业的劳动力分布构成为33.87:36.35:29.79，第一产业就业比重比标准结构的23.7%～8.3%明显偏高；第二产业就业比重与标准结构的33.2%～40.1%大体相当；第三产业的就业比重明显低于标准产业结构中43.1%～51.6%的比重，说明新密第三产业发展相对缓慢，没有提供充足的就业空间。

表2 钱纳里的标准产业结构

单位：美元,%

人均 GDP	100～200	300～400	600～1000	2000～3000
第一产业占 GDP 份额	46.4～36.0	30.4～26.7	21.8～18.6	16.3～9.8
第二产业占 GDP 份额	13.5～19.6	23.1～25.5	29.0～31.4	33.2～38.9
第三产业占 GDP 份额	40.1～44.4	46.5～47.8	49.2～50.0	50.5～51.3
劳动力在第一产业中的比重	68.1～58.7	49.9～43.6	34.8～28.6	23.7～8.3
劳动力在第二产业中的比重	9.6～16.6	20.5～23.4	27.6～30.7	33.2～40.1
劳动力在第三产业中的比重	22.3～24.7	29.6～23.0	37.6～40.7	43.1～51.6

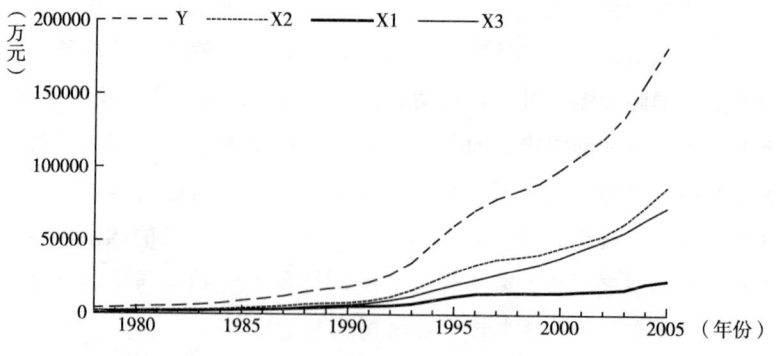

图4 1980～2005年中国 GDP 与三次产业产值曲线

图3和图4对比呈现三个特点：①就三次产业对GDP的贡献而言，第二、三产业远高于第一产业；②从全国来说，第二、三产业发展程度比较接近，有利于产业结构的进一步演变（第三产业曲线穿过第二产业曲线）；③从新密来看，第二、三产业发展不均衡，表现在第三产业曲线严重偏离第二产业曲线，不利于产业结构的进一步演变。

分析相关数据并与河南及全国整体状况相比也发现，当前新密与上述产业结构现象密切关联的城镇化进程严重滞后，并在很大程度上直接导致了第三产业（服务业）发展滞后。2006年新密城镇化率仅为36.01%，低于全国43.9%的平均水平7.89个百分点，仅相当于全国水平的82%。利用1995～2005年的统计数据作城镇化第三产业发展的相关分析，全国城镇化率和全国第三产业占GDP比重之间的相关系数为0.9，显示二者之间存在高度的正相关关系。因此，推进城镇化建设与发展服务业是相辅相成的。

用国际一般标准来判断，当前新密工业化进程已经相当于进入了中后期阶段（人均国内生产总值3000美元左右），在这样的发展阶段，按国际一般水平看，城镇化率达到60%，而实际上新密城镇化水平则处于由初级向中级水平转变的阶段，工业化与城镇化之间的相互促进关系也未像沿海地区和全国整体那样有序显现出来，城镇化率与工业化进程水平很不相称。

2. 第二产业内部结构现状分析

根据有关工业化理论和经验，工业内部结构的变动一般要经历三个阶段六个时期。第一阶段是重工业化阶段，包括以原材料工业为重心和以加工装置工业为重心两个时期；第二阶段是高加工度化阶段，包括以劳动密集型加工工业为重心和以技术密集型加工工业为重心两个时期；第三阶段是技术集约化阶段，也包括以一般技术密集型工业为重心和以高新技术密集型工业为重心两个时期。

目前，按新密市工业内部四大支柱产业耐材、煤炭、造纸、建材业的运行效果看，已基本完成以原材料工业为重心的重工业阶段，正在向以装配工业为重心的高加工度化阶段转变，离技术集约化阶段还有较大距离。与这种工业结构水平所对应的工业化进程，是工业化的中期阶段，与 GDP 反映的工业化后期（工业化第三阶段）不相称。

表3 工业增加值比重

单位：万元，%

年份	工业增加值	造纸及纸制品业		煤炭采选业		建材耐材		总比重
		工业增加值	比重	工业增加值	比重	工业增加值	比重	
1996	76937	8572	11.14	13641	17.73	36437	47.36	76.23
1997	108046	11306	10.46	25774	23.85	46844	43.36	77.67
1998	327078	63701	19.48	78182	23.90	100142	30.62	74.00
1999	333344	66261	19.88	50304	15.09	146679	44.00	78.97
2000	384102	75999	19.79	66930	17.43	157533	41.01	78.22
2001	413636	88226	21.33	76451	18.48	164774	39.84	79.65
2002	490274	94328	19.24	102151	20.84	167029	34.07	74.14
2003	588546	122516	20.82	111302	18.91	206066	35.01	74.74
2004	783266	158958	20.29	177588	22.67	256043	32.69	75.66
2005	1062292	168533	15.87	371761	35.00	308405	29.03	79.89
2006	1372511	250685	18.3	350408	25.5	511994	37.3	81.1

从表3可以看出，2004~2006年煤炭采选业对工业GDP的平均贡献是27.72%，也就是说占1/4强。

从财政收入内部结构来看：煤炭采选业占财政收入比重更高，而且有逐渐升高的趋势。

根据煤炭产业资源赋存情况和可采年限测算，截至2006年5月底，新密境内煤炭资源总量为24.5亿吨，其中郑煤集团占有17.0亿吨；新密市的地方国有和乡镇煤矿共占有地质储量4.3亿吨，可采储量2.1亿吨；另外，已探明的大磨岭井田、李岗井田、广武陈井田和崔岗井田4个井田地质储量3.2亿吨。新密市规划曲

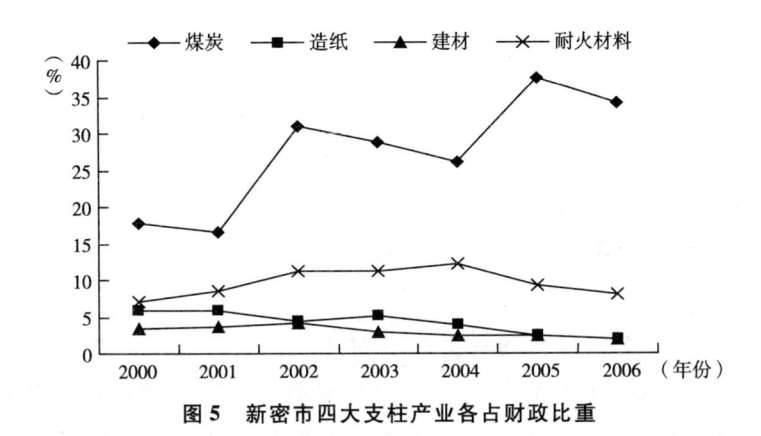

图5 新密市四大支柱产业各占财政比重

梁井田和成煤矿建设年产45万吨矿井一座,大磨岭井田规划建设年产45万吨矿井一座,正在设计阶段;李岗井田规划建设年产90万吨矿井一座,也进入前期准备工作。现有煤矿企业100家,其中12家地方国有和88家乡镇煤矿,总体设计产能1737万吨,其中国有煤矿360万吨,乡镇煤矿1377万吨。2006年产煤1870万吨,2007年1~9月份产煤1519万吨。现有煤矿大部分剩余资源量不多,有近1/3的煤矿已开始复采,不到5年将有1/3的矿井因为资源枯竭而自行关闭,根据资源勘察,5年后煤矿企业将减少到40~50家,产量减少1/3左右;10年后,减少到20~30家,产量1000万吨左右。

因此,目前新密的工业化发展仍面临着资源约束,没有摆脱资源依赖的困境,产业结构调整势在必行。

二 四大支柱产业面临的问题及调整方向

(一)新密煤炭行业面临的问题及调整方向

1. 新密煤炭行业发展现状

新密是国家公布的第一批全国重点产煤县市之一,煤炭多年来一直是新密的支柱产业，对新密经济社会发展作出了巨大的贡献。

2006年以前新密全市共有煤炭企业213家，整合后减少到100家，其中国有及国有控股12家，乡镇煤矿88家，整合后单矿生产能力由最低6万吨提高到了15万吨。2006年新密原煤产量1870万吨，煤炭行业增加值占全市142亿元工业增加值的48%。2007年1~9月份，原煤产量1519万吨，实现利税7亿元。

与同属于郑州市的巩义和登封相比，新密煤炭产量高于巩义、低于登封（详见表4）。登封煤炭储量开采历史不长，目前剩余储量远高于新密，煤炭产量有增长的空间，巩义的情况则相反。

表4 2000年以来巩义、登封、新密煤炭产量比较

单位：万吨

年份 地区	2000	2001	2002	2003	2004	2005	2006
巩　义	171	225	222	288	338	438	367
登　封	551	588	883	1129	1595	2380	2933
新　密	339	321	459	699	958	2021	1871

2. 煤炭行业在新密经济中的重要地位

2000年以来，新密煤炭产量呈快速增长趋势，从2000年的339万吨到2006年的1871万吨，7年间增长了4.5倍（详见表4）。由于受国家环保与安全生产政策、煤炭市场供求和价格变动等因素的影响，煤炭产业的波动较大。煤炭行业工业增加值、利润总额与实现财政收入三项指标在新密总量中的比重均在17%~40%之间变动。尤其是2005年，煤炭行业上述三项指标所占比重增加到30%以上，显示新密经济对煤炭的依赖度在加大（详见表5）。由于煤炭是不可再生资源，经过多年的开采，新密煤炭储量的减少将是不可逆转的趋势。如不能尽快促进非煤产业的发展，

随着煤炭资源的逐渐枯竭，新密的经济社会发展将面临致命的打击。

表5 2000年以来煤炭行业增加值、利润总额、实现财政收入占新密总量的比重

单位：万元，%

年份		2000	2001	2002	2003	2004	2005	2006
工业增加值	新密总额	384102	413636	490274	588546	783246	1062292	1372511
	煤炭行业	66930	76451	102151	111302	177588	371761	350408
	所占比重	17.43	18.48	20.84	18.91	22.67	35.00	25.5
利润总额	新密总额	87477	75982	90342	155823	178399	297853	—
	煤炭行业	15388	15586	25656	35672	45948	129062	—
	所占比重	17.59	20.51	28.40	22.89	25.76	43.33	—
财政收入	新密总额	22504	25781	24820	32298	43767	63538	80226
	煤炭行业	4023	4274	7701	9274	11422	23881	27435
	所占比重	17.88	16.58	31.03	28.71	26.10	37.59	34.20

3. 新密煤炭资源赋存状况和煤炭行业的发展前景

新密地下煤层分三部分：一是七四煤，埋藏深度150~200米，煤层厚度2~3米，煤质差，储量也少，开采价值不高，现在只有1~2家企业开采；二是二一煤，埋藏深度250~300米，煤层厚度6~10米，煤质好，开采成本低，目前开采的主要是这一层；三是一一煤，厚度1~2米，埋藏深度300~400米，煤储量只有7000万吨，但是有水，产量低，开采综合成本高。这三层煤基本上是共存的。

截至2006年5月底，新密境内煤炭资源总量为24.5亿吨。其中郑煤集团占有17.0亿吨；新密市的地方国有和乡镇煤矿共占有地质储量4.3亿吨，可采储量2.1亿吨。按2006年年产1870万吨计算，尚可开采11年。

现有煤矿大部分剩余资源量不多，有近1/3的煤矿已开始复采，每5年将有1/3的矿井因为资源枯竭而自行关闭。据专家推

测，2007年2000万吨就是新密煤炭产量的峰值了，5年后煤矿企业将减少到40~50家，产量减少1/3左右；10年后减少到20~30家，产量1000万吨左右。以王村煤矿为例，其设计能力是30万吨，2006年开采32万吨，探明储量有500万吨，其中村庄压煤近一半，可开采年限最多10年。牛店乡有煤矿24家，预计5年后只剩下7~8家，10年后只能剩下3~4家。

综合考虑，受资源状况的天然制约，新密煤炭行业在未来10年内将逐渐萎缩，10年后在新密经济中的地位将微乎其微，这对高度依赖煤炭的新密的经济社会发展必将产生重大影响。

4. 新密煤炭行业的发展方向和应采取的措施

（1）煤炭产业给新密经济社会发展带来的问题

煤炭产业给新密经济社会发展带来的问题主要可以归结为两个方面：一是煤矿开采后的塌陷区问题，二是煤炭产业产生的环境污染问题。

经过历史上持续不断的原煤开采，新密市1001平方公里的土地中2/3涉及不同程度的塌陷，其中沉陷区面积超过了200平方公里，占全市总面积的1/5，涉及11个乡镇6000多户居民。土地塌陷给新密市的经济社会发展带来了三个方面的问题：一是出现了民房下沉开裂，很多居民住房没盖几年就成为危房，影响了老百姓的日常生活，严重时甚至威胁他们的生命安全。6000户居民按每户200平方米住房计算，总面积为120万平方米，损失达3亿多元（参照平煤集团实际支付的赔偿标准计算[①]）。二是土地塌陷使企业、学校等无法正常运作，仅郑煤集团在新密造成的塌陷就涉及56家企业、16所学校。这些企业与学校搬迁、废弃土地的复耕等保守估计也须4亿多元。三是导致企业家办工厂时择地而居，影

---

① 平煤集团实际执行的赔偿标准为：普通居民砖木结构房屋为每平方米253.5元，砖混结构房屋为每平方米292.5元；工业用砖木结构房屋为每平方米329.5元，砖混结构房屋为每平方米380.2元；搬迁后废弃厂区和校区远址土地复耕每亩6500元。

响了企业集中与产业集群的发展，造成基础设施的浪费，无形中增加了企业的生产成本，浪费了社会资源。

在新密采煤沉陷区问题中，郑煤集团造成的塌陷问题占较大比重，共涉及6个乡镇、19个行政村、4238户家庭及56家企业、16所学校。但是，郑煤集团在塌陷区搬迁方面执行的补偿标准过低，仍按照省政府18年前制定的豫政〔1989〕113号文件执行，居民住房每平方米包赔130～160元，远低于省内其他地区的塌陷赔偿标准（参见平煤集团的实际赔偿标准）。

煤炭产业带来的另一个问题是环境污染问题。煤炭是高污染行业，特别是煤炭生产和运输过程中产生的粉尘，既污染大气又污染土地和水源，影响新密人民的健康，影响农业的发展，也影响新密的城市形象，进而影响其他产业的发展。

所有这些问题都是煤炭行业带来的外部不经济。煤炭行业在获得高额利润的同时给社会带来了各种危害，这些危害本来应该是煤炭生产自身应该支付的成本，但由于缺乏相应的渠道和方式，这些成本转嫁到煤炭行业以外，成为全社会支付的社会成本，按上面的估计有数十亿元。通过一定的方式使煤炭企业来承担这部分成本，既是理论分析的结果，也是现实的要求。

（2）煤炭行业的调整方向

煤炭是新密的优势，也是新密的包袱。应当利用好煤炭产业今后的十年机遇期，一是要提高剩余资源的采收率，尽可能延长产业寿命；二是要规范煤炭行业的生产管理，减少安全事故的发生，并尽可能减少环境污染等负面影响；三是要统筹解决煤矿关闭后的土地利用问题；四是要利用煤炭行业剩余资本来带动非煤产业的发展。

第一，提升资源采收率，尽可能延长产业寿命。煤炭是不可再生资源，延长新密煤炭产业寿命的唯一办法就是提高采收率，尽可能提高现有资源利用效率。

第二，规范煤炭行业的生产管理，改善煤炭企业规模结构，积极应对可能的政策风险。随着国家发展政策的转变，节能、环保、和谐等永续发展的理念将进一步推广，对煤炭产业的政策调整将不可避免。作为煤炭企业，应该有这个眼光，积极主动地加大安全、环保方面的技术和资金投入，努力降低环境污染，提高抗击灾害能力，减少安全事故的发生，而且应该留有余量，避免跟着国家政策走造成的被动、重复投资，避免由此造成的生产波动和追加成本。

第三，统筹解决煤矿关闭后的土地利用问题。建立合理的补偿机制，促进煤矿关闭后土地的合理整治。可建立资源开采、开发的生态环境补偿机制，让破坏者付费，让受益者补偿，并将此机制尽快纳入法制化轨道。争取把采空区治理与工业空间集中入园、城市化、新农村建设结合起来考虑，能建厂的建厂，能复耕的复耕。

第四，利用煤炭产业的剩余资本带动非煤产业的发展。煤炭目前仍然是新密最重要的产业，也是新密产业结构调整的基础和动力。煤炭资源的开采每年给新密企业带来丰厚的利润，按年产1800万吨、每吨净利润100元计算，一年就是18亿元。如何把煤炭行业带来的巨额资本充分利用起来，通过煤炭行业的积累来带动"非煤"产业的发展，将是未来10年新密经济社会发展要解决的重大课题。

目前新密煤炭企业产生的利润有三个流向：一是消费，一部分煤矿主追求高消费，买名车等奢侈品，没有形成新的生产能力。二是外流，一部分矿主把钱存在外地，他们的子女也到外地上学、就业，这部分资金白白流出新密，保守估计有30亿元资金。还有超过300家煤矿主去外地投资，固定资产投资达82亿元。三是一部分煤矿主在新密投向第三产业，办饭店、娱乐设施、歌舞、洗浴等，也有办耐火材料企业的，但第三部分资金占的比例很小。

在资金外流的同时，新密耐火材料和其他新兴产业（服装、文化旅游等）的发展面临严重的资本短缺问题。但由于煤炭企业的认识不足，资本流动渠道不畅，煤炭产业非但没能为"非煤"产业发展提供应有的资金支持，反而从土地和环境方面制约了它们的发展。

（二）新密耐火材料行业面临的问题及调整方向

1. 新密耐火材料行业的历史演变与现状

耐火材料是新密的传统产业，新密第一家耐火材料企业华威耐材（前身为新密第一耐火材料厂）始建于1958年，已经有了近40年的发展历史。1981年之后新密耐火材料企业开始快速发展，最多时全市大小耐火材料企业一度高达796家，形成了铝硅系列、硅质系列、镁质系列、轻质保温系列等产品。随着国家环保整治力度的不断加大，新密耐火材料行业开始洗牌。2006年以来，政府对耐火材料行业进行了综合整治，关闭耐火材料企业101家，加大了技术改造的力度，形成了气、电、油等多种方法的新型煅烧模式，促进了生产工艺改进和清洁生产。通过技术改造，新密耐火材料行业在快速增长的同时实现了节能减排，2006年全市耐火材料制品产量比上年增长61.9%的同时吨产品节煤40%。

2006年全国耐火材料产量达3243万吨，其中河南以1152万吨占全国总产量的1/3以上，达35.52%；作为中国重要的耐火材料生产基地，2006年新密全市耐火材料企业有496家，全市规模以上耐材企业产量达409万吨，占全国耐材总量的12.6%；销售收入为80.3亿元，占全国耐材行业销售收入的10.31%；实现利税11.6亿元，占全国耐材行业利税总额的12.6%。

目前，新密耐火材料行业出现了一些技术水平高和迅速成长的企业。新光色公司，主要生产AZS系列高级耐火材料制品，年生产能力1.2万吨，产值1.2亿元，产品90%直接出口，在国内同行中位居第二；真金公司，生产的高档尖晶石砖，创造了安全运行360天的国内纪录，打破了"中国尖晶石不行"的断言，产品供不应求；豫兴公司，燃烧器品牌全国第一；安耐克公司，重视技术、装备先进，公司拥有目前亚洲最长隧道窑，主要生产专利产品——高炉热风炉耐火材料，产量占公司销售量的70%，产品价格比同行高出一倍。安耐克公司增长非常迅速。2003年9月注册，2004年当年销售收入达700万元，2005年5000万元，2006年1.2亿元，2007年预计2.5亿元。

2. 耐火材料行业在新密经济中的重要地位

2000年以来，新密耐火材料行业迅速发展，耐材制品产量由2000年的56万吨增加到409万吨，增长了6.3倍。2000~2006年，耐材行业工业增加值占新密总量的25%左右，利润总额占新密工业利润总额的20%左右（详见表6）。在新密经济总量以年均15%以上速度高速增长的情况下，耐材行业占工业总量的比重波动不大，基本稳定在1/4左右，说明新密耐材产业处于稳定增长的态势，在支持新密经济稳定、高速增长方面起了举足轻重的作用。

表6　2001年以来耐火材料行业增加值、利润总额、
实现财政收入占新密总量的比重

单位：万元，%

年份		2001	2002	2003	2004	2005	2006
工业增加值	新密总额	190497	218770	282308	424639	777520	1040982
	耐火材料行业	44923	51435	80754	112439	224822	339676
	所占比重	23.58	23.51	28.60	26.48	28.92	32.63
利润总额	新密总额	47653	61094	83265	101022	245263	262890
	耐火材料行业	8032	9742	19061	21812	57207	71513
	所占比重	16.86	15.95	22.89	21.59	23.32	27.20
财政收入	新密总额	25781	24820	32298	43767	63538	80226
	耐火材料行业	2199	2498	3659	5385	5957	6389
	所占比重	8.53	10.03	11.33	12.70	9.38	7.96

注：表中工业增加值和利润总额为全部国有及规模以上企业工业增加值和利润总额，财政收入为全部工业财政收入。

3. 新密耐火材料行业的市场空间及发展前景

2006年全国有1505家耐火材料企业，耐火材料制品产量3243万吨，比上年增长30.94%；销售收入793.69亿元，比上年增长31.52%；实现利润总值53.14亿元，比上年增长33.15%；税金39.26亿元，比上年增长21.77%。这些数据清晰显示我国耐火材料行业处于产业生命周期的上升阶段，具有较好的发展前景。

理论上说，在中国的工业化和城市化完成之前，冶金、水泥、玻璃、石化等高温工业将有一个持续发展期，为高温工业生产配套的耐火材料行业也将有着持续增大的市场需求，客观上为耐火材料行业提供了良好的发展空间。

以钢铁工业为例，据国际钢铁协会（IISI）统计，2006年世界粗钢产量比2005年增加8.8%，达到12.395亿吨，并将以每年不低于4%的速度递增，预计到2010年世界钢产量将会增至13.60亿吨。作为世界第一钢铁大国，中国不仅粗钢产量居世界第一（2006年中国粗钢产量达4.188亿吨，占全球产量的33.79%），其增长速度也是全球最快的（2006年同比增长17.7%）。按目前我国每吨钢消耗25公斤左右耐火材料计算，仅粗钢生产一项每年对耐火材料的需求就是1047万吨，世界钢铁工业每年对耐火材料的需求则是3099万吨。由于中国的工业化和城市化远未完成，而且推进速度在不断加快，保守估计我国的钢产量将以每年12%的速度递增，对耐火材料的需求也必将相应增长。

根据对新密耐火材料行业的调查，不少企业尤其是技术水平较高的企业普遍反映产品供不应求，这和理论与数据分析是一致的。我们判断，未来30～40年中国耐火材料产品的市场需求将继续保持在较高水平，耐材行业也将有一个良好的发展空间。耐火材料作为新密四大支柱产业之一，仍然具备广阔的发展前景。未来一个时期仍将是新密经济发展的重要支撑力量。

4. 新密市耐火材料行业面临的问题与调整方向

（1）新密耐火材料行业面临的问题

①企业规模结构不合理

新密耐火材料行业总量很大，但与国内、省内同行业相比，企业规模普遍偏小。作为中国耐火材料的重要基地，2006年新密耐火材料产量达409万吨，占全国总产量的12.6%。新密全市最大的耐火材料企业年产量为10多万吨，销售收入达2亿多元。同为全国重要耐火材料生产基地的辽宁，其海城西洋、营口青花、海城后英三家耐火材料企业的年产量分别是200万吨、100万吨、100万吨，三家企业产量之和与新密全市产量之和相当。河南省内的濮耐、洛耐产量都在10万吨以上。巩义的耐火材料企业中原、耕生、竹林等，规模也远大于新密，耕生耐材更已在美国上市（详见表7）。

表7 2006年新密主要耐火材料企业产量、销售收入与国内、省内企业比较

单位：万吨，亿元

	企业名称	年产量	销售收入
省外	海城后英	100	18
	营口青花	100	36.3
	海城西洋	200	30
省内	洛 耐	20	5
	濮 耐	35	7.6
	巩义耕生	10	4
新密	安 耐 克	5	1.5
	新光色耐材	0.8	1.5
	远东耐火	7	1.0
	正泰耐火	5	1.3
	东方耐火	12	4
	真金耐材	3	0.6
	豫兴耐材	4	1.5
	华威耐材	3.5	1.5
	顺兴耐火	6	1.2

现在耐火材料行业面临的环保等方面的政策在变，产品的经营模式在变，周边的环境也在变，小企业生产与管理成本高、抗风险能力小，将直接面临生存考验。通过兼并重组等方式扩大耐火材料企业的规模、提升竞争优势，已成为新密耐火材料行业迫切需要解决的问题。

②企业空间结构不合理

新密耐火材料行业有群体，无集群。新密400多家耐火材料企业在全市内呈点状分布（见图6），各个企业自建厂房、道路及供电、供水设施，造成土地和基础设施的极大浪费，无形中也加大了企业的成本。新密5家主要耐火材料企业，总产量30.5万吨，总销售收入8.6亿元，分散在5个点，自建厂房、运输道路和供电、供水设施。这5家企业共占地1140亩，而同这5家产量与销售收入之和相当的洛耐，占地只有670亩，节省了40%多的土地，也节省了500多万元的道路及供电设施投资（详见表8）。企业空间集中带来的土地和基础设施方面的节省是显而易见的。

③企业产品档次和装备水平不高

新密耐火材料行业虽然出现了一批技术先进、装备水平高的企业，如新光色、安耐克、正泰等，但很大一部分企业仍生产附加值较低的低档产品。产品档次不高的一个重要原因是企业装备水平落后。不仅仅是新密，河南省耐火材料行业也面临装备水平落后的问题。河南耐材产量比辽宁高，但整体的装备水平远在辽宁省之后，这将对行业和企业的发展后劲影响很大。如何因地制宜，结合本企业的实际情况，提升装备水平和产品档次也是新密耐火材料企业急需解决的问题。

④本地资源枯竭和环境约束

耐火材料产品所需要的原料在新密本地已经面临供给困难。目前新密耐火材料生产80%以上的原材料从外地采购，基本实现两头在外——原材料和燃料在外、产品在外，对本地资源的依赖程度降低，新密耐火材料行业已经不会像过去那样具有原材料

产业发展与结构调整

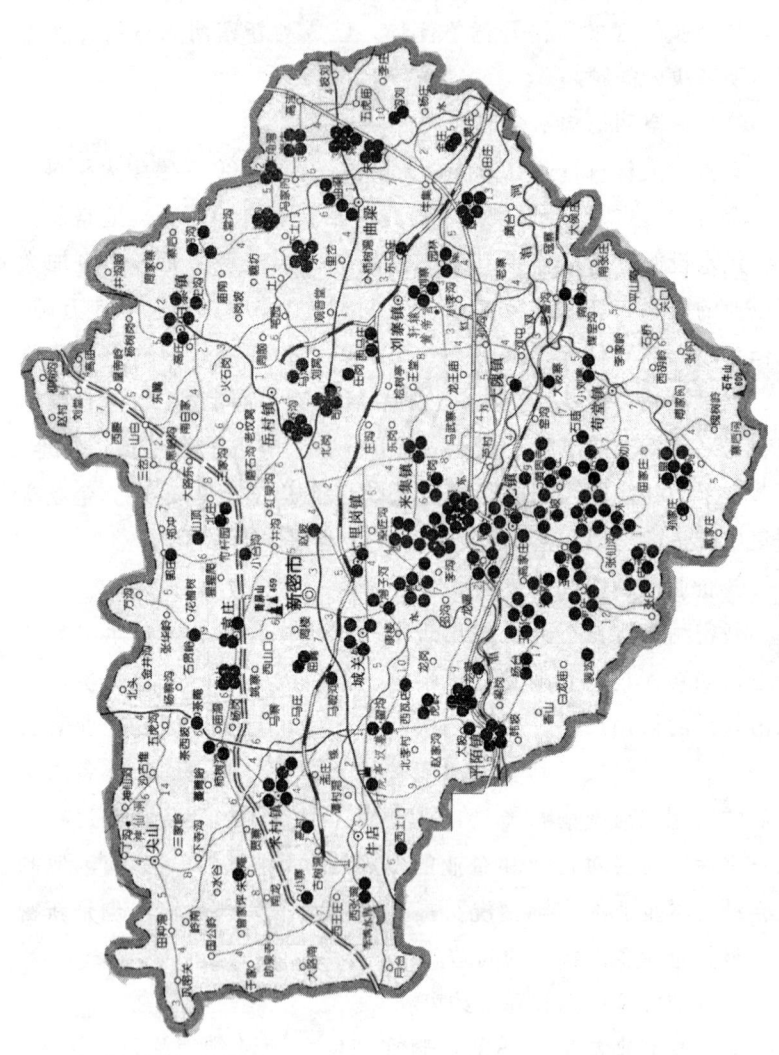

图 6　新密耐材企业分布

表8　新密主要耐火材料企业产量、销售收入与占地面积一览

公司名称	产量（万吨）	销售收入（亿元）	占地面积（亩）	道路投资（万元）	供电设施投资（万元）
安耐克	5	1.5	130	150	50
远东耐火	7	1.0	50	30	—
东方耐火	12	4	750	35	30
真金耐材	3	0.6	60	10	100
华威耐材	3.5	1.5	150	30	80
总　计	30.5	8.6	1140	255	260

优势，甚至目前新密没有一家耐火材料企业在本地有自己的资源矿藏储备。为了企业的长远发展，寻找长期的原料生产战略合作伙伴是一个值得思考的重大问题。

传统工艺生产耐火材料产品的另一大弊端是粉尘会造成严重环境污染。经过技术更新改造，目前新的隧道窑基本看不到烟尘，粉尘方面的污染已经大大降低，但是，燃料产生的二氧化硫的排放仍然没有根本解决，仍然在产生新的污染。

（2）耐火材料行业的调整方向

①加快企业规模扩张与结构升级

首先，以上的对比分析说明耐火材料企业是能够做大的，而且不少耐火材料企业在做大的同时实现了多元化经营，有效化解了企业面临的行业风险。如辽宁海城西洋集团，1988年建厂，经历近20年的发展，由一个年加工镁砂近万吨的小厂发展成为年产镁质耐火材料200多万吨的中国镁质品行业中产量最大、品种最全、产品档次最高的厂家。其中，其中档镁砂和高纯镁砂的产量均居世界首位。集团拥有综合贸易进出口权，产品畅销欧、亚、美30多个国家和地区。除了耐火材料之外，西洋集团实现了多元化经营，形成了以耐火材料、肥料、钢铁、煤化工、贸易为五大支柱产业，集科、工、贸于一体的跨地区、跨行业、跨所有制的国家大型企业集团。2006年集团实现销售收入110多亿元，实现

利润11亿元，实现税收4.5亿元。

其次就是如何扩大企业规模。制约企业做大的因素可以归结为两个：一是企业面临的市场需求，没有需求企业不可能做大，市场需求规模决定了企业规模的可能性边界；二是企业的生产能力，有需求但没有生产能力，企业只能望洋兴叹。

就耐材行业面临的市场需求来说，前面已经分析过，行业市场空间是广阔的。但就某一具体企业来说，若只生产某一种类甚至某一规格的耐材制品，市场空间就不会太大。当然，可能某一种产品市场空间很大，但要面临激烈的市场竞争，对企业的技术水平、产品质量、管理水平等都会有很高的要求。一种办法是生产系列产品，通过产品种类和产品差别的增多来获取更大的市场，这时同样要求具有较高的技术和装备水平。总之，扩大市场主要靠产品质量档次及类别，这些都需要企业的装备和技术水平来做保障。

有了市场，企业生产能力的提高首先需要设备投资。新密不少耐材企业产品供不应求，但缺乏资本投入来提高生产能力，资本积累的速度慢和缺乏融资渠道成为制约企业规模扩大的瓶颈。企业资本积累方式有三种：一是企业自身积累，新密不少耐材企业走的就是这种道路，但靠自身积累无法实现企业规模的迅速扩张；二是通过现有企业联合与重组，优势互补，提高竞争能力，如豫兴公司就在积极寻求与本地和外地同行业之间的强强联合，这是新密企业做大的重要渠道，但总体来说新密耐材企业在这方面进展不大；三是利用资本市场融资，新密企业应该解放思想，改变依靠自有资金发展的老思路，借助外部资金扩大生产规模。

②推进企业的空间集聚

新密耐火材料企业群体的形成使企业在空间上集中的客观条件已经成熟，企业方面也有此要求，所以新密耐火材料行业的空间集中势在必行，关键是如何促进乃至落实。市政府需要做好规划和前期工作，让企业能真正从中受益。

(三) 造纸行业面临的问题及调整方向

1. 新密市造纸行业的发展现状

造纸业是新密的四大支柱产业之一，有近500年的悠久历史。其中的大隗镇更有"中国造纸第一镇"之称。1997年之前新密造纸业发展迅速，数量急剧膨胀，最多的时候达300家，几乎每周都有新的造纸厂诞生，尤其是20世纪90年代以前，纸业市场一直呈现短缺局面，为消除短缺、增加供给，企业发展目标都以扩大生产能力为重点，导致造纸企业数量多、规模小。1997年以后随着国家对造纸业的几次大规模的环境治理，尤其是淮河流域，省内大部分企业被关闭，造纸业发展的步伐因此放慢了一段时间。2005年省政府把新密市造纸企业群确定为重点整治区域，50家万吨以下的企业被关闭，其余98家企业经过兼并重组组建造纸公司48家。这些企业主要分布在大隗、苟堂、来集、刘寨4个乡镇。表9显示，新密的造纸产量、工业增加值以及利润总额是逐年增加的，2006年产量是1997年的3.2倍；工业增加值2006年是1997年的5.3倍；利润总额2006年是1997年的5.3倍。除2005年由于煤炭产量大幅上升，所占比重增加，造纸比重指标较前有所明显下降外，就整体而言是递增的，在图7中能够很清楚地看到这一点。可以说，新密造纸业10年来呈稳定增长之势。

表9 新密造纸业的总体情况

年 份	总产量 （10万吨）	工业增加值 （万元）	比重 （%）	利润总额 （万元）	比重 （%）
1997	74347.7	46948	14.35	15544.4	21.95
1998	59290	63701	19.48	18415.5	27.98
1999	82882	66261	19.88	27258	34.66
2000	84437.7	75999	19.79	31603	36.13
2001	92013.2	88226	21.33	29916	39.37

产业发展与结构调整

续表

年 份	总产量 (10万吨)	工业增加值 (万元)	比重 (%)	利润总额 (万元)	比重 (%)
2002	94096.5	94328	19.24	33436	37.01
2003	116709.7	122516	20.82	53762	34.50
2004	137776.3	158958	20.29	61685	34.58
2005	156615.5	168533	15.87	67910	22.80
2006	236328.6	250685	18.26	82343	31.32

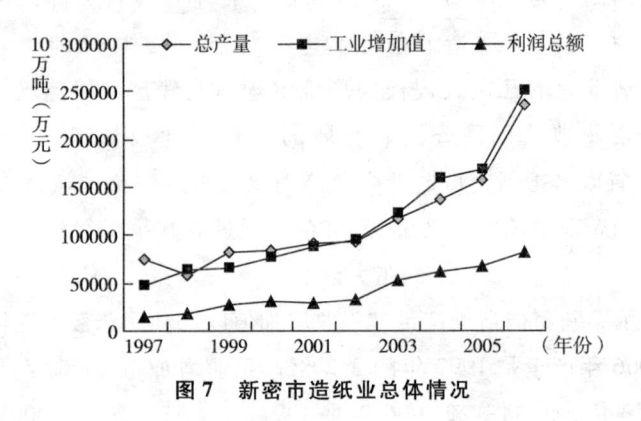

图7 新密市造纸业总体情况

同时,造纸业与煤炭、建材耐材在新密经济中起着重要的支撑作用,占据着相当的地位(见表10)。

表10 2006年新密支柱产业总体情况

单位:万元,%

2006年	工业 总产值	比重	工业 增加值	比重	销售产值	比重	利润总额 (规模以上)	比重
造 纸	838719	21.20	250685	18.26	832256	21.34	82343	31.32
煤 炭	719042	18.17	350408	25.53	715890	18.36	90961	34.60
建材耐材	1476272	37.31	511994	37.30	1441335	36.96	70689	26.89

就河南省而言,造纸工业也有着辉煌的历史,纸及纸板总产量自1985年至1995年,连续11年居全国首位。1996年以来,河

南省造纸工业由于原料结构和环境保护等方面的问题，发展受到一定影响，位次降至全国第9位。目前省内纸业产量主要分布在以下几个主要区域。

以新乡新亚纸业集团、新乡鸿达纸业公司、新乡刘店造纸总厂、河南省龙泉集团公司等为主的新乡地区瓦楞原纸发展迅速，总生产能力达到150万吨/年，2005年总生产量达90多万吨；以新乡新亚纸业集团、河南省龙泉集团公司等为主的新乡地区文化用纸发展很快，总生产能力达到30万吨/年，2005年总生产量达23万吨。

以新密市恒丰纸业、春光纸业、工贸纸业、宏源纸业等为主的郑州地区箱板总生产能力达到150万吨/年，2005年总生产量达80万吨。

以河南银鸽实业投资公司、舞阳银鸽纸业公司为主体的文化用纸、卫生用纸的漯河地区总生产能力达50万吨/年，2005年实际生产量达35万吨；以河南一林纸业、驻马店白云纸业等为主体的文化用纸生产能力达30万吨/年，2005年实际生产量为15万吨。

以河南省江河纸业公司、河南省武陟县西滑封造纸厂为主的文化用纸生产能力达10万吨/年，2005年实际生产量达8万吨。

以河南双马纸业公司、河南天虹纸业公司、孟州金驼纸业公司、沁阳联盟纸业公司、温县黄龙集团公司等为主的焦作地区瓦楞原纸、箱板纸总生产能力达120万吨/年，2005年总生产量为80万吨。

以许昌宏伟纸业公司、河南宏腾（纸业）集团公司、河南飞达纸业公司为主的许昌地区包装纸板总生产能力达60万吨，2005年总产量达50万吨。

可见，在上述几个河南省造纸主要地区中，新密市造纸的生产能力与新乡地区150万吨/年相同，超过其他地区，占据河南省造纸业的重要地位。

2006年新密市造纸产量占河南省产量的31.13%，而河南省纸业产量637.95万吨包括所有纸制产品，新密的纸业产量236.3万吨中几乎均为箱板纸和瓦楞纸，从而更加显示出新密的箱板纸与瓦楞纸在河南省的地位尤为重要。

2．产品发展空间及新密造纸业目前存在的问题

（1）产品发展空间

由箱纸板及瓦楞原纸这两种纸板生产的瓦楞纸板是国民经济中各行各业都要使用的包装材料，发展空间较大。

表11 全国纸类产品2006年产量及增幅

单位：万吨,%

纸类	新闻纸	未涂布印刷书写纸	涂布纸	铜版纸	生活用纸	包装用纸	白板纸（涂布白板纸）	箱板纸	瓦楞原纸
2006年生产量	375	1220	460	380	470	520	940	900	1150	1130
较2000年增长幅度	159	58	318	332	88	30	236	350	188	98

表11显示，全国范围内，2006年箱板纸产量为1150万吨，瓦楞原纸为1130万吨，远远高于其他纸类产品。除此之外，箱板纸与瓦楞原纸目前还朝着四个方向发展：一是向细瓦楞方向延伸，一般瓦楞为A、B、C、D型，现在正向E、F、G、N型发展，这些细瓦楞纸板向原来由白纸板及卡纸包装的商品渗透，改用细瓦楞纸板后，强度大大提高，能更好地保存商品。我国微细瓦楞包装纸板还处于技术、生产探索时期，而国外已经应用到各个领域。微细瓦楞纸板除可制作彩印包装盒外，还可作为内衬替代传统的缓冲材料以及用作海报式瓦楞纸板展示架等。近几年，美国、瑞典、德国、西班牙等国的企业开始扩大F楞、G楞的生产规模，并开始向微型瓦楞纸板的更深方向探索，N楞、O楞等更小的楞型已经开始应用。二是向更大、更多层次的瓦楞纸板方向发展，用来

包装大型设备的零部件、折叠家具等商品。在重型包装纸箱中，有的做成分角棱柱体形状，有的先制成八角浅盘状底和盖，然后再用胶粘结构，组成重型包装容器。瓦楞垂直方向交错粘合的超刚性高强度多层瓦楞纸板，克服了综合强度指标在方向上的差异，有相位强度互补的优点。三是环保型瓦楞纸板，即外箱不能有蜡纸或油质隔纸，外纸箱不能用任何金属塑料钉或夹，只能用胶水粘牢各面，便于回收利用，减少对环境的污染，防止包装对食品造成污染。四是彩色印刷瓦楞纸板。纸箱运输包装逐步向商品销售包装发展，纸箱印刷文字图案要求清晰、美观、鲜艳、多色、立体感强，以美化包装。纸箱印刷从单色、双色逐步发展到四色，对印刷机械精度的要求提高了，柔版印刷也要发展。箱面印刷采用的黄纸板逐步被白纸板替代，发展白底彩面印刷，以水性油墨替代油性油墨，以柔版印刷来替代胶印，箱面美观、清晰、鲜艳、可提高商品附加值，并符合环保要求、无污染，已成为未来发展趋势。

可以说，瓦楞纸板的使用还在蓬勃发展中。有文献资料报道，到2020年瓦楞原纸及箱板纸占全国纸及纸板产量的22%，是造纸工业最有发展前途的重要产品之一。总之，箱板纸与瓦楞纸一方面市场需求大，另一方面产品的发展空间大，这都为新密造纸工业提供了市场开发潜力。

（2）新密造纸业目前存在的问题

第一，企业数量多、规模小，规模结构不合理

2006年河南省有造纸企业238家，新密企业重组后有48家，占20.2%，无一家进入全国造纸企业产量排名前30名。表12选取的新乡新亚纸业集团股份有限公司（14名）、河南银鸽实业投资股份有限公司（15名）、河南省龙源纸业有限公司（29名）、河南许昌宏伟纸业纸品有限公司（23名）产量分别为47万吨、45.5万吨、26万吨、30万吨。选取的新密4家造纸企业是当地较大的知名企业（春惠纸品加工有限公司、康花纸业有限公司、恒丰纸

业、宏远造纸）。表 12 数据显示，新密也只有恒丰年产量达到 10 万吨，4 家整体产量处于河南省内下游位置。另外，48 家中有 23 家在大隗，而这 23 家仍然面临着企业整合，2008 年底年产量 2 万吨以下企业关闭 2 家，2010 年年产量 5 万吨以下企业关闭 5 家，镇上还有数家年产量规模不在 5 万吨以上的，这就意味着这些企业仍要面临整合重组。表 9 也说明了，虽然新密造纸 10 年来有发展，但并没有出现跨越式发展，这也充分证实了新密造纸规模 10 年来没有实现较大的提升。

调研发现，春惠纸品公司虽然引进美国蓝思顿生产线，用自产原料做纸箱用于康师傅、许昌卷烟、双汇、华龙等产品的包装，年产量也仅 6 万吨；康花纸业 6 条生产线，年产量只有 4.5 万吨；恒丰纸业 3 条生产线，年产量为 10 万吨；宏远纸业年产量为 6 万吨。可以说，新密纸业多数企业产量规模处于 10 万吨以下。

表12 按产量和销售额测算造纸产业的企业规模结构，以及新密与国内、省内同类企业规模结构的比较状况（2006年）

单位：万吨，亿元

企业	年产量	销售收入	主要产品
国内大型企业情况			
晨鸣纸业	237.78	186.1388	白卡纸、铜版纸、新闻纸、书写纸等
山鹰纸业	48.37	16.28	牛皮箱纸板、高中强瓦楞原纸
河南省内情况			
新乡新亚纸业集团股份有限公司	47	17.06	高强瓦楞纸、文化纸、箱板纸
河南银鸽实业投资股份有限公司	45.5	14.97	文化用纸、包装用纸、特种用纸
河南省龙源纸业有限公司	26	6.2	箱板纸，高强瓦楞纸
河南许昌宏伟纸业纸品有限公司	30	6.1	包装用纸

续表

企　业	年产量	销售收入	主要产品
新密市纸业情况			
河南省新密市春惠纸品加工有限公司	6	1.14	箱板纸、瓦楞纸
郑州康花纸业有限公司	4.5	1	箱板纸、瓦楞纸
恒丰纸业	10	1	纸箱、纸板加工
宏远造纸	6	1.5	箱板纸、白板纸、瓦楞纸

说明：表12中我们列举了新密四家代表性纸业公司。其中除了春惠纸业在苟堂镇外，其余三家恒丰、康花、宏远厂址都在大隗镇。大隗镇总人口5.8万人，纸业带来的直接收入达2.5亿~3亿元，提供2.5万个岗位，加上收废纸的、运输的等带动相关产业2.8万人。

资料来源：据中国造纸工业2006年度报告整理所得。

第二，产品数量少、档次低，产品结构不合理。

我国纸及纸板产品品种有600多种，河南省能够生产的纸种仅有130多个品种，且多为中低档产品。而新密则更是以B级及以下纸品为主，以生产箱板纸和瓦楞纸为多。B级以下的纸品5年内的发展潜力大大低于B级以上的纸。而箱板纸和瓦楞纸的发展空间又小于白板纸、涂布纸等其他纸质。在表12中主要产品一栏显示，新密的纸产品与同类企业产品相比，档次较低，产品结构单一。预计到2010年，中国6000万~7000万吨的消费量中，将有90%以上是对现代高档纸品的消费。高档纸品的市场需求增长较快、价格波动较小，是造纸行业的主要利润区，如高档新闻纸、铜版纸、白卡纸、低定量轻涂纸、强韧牛皮箱纸、特种纸等都是造纸行业增长性比较强的品种。而新密造纸业物耗、能耗高，附加值低，像春惠、康花、恒丰和宏远，销售收入均在1亿元左右，除去各项开支成本，利润微薄。

即使在瓦楞纸同类产品中，1092－1575－2880和2880－3200－3400的标格中，1990年前后1575开始在企业应用，3年间过渡到

2880幅宽，之后一直到2002年后才上3200，现在普及的是2880。另外，新密最大的是幅宽3600的机器，而全国最大在4000以上，差距很大。

表13 河南省总体纸业产量状况

单位：万吨

年 份	2005	2010
纸及纸板总产量	562	880
印刷书写纸	130	180
其中：胶印书刊纸	20	36
书写纸	35	45
涂布纸	30	60
生活用纸	30	50
瓦楞纸	180	240
其中：B级以上瓦楞纸	100	200
箱纸板	190	230
其中：B级以上箱纸板	50	160
白纸板	30	80
其中：涂布白纸板	10	50

第三，环境污染严重。

新密市因造纸企业群污染被省政府列为开展环境综合整治的八大重点之一。48家年产量在万吨以上的造纸企业中，18家因生化工程未完工被停产治理。新密现在建的主要污水处理厂有新密市造纸群工业污水处理厂和城市污水处理厂二期工程。造纸业造成的水污染必须以自行处理和污水处理厂处理并重的方式解决。

第四，集群区基础设施欠缺。

整个新密市造纸业处于有群体、无规模状态，虽然说新密市的造纸企业主要集中在大隗镇，并且在沿河一线，但就单个企业来说，在空间上还是比较独立，分布较为分散，没有形成一个企业联合的集群，难以实现水、电、土等资源的共享，从而在资源利用、污水处理等方面不能协同作战、共御风险。集群区没有相应的基础配套设施，诸如设计中的发电厂、污水处理厂及垃圾处理厂还都未开工运行，加上政策上没有优惠引导，造成规划中的集群区没有吸引力，没有凝聚力。无论是理论还是实践已证实，地域上生产企业的集中有利于行业内资源的整合，实现规模经济效应对企业无疑能够造成举足轻重的战略影响。

第五，原料结构不合理。

新中国成立初期，尽管国际上普遍采用木材造纸，但出于节省成本、节约森林资源的考虑，我国造纸业采用麦草作为造纸的主要原料。经过几十年的实践，草浆造纸带来的弊端不断凸显。对此，国家发改委在颁布的造纸业"十一五"规划中明确强调，要实施"林浆纸一体化"的政策，即鼓励国内造纸企业大力营造人工速生丰产林，让造纸业逐步实现"自给自足"。在河南省境内纤维原料方面，豫北的新乡、濮阳、焦作等市已在黄河滩涂种植了大量的速生杨；豫南的信阳、南阳、驻马店、周口等地也种植了大面积的速生杨树；在南阳的淅川、内乡、西峡等县，当地农民有种植龙须草的习惯，龙须草纤维是造纸的好原料。而新密造纸业主要是废纸循环再造。随着多次循环再造，原料纤维质量不断下降，废纸循环利用也成了恶性循环，现成为新密造纸企业共同面临的问题。比如恒丰纸业为了提高原料质量，不得不进口废纸，原料价格由原来的 400 元/吨变为现在的 1100～1200 元/吨，生产利润空间很小，赢利能力差，发展动力不足。

第六，存在资金约束，核心竞争力差。

全国有 22 家纸业上市公司，最大的晨鸣纸业总资产达 205.4799 亿元，以生产高强度瓦楞纸为主的山鹰纸业总资产达 25.0977 亿元。而新密的纸业无一例外都是靠着自身滚动发展起来的，很少有贷款，更没有上市公司。这种经营方式导致企业筹资能力严重不足，加之地方政府和财政、金融部门支持力度有限，吸引外资及社会资金能力不强，资金来源成了制约新密造纸工业

产业发展与结构调整

发展的瓶颈。

3. 新密市纸业下一步调整的对策建议

（1）整体规划集群区

新密造纸主要集中在大隗，每年产量达100万吨。按照产业理论来看，产业在地域上的集中可以使社会分工深化、企业联系加强和区域资源利用率提高，从而节约成本。大隗水资源储量较多，造纸发展基础较好，可以依托原有企业分布较为集中的镇西部区域范围，规划集群区，并建设沿双洎河公路、电厂与污水处理厂。鉴于郑州辖区目前只有新密有造纸业，应将新密造纸产业纳入郑州市产业规划，进行政府扶持，助其做大做强。

（2）调整企业规模结构

要突出规模效益，确定合理的经济规模。要从造纸工业结构调整的总体要求出发，结合当地实际，对重点企业进行总体规划，提出切实可行的方案和建议，并采取联合兼并、资产重组等方式，盘活存量，优化增量，形成以大中型骨干企业为主的行业框架。支持现有企业进行资产重组及股份制改造，建立适应市场经济要求的现代企业制度，通过低成本扩张形成造纸企业集团，提高核心竞争力。

预计2010年全国机制纸及纸板总产量880万吨，比2005年完成的562万吨增长56.6%，年平均递增速度为14%；工业总产值达287.3亿元，比2005年完成的266.7亿元增长7.72%，年平均递增10%。造纸业有着广阔的前景，新密市应该抓住这个机会，采用先进技术，不断实现产品升级，争取到2010年全市中高档纸产品比重达到60%以上，造纸企业规模全部达到5万吨以上，销售收入突破100亿元。重点发展10万吨以上中型企业，应通过大规模重组，改变生产和经营分散化的原有模式，集中优势资源，着力培育大型企业集团，提高产业整体水平。规模在3万吨以上的有发展潜力的中型企业应该树立名牌意识，走特色化道路，并使生产规模尽快发展到10万吨以上。

总之，通过联合、兼并和重组，优化资源配置，增强专业化，搞好企业布局规划，重点支持发展规模经济，使造纸企业规模逐步趋向合理，生产规模大型化，大型企业集团化，中小企业特色化，提高质量和降低成本，以达到逐步提高新密造纸业竞争实力的目的。

（3）调整原料结构，实现产品结构升级

调研中了解到，就造纸技术而言，新密不存在较大问题，问题突出且集中于原料来源上。正如前述，新密造纸原料单纯依赖于废纸循环，严重影响纸产品的质量，这已成为新密造纸进一步拓展的瓶颈。下一步的发展中，一方面扩大原料来源，增加花材杆的供应；一方面发展纸浆原料，提高废纸制浆工艺水平和生产能力，形成规模经济，以原料结构调整带动产品结构调整。

另外，现代造纸业是一种关联性很强的产业，它的发展与林业、浆纸生产设备专业制造业、造纸专用化学品制造业、包装、印刷以及能源、交通运输之间都存在着相互依存和相互促进的关系，因而该产业的发展直接关系到本行业内部结构及相关产业的发展。

（4）积极引资，开拓融资渠道

造纸工业是资金密集型产业，因此做好资本与产业的运作整合就显得尤为重要。打造融资运作平台，就要运用多个融资渠道，比如商业银行、产业投资公司、战略合作伙伴、股市债市等。

（5）污染治理

从生产源头控制污染，突出清洁生产，重点抓好水污染治理，做到增产不增污，使环境容量资源得以充分利用，确保工业废水污染物排放流域总量控制目标的落实。一是对新建、技改、扩建工程实施清洁生产工艺技术，全过程控制和防治污染，并实行"三同时"建设；二是建立清洁生产示范企业，特别要对污水治理的经验及时总结和推广。当前，重点抓好大隗日处理污水15万吨的造纸群工业污水处理厂项目。

总之，新密造纸可以建设全国包装纸生产基地为目标，推进产业整合，加快集中治污步伐，全面实施技术创新，改进造纸产业原料结构，提高产品档次，拉长产业链条，扩大市场份额，增强竞争力。

（四）新兴产业面临的问题及调整方向

首先我们认为这里可以定义新兴产业为除新密四大传统支柱产业之外的所有第二产业内部的子产业，基本上属于加工工业的范畴。对于新密市来讲，在传统优势产业优势弱化的同时，新兴产业还没有形成规模，除服装行业外，其他行业均处在星火发展状态。欲推进新兴产业规模化，就要通过对新兴产业的政策引导、政府扶持，使其迅速发展壮大，成为新的经济增长点。推进措施在于把重点新兴产业发展壮大，具体包括以下四类产业。

1. 服装工业

新密的服装产业自身发展历史较长，起步于六七十年代。改革开放初期，该市服装业仅有一家国营服装厂，20多年间，个体私营服装企业经历了从最初的家庭手工作坊到规模化的公司制，从分散的庭院加工到初级的园区经营，产品由简单的粗放型加工到部分品牌化生产。到了2006年，新密市正式把服装业列入了支柱行业。

新密市的服装加工业主要集中在曲梁，全乡共有企业156家，服装就占了83家，其中，规模以上的有50多家；现有56个自有品牌，男裤占全省的60%、全国的1/10。为打造全国服装生产批发基地（尤其是男裤），政府牵头联合广东投资人共同打造了占地1000亩的服装园区（建筑面积13万平方米），由曲梁乡政府管理。经营模式为前店后厂，进驻者必须是生产厂家。园区基础设施的建设，水、电、路由政府负责，后期的建设由专业投资公司（平安投资公司）来管理、进行招商和运作。现今已经完成了两条主干道的建设，构建出了十字框架。总投资额为

8亿元，已投入2亿元。目前招商形势良好，与福建、广东、浙江等服装协会进行了联系，已经签订进驻的商家有五六家。服装园区预计5年后建成，配套设施有医院、学校、会展中心等，交易额将达到100亿元。

在与企业界座谈的过程中，我们发现：土地、交通、用工难等成为服装企业发展所面临的共同问题。

(1) 国家土地政策

曲梁自身地貌平坦，交通便利，吸引了大量企业前来投资，储备项目有一二十个。但国家土地政策方面的限制使得土地问题成为制约其发展的主要因素。曲梁可供使用的工业用地不足4000亩，其中服装园占1000亩，而潜在的需求为2万亩。

(2) 用工难及配套环境欠缺

同类产业农村相对于城市而言，对人才吸引力相对不强，其客观原因不再赘述。由于服装企业需要2~3个月才能培养出熟练工人，企业目前技术工人缺乏，加之用工人员不稳定，用工不足，直接影响企业规模扩大，无法满足市场需求。服装业竞争激烈，主要靠薄利多销，新密服装业的用工成本高已成瓶颈。

虽然新密紧邻郑州，但是由于目前市场对休闲裤的需求较大，休闲裤需要水洗，郑州几个水洗场达不到市场质量要求，需要到石家庄等省外加工，产业配套的欠缺也增加了新密服装业的成本。

(3) 品牌知名度不够

比如渡森男裤有6个现代化车间，具有年产500万条的生产潜力，现年产200万条，在全国20个省市有代理商专卖店，虽然有河南名牌称号，但面向全国，品牌知名度较小，所以生产数量虽大但销售市场难以相应扩大，有时会大量存货。

(4) 交通制约

曲梁出门口就是收费站，每天来回20趟，增加成本。所以，公司考虑在郑州建厂，因为生产成本相对低一些，主要是减少了产成品和材料运输费用。而劳动力成本新密与郑州差不多。同时

产业发展与结构调整

企业还存在资金链条不太稳定、小企业贷款难的问题。可见以上因素可能使本地资本企业外流，不利于当地经济发展。

对新密服装业发展方向的建议：

首先，曲梁园区应以建设中原服装产业基地为目标。河南服装企业有6000多家，占全国市场的1/6。2005年4月举行的第十三届（北京）中国国际服装服饰博览会上，河南服装就打出了两张王牌：郑州银基商贸城率200多名有较强实力的经销商参会，为河南服装生产企业助阵；郑州政府牵头举办中国女裤行业高峰论坛，提出了"中国女裤看郑州"的口号。郑州女裤已成为中国化纤女裤领域的霸主，郑州成为全国第六大男裤生产基地。新密完全可以依托郑州的区位优势，及时掌握市场信息，利用郑州便利的交通形成服装生产销售网络，建成中原服装产业基地。

其次，培育龙头企业，打造知名品牌。目前河南省还没有一个中国服装名牌，新密应该以五朵云、渡森等品牌为基础打造知名品牌，扩大产业规模，提高市场竞争力，力争年销售收入超亿元的企业达到10家。培育龙头企业，促进服装产业由数量型向效益型、由贴牌型向自主品牌型、由单一加工型向产供销结合配套型转换，从而以产业催生市场、市场带动产业，不断拓展新密服装业的市场空间和领域。

最后，完善配套设施，促使服装业成为新密市新的经济增长点。充分考虑企业面临的困难，特别要在交通、上下游配套工艺程序方面排除障碍。园区如果建立一家服装水洗厂，不仅可为企业节省大量成本，而且直接就能占领河南及周边市场。另外，在全国产业梯度转移的背景下，新密可以出台优惠政策加大力度引进沿海商户，深化分工，以来料加工促进服装辅料生产，培育较大规模的服装产业集群。争取到2010年，新密服装行业销售收入突破50亿元，成为新密市产业结构调整的经济增长点。

2. 文化旅游

新密市现有丰富的旅游资源：旅行社13家，星级宾馆3家，景区6处，新开发景区2处，国家级文物保护区3处、省级9处、郑州市级9处、县级67处，共88处文物保护单位。其中新密县衙、尖山风景区、黄帝宫均具有很大的开发价值。

新密县衙：位于新密市老城中心，3万余平方米，春秋时属郑国，战国时属于韩国和秦国，州治衙署。隋代以前县城在大隗，隋大业年间大隗发水迁址于此。此后一直在此，早期建筑毁于元末战火，明代重建。现今留下来的建筑保存明清风格。从1948年至1958年政府仍在此办公，衙署内的监狱使用到2003年。属河南省级文物保护单位。2002年成立新密市县衙文物保护组，2003年底完成第一期修复，成立县衙博物馆，2004年取得旅游许可证，2006年完成第三期修复。2007年7月列入郑州市十佳青少年校外活动基地。

尖山风景区：2005年设立景区管理委员会，以金银花、伏羲文化为品牌，同时申报国家森林公园。

黄帝宫旅游区：黄帝宫位于郑州西南37公里、新密市东郊，被誉为"中华人文始祖圣地""天下第一宫""八阵兵法研创地"。5000年前，黄帝在此立宫建殿，筑台拜将，研创我国最早的八阵兵法。黄帝宫旅游区占地2000亩。

旅游文化的开发方面面临的主要问题是交通、资金和宣传力度不大、资源挖掘不够。

交通制约。郑州几个县市，新郑、荥阳、巩义、登封高速公路都较新密发达，新密已成为郑州西南处的死角，景区的交通、食宿等方面不配套，直接导致景点人气不旺、知名度不高。

宣传经费短缺。景区的开发缺少资金的支持，政府每年只有20万元宣传资金，投资力度小。加上融资、盘活资产的能力不强，招商引资在内效果不明显。所以，对于景点交通不算便利的新密来说，只有通过大量的宣传造势和建设投入才能使景区走上良性

产业发展与结构调整

轨道。

旅游总体形象不明确，促销乏力。旅游作为特种商品，必须精心策划。强化对外宣传和推销，这是提高旅游城市和景区知名度的重要手段。但新密目前尚缺乏鲜明的旅游总体形象。新密经济长期依赖传统四大支柱产业支撑，对于文化资源的开发意识不强，没有详细统筹规划，致使文化旅游资源开发混乱，如古县衙、超化寺虽有很深的文化底蕴，但没有充分地开发出来；如老城区还有保存比较完整的古建筑，但仍然处于闲置局面。

建议：①突出特色。东部以黄帝文化为主，将黄帝宫纳入黄帝文化圈，建设旅游区；中部以汉文化和县衙为主；西部以山水风景为主。按照"黄帝文化、汉代风韵、溶洞风光、休闲胜地"的思路，加强景区开发建设，连点成线，加强市内景区的竞争力。②统筹策划。一是按文物规划开发好景区旅游，逐步形成新密市历史文明古城，把县衙周边法海寺、城隍庙、孔庙、桧阳书院等老城古建筑连接起来，成为大型旅游景区。这里要解决衙署内20余户的搬迁问题和县衙至南城门230余米的道路及周边建筑改制问题。二是尖山到郑州市只有40分钟里程，黄帝宫距离郑州70公里，可以把尖山、黄帝宫开发成为郑州市的短途自驾游的旅游度假地。③要以政府为主导，引进各方投资。比如密县县衙，产权属国有，但开发却缺乏政府支持，如果政府可以出面解决包括投资、招商引资在内的问题，将非常有利于文物的开发保护。④整合资源，实施文化精品战略。把黄帝宫建成少林寺之外最好的景点，同时联合新郑打造"上午在新郑拜祖，下午在新密旅游"的特色品牌。⑤提升品位，资源优势变为产业优势。郑州市的旅游应该是一个整体，不能各自为政，应该建立一个"大郑州旅游产业"的概念，有机整合大郑州可利用的旅游资源，把新密置于环郑州旅游圈内，挖掘资源，打造新密文化产业。⑥加快基础设施建设。现在曲梁已初步形成科技园、服装园，从郑州到曲梁如能开一条高速通道，它对旅游业的拉动作用会非常大。

总之，坚持把文化当成一种新兴产业来培育，挖掘整理文化资源，以黄帝文化、古都文化、郑氏文化为优势资源，打造强势文化产品，加强重点景区开发建设，加大旅游产品策划包装和宣传推介力度，联合登封、新郑主动融入郑州旅游产业链条，拓展发展空间。

3. 食品及高新技术产业

新密的食品业已以国华食品、昌源乳业为代表开始起步，但由于历史的原因，新密企业多围绕四大产业支柱形成，配套环节跟不上，比如新密现有食品企业需要160台8吨以下的轻型车，但新密市场上都是重吨位车，只能从外地租用；加之食品业属劳动密集轻型产业，而新密产业工人多是重工行业出身，需要到豫东等地区招聘工人，招来的工人素质或技术水平又往往达不到标准。今后新密食品业的发展，需要考虑当地经济特点和市场区位。一是新密要充分发挥金银花、大隗牛肉、荷叶饼等传统食品的特色优势，按照规模化生产、集约化经营、产业化发展的思路建设加工企业，培育特色品牌，实现由小作坊向大产业的转变。就现有的方便面及乳业来说，应加强市场综合开发，不断提高产品档次，增加生产品种。二是要充分依托郑州—许昌食品生产加工产业带。产业集群的规模在某种程度上决定了企业的发展规模和空间。新密与周边地区相比，发展食品业的优势并不很突出，借助别人已搭建起的产业平台，可以节省各方面的成本。这在曲梁工业园区的规划建设中需要加以考虑。

在高新技术企业方面，以豫密药业为龙头发展制药产业；依托金鑫机械、豫鑫机械、华威机械等骨干企业，以齿轮加工、矿山机械、电力、耐材、造纸专业设备等产品为重点，开发高集成度、成套化、系列化行业专业设备，培育名牌、特色产品；发挥铝矾土资源优势，以隆盛祥矿冶有限公司和华鑫铝业为龙头，推动铝工业快速发展，搞好初级产品精深加工，重点发展高精度板带材、特种合金板材、工业型材和建筑型材。在资源性城市建设这些高新技术产业，实质上也为资源性企业在产业结构调整过程中，将积累的资本进行转移提供了渠道，为产业结构调整开拓新的途径。

三、新密市产业结构调整所要重点解决的若干问题

（一）澄清对产业结构调整的认识，明确产业结构调整的方向

1. 产业结构调整的内涵及途径

所谓产业结构，就是特定区域内一定时点上存在的产业数量和各产业在经济总量中所占的比例。就新密市来说，如果我们以2007年10月为观察点，我们说的产业结构一定是该时点上在新密市域范围内所存在的产业数量及其在经济总量中所占的比例。所以，产业结构调整的题中应有之义就是调整产业的数量和各产业在经济总量中所占的比重。

从理论上说，产业结构调整的途径有三条：一是改变现有产业的存量，取缔某些已有产业或增加新的产业，这自然会改变各产业在经济总量中所占的比重，从而表现为产业结构的变动；二是不改变现有产业的存量，使一些产业发展速度更快，或使一些产业萎缩，这当然也会改变各产业在经济总量中所占的比重；三是使一些产业消失，另一些产业产生，让后一类产业替代前一类产业，实现产业升级。比如，皮革初级加工、金属初级冶炼、纺织服装等高污染、高耗能和劳动密集型的产业在发达国家逐渐消失，代之而起的是软信息处理、金融保险等高技术、高知识含量、高附加值、低耗能、低污染甚至无污染的产业，这对发达国家来说是产业升级，当然也是产业结构调整。同样，纺织服装、食品等技术含量较低的劳动密集型产业逐步从经济相对发达的沿海地

区退出，而代之以汽车、电子等技术含量相对较高的产业，这对沿海地区来说也是产业升级和产业调整。产业结构调整的第三种途径实际上是前两种途径的极端形式。在现实中，某一特定区域一些产业的新生和成长是一个过程，其存量产业中某些产业的扩张和另一些产业的萎缩也是一个过程，一些产业消失并为另一些产业所取代这种产业调整的极端形态不过是一些产业新生、膨胀和另一些产业逐渐萎缩这一过程的一个结果。产业结构调整的常态是随着一些产业新生或某些存量产业膨胀、另一些存量产业萎缩逐步发生的产业数量和各产业在经济总量中所占比例变动的过程。

如果对产业结构调整的过程作进一步的分析，我们会发现，某些产业在特定区域的新生或膨胀过程一定是以这些产业在该区域所具有的市场竞争力的提升为前提的。而要使这些产业在特定区域具有市场竞争力，除了区位、资源等客观条件之外，主观上必须调整产品结构和企业规模结构，从这种意义上说，在产业存量不变的条件下，加快某些产业产品结构和企业规模结构调整的步伐，实现这些产业的产品结构和企业规模结构升级，也应当属于产业结构调整的范畴。

2. 新密市产业结构调整的紧迫性

就新密市来说，由于特殊的区位、资源和历史条件，改革开放以来，在市场的引导下，早在20世纪80年代中期就形成了煤炭、耐材、造纸、建材等四大支柱产业，并且至今仍是经济和社会发展的主要依赖。然而，在四大支柱产业中，除了造纸之外，其他三大产业都程度不同地属于本地不可再生资源依赖型的，而这些不可再生资源正日益加速减少，其枯竭的日子甚至可以准确地计算出来，因此，从发展的角度看，这些产业都或多或少地存在着生存危机。煤炭属于严重依赖本地资源的产业。据煤炭局提供的准确技术资料，新密市境内除法定属于郑煤集团控制范围内的煤田之外，属于地方控制的煤田地质储量只有7.52亿吨，可采储量只有3.7亿吨，按2006年1870万吨的产量测算，其产业寿命不足20年，若考虑其他各种因素，产业寿命也就是十多年，根据专家估计，2007年2000万吨的产量基本上就是峰值了，产业萎缩的拐点马上就会出现（详情见本报告的相关内容）。建材也属于严重依赖本地资源的产业。建材行业中的石子破碎、石灰烧制本来就没有什么技术含量，必然会随着资源的枯竭而日益萎缩甚至消失自不待说，即使是有一定技术含量的水泥制造，由于本来真正成规模的企业只有顺宝水泥一家，因此产业基础薄弱、不成规模，现在也因技术改造滞后，撞上国家节能降耗政策这道硬墙而面临关闭，其替代生产能力也因资源被人控制而迟迟不能上马。整个产业发展前景不容乐观，其传统支柱产业地位正在丧失。耐材和造纸在传统四大支柱产业中属于最具活力、市场前景也最看好的产业，但是，这两大产业目前也面临着各种各样的困扰：耐材业以本地资源起家，目前本地资源也已严重枯竭，如何走出对本地资源依赖的困境是该产业面临的最大挑战之一。造纸这个从历史中走出来的产业目前面临的最大问题是如何在日益严酷的市场竞争环境中生存和发展。除此之外，这两个产业也都经受着企业规模过小和内部恶性竞争的困扰。

然而，令人忧虑的是，尽管四大传统支柱产业中的两大支柱产业的生命周期已清晰可见，下降的拐点已经到来或即将到来，另外两大支柱产业也存在生存和发展的严重隐患，可是，到目前为止，新密市的经济和社会发展仍严重依赖这四大支柱产业。一个有说服力的数据是，2006年地方财政收入中来自四大支柱产业的部分仍占45.97%，更让人惊心的是，仅煤炭一个产业就占34.20%。试想，在5年或最多10年以后，随着煤炭产业的日益萎缩，新密市的财政和整个经济社会的发展靠什么来支撑？可见，加快产业结构调整的步伐，使新密的经济社会发展尽快走出对本地资源的严重依赖，不仅仅是必然，而是已经相当紧迫了。

3. 新密市产业结构调整的方向

根据定义，产业结构调整的实质是各产业在经济总量中的比重发生变动,因为不管是产业数量增加还是存量产业中一些产业扩张、另一些产业萎缩乃至消失,都会导致各产业在经济总量中比重的变化。在新密市传统四大支柱产业中,随着资源的枯竭而日益萎缩并最终走向消失的产业无疑是煤炭和建材,或者说准确点,这两个产业在新密的萎缩甚至消失具有不可逆转的性质,因此,就产业结构调整的方向来说,这两个产业在新密市经济总量中的比重会逐渐缩小。但是,这并不意味着我们现在就要人为地遏制这两个产业的发展,而是要加快其技术进步的步伐,提升其工艺水平,提高其资源采收率和利用率,加强资源保护,禁止滥采滥挖,放慢产业萎缩和消亡的步伐,延长产业的寿命,为新密市整体经济和社会的发展提供尽可能长久和有效的支撑,这也是煤炭、建材两大产业结构调整的方向。

在新密市传统四大支柱产业中,耐材和造纸是最具活力和最具市场前景的产业。耐材虽然也受到资源枯竭的困扰,但是,经过多年的发展,新密市的耐材产品已经有相当的技术含量,很多高档产品已经摆脱了对本地资源的依赖,实现了原料从外地采购、产品也销往外地的"两头在外"良性发展模式,同时,该产业也储备了大量的管理、技术和市场人才,也储备了充足的资本,打下了产业发展的坚实基础,再加上未来 30~50 年中国经济持续增长的过程中,市场对钢铁、水泥、玻璃等行业产品的需求会长盛不衰,作为上述行业消耗品的耐火材料的市场前景也长期看好,相信新密市的耐火材料行业会持续充满活力。与耐材行业类似,造纸行业经过多年的积累,也培育了一大批管理、技术和市场人才,有一定的资本积累,也有较好的市场发展前景,所以,在未来较长时期内也会保持相当的活力。这两个产业的问题是尽快摆脱企业规模小、产品档次不高(尤其是造纸)、恶性竞争严重的困扰。因此,对于耐材和造纸产业来说,产业结构调整的方向是加大技术改造的力度,加快技术进步的步伐,调整产品结构,提升产品档次和质量,调整企业规模结构,降低生产成本,提升整个产业的市场竞争力。

在加大上述四大支柱产业内部结构调整力度的同时,加大服装、食品、医药等四大支柱产业以外的新兴产业培育的力度,尽快增大新兴产业在新密市经济总量中所占比重,是新密市产业结构调整的更加重要的一个着力点。

(二) 分析企业长不大的原因,找到做大企业规模的办法

1. 新密企业长不大的原因

耐材和造纸作为新密市四大传统产业中两个最具活力和希望的产业,恰恰也是新密市较为典型的企业数量多、个头小的产业。从市场的竞争态势来看,特定区域内这样的产业要在市场上长期保持其整体竞争力几乎是不可能的。因为像耐材、造纸这样的传统产业,其单位产品的生产成本在很大程度上是由企业规模决定的:规模越大的企业,其单位产品的生产成本越小;规模越小的企业,其单位产品的生产成本越大。产品的档次和质量水平在很大程度上也是由企业的规模决定的:规模越大的企业,其产品的档次越高,质量越稳定;规模越小的企业,其产品的档次越低,质量越不稳定。所以,对于耐材、造纸这样的产业来说,要持续保持其在市场上的竞争力,主要矛盾和关键环节是要调整企业的规模结构,培育和造就一批规模较大的企业。这一点,早已成为业内人士和新密市各级领导干部的共识,也曾经提出过多种方案,进行过多次尝试,但始终未取得突破性进展。除了操作技术层面的原因之外,恐怕也有对企业长不大的原因认识不深入的问题。

新密市企业长不大的原因究竟何在?在走访和座谈的过程中,我们曾面对很多人提出过这个问题,也听到很多对该问题的不同解释、理性分析。企业之所以长不大,有客观的原因,也有主观认识上的问题。从客观的角度来说,我们认为,耐火材料行业企业长不大首先与该行业产品结构的特点有关:耐火材料行业产品涉及冶金、水泥和玻璃三大类,每一类产品又都有不同用途、不

同规格、不同质量要求、安装于不同部位的多种规格和多种子类型，某一企业只要做好某一规格或某一子类的产品，就可以获得一定的市场生存空间。同时，耐材和造纸行业都存在着生产工艺相对简单、投入不大、进入门槛较低的问题，这自然也是影响企业长大的客观原因。但是，我们也清楚地看到，同样的产业特点、同样的低门槛条件下，其他地区却成长出了数十万吨产量和数十亿元销售额的耐火材料企业，成长出了数百万吨产量和数十亿乃至数百亿元销售额的造纸企业。因此新密企业长不大一定还有主观方面的原因。

从主观认识层面来看，我们听到最多的说法是企业家的"小富即安"、不思进取的意识。不可否认，在企业家群体中，确实有不少人没有实现由农民到企业家的转变，没有把办企业当成成就自己人生事业的一种途径或一种方式，而仅仅是当成谋生或获取财富的手段，财富一旦到达能够保证长期乃至终生衣食无忧的水平他们就会止步不前。这种企业家所经营的企业长不大自在情理之中。但是，我们也发现很多企业家是把办企业当成成就自己人生事业的途径或方式来做的，他们精于算计，坚忍不拔，努力不懈，但最终也没有能够把企业做到理想的规模。这些企业家所经营的企业也长不大就多少有些让人费解了。分析了企业的资产结构后我们发现，新密市很多优秀企业的一个共同特点是自有资本充裕却几乎没有负债。这说明，新密的企业都是靠自有资本积累而滚动发展起来的，缺乏外来资本的注入应该是新密企业长不大的最直观原因。这一方面缘于企业家过分追求稳妥的相对保守的经营意识，另一方面缘于企业家对市场环境变化缺乏开放的视野、敏锐的感觉和积极超前的应对措施。实际上，在市场打破狭小地域空间的壁垒，逐步向全中国乃至全球开放的过程中，不管你过去是在哪个空间范围内成长起来的企业，都必须进入全中国乃至全球这样广大和统一的市场环境和市场背景中来接受检验和经受考验，在这样的市场背景中，任何一个企业，不管你存在于何种

产业发展与结构调整

空间点上，都必须面对来自全国乃至全球同类企业的竞争。这种竞争比的就是产品档次和产品质量，比的就是成本和价格之间的利差，而做大规模无疑是做小成本、做大利差、保持市场竞争力的最重要途径。谁有这种市场敏感，谁先认识到了自己企业所面对的新的市场背景，谁先感受到市场的这种竞争压力，谁认识到了做大规模对于降低成本和提升竞争力的意义，谁就会不顾一切、千方百计地做大企业规模。从这种意义上说，新密市的企业没有长大，一定也与缺乏开阔的全国乃至全球视野，从而对市场压力反应不够敏感和不够及时有关。这样说来，从主观的角度，我们可以把企业长不大的原因归结为小富即安、经营思想保守和缺乏外部视野和生存危机意识三个方面。

2. 促使新密企业长大的途径

那么，如何使新密的企业长大呢？或者更准确地说如何使新密的土地上成长出大企业呢？我们认为有三条途径。

第一条途径是从外部引进大的资本和大的项目。实际上，北京三吉利、湖北凯迪电力、新疆天龙实业分别投资的裕中电厂、杨河煤业及隆盛祥氟化盐项目，已经给我们提供了利用外部大资本、引进大项目来做大新密企业的最好例证。不管是三吉利还是凯迪电力和天龙实业，都是手握大资本寻求大项目的有实力的投资公司或实业公司，它们投资的一些项目少则注入资本数十亿元，多则注入资本几十亿上百亿元，三五年内销售收入少则达到十几亿元，多则达到几十亿上百亿元。现在，就全球来说，不是资本短缺而是资本过剩，中国也是如此。实际上，在资本市场上游弋着很多大的资本，它们时刻在搜索具有投资获利价值的项目和地域，只要发现了这样的机会，它们就会大笔注入进来。在这方面，新密市委、市政府及相关的企业和部门乃至乡镇要做的就是设计出对大资本有吸引力的项目和营造出对大资本有吸引力的环境，同时加大搜索和调研这些大资本的力度，尽可能掌握这些资本的行动轨迹和最新动向。抓住一切机会促使这些资本在新密落地。

这显然是尽快使大企业在新密土地上成长的捷径。

第二条途径是推动现有企业中有条件的企业进入资本市场。如前所述，现有企业长不大的直接原因是单靠自身滚动积累而没有使用外部社会资本。事实证明，现代企业发展和扩张的过程离不开外部社会资本的支持，只有敢于和善于利用外部社会资本，才能尽快膨胀企业规模，在竞争市场上占据有利位置。企业利用外部社会资本的渠道不外乎从银行获得贷款和从资本市场上募集资金两条途径。银行贷款不仅存在着还本付息的压力，而且获得贷款的条件也越来越苛刻，尤其是对中小企业来说更是如此。而从资本市场获取社会资本不但不存在还本付息压力，而且还容易获得较大的额度。所以，对于业绩优良、发展前景好的中小企业来说，通过发行股票从资本市场获得资本是一条较为有效的途径。

目前，企业发行股票并使股票进入证券市场进行交易不再像20世纪90年代甚至21世纪初之前有这样那样的行政制约，国内外的资本市场都是全方位对企业开放的，可供选择的市场至少有三类，即上海、深圳的A股市场，深圳的中小企业板市场和香港、纽约、伦敦、新加坡等地的境外市场。对于有意进入这些资本市场的企业来说，需要做的一是熟悉关于股票发行和上市的法律法规和中国证监会的有关规定，二是熟悉拟上市的资本市场对上市公司的要求和进入程序，三是扎扎实实按照要求做好准备并尽快进入运作程序。首先是聘请专家帮助理清思路，同时聘请专业的证券经营机构做上市保荐或推荐人，负责有关股票发行和上市的全程运作。建议政府确定专门负责企业上市的协调机构或协调部门，统筹规划企业上市工作，帮助企业解决上市过程中可能遇到的这样那样的问题。

第三条途径是鼓励和推动有条件的企业联合重组。不同企业的存量资产及生产能力通过联合重组集中到一个企业中来，是实现企业规模扩张的捷径。在走访和座谈过程中，我们了解到不少企业具有这方面的愿望，比如耐材行业的豫兴公司就有这方面的

产业发展与结构调整

强烈愿望，甚至有一些比较成熟的想法并正在积极寻找合作伙伴、探讨合作方式。华威、东方等一些实力较强的耐火材料企业也都表达了联合重组的积极态度。据我们所知，自20世纪90年代以来，新密市委、市政府历届领导都曾多次表达过避免过度竞争，通过联合重组做大企业，提高新密市产业竞争力的想法，甚至进行过一些尝试。从这个意义上讲，新密市的企业通过联合重组做大规模的基础还是比较好的。但是，要把这些好的设想变成现实，真正通过联合重组把企业规模做大，改善新密市企业的规模结构，也面临着一些实际的问题需要解决。这些问题主要有：

第一，企业家要转变观念，变"宁做鸡头，不做凤尾"的传统观念为"合作共赢"的现代观念。现代市场越来越开放，竞争越来越充分，也越来越成熟，对产品质量的要求越来越高，品牌选择越来越严格。在这样的市场中，只有产品质量最好、生产成本最低、品牌信誉度最高的企业才能生存下来。一般来说，只有规模较大的企业才能经受住市场对产品的日益苛刻的选择，从而才能够很好地生存下来，这就是近年来很多产业中的企业在不断重新洗牌的原因。在不断重新洗牌的过程中，中小企业在不断被淘汰，企业规模结构不断提升。要想不被淘汰或不被彻底从同行中挤压出去，最好的选择就是联合重组。近年来，甚至美国汽车业巨头克莱斯勒公司等都选择了被重组的生存道路，数量巨大的中小企业被联合重组早已成了家常便饭。重组实际上是通过强强联合或强弱联合实现共同生存、分享利益的最好方式。如果固守"鸡头"观念，拒绝合作，很多企业就很难避免被彻底淘汰的命运。新密市最具活力的两大产业造纸和耐材也是市场竞争最充分的产业，自20世纪90年代以来，新密市这两个产业内部企业的生生灭灭和不断洗牌我们也都亲身经历，亲眼所见，不少"鸡头"式企业被淘汰了，而新生或再生的企业往往都具有较大的规模和较强的竞争力。可以预计，该两大产业未来的竞争会更充分和激烈，洗牌的频率也会更高，在不断重新洗牌的过程中，大量"鸡头"企业要避免被彻底挤出该两大产业的命运，只能走联合重组的道路。

第二，要按现代企业的规范解决联合重组企业的产权问题。多个独立企业通过联合重组变成一个企业，首先意味着多个独立法人企业的财产变成了一个法人企业的财产，即意味着独立法人财产的融合，在财产融合的过程中，原有各独立法人企业财产的价值如何在融合后的法人企业财产中体现，或者说原有各法人企业的最终权益人在新融合企业中的财产权益如何体现，这是关系企业联合重组能否顺利进行的最重要环节。一般来说，解决原有企业权益人在重组后企业中权益分配问题的办法有两个：一是聘请专业的资产评估机构对各参与企业的权益价值进行评估，参考评估价值通过相关各方谈判最终确定各参与方在重组后企业中的权益价值比例；二是按照参与各方企业权益的市场价格直接确定其在重组后企业中的权益价值比例，或以市场价格为依据，通过各方谈判来确定。一般来说，前一方式适合于非上市因而其权益没有市场价格的公司之间进行重组的模式，后者则适合于已上市因而其权益已有市场价格的公司。近些年国际上发生的著名的联合重组案例大多数都是采取后一种方式来解决相关各方在重组后企业中的权益价值或权益比例的。新密市最适合进行联合重组的造纸和耐材两大产业中的企业都是非上市公司，因而其财产权益都没有市场价格，所以，在其实施联合重组的过程中，只能采取第一种方式，即聘请专业的资产评估机构对各自资产权益进行评估，并在此基础上通过各方谈判确定各自权益价值及其在重组后企业权益中所占比例。据我们所知，新密市造纸、耐材两大产业中的企业所有权结构不外乎两种形式：一种是独资的形式，一种是股份合资的形式（股份企业中有一部分是家族成员分别持股，最典型的是真金耐材公司）。对于独资企业，只要确定了企业的权益价值，也就确定了最终权益人的权益价值及其在重组后企业权益中所占比例。对于股份企业，在确定企业权益价值的基础上，还要根据各股东在原有企业权益中所占比例进行分解，然后才能确定各股东在重组后企业权益中所占比例。

第三，要合理整合分配人力资源，做到各到其位，各尽其责，最大限度地发挥各自的经营才能，形成最大的合力。企业联合重组、资产融合，必然导致人力资源的融合。原来各个独立企业的董事长、总经理、财务管理人员、营销管理人员和技术管理人员等集中到一个企业以后，该如何合理分配使用，恐怕是影响企业联合重组最终能否成功的最重要环节。一般来说，这些人力资源重新配置的方式取决于企业联合重组的方式，如果是两个或几个实力相当的企业重组，即所谓强强联合，那就要各类岗位尽可能在原有企业经营者之间均衡分布，在此基础上根据个人特长和能力确定岗位中角色的分配和主次角色的配置。如果是强势企业与弱势企业重组，那自然是要以强势企业经营者为主来分配重组后企业的各个岗位。但是，不论是哪种重组方式，经营岗位的分配都要以人尽其才为最高和最重要的原则，某些岗位如果在参与重组各方中不能找到合适人选时，可以通过向市场招聘来解决，决不要凑数。

（三）促进要素向新兴产业流动，扶持新兴产业发展

如前所述，新密市场产业结构调整的基本思路和方向，一是减缓煤炭、建材等严重资源依赖型产业衰竭的进程；二是促进耐材、造纸等市场前景较好的传统产业产品结构和企业规模结构的调整，提升市场竞争力；三是培育壮大新兴产业，如服装、食品、医疗器械及医药等。从长期来看，最后一个方向是产业结构调整的真正着力点。

要培育新兴产业，从根本上来说，就要促进传统产业创造及滞留的要素资源存量流动，包括人才资源和资本资源存量向新兴产业流动。这些要素尤其是资本要素大多滞留在传统产业领域的企业家手中。如何使传统产业企业家掌握的资本要素流向新兴产

业？一种办法是用行政命令的方式要求传统产业中的企业主兴办新兴产业，比如要求煤炭企业主都要兴办至少一个非煤企业，这或许会有一定的成效，但是并不符合事物本身的发展规律，所以往往成功的概率不是很高。因为不同产业的技术特点、市场环境、管理方式等存在着很大的差别，一个企业家在某一产业内可能游刃有余、得心应手，转到另一个不熟悉的产业后可能会到处碰壁，甚至一败涂地。这样的案例在企业发展的实践中比比皆是，正所谓隔行如隔山，尤其是煤炭产业和非煤产业差异很大，能经营好一个煤矿的企业家未必能经营好一个服装企业。所以，鼓励新兴产业发展的正确方式应该是建立起促进滞留在传统产业的资源流向新兴产业的机制，或者说是建立起一个通道，搭起一座桥梁，让资源能够比较便捷地从传统产业流向新兴产业。

在四大支柱产业中，建材产业实际已严重萎缩，耐材和造纸自身尚有较大的发展空间，只有煤炭既处在高峰期，又即将到达拐点，产业自身已无多大发展空间，所以其剩余资本存量最丰富。按2007年的预计产量2000万吨、每吨煤税后利润100元计算，每年的税后净利润就是20亿元，如果今后5年能持续保持这样的产业规模，那就意味着今后5年就有100亿元左右的剩余资本会在煤炭产业中积存起来。如何引导这笔资本流入新兴产业？一个办法就是由政府牵头，用这笔剩余资本建立一个新兴产业发展基金。具体设想是，政府可以使用价格调节基金这样一个杠杆，按煤炭产量从煤炭企业征收一笔钱，并用这笔钱设立起一个新兴产业发展基金。比如说每吨煤可征收10元到30元，就是按每吨10元征收，以2007年的煤炭产量为基数，每年也可聚集起2亿元的资本。这里需要说明的是，煤炭开采造成的农田和居民区塌陷、煤炭运输造成的道路损毁，都是对地方经济和社会发展环境所造成的长久性的伤害。从理论上说，这属于煤炭开采的社会成本，按照成本收益对称原则，这部分社会成本理应通过一定的机制进入煤炭的生产成本，由煤炭企业承担起来。目前执行的煤炭塌陷区赔偿

产业发展与结构调整

政策只包括对塌陷区民房的赔偿，却不包含对道路、环境等社会成本的补偿。所以，以某种方式从煤炭企业加收一部分社会补偿基金无论如何都具有合理性。如果加上这部分应该征收的社会补偿基金，吨煤征收额甚至可提高到 20~30 元，相应地，每年可聚集起来的新兴产业发展基金也可增加到 4 亿元到 6 亿元。在煤炭价格居高不下的情况下，从每吨 100 元利润中征收 20 元到 30 元基金，应该在煤炭企业可以承受的范围之内。更何况，按煤炭产量从煤炭企业中征收社会补偿基金的做法在很多煤炭产区差不多是通行的做法，并非没有先例可循。

为了减少现实操作过程中煤炭企业可能产生的阻力，可在基金募集与收益方式上作出一些更灵活也更符合市场规则的处理。具体说，就是按吨煤 10~30 元所募集的资金中，吨煤 10 元或 10 元以下的部分可以价格调节基金的名义征收，其余部分可以按照一般基金设立的方式募集，两项基金加在一起作为新兴产业发展基金的主要来源。政府财政也可投一部分资金，以表示政府对新兴产业发展的重视，同时也可以方便政府以出资人身份参与基金的管理和运作。

基金管理和运作采取市场化的模式。其基本原则是：基金在金融机构设立专户储存，并委托金融机构保管，所有为基金提供资金的煤炭业主均为基金份额持有人和受益人。由市政府牵头组建基金管理公司，并依据国家有关法律法规制定基金管理章程，设立相应的管理机构，建立监管机制，招聘专业基金管理人员组成经营管理班子对基金进行经营管理。基金可以借贷或股权形式投入一些在本地具有优势且发展前景好的新兴产业项目，以定期收回的利息或股份分红资金作为基金经营的收入，并根据收入多少确定基金的利润水平，向基金份额持有人进行分配。当然，这种办法也不是十全十美的，其风险主要在于两个方面：一是如何最大限度地保证基金投资能够定期收回并具有适当的赢利水平，二是如何保证选到诚实可信而又有能力的基金管理者，保证其不弄虚作假和向基金份额持有人负责。要避免这些问题，主要是靠科学的制度设计和建立健全有效的监督机制。

（四）规划建设产业园区，引导企业入园，提升产业竞争力

1. 企业入园是必然趋势

相对于农业，工业生产活动最突出的特点是需要道路、供水、供电、通信等基础设施，这些基础设施是工业企业从事生产经营活动的必要条件，也是其产品生产成本的重要构成部分。一般来说，在一个独立的基础设施系统上所进行的生产规模越大，其产品的单位固定成本越低，在该基础设施系统上生产规模越小，其单位产品的固定成本越高。这也是生产同类产品而规模不同的各企业生产成本往往存在较大差异的重要原因。企业规模越大，其基础设施被使用的频率越高，摊销基础设施损耗的单位产品的固定生产成本越低；企业规模越小，其基础设施被使用的频率越低，摊销基础设施损耗的单位产品的固定生产成本越高。如果一个基础设施系统为多个企业所共享，那它被使用的频率就会更高，各企业单位产品的生产成本就会更低。而只有多个企业在同一空间点聚集，才便于实现基础设施的共享和单位产品的较低固定生产成本。从这个意义上来说，企业在一个空间点上聚集是工业产业发展的基本规律，企业入园是工业化过程中一个不可逆转的必然趋势。

新密市的耐材、造纸等传统产业中的企业都是改革开放以来由小到大自发发展起来的，企业空间布局散乱，虽然经过多年市场竞争的洗礼和政府依据国家政策强制进行的整顿治理，企业数量大大减少，企业规模明显增大，但是，企业布局散乱的状况没有多大的改善。到目前为止，不管是超化的耐火材料企业还是大隗的造纸企业，都还只是空间上相近，各个企业的基础设施仍独立成系统，互不相连，互不相依。这种分散布局不但造成稀缺土

地的过量占用，也难以实现基础设施共享，从而大大增加单位产品的生产成本，并最终会削弱产业的市场竞争力。所以，选择合适的空间建立耐材、造纸等传统产业园区，促使企业入园是该两大传统产业企业共享基础设施、共同治理排放、降低成本，从而提升市场竞争力、实现可持续发展的基本要求和必然趋势。

2. 如何使传统产业企业入园

建设工业园区，让企业在空间上集中布局所带来的节约土地和水、电、路等基础设施，降低经营成本的好处，即使不作经济学的理论分析，大家也都能看得很清楚，所以，建设工业园区，让企业到园区集中，几乎是企业、政府和社会各界的共识，几乎没有任何异议。但是，对究竟如何建设工业园区，能否促使传统产业的企业向工业园区集中，不少人尚存在着较多疑虑。最具代表性的疑虑有两个：一个疑虑是，耐材、造纸这些传统产业的企业，都是改革开放以来在一个较长的历史时期内陆续建立起来的，在这些企业建设的过程中，政府从来也没有过有意识的规划指导，所以，企业的空间位置都是随机选择的，各企业自成体系，互不相连，现在如果撇开企业现有的空间格局而另辟新址建设园区，引导甚至强制企业向园区搬迁，很难操作。因为企业搬迁成本太大，承受不起，政府也无力补偿企业的搬迁损失。另一个疑虑是，传统产业所在区域地貌起伏，村镇密集，并且采煤塌陷严重，很难找到一块可供集中布局工业企业的土地。这一问题在耐火材料产业十分集中的超化镇非常突出。

我们认为，第一个疑虑是有道理的，一个可行的解决问题的办法是在传统产业企业相对集中的区域中选择某一企业更加密集的区域作为工业园区，在不改变现存企业格局的前提下进行统一规划和基础设施的统一配套建设，用完善的基础设施将现存各个企业连接起来，使之形成一个可以共享基础设施的整体。同时，在这些现存企业间留足空间，鼓励和引导规划区内外企业的扩建项目或外来的新项目在园区规划的空间内落户。大隗镇正在规划的造纸工业园区就属于这种模式。大隗是新密市造纸产业的发祥地，也是新密市造纸产业最集中的区域。全镇现有23家造纸企业，占全市造纸企业的一半，年产量100万吨，占全市造纸业产量的2/3。大隗镇的造纸企业大多聚集在镇区西部沿双洎河两岸，镇政府根据这一实际情况，按照上述模式提出了造纸工业园区的规划思路。按照这一思路，镇区西部沿双洎河两岸大约10平方公里的面积将被规划为造纸工业园区，18家现有造纸企业被包含在园区内。在此基础上，政府将加大园区内配套基础设施的建设力度。首先，投资1.8亿元、日处理能力达15万吨的污水处理厂已开工建设，2008年6月即可建成投入运行，不仅可以满足目前每天9万吨造纸污水处理的需要，还为园区造纸业的规模扩张留下了足够的剩余污水处理能力。其次，园区还配套规划一座装机容量达3×1.5规模的垃圾电厂，该垃圾电厂由一家香港公司投资建设，预计2007年12月初开始设计，2008年上半年办好所有开工手续，下半年开工建设，2010年可以投入运行。该垃圾电厂建成后，可满足园区内大部分造纸企业用气用热的需要，也因此可以拆掉现存造纸企业自备锅炉12座，不仅节约大量能源，减少污染排放，而且还可大幅度降低能耗成本。据测算，现存企业的锅炉模式每生产1吨纸的用气用热成本是130多元，用垃圾电厂提供的气热吨纸能源成本只有50~60元，吨纸能源成本可节约80元左右。如果政策允许垃圾电厂就近直接向造纸企业供电，还会大幅度降低电费成本。最后，园区还要规划各企业与主干道以及各企业之间的连接通道，以及相应的供电、供水、污水排放、蒸汽输送等管网，同时对各企业的厂容厂貌提出要求，保证园区内各企业在功能上形成一个有机的整体。如果上述规划思路都能一一落实，那就意味着大隗镇在现存企业空间结构的基础上形成了一个现代化的、功能齐全的新型造纸工业园区。

剩下的问题是规划园区内的居民如何安置。据了解，规划园区范围内大约涉及5个村、2.5万~3万人。为了在园区中为造纸

产业发展与结构调整

企业留下足够的发展空间，从长期来看，这些居民需要逐步向园区外搬迁。为了解决这部分居民的搬迁问题，可按照城镇化的需要，在编制新的镇区规划时留出安置园区搬迁居民的空间，待条件成熟时促使园区居民陆续迁入镇区。

根据从相关企业得到的信息，目前至少有8家老企业有新建扩建计划，明确报到乡镇政府的就有5家，这些新增项目将完全按照新的规划在工业园区预留位置落地。镇政府也正在筹划通过引资的方式在园区建设年产30万吨纸浆的大项目，如果该计划能顺利实施，园区的生产能力将大幅度提升，整个产业规模也会大幅度扩张，纸的品种结构得到优化，质量得到提升，新密造纸产业的活力和竞争力也会相应增强。新密的造纸产业会有一个美好的前景。

第二个疑虑对于超化镇和耐材工业园区建设来说也是一种客观存在。解决问题的办法也与大隗镇造纸工业园区的办法一样。超化镇现有耐火材料企业106家，年产量200万吨，占新密市耐火材料总产量的1/2。规模较大、知名度较高的东方、京华等数十家耐火材料企业就集中在半径不足1公里的范围内。因此，完全可以像大隗镇那样，以这个企业相对集中的区域为基础，规划一个面积达数平方公里的耐火材料工业园区。规划区内的各骨干企业无须进行空间位置移动，但要以这些骨干企业为支点，规划建设连接这些企业的道路以及各企业与运输主干道相连接的道路，同时规划建设相应的供排水、供电、供气管道线路设施，将园区内的各企业联结成功能齐全的整体。在此基础上，留出新增企业和新增项目的足够空间，并同样配套相应的基础设施。

现在考虑的规划园区范围，涉及杏树岗、李坟、申沟、樊寨、东店等5个村，4419户16854人，6080亩耕地。其中煤炭塌陷区涉及1732户6520人，2795亩耕地。建议在加快城镇化进程这样一个大背景下，重新规划超化镇中心区，大规模增加镇中心区规划居民区面积，结合新农村建设、煤炭塌陷区治理等工程，统筹工业园区内人口的搬迁问题。采取搬迁户拿一部分、煤炭企业补一部分、政府贴一部分的办法来解决搬迁费用问题，随着工业园区的建设，园区内居民陆续搬迁出园区，进入镇中心区。这样既可以解决工业园区发展空间问题，又可以解决煤炭塌陷区治理问题，同时推动了新农村建设和城镇化进程，可以达到一举四赢的效果。

新兴产业最适宜的布局区域无疑是地势较为平坦和交通较为方便的曲梁乡。目前，曲梁乡高起点规划的服装工业园已拉开框架，容量更大的科技产业城也有了雏形。但就新密市调整产业结构、扶持新兴产业的要求和新密市新兴产业未来发展的前景来看，仅有这些小范围和粗略的规划是远远不够的。曲梁现在需要的是站在新密市产业结构调整和新兴产业发展全局的高度，根据中长期新兴产业发展的规模和趋势，规划建设一个大容量、高规格的工业园区，成立政府直属的管理委员会，统筹园区的开发和运作。

（五）将塌陷区治理、新农村建设和城镇化结合起来，实现社会的现代化转型

如本报告第一部分所述，作为河南省发展水平最高的县级经济体，新密人均GDP已达3500美元以上，第一产业在生产总值中所占比重已不足3%，按照钱纳里的工业化理论，已进入工业化后期阶段。但是，新密市的城镇化率只有36%，远低于钱纳里工业理论所描述的相应阶段城市化率不低于60%的标准。虽然以一个规模较小的县级经济体来测算的城市化水平与钱纳里以国家为单位提出的标准城市化率相比较不一定很合适，但是，新密市相对较高的工业化水平与严重滞后的城市化水平所形成的反差仍然不仅仅是反映在统计报表上的事实，仍保持着前工业化时期旧貌的星罗棋布的传统村庄和缺乏规划、布局散乱的镇，更是人们视野中的真实映像。大量人口滞留在乡村，城镇化与工业化不匹配，势必会影响到工业化的进一步升级和第三产业的发展，并最终会

产业发展与结构调整

影响到经济的持续发展和社会进步。另外，作为重点产煤区，新密煤炭塌陷区占有整个国土面积的很大一部分，塌陷区的综合治理是摆在新密政府和人民群众面前的一项艰巨任务。最后，新农村建设在新密这样经济发展水平高、又有塌陷区治理任务的区域究竟该如何进行，也是一个需要探索的课题。在调研中我们发现，不少地方在借助塌陷区治理重新规划新村，使分散在塌陷区的居民集中搬迁到新建社区，单个村子看效果不错，但是如果放在整个塌陷区治理和城镇化的大格局中来看，则未必是一种最好的居民集中形式。

从推进城镇化、促进三产发展和调整产业结构的角度来看，一种比较好的模式可能是将塌陷区治理和新农村建设纳入城镇化发展的大格局中统筹解决。具体办法是：将新密市1001平方公里的国土面积进行统一规划，根据未来若干年内工业化、城镇化和农业现代化的要求及发展水平，大致界定工业用地、城镇用地和农业用地及生态环境用地的比例。在此基础上，完善以市区为中心的城市规划，在市区以外同时规划若干个集中居民点，以在未来形成若干个人口在5万左右的居民区，通过政府财政投入、煤炭企业塌陷区治理费用投入和居民个人投入相结合的办法，引导散居人口向规划居民点集中。

关于通过完善市区规划，加快市区扩张步伐，在有条件的乡镇政府所在地规划建设中心居民区，促使和引导农村散居居民向城镇集中的可行性，我们认为是不应该怀疑的。首先，新密市的绝大多数农村居民已基本上不依赖农业生存。新密全市总人口是77.42万人；耕地705600亩，人均耕地只有0.9亩，按36%的城市化率来计算，剩余的农村居民是49.5万人，耕地按农村居民数平均，每个农村居民平均拥有的耕地也只有1.4亩；按每亩年产量2000斤，每斤粮食市场价0.75元计算，每亩年现金收入也才1500元，仅相当于2006年全市农民人均纯收入5422元的1/4强（27.7%），这就意味着，对新密市的农村居民来说，即使完全离开土地，也不至于影响其正常生存。一些工业化程度比较高的地区，比如我们上面提到的超化镇耐火材料企业比较集中的杏树岗、李坡、申沟、樊寨和东店等村，由于企业大量占用土地，人均耕地已微不足道。5个村合计16854人，6080亩耕地，人均耕地只有0.36亩，其中人均耕地面积最小的樊寨村只有0.26亩。可以说，像这样的村子，农业经济在他们整个经济活动中的地位已完全无足轻重。就这些村子的居民来说，能否离开或要否离开原居住地迁入中心镇区或市区，要考虑的就只是观念和财力了。其次，农村居民逐步向镇区或市区集中已成为广大干部群众的共识。针对农民能否向镇区或市区集中这样的问题，我们曾经专门与超化镇、城关镇和白寨镇的有关领导进行探讨，据他们所提供的情况，农村居民进镇进城不仅是他们的迫切愿望，而且已经成为很多人的实际行动。白寨镇的苏书记告诉我们，最近镇区开发的数十栋商品房，大部分都被散居在农村的居民买走。这说明，对于很多农村居民来说，移居中心镇区或市区，在观念和财力上也已不构成障碍了。最后，农民向中心镇区或市区集中并不会对农民种地造成太大的障碍。说到农民能否移居中心镇区或市区时，似乎人们忧虑最多的是农民舍不得离开土地的观念，事实上这是个误区。因为根据现在的交通和农业耕作条件和耕作方式，是否种地和是否移居完全是两个概念，居住在田边早已不再是种地的基本条件，换句话说，村民移居到市区或中心镇区照样可以种地，如果他们愿意的话。因为现在耕作活动已经机械化和季节化了，真正的农活集中在播种或收获期，在播种或收获之间的时间里，只需要间断性地去田间作业照料就够了。再加上道路和交通工具日益现代化，在镇区乃至市区居住的农民在需要时只需花费20或30分钟的时间就到田边了，移居不会对耕作产生任何影响。

综上所述，对于新密市来说，农村居民大规模向中心镇区或市区迁居的时机已经到来，正所谓万事俱备，只欠东风。东风是什么呢？东风就是政府牵头对整个国土面积和所有城市、镇区及其各类基础设施进行全方位的统一规划,并拿出相应的实施方案。国家目前正在结合新农村建设,鼓励和支持一些有条件的地方搞城乡一体化试验,四川成都就是全国最大的城乡一体化试验区。河南省的一些地方如济源、鹤壁等地也在进行这样的试验。许昌市在郑许产业带建设的框架下,规划设计了从许昌市至长葛市长25公里左右、宽4公里左右,总面积达100平方公里的城乡一体化试验区,对该区域内的中心镇区和所有农村进行统一规划,按照城市居民区标准配套建设道路、上下水、电力、通信、绿地等基础设施。目前该区域建设已全面拉开并取得显著的成效。所有这些城乡一体化试验均可为新密市借鉴,尤其许昌的城乡一体化推进区,更是值得新密市好好研究借鉴。新密市委、市政府可以煤炭塌陷区治理和资源性区域经济转型为题材,向郑州市委、市政府和河南省委、省政府提出设立城乡一体化试验区的申请,争取列入河南省城乡一体化试验和资源性区域经济转型试验的总盘子。

实施上述规划所涉及的土地问题、资金问题、居民安置问题等等,当然需作出专项研究论证和测算。

(六)加大环境治理的力度,增强新密的吸引力

从长远和根本来看,一个区域的发展是财富积累、汇聚和堆积,并伴随着人口聚集和素质提升的过程。所以,从长远来说,新密发展的根本问题是,一方面要留住当地富余起来的人口和资本,避免这些人口和财富外流;另一方面是吸引外地高素质的人口和资本进来。目前来看,新密市不但存在着对外来资本和外来高素质人口吸引力不足的问题,也存在着富裕人口和财富外流的隐忧。最主要的原因是环境问题。所以,从长远来看,新密市要尽早达到汇聚财富和高素质人口的发展目标,必须从根本上解决环境问题。首先需要结合整个区域的整体规划,拿出一个综合的和根本的环境治理方案,定出一个环境改善的时间表,然后逐步

实施，并取得成效，真正建立起环境信誉。

（七）调整利益分配和利益考核机制，增强各级领导对结构调整的积极性和主动性

不管是企业规模结构和产品结构的调整，还是各产业之间的相互消长变化，都是要有成本的，这种成本不仅表现为资本的投入，更表现为时间的等待。因为投资都有周期，企业或产业从一种结构状态转向另一种结构状态都要有一个过程。这种资本投入和这个过程就是结构调整的成本。尤其是像新密这样以节能、降耗、减排为目标的结构调整成本更大，这种成本最终会转化为企业和各级政府的利益损失。在以经济指标作为企业和各级干部业绩评价主要依据的条件下，这种利益损失还会表现为当事人业绩的损失、面子的损失甚至是晋升机会的损失。基于这样的考虑，当事人往往在结构调整中处于被动的地位。为了促使当事人变被动应付为主动推动，就必须调整或改变目前流行的业绩评价标准和利益分配格局。当然，这种改变更多的是要求上级政府付诸行动。但是，本级政府有向上级政府提出建议的权力，也有在可能的范围内尝试调整业绩评价标准和利益分配格局的责任。

（八）明确新密在大郑州经济圈中的功能定位，搭上核心区经济发展的快车

郑州是中原地区最大的经济增长极，也是周边区域可以共享的最大市场平台，谁和郑州这个市场平台挂上了钩，谁就能搭上郑州经济发展这班快车，进入良性发展的循环，实现经济的腾飞。从郑州所属六县市与郑州关系的格局看，巩义、荥阳借助郑洛产业带的建设，通过连霍高速和高等级公路搭起了与郑州快速对接的平台；中牟则成为郑汴一体化战略的最大受益者；郑许一体化给新郑带来了一片光明；郑少高速让登封成为郑州的后花园。只有新密，虽然距离郑州仅有40公里，可因郑密公路交通不畅、郑

产业发展与结构调整

少高速通过的是北部经济发展水平较低的山区、郑石高速出口少等问题，新密成了大郑州半小时经济圈中的死角，难以便捷地搭上郑州经济发展的快车。

要解开这个死结，就必须明确界定新密在经济社会发展方面与郑州的关系，明确新密在大郑州半小时经济圈中的功能定位，并相应加大与郑州之间快速通道建设的力度，加大与郑州产业发展和社会发展对接的力度。

新密与郑州在经济社会发展方面的关系及新密在大郑州半小时经济圈中的功能定位可表述为：作为郑州的能源原材料供应基地，新密是郑州制造业的重要布局及扩散区以及郑州近郊的休闲度假区。

新密与郑州之间快速通道建设的基本方案是：第一，沿郑密公路一侧新建一个专门的货物运输通道，同时将郑密公路改建为一级公路，作为专门的客流通道，实现物流和人流的分离，减少污染，净化美化新密市的环境；第二，从曲梁工业区向北高标准建设一条对接郑州南三环的公路，打开曲梁新兴工业园与郑州市这个中原地区最大的经济中心和市场平台之间要素流动的顺畅通道，为郑州市产业、信息、技术、市场等要素向新密市新兴工业园区的扩散创造充分的条件；第三，郑石高速增开南出口，同时改建扩建沿双洎河东西走向长达25公里的公路，以联结新密市域南部自东向西包括大隗、超化和平陌在内的新密市工业最发达乡镇的工业走廊。据大隗镇丁书记测算，郑石高速南出口和东西工业走廊打通后，仅运费节约一项，每年就能为大隗镇的造纸工业带来2000万元左右的利润，由此带给新密市造纸、耐材等支柱产业的市场竞争力提升的意义就更大了；第四，拆除密杞公路曲梁收费站和郑密公路岳村收费站，扫除制约新密市产业发展的人为障碍，大大降低要素进出新密的成本，增强新密经济的活力，提升新密产业的竞争力。

建设好新密市与郑州市区域和产业对接的两个最重要支点——曲

梁和白寨。曲梁乡地处豫西丘陵山地与豫东平原的交界处，地势平坦，是新密市未来最适合产业聚集和人口聚集的地区。曲梁距离新密市区20多公里，正好可作为新密市除市区之外的另一个副中心区。曲梁向北距离郑州南环直线距离不足10公里，向郑州南环的道路打通后，就直接与郑州连成了一体。曲梁东界紧邻107国道，国道本身不仅是国家南北交通的大动脉、河南省内南北向经济流的主渠道，也是拟议中的郑许产业带的核心区，曲梁自然位于这一核心区。因此，从各个方面看，未来曲梁都是新密经济的一个新的重要增长极，也是融入大郑州经济圈最自然、最方便、最顺理成章的区域，是新密经济与郑州对接的最重要支点。白寨位居新密市的东北部，与郑州二七区接界，距离郑州市中心区只有不足10公里，乘车从镇政府到郑州市政府只需23分钟，到二七区所属皇岗寺镇只有15分钟，可谓与郑州市区道路相连，山川相连，历史文化一脉，在语言习惯和日常经济活动方面，早已与郑州融合在一起。郑州市已经将白寨列入郑州市近郊的密植生态林区建设规划，白寨23个村中有12个村已纳入该规划，涉及3万人，占全镇总人口的一半，其他11个村也规划成了宽窄行造林区，这就意味着，白寨全镇未来作为郑州生态林区的格局已十分明确。在这样一个大格局中，应重新思考白寨的经济发展定位。目前白寨的经济靠建材、运输和煤炭支撑，这与大郑州生态林区的格局严重冲突，再说，建材、煤炭都属于严重不可再生资源依赖型的产业，其产业生命周期不长，从更长期的经济社会发展走向来考虑，也应该逐步摆脱对这些产业的依赖。所以，根据生态林区的格局对白寨的产业发展方向和区域功能进行重新定位已迫在眉睫。我们认为，白寨未来的区域功能应该是郑州近郊的休闲经济区。根据这种功能定位，可能未来最适合成长的产业是休闲服务业、商业、食品加工业和高加工度且轻型的少量制造业。新密市应该结合全境国土面积规划和城镇体系、基础设施规划，把曲梁、白寨放在全新密乃至大郑州经济圈中进行重点规划。

产业发展与结构调整

在打通与郑州连接的便捷通道，并对曲梁、白寨两个与郑州对接的区域支点进行重点规划和建设的同时，还要认真筹划与郑州的产业对接问题。我们认为，近期应加大旅游休闲、服装、食品等三大产业对接的力度。尤其是旅游休闲产业，除了建设好白寨的生态林区及相应的休闲设施外，位于郑少高速新密西出口附近的尖山风景区、位于老县城的古县衙、位于刘寨镇的黄帝宫等，都是郑州近郊独具特色的山川自然景点和最具价值的文化遗迹，在旅游市场上有很大的发展空间。现在需要解决的是景点自身的建设问题，同时加大与大郑州整个旅游景点体系对接的力度，使之成为大郑州旅游景点体系的有机构成部分。在一系列工作中，老县衙的开发应该首先提上日程。建议以老县衙开发为中心，将老县衙附近的古法海寺、城隍庙、孔庙等古历史文化和建筑遗迹统筹考虑，连同老县城一起进行整体规划、整体开发，使之成为新密市规模最大、古建筑遗存最多、文化内涵最为丰厚的最亮文化旅游景点，以带动新密市整个旅游休闲产业的发展。

关于国际金融危机对安阳市影响的调研报告[*]

根据河南省委宣传部开展的"助推河南发展"大型调研活动的安排,2009年4月初,我们就国际金融危机对安阳市的影响进行了专题调研。调研采用问卷调查、走访、召开座谈会三种形式进行。根据企业的行业、性质、规模、产值等从安阳市工业企业中挑选100多家企业进行了问卷调查。在此基础上,从问卷调查企业中随机挑选30多家企业进行重点调研。重点走访的企业主要是资源加工类、房地产业、制造业和高新技术等四类。另外,我们还针对性地考察了安阳县(特别是水冶镇)、林州市和汤阴县受国际金融危机影响的情况。在此期间,我们还分别与企业家、安阳市政府综合管理部门以及市委、市政府主要领导等召开了几次座谈会。最后,作为交流和回报,我应邀为安阳市委中心组作了一次学习辅导报告。在一个多星期的调研活动中,我们深入了解了

---

[*] 2009年为应对金融危机,河南省政府提出要决战二季度,扭转经济快速下滑势头。为此,河南省委宣传部组织全省经济理论界组成了若干个调研组奔赴相关地市进行调查研究,提出应对方案,名为"助推河南发展"调研组。我是安阳组组长,成员有魏成龙、高保中、张建秋、胜栋等。本报告就是此次调研活动的最终成果,由我执笔撰写。——耿明斋

金融危机对安阳市经济社会影响的程度、存在的主要问题、应对措施、未来发展设想及相应的意见、建议。调研立足安阳实际，旨在努力为安阳寻找"逆境求存、求发展"的突破口，为安阳市应对金融危机、保持健康持续发展提供参考依据。现将有关情况报告如下。

一 安阳市产业结构特点

安阳市产业结构中居于主导地位的产业绝大多数是资源类产业，这一特点表现为以下几个方面。

（一）安阳市三次产业结构的特点是第二产业突出、第三产业发展略显滞后

安阳市2008年三次产业结构为13.8∶57∶29.2，而河南省的为14.7∶55.1∶30.2。数据表明安阳的工业化程度高，但第三产业发展略显滞后，安阳第三产业比重处于全省第13位。三次产业的就业结构也表现出同样的特点，安阳市的三次产业就业结构为46.2∶32.7∶21.1，而河南平均水平为50.5∶25.8∶23.7。

（二）安阳市第二产业内部结构表现出能源原材料初级产品加工比重大的特点

与沿海经济发达地区的山东、广东及中部大体上与河南处在同一发展水平的湖北相比，河南省属于典型的资源型产业结构（见《把调整结构纳入扩内需、保增长的战略布局中来》一文表1）。

安阳市产业结构与河南省相似度极高，同样具有典型的资源型产业结构特点，且有过之而无不及（见表1）。

表1 安阳市第二产业内部行业结构（2008年数据）

单位：亿元，%

行　业	工业增加值	占　比
1. 黑色金属冶炼及压延加工业	209.1	41.71
2. 石油加工和炼焦业	37.56	7.49
3. 煤炭开采和洗选业	29.98	5.98
4. 交通运输设备制造业	27.17	5.42
5. 农副食品加工业	23.02	4.59
6. 非金属矿物制品业	21.27	4.24
资源型产业	297.91	59.43
规模以上工业增加值	501.3	100

表1表明，安阳市资源型行业在工业增加值中占59.43%，高出河南省20多个百分点。在安阳市，安阳县和林州市是工业化水平较高的县域经济体，它们的资源性结构特点更加突出，安阳县资源型产业占94.89%，林州市资源型产业占38.04%（见表2、表3）。

表2 安阳县二产内部行业结构

单位：亿元，%

行　业	工业增加值	占　比
1. 黑色金属冶炼及压延加工业	49	41.04
2. 石油加工、炼焦及核燃料加工业	35.7	29.90
3. 煤炭开采和洗选业	20	16.75
4. 非金属矿物制品业	7.4	6.20
5. 纺织业	2.2	1.84
6. 黑色金属矿采选业	1.2	1.01
资源型产业	113.3	94.89
规模以上工业增加值	119.4	100

表3 林州市第二产业内部行业结构

单位：亿元,%

行　业	工业增加值	占　比
1. 黑色金属冶炼及压延加工业	28.4	25.36
2. 通用设备制造业	14.7	13.13
3. 非金属矿物制品业	10.4	9.29
4. 饮料制造业	5.1	4.55
5. 专用设备制造业	4.5	4.02
6. 有色金属冶炼及压延加工业	3.8	3.39
三大资源性产业	42.6	38.04
规模以上工业增加值	112	100.00

二　安阳市产业结构的特点决定其受国际金融危机影响必然较大

安阳市的大多数支柱产业处在产业链的上端，属于资源类产业主导，在国际金融危机导致经济收缩加剧时，它们遭受的打击会更大，经济下滑得也会更深。

国际金融危机对安阳市经济发展的影响主要表现在以下几个方面。

（一）经济增长率下降

由于受国际金融危机影响，安阳市经济增长率出现明显下降（见图1），降幅大于全省水平（见图2）。

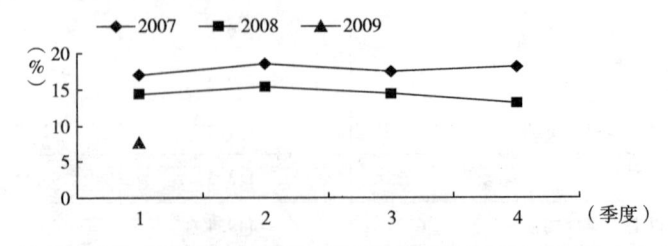

图1　安阳市2007年以来季度GDP增长率变动情况

图 2　河南省 2007 年以来季度 GDP 增长率变动情况

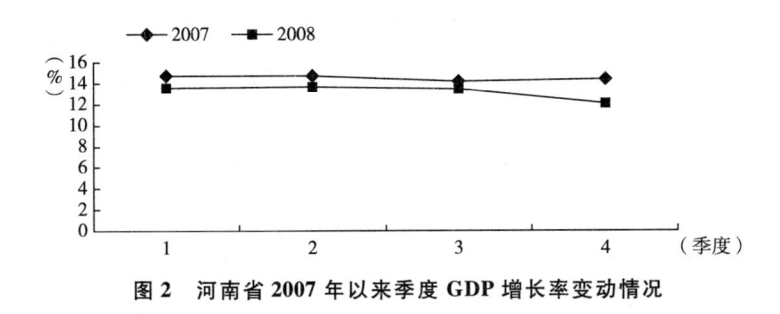

(二) 财政收入大幅下降

受国际金融危机影响，安阳市财政一般预算收入增长率大幅下降，在 2009 年 1 月份甚至出现了负增长，财政收入受金融危机影响很深（见图 3）。

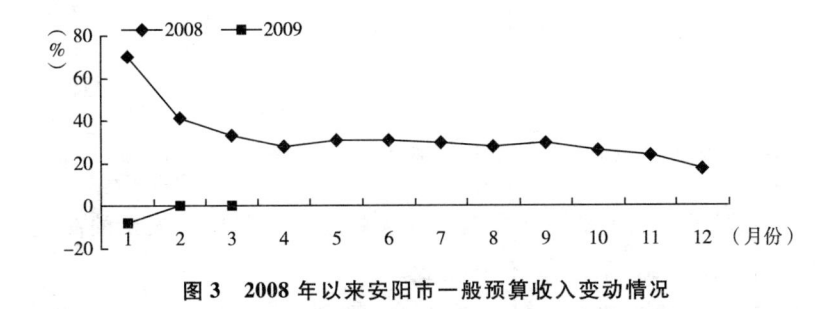

图 3　2008 年以来安阳市一般预算收入变动情况

从财政收入结构看，与企业经济活动直接密切相关的财政收入明显减少，一般性预算收入下降主要是由税收收入下降引起的（见表 4）。

2009 年第一季度安阳市一般预算收入完成 123987 万元，比上年同期增长 0.2%，而税收收入完成 84110 万元，同比下降 4.5%，非税收入达到 39877 万元，同比增长 11.8%，正是非税收入的大幅上升才使得财政收入缓慢增长。

从表 4 来看，主体税种除了营业税稍微增长外，其他都呈现了大幅度的下降，而小税种全面大幅上涨，非税收入除了专项收入

表4 安阳市2009年第一季度财政收入结构

单位：万元，%

税收			税收			非税收入		
项目	金额	同比增长	项目	金额	同比增长	项目	金额	同比增长
主体税种	62354	-12.1	小税种	21756	27.3	非税收入	39877	11.8
增值税	20198	-26.5	城镇土地使用税	5218	22.3	专项收入	5184	-41.8
营业税	21998	1.9	契税	5980	70.5	行政事业收费收入	16179	23.5
企业所得税	5584	-3.4	房产税	1895	9.0	罚没收入	8894	44.5
个人所得税	4601	-20.8	耕地占用税	4731	39.4	国有资产有偿使用费	4021	70.5
城市维护建设税	10052	-3.2				国有资本经营收入	4087	34.4

注：专项收入包括征收排污费收入、征收城市水资源费收入、教育费附加收入等。

外也都呈现大幅上涨，而专项收入大幅度降低是因为大量的高耗能、高污染企业的减产或停产所致。

受此消彼长影响，税收收入占一般财政预算收入的比例为67.8%，比上年同比下降3.4个百分点，低于全省平均水平3.2个百分点，在18个地市中排名第15位。

（三）进出口额下降

安阳市进出口总额占全省的比重为10.14%，出口总额占全省的比重为7.51%，分别排第4位和第5位，安阳的经济外向型特征相对比较明显。受金融危机影响，安阳市进出口都受到很大影响（见表5）。

表5　安阳市2009年第一季度进出口情况

单位：万美元,%

进出口总额	14958	出口额	7269	进口额	7689
同比增长	-67.7	同比增长	-66.6	同比增长	-68.9
占年目标的比例	5.4	占年目标的	5.4	占年目标的	5.4

（四）部分企业经营困难

国际金融危机给部分企业带来的直接影响是市场需求萎缩，出口减少，内需不足。企业销售困难，给正常生产带来了很大的影响。不少企业被迫减产，处于停产半停产状态。

以安阳县为例，2008年底，安阳县钢铁行业有5家企业停产，2009年春节期间，钢材市场受国家经济刺激政策影响稍微回升，企业开始恢复生产，但是春节过后，钢铁市场又经受了第二波冲击，企业经营又面临很大困难。其中，华诚钢铁公司限产80%，博盛、鑫源、宏达三家企业生产不正常，只有永兴钢铁自恢复生产以来，生产比较正常。安阳县5家焦炭企业，受钢铁市场不景气的影响，大量限产，焦炭结焦时间由原来的18小时延长到40小时，年前甚至达到70小时，限产最甚者达到50%，其他企业在20%~30%。

林州市的情况也不容乐观。林州市的支柱产业是钢铁、汽配、铝电、煤机、石英砂，2008年完成工业增加值81.1亿元，占全市工业增加值的"半壁江山"。除了煤机以外，其他产业受金融危机的影响程度都很深。在林州市钢铁企业中，中升钢铁公司于2008年9月停产，林钢限产50%。在林州市铝电、铝制品加工企业中，龙头企业林丰铝电公司1万吨电解铝生产线停产。

（五）企业效益下滑

企业效益下滑的主要原因是：一是由于前三季度原材料价格

上涨，不少企业高价购进原材料，有的还有库存，而目前产品价格大幅下跌，甚至出现产品与原材料价格倒挂现象。二是尽管当前原材料价格降价，但由于开工不足，生产量不饱和，产量减少，直接成本上升。加之企业销售不畅，资金不足，又无钱大量购进目前廉价的原材料。三是由于目前处于观望时期，有些企业尽管生产处于维持状态，但用工还得维持，员工还得培训，因此尽管生产开工不足，但还得给员工发放工资，用工成本增加。四是因为销售困难，必须加大营销力度和市场开拓力度，销售费用也大幅上升，造成销售成本增加。

在所有影响利润的因素中，产品价格下降是最主要的因素。以焦炭行业为例，2008年初，在国际国内焦炭价格不断飙升的拉动下，7、8月份的焦炭价格达到了令人瞠目的高位，最高价每吨达到了出厂价3200多元，为上年同期的2.5倍。进入9月份，下游钢铁行业焦炭用量大幅缩减，焦炭价格一路下滑。由于在北京奥运会以前，焦化企业大量高价存煤，不少企业焦煤进货价格都在2000元以上，在焦煤库存还没有消化的情况下，焦炭的价格已经迅速回落到了每吨1400~1700元左右，每吨焦炭亏损1600元左右。到10月份，焦炭甚至出现了有价无市的现象，除部分一级焦炭能够按1200元的价格出售以外，其余二级焦炭严重滞销。安阳市焦炭企业不得不限产30%~50%，有的甚至关停。焦炭行业利润空间受到严重挤压，上半年的利润在下半年被侵蚀殆尽。

（六）企业资金紧张状况日益突出

一方面，安阳市产业结构的特点使企业大进大出的产销特点十分突出，企业占用资金多，流动资金需求量大，大量资金滞留在生产流通环节。同时，由于市场疲软，企业应收账款增多，产成品库存占用资金上升。另一方面，企业贷款存在抵押难、担保难的问题。虽然国家已经放开银行的信贷规模，但在当前的宏观经济环境下，银行从控制风险的角度出发，信贷审核更加谨慎，存在"银根松、贷款紧"的现象。部分中小企业土地系租赁形式，不能作为贷款抵押，融资能力差，影响了企业正常生产。而且，由于宏观经济形势的影响，一些原本效益较好的中小企业经营面临困境甚至倒闭，导致无法偿还借贷资金，使民间借贷信心受到影响，原本较为活跃的民间融资也明显收缩。

（七）企业家信心不足

国际金融危机的加深，给当前不少企业的信心造成了一些影响。不少企业由于无法预测这场危机的程度和持续时间，对扩大生产、扩大投资信心不足。有的在等待观望，对完成当年的任务心中无数，对来年的计划没有底数。特别是对项目建设缺乏信心，观望徘徊。

三 安阳市应对危机的措施建议

（一）乘"机"加大投入应对危机保增长

每一次危机来临之际都是国家采取宽松宏观经济政策和加大投入之时，哪一个地方抓住和用好了危机之"机"，哪一个地区就能够有一个更大的发展空间。

安阳必须抢抓国内国际资本加速流动、国家从紧政策逐渐松动的有利时机，开展有针对性的"招引上争"工作，集聚外资、激活民资投入、推进重大项目投入，实现经济、产业结构优化。在招引外资上，要在强化招商引资行政压力的同时，更多地加强招商引资思路研究，针对金融危机对不同地区、不同产业的影响，采取有针对性的招商。同时，在引进资本、技术的同时，更加注重人才的招引工作。在激活民资上，要大力宣传和落实关于民间投资、加快发展服务业的各项政策。在推进重大服务业项目上，要根据国家、省本轮投资安排的重点，重点增加港口建设、城市建设等一批事关安阳市经济社会长远发展的重大基础设施项目，以及安居保障、医疗卫生、文化教育等民生工程，抓紧完善相关项目的前期工作，努力做到（向）上争项目高频率、大强度，项目库源常充实、不间断。

具体可以采取如下三条措施：一是由政府综合部门（比如发改委）牵头，组织相关部门（如中小企业局、商务局等业务部门）及相关研究人员共同组成赴长三角和珠三角产业调研组，深入相关的产业和企业，具体了解它们在上述两地区的生存状况和发展意向、转移方向，获得第一手资料，有针对性地成批将这些产业和企业移植到安阳来。二是要把握国家实施积极财政政策、扩大内需的机遇，争取多上项目、上好项目。要结合安阳市的比较优势和长远发展规划，策划和包装一批项目，跟国家和省里的有关政策进行对接，力争有更多的项目进入中央和省里重点项目的笼子，争取更多的份额。就工业而言，当前重点是争取节能减排、自主创新和产业结构调整的项目，加快发展方式的转变、产业结构的优化和创新能力的增强。三是把握国家实施适度宽松货币政策的机遇，争取重点项目和中小企业的资金支持。要加大金融机构的协调力度，切实争取重点产业项目配套信贷支持，加快项目建设。各金融机构要充分利用人民银行取消信贷规模限制、降低存款准备金率的有利时机，认真落实好已出台的金融支持政策，简化中小企业贷款程序，将信贷资源更多投向中小企业，重点满足符合产业和环保政策，有市场、有技术、有发展前景的企业的流动资金需求，切实缓解中小企业资金紧张状况。

在落实上，一是落实投入责任制。将投入目标层层分解，逐级落实，定期调度，强化考核。二是强化项目管理。对列入省十大产业调整振兴规划的工业项目以及当年全市重点实施的投资过千万元的工业项目,强化调度,搞好服务,确保项目快建设、早完工、早投产、早见效。同时,加大项目储备力度,市县两级都要聘请专家帮助论证一批大项目、好项目。各县区至少要储备30~60个项目。三是加大产业招商力度。根据安阳市的产业特点和优势,围绕产业链条的增粗和上下游产品的延伸,聘请高层专家,论证筛选一批优势项目,组成专业招商队伍,有针对性地开展产业招商。同时,发动企业利用现有的工业园区,加强对外合作交流,加快企业规模膨胀。四是搞好项目推介。不定期与人民银行、银监局一齐筛选项目,向金融部门推介,帮助企业多渠道融资。五是切实在税收及工商服务各个环节给出相应的优惠政策,排除企业成长的体制机制障碍。

(二) 借"机"引导产业结构升级调整

经济危机对不同产业的影响是不同的。受国际金融危机的影响,很多企业经营困难,利润大幅下降,但有些企业利润却逆势大幅增长。例如,2009年以来,饮料制造业、医药制造业、印刷业和记录媒介复制行业利润增速超过80%,增速分别为85.62%、84.57%、143.88%、88.96%;农副食品加工、通用设备制造业增速超过50%,分别为51.82%、51.88%;专用设备制造业增速为40.49%,煤炭开采和洗选业增速为30.30%。

政府应该根据金融危机下不同产业的"示范"效应,有针对性地引导产业升级。在进行产业升级方面,安阳市已经作出了规划部署,按照产业结构升级的要求,安阳市确定了9个产业集聚区:安阳县产业集聚区、安阳新东区产业集聚区、安阳市纺织产业集聚区、安阳市产业集聚区、林州市产业集聚区、滑县产业集聚区、内黄县产业集聚区、汤阴县产业集聚区、安阳市高新产业集聚区(含安阳市高新产业开发区)(见表6)。

表6 安阳市产业集聚区基本情况表

名称		安阳县产业集聚区	安阳新东区产业集聚区	安阳市纺织产业集聚区	安阳市产业集聚区	林州市产业集聚区	滑县产业集聚区	内黄产业集聚区	汤阴产业集聚区	安阳市高新产业集聚区	合计
规划面积（平方公里）	起步区（建成区）	4.53	0	2	1.73	2.75	5.5	2	6.7	8.66	33.87
	发展区	7	3	3.9	8	3	5	5	5.5	8.1	48.5
	控制区	8	4	3.3	7.66	3	4.5	4	5	6.76	46.22
	合计	19.53	7	9.2	17.39	8.75	15	11	17.2	23.52	128.59
入园企业数（个）	2007年	27	0	154	80	32	84	54	50	63	544
	2012年预计	38	10	400	179	50	210	80	120	200	1287
就业人口数（万人）	2007年	1.4	0	0.35	1.2	0.8	0.7	1.5	2.1	1.1	9.15
	2012年预计	2.2	0.4	1	2.45	1.5	2.1	2.6	8	4.2	24.45
居住人口数（万人）	2007年	2.8	0.5	1.2	5.75	3	1.6	9	3	2.4	29.25
	2012年预计	5	1.2	2	7.35	5	8.6	15	5	6	55.15
营业收入（亿元）	2007年	173.5	0	2.8	55.9	82.8	59.8	40	66.3	65	546.1
	2012年预计	361	2.2	60	230	900	235	70	220	700	2778.2

续表

名称		安阳县产业集聚区	安阳新东区产业集聚区	安阳市纺织产业集聚区	安阳市产业集聚区	林州市产业集聚区	滑县产业集聚区	内黄产业集聚区	汤阴产业集聚区	安阳市高新产业集聚区	合计
项目投资（亿元）	2007年	59	0	2.4	6.8	46	21	19	27	42	223.2
	2012年预计	100	2.5	6.7	66	200	85	32	140	350	982.2
基础设施投资（亿元）	2007年	3.67	0	0.9	5.7	2.5	4.8	4.5	3	5.5	30.57
	2012年预计	1.2	0.8	4.7	15	9	16	7	10	33	96.7
建成标准厂房面积（万平方米）	2007年	5	0	7	6	22	12	8	26	1039	1125
	2012年预计	18	3	20	240	58	45	15	55	2340	2794
主导产业		钢铁、焦炭、机械配件	电子信息、生物制药	染整、纺织、服装机械	新型清洁能源、现代物流、包装材料机械	有色金属、机械制造	农副食品加工	农副食品加工、机械制造	食品加工、机械制造、包装	电子信息、装备制造、生物医药	

我们认为，下一步安阳市产业发展和产业调整的总方向应该是加大制造业在整个工业中的比重，逐步缩小对资源型产业的依赖。安阳市的资源型产业都是依靠不可再生的资源发展起来的，资源总有枯竭的一天，从长期看，一个地区的经济不可能持久靠资源型产业来支撑。或者换句话说，靠资源型产业来支撑的经济是不可持续发展的。所以，大力发展逐步摆脱对本地资源依赖的制造业，调整产业结构，是保持安阳经济能够长期持续增长的战略性任务。

（三）抓小企业培育和全空间范围的工业化

中小企业资金不足、融资困难，是一个普遍性难题。在国际金融危机的影响下，这一问题更加突出，政府和部门都要想方设法破解这一难题。①协调好银企关系，进一步加大对中小企业的信贷支持力度，提高对中小企业的信贷比重，培育和发展小额贷款公司。②加强信用担保体系建设，积极推广银政企合作的"寿光模式"。鼓励各类民间资本投资担保，吸引外地资本进入安阳担保领域，支持外地担保公司来安阳设立分支机构，探索建立政府参与的股权多元化、具有示范引导作用的担保公司，形成各类担保机构相互补充、平等竞争的担保体系，争取新发展更多担保公司。③要解放思想，开展个人信贷业务，大胆尝试、大胆鼓励，引导个人放贷，甚至引导民间资本建立小额信贷公司，适当放开民间融资渠道。可以借鉴上海、温州等地经验，允许企业进行小额融资。例如，发挥各个领域商会的作用，以其为中介，成立企业联盟或中小企业风险投资公司，把非正式的、自发的民间资本集中起来，将其转变为正式的"金融中介"融资。还可以通过行业内部联保或建立产业发展基金，帮助企业应对危机，弥补融资缺口，缓解小企业的资金紧张。④加大对中小企业的财政支持力度。增大中小企业发展专项资金规模，加大对中小企业结构调整、技术创新和参与市场竞争方面的财政支持力度。建议拿出一部分土地指标逐步为一部分经营效益好、有发展前景的中小企业办理部分土地使用证，增强其融资贷款抵押能力。⑤设立企业风险应急保障基金或企业破产准备基金。受危机影响，出现一系列劳资纠纷、管理漏洞和企业倒闭等问题，通过设立风险应急保障基金或企业破产准备基金，可保障企业职工的根本利益，维护社会稳定，能支持企业在整合洗牌过程中平稳过渡。⑥继续推进中小企业信用评价体系建设，力争更多企业成为安阳市信用中小企业。

另外，还需要加强中小企业抵御风险能力、综合竞争能力、现代管理能力等方面的建设。一是增强抵御风险的能力。鼓励建立健全现代企业制度，大力开拓新兴市场。加大对优势产业和龙头企业的扶持力度，把培植专业村、专业乡（镇）、专业批发市场作为发展新的特色产业集群的突破口，促进以中小企业为主的产业集聚发展。争取更多乡镇列入省级特色产业镇，更多企业列入省级公共服务平台。二是增强综合竞争能力。引导中小企业因企制宜地开展新产品研发，进一步深化产学研结合，着力加强研发平台建设。加大技术改造力度，积极运用高新技术和先进适用技术改造提升传统产业。加强人才培训服务，对省里认定的中小企业培训示范机构，建议市财政每年给予一定资助，力争全年培训更多的各类人才。三是增强现代管理能力。引导企业练好内功，靠管理求效益。进一步推动中小企业的信息化，依靠现代化技术提升管理水平。引导中小企业培育具有本企业特色的企业文化，发挥职工在克服生产经营困难中的积极性、智慧和创造力，坚定信心，迎难而上，促进平稳发展。

（四）以提高自主创新能力应对危机保增长

这次国际金融危机中，安阳市一些劳动密集型企业和传统技术企业受到的冲击较大，同时，一些具有自主创新能力的企业和高新技术企业则显示出较强的抵御风险能力和市场竞争能力。安阳鑫盛机床有限公司以"创新永无止境"为企业精神，聚集了一大批优秀的科技、管理和营销人才，凭着对产品科技含量和性能质量不断提高的执著的追求，将现代高科技渗入产品，能够批量生产各种配置的高精密数控车床，在金融危机中表现出了较强的抗风险能力。

对于政府来说，提高安阳自主创新能力，重点是应着力构建生态创新平台，为企业提高创新能力创造条件。一是利用金融危机中人才"闲置"的有利时机，加大技术创新和人才引进的扶持力度。引进和积累先进技术和人才，重点培育具有高成长性的企业群，是安阳经济发挥后发优势、打造产业化经济的坚实基础。因此，政府要加快落实中高级专业人才倾斜政策。为吸引和留住高级人才，还要尽快完善科技项目申报、高新技术企业认定、专利申请、投资指引等方面的政策法规，并成立科技创新鼓励基金，支持企业技术引进和研发活动。二是加强公共服务平台建设。如搭建科技信息平台，提供国家优惠政策、经济走势、行业动态、科技创新方面的信息；搭建企业供求信息平台，为企业提供优质的供应商和客户，加强双方战略合作；搭建人才供求信息平台，建立本地人才信息数据库，为企业人力资源调度提供便利；搭建政府行政服务平台，提高行政办事效率，减少企业外部成本；搭建产品营销平台，发挥行业商会的作用，提升企业知名度和品牌宣传效应。

对于企业来说，提高安阳自主创新能力，一是改造提升传统产业。积极用新技术、新工艺、新设备、新材料改造提升纺织、粮油加工等传统产业，进一步延伸化工、机械制造产业链条，淘汰落后产能、提升水平、增强竞争能力，为下一轮的发展打好基础。二是加快设备更新换代步伐。引导企业抓住增值税转型、主要国际货币贬值、进口设备成本低等有利条件，加快引进新的技术设备。三是培植壮大新兴产业。加快新能源、生物工程、电子信息、新材料等高新技术产业的发展，壮大一批具有自主创新能力、掌握核心技术、拥有技术标准的高新技术企业。加快数控机床、风电设备、施工机械等装备制造业的发展，形成一批拥有自主知识产权、具有较强竞争力的特色产品。四是实施好"新、特、优"工程。加大高新技术产品、新产品、特色产品、特色产业、优质产品、名牌产品的开发和培育力度。五是加快技术创新步伐。落实好国家鼓励自主创新的各项政策，支持企业自主研发和联合攻关，加快推进重点新产品研发。六是推进信息化与工业化融合。围绕产品研发设计、流程控制、企业管理、市场营销、人力资源开发等环节，加快信息技术的应用和推广，扩大信息技术和先进适用技术的应用领域，提升自动化、智能化和现代化水平。

（五）大力发展现代服务业，增强安阳市逆周期调节能力

2008年，安阳市三次产业结构为13.8：57：29.2，产业结构呈现"二三一"的格局，即第二产业占主导地位，交通运输、邮电通信、商业饮食、金融保险、房地产、旅游、信息咨询以及科教文化等各项社会事业发展相对落后。与全国各地级市相比，安阳市第三产业占GDP的比重不仅低于东、中部地区和全国平均水平，也大大低于西部地区水平。房地产的发展状况是安阳市服务业发展滞后的一个表现。安阳市的房地产开发还处于初级阶段，房地产的很多指标都低于全国和河南的平均水平（见表7）。

表7 安阳市区房地产发展状况对比

单位：%

项目区域	GDP增长率	固定资产投资增长率	房地产开发投资增长率	固定资产投资占GDP比重	房地产投资占固定资产投资比重	房地产投资占GDP比重
全国	9	25.5	20.9	57.3	17.75	10.17
河南	12	30	41.6	57.14	11.4	6.51
安阳	23	32	-8.03	56.7	4.3	2.44

加快安阳市服务业发展步伐，推进城市转型，促进产业协调持续发展，构建现代服务产业体系，是应对国际金融危机，贯彻国家和省扩内需、保增长措施，促进安阳科学发展的重大战略抉择。大力发展现代服务业，继续大力宣传和落实安阳市服务业发展的各项优惠政策，做大做强生产服务业、生态旅游业和生活服务业，努力实现高端制造业和现代服务业的"双轮驱动"，对提升安阳的城市定位和经济发展后劲，具有非常重要的意义。现代服务业由于参与产业链的高端环节，长远而言，对提高经济效益和城市定位，具有不可替代的作用。我们已经进入了前所未有的产业链战争时代，现代服务业与现代制造业相辅相成。先进制造业的价值链延伸得很长，有些环节独立出来就变成了独立的服务业，而独立服务业的价值链也在拉长，每个环节都可以再独立出来变成一个产业。因此，现代服务业产值的高占比，在一定程度上是一个国家产业进步的标志，也应是安阳未来经济发展的长远目标。安阳应遵循"四化"的思路发展服务业，即生产服务业集聚化、生活服务业连锁化、基础服务业网络化和公共服务业均等化。安阳服务业应该：一是巩固提升商贸服务业；二是平稳发展房地产业；三是进一步提升旅游产业规模；四是稳步拓展金融服务业。

（六）优化产品结构，拉长资源型产业的链条

目前虽然绝大多数产品出现市场需求萎缩的情况，但对一些技术含量较高、有自主知识产权的产品来说，市场需求情况还是比较好的。凤宝钢铁公司过去主要生产钢材，现在新建成二期项目，主要生产油井管。正是油井管保证了金融危机下该企业的正常运营。调整产品结构，可以提高产品的附加值和技术含量。例如，1吨钢价格最高时也就3000多元，而加工成铸件1吨可达7000元，而做成机床1吨为数万元！安阳市可以依托钢铁优势，做大钢铁产品深加工业，大力发展装备制造、汽车零部件等产业。

对于企业来说，要根据市场的需求，有针对性地调整现有的产品结构，开发市场需求大、赢利能力强的产品，淘汰那些没有销路、经济效益差的产品。差异化是企业参与市场竞争的一种重要战略。所谓差异化战略，是指企业提供区别于竞争对手并在行业内具有独特性产品的一种战略。差异化战略的核心是以产品的特色赢得竞争优势，使自己的产品或服务在行业内独树一帜，从而赢得用户，赢得市场，取得高于竞争对手的收益，用产品或服务的优越性来锁定顾客群。目前，我国有些企业的竞争手段趋同，最常见的就是价格战和产品同化。在这种情况下，企业应当根据企业的核心能力和市场变化进行战略定位，推行差异化战略，避开战略趋同和恶性竞争，使自己在市场中能有独立的发展思路，减少短期环境变化对企业战略的影响，进而保持和增强企业的竞争优势。

（七）突出扶持重点企业，活"龙头"带"龙身"

在当前的形势下，要坚持有所为、有所不为，通过救重点企业带动关联企业，维持产业链的微运转。按照"四个优先"的原则（即已竣工投产的企业优先、仍在维持运转的企业优先、产品有销路的企业优先、生产原料有来源的企业优先）扶持一批实力较强、发展性好、关联性大的企业。这样，既能确保集中力量扶持重点企业，又能带动上下游企业，还能通过竞争、市场和政策三股力量，淘汰关闭一批规模小、效益差、污染大、技术含量低的企业，推进安阳产业的规模化、集约化发展。

可以制定特殊扶持政策。应该坚持的原则是："能免则免、能减则减、能缓则缓"，对重点扶持企业采取"降费让利"措施，扶持企业稳定发展。

采取特殊时期的社会保险费征收及使用办法。对暂时无力缴纳社会保险费的困难企业，在一定条件下允许缓缴养老、医疗、失业、工伤和生育五项社会保险费；2009年暂停实行"五保合一"的征缴模式，并阶段性降低失业、工伤、生育保险费率；使用失业保险基金为困难企业稳定岗位支付社会保险补贴和岗位补贴，使用就业专项资金对困难企业开展职工在岗培训给予补贴。

采取特殊时期的资源性税费统征办法。可对销售到市内精深加工企业的资源类产品统征税费中的"费"，实行先征后返，全额返还给企业；对销售到市外的，返还50%。

采取特殊时期的行政事业性收费征收办法。对企业欠缴的2008年度行政事业性收费，除上缴部分外，可延缓征收；对2009年度行政事业性收费，除上缴部分外，一律减半征收，并可延缓到年底征收。对省、市重点项目的行政事业性收费，采取"一事一议"的办法。

采取特殊时期的困难企业裁员经济补偿办法。困难企业在不得不进行经济性裁员时，要按照有关法律规定给予员工相应的经济补偿。对企业确实无力一次性支付经济补偿金的，在企业与工会或职工双方依法平等协商的基础上，可签订分期支付或以其他方式支付经济补偿的协议。

强化服务，努力打造区域"政策洼地"和"服务高地"。越是在企业发展困难的"大气候"下，就越要重视积极营造有利于服务业企业发展的微观"小气候"。把机关作风整顿的重点放在科级及以下具体业务经办人员上，促其在具体经办过程中提高效率。严格控制并减少对企业和项目施工现场的检查、评比、罚款。

（八）深化政银合作和企企合作，既"授鱼"又"授渔"

进一步完善政银合作机制，建立政银联席会议制度，每季度定期通报经济运行及重点企业生产经营情况。协调金融部门在特殊时期采取超常规的贷款审批程序，确保重点扶持企业所需流动资金快速到位。

对市内外银行给予安阳市重点企业贷款,流动资金贷款1000万元以上或者在建省、市重点项目贷款2000万元以上的,由市县两级财政予以贴息。贴息比例可为贷款利息的50%,贴息资金由市、县财政各负担50%,贴息方式由以前直接补贴企业改为补贴银行。

对重点企业引进战略投资者或风险投资的,市县两级受益财政可视同招商引资,给予相应的政策优惠和奖励。

创新产品质押、抵押贷款机制。发展矿业权、矿产地、矿产品等抵押和矿山企业集合融资。对企业以产品质押申请贷款的,银行可根据当时产品的市场价格作价后,按一定比例(如70%)发放贷款。

增进市内外有色金属企业的相互了解和合作,加强企企合作。可以采取的措施有:一是由主管部门或行业协会组织座谈、联谊会等形式,增进市内企业沟通信息,寻找合作机会,共同"抱团取暖"。二是支持市内企业抓住机遇,与市外的大型企业建立战略性长期合作关系和更加紧密的供销合作关系。鼓励有实力的企业通过收购、入股、兼并等多种方式,整合市内企业。三是采取上下游企业间"非货币化结算"模式。可采取"政府与银行见证、上下游企业合作,协定交易结算时间、定价方式或分成比例、协议期内点价"的方式,组织企业进行非货币化结算合作。四是采取原材料供应"协议期内点价结算"模式。可在原材料需求方与部分向其供应原材料的企业之间,采取由买方预付部分原材料采购资金、卖方在约定期内按最高价点价结算的方式合作。

积极协调水电供应企业与市重点扶持企业的关系,对困难企业的水电费予以部分或全部缓交,逐步实现县属企业与市属企业电费的统一价格。

建立收储制度,让"包袱"成"财富"。按照"政府引导调控、企业储备、银行贷款、财政扶持、市场运作、扶优限劣"的

产业发展与结构调整

原则，建立钢铁、焦炭、化工等产品收储制度，并分批实施动态管理。收储资金可有两种来源：一是由收储企业以产品质押等方式向银行贷款；二是引进战略投资者和高端客户注资储备。收储企业以产品质押，投资者可以采取买断产品时段销售权、定金，收购现货、期货等形式，以现金出资储备产品。收储期间发生的银行贷款利息由受益财政给予适当补贴。

郑东新区自主创新体系建设与发展规划（2010－2020）[*]

（征求意见稿）

建设自主创新体系是将郑东新区打造成为全省经济社会发展战略新高地、新引擎、新标志的迫切要求，是建设"三化两型"城市新区的重要支撑，是提高核心竞争力，实现科学发展、跨越发展的基本途径。为贯彻落实党中央、国务院关于建设创新型国家的一系列战略部署，贯彻落实《河南省自主创新体系建设与发展规划（2009－2020年）》与《郑州市自主创新体系建设与发展规划（2010－2020年）》，依据《郑州市国民经济与社会发展第十二个五年规划》和《郑东新区国民经济与社会发展第十二个五年规划》以及新区管委会《关于促进经济繁荣加快产业发展的意见》等重要文件，从实际出发，建设具有郑东新区特色的自主创新体系，特制定本规划。

---

[*] 本规划是郑州市郑东新区的招标课题，课题由我主持，课题组成员有宋智勇、郑祖玄、杨宏恩、赵志亮、侯文杰等。宋智勇为主要撰写人并承担了大量协调工作。——耿明斋

一 建设自主创新体系的重要性与紧迫性

（一）郑东新区自主创新体系建设的现状与存在问题

郑东新区自成立以来，始终站在全省、全市改革开放的前沿，坚持把发展科教事业放在全区各项工作的突出位置，坚持把自主创新体系建设作为提升郑东新区核心竞争力的主要抓手，不断加快创新型城市新区建设，取得了长足的进步。新区内目前已集中了15所高等院校，以河南煤化集团生物能源研发中心为代表的一批企业研发中心正蓬勃发展，中国电科二十七所已经成为国家重要军民用大型电子信息系统研发与生产的重要基地，在建的郑东新区创业中心将成为科技企业的重要孵化基地和科研成果转化基地，经过近年来的快速发展，郑东新区自主创新的资源日益丰富，自主创新能力有了较大的提高。

但是，由于郑东新区各项建设都是从零起步，各种创新资源的分布仍然比较分散，没有形成体系与合力，自主创新对区域经济社会发展的支撑作用还不明显，距建设"三化两型"城市，实现科学发展、跨越发展的战略目标的要求还有很大差距。一是自主创新的资源还不够丰富，缺乏研究型、学术型大学与科研机构，国家、省级重点实验室、工程中心、企业研发中心还很少，高水平研发团队和领军人才缺乏，科技服务机构的规模和服务水平还不能满足自主创新体系发展的需要。二是自主创新体制机制还不完善，全社会缺乏依靠自主创新实现可持续发展的意识和动力，创新主体的活力和动力不足，产学研紧密结合的机制尚未真正建立。三是自主创新的能力与水平亟待提高，能够解决本地区、郑州市以及河南省经济社会发展重大关键问题的高新技术和自主创新成果少，自主创新对外依存度较高。

（二）建设自主创新体系的重要意义

1. 建设自主创新体系是郑东新区打破资源、环境与技术等瓶颈约束，实现跨越式发展的关键。郑东新区远景概念规划范围150平方公里，等于再造一个郑州市，区域内各种资源如能源、水源以及矿产资源等缺乏，支撑城市建设与发展的后劲不足，同时，城市建设和人口聚集的全面提速，给生态环境带来巨大的压力。为避免传统的高投入、高消耗、高污染、低效率的"以资源换增长"的城市化发展模式，必须加快自主创新体系建设，提高资源利用效率，实现集约化发展，走低碳化、生态型的城市发展道路，最终达到跨越式发展的目的。

2. 建设自主创新体系是郑东新区打造全省产业发展高地，成为引领全省经济社会发展先导的迫切要求。建设国家区域金融中心、中部地区总部经济中心、国家中部会展之都和现代化商贸中心是郑东新区发展的战略定位，这一定位要求郑东新区成为引领全省重要产业发展的风向标，因此，郑东新区的发展不仅要站在全省经济社会发展的最前沿，而且要站在全国乃至全世界经济社会发展的前沿，只有加快建设自主创新体系，郑东新区才能把握国际国内重要产业、重大技术和主要市场的发展方向，切实起到先导性作用。

3. 建设自主创新体系是郑东新区建设"三化两型"城市，增强服务全省经济社会发展能力的重要依托。郑东新区是郑州市未来发展的方向，只有加快自主创新体系建设，才能率先建设成为现代化、国际化、信息化和生态型、创新型的"三化两型"城市新区，才能凸显郑东新区在郑州市建设国家区域性中心城市中的示范样板作用，才能增强郑东新区的辐射力、影响力和带动力，把郑东新区打造成为服务中原崛起乃至中部崛起的制高点。

4. 建设自主创新体系是郑东新区提升核心竞争力，深度参与国内国际区域合作与竞争的有力武器。创新不仅是一个区域发展的强大动力，而且也是衡量其核心竞争力的关键因素，也是决定区域产业分工、发展与定位的基础性条件，郑东新区的发展离不开国际国内的合作与竞争，建设一个层次清晰、功能齐全、开放高效的区域创新体系，有利于集中相关创新资源和力量，提高科技创新能力，推进科技成果产业化，提高郑东新区的核心竞争力和在国际国内的竞争地位。

（三）建设自主创新体系面临的形势与紧迫性

1. 世界范围内的竞争，正从资源、技术竞争升级为自主创新能力的竞争，郑东新区的发展要始终走在世界的前沿，必须加快自主创新体系建设的步伐。金融危机推动了世界经济政治格局大变革、大调整的步伐，以创新能力为核心的综合国力的竞争更趋激烈，在新一轮的科技创新与产业创新的大潮中，只有掌握核心技术、引领世界潮流的地区和国家才能在竞争中脱颖而出。郑东新区作为郑州的未来，作为全省经济社会发展的高地，要大力发展总部经济和金融产业，必须积极发展全球科技创新和高技术产业，发展新的战略制高点，必须加速创新发展步伐，进一步增强引领创新的功能。

2. 以郑州为核心的中原城市群已经成为中原经济区崛起的强大引擎，郑东新区的发展需要进一步凸显在中原经济区发展战略大局中的地位与作用，必须加快自主创新体系建设的步伐。作为经济社会发展的重要载体、区域经济迅速崛起的重要依托，中原城市群已经步入了快速发展的轨道。但郑州市作为中原城市群的龙头，其发展仍然过度依赖资源与能源消耗，粗放发展、外延增长的模式尚未得到根本性的转变，极大地影响了中原城市群在全国主要城市群中的竞争力。加快自主创新体系建设，在中原城市群发展的战略大局中寻找高端定位，同时，进一步提升郑州在中原城市群中的辐射力与带动力，是郑东新区肩负的重要责任之一。

3. 全面建设小康社会，保持经济社会持续健康快速发展，增强经济社会发展的动力与活力，必须加快自主创新体系建设的步伐。河南省全面建设小康社会的战略目标明确提出，到2020年，人均生产总值比2000年翻两番以上，实现两大跨越，加快中原崛起。郑东新区没有历史包袱，发展的速度与步伐必须要更快，才能体现科学发展的本质要求。这就要求郑东新区更加重视观念创新和思路创新，因地制宜，确定发展模式和途径。要更加重视科技创新的作用，加速科技创新和创新成果的转化，更加重视区域创新体系的建设，解决发展中存在的问题和薄弱环节，解决体制与机制的障碍，注重集成创新能力的提高，为经济社会发展提供强大的动力与智力支持。

当前，郑东新区面临着难得的跨越式发展的机遇，也面临着一系列的重大挑战。郑东新区要进一步解放思想，通过自主创新体系建设，深化改革、勇于创新，破除制约自主创新能力提升的深层次体制机制障碍，聚集整合区域内外高端创新资源，营造企业做大做优做强的环境，大力发展总部经济，掀起新一轮的创新创业高潮，为中原经济区快速崛起作出更大的贡献。

二 自主创新体系建设指导思想、基本原则和战略目标

（一）指导思想

深入贯彻落实科学发展观，以建设创新型新区为目标，有效整合区域内外高端创新资源，加快推进科技体制机制创新，优化自主创新的环境，搭建自主创新的公共服务平台，构建具有郑东新区特色、开放高效、国内领先的自主创新体系，为把郑东新区建设成为提升郑州市乃至河南省综合竞争力的强大引擎、中原经济区科学发展先导示范区、中原经济区核心增长极提供坚实的科技支撑。

(二) 基本原则

1. 坚持高起点规划、高起点建设的原则，建设省内领先、国内一流的自主创新体系。要在全新的起点上通过科学规划、统筹协调建设一个高水平的自主创新体系。在规划与建设上要充分体现郑东新区的特色，充分挖掘新区自身各种创新资源的潜力，通过竞争、合作与交流等各种形式，广泛利用区域外各种创新要素，使其在郑东新区形成合力，支撑发展，引领未来。

2. 坚持突出重点与统筹兼顾相结合的原则。突出抓好重点区域、重点产业和重点领域，科技创新资源要适当向重点高校和骨干企业倾斜，努力创造一批具有国际竞争力的自主知识产权和核心技术，率先在若干重点领域形成持续创新能力，同时兼顾经济社会发展的现实需求，围绕郑州市和中原经济区发展的重大战略需求，前瞻布局自主创新基础设施和重点项目，为全市乃至全省经济社会发展提供必要的科技与智力支撑。

3. 坚持自主研发与开放合作相结合的原则。要立足自身基础和优势，大力培育创新型企业和创新型高校，重点扶持面向郑东新区、郑州市和河南省的科研机构，建立产学研密切结合的创新机制。同时，又要以宽广的国际视野，把握世界科技发展趋势和重要产业发展方向，通过合作研发、技术外购、委托研发、技术服务等多种方式，大力加强与国内外科研机构的开放合作。

4. 坚持应用开发与基础研究相结合的原则。立足当前需求，大力做好应用科技开发创新，为重点产业、重点区域的发展提供急需的创新支持。同时又要重视长远，加强科研基础条件建设，做好对全区、全市乃至全省长远发展有重大支撑作用的基础研究。

5. 坚持市场主导与政府推动相结合的原则。创新研发体制机制，坚持市场化为主的方向，面向市场需求，实行市场化运作，大力推进科研成果市场化、产业化，形成具有自我发展能力的自主创新体系。加大政府财政投入力度，做好信息服务、资源整合工作，多方搭建创新平台，深化产学研合作、培育和引进高层次人才，保证自主创新体系建设稳步推进和可持续发展。

（三）战略目标

力争用3到5年的时间，基本建成适应郑东新区经济社会发展需求的自主创新体系，自主创新能力和产业竞争力达到国内领先水平，科研成果市场化、产业化的运作模式基本形成，使郑东新区成为中原经济区最重要的自主创新与成果转化基地之一。到2020年，自主创新体系更加完善，努力构建立足郑东新区，服务郑州与中原经济区，面向世界的自主创新新格局，科技创新的国际合作取得实质性突破，自主创新能力进一步提高，科研创新成果转化能力进一步提升，科技创新支撑经济社会发展的能力进一步提高，拥有一批国际化创新型领军人才，聚集一批高水平研发机构，将郑东新区建设成为创新型新区，成为世界级的创新高地与科研成果转化高地。

2015年的具体目标是：

全社会研究开发投入占生产总值的比重达到3%，全区年专利授予量超过1000件，科技对新区经济发展的贡献率达到50%，技术自给率达50%以上，高技术产业增加值占地区生产总值的比重达10%以上。

2020年的具体目标是：

全社会研究开发投入占生产总值的比重达到5%，全区年专利授予量超过3000件，科技对新区经济发展的贡献率达到65%，技术自给率达70%以上，高技术产业增加值占地区生产总值的比重达20%以上。

三 郑东新区自主创新体系建设的主要内容

（一）知识创新系统

着眼于新思想、新知识的创造、生产、扩散和转移，进一步加大龙子湖高校园区和科技园区的建设力度，鼓励入园高校加强基础研究，推动若干高校向研究型大学方向发展。发挥高校学科、人才、学术思想等创新资源丰富的优势，鼓励区内高校进行创新合作，建设若干跨高校的科学研究中心，促进高校间的优势集成，强化高校创新基地的综合性、交叉性。加强区内高校与省内、国内以及世界范围内高水平科研机构的交流与合作，积极探索共建共享的创新平台，形成一批具有国内国际影响的科学研究基地，取得一批重大理论创新成果，突破一批关键核心技术。深化科研体制改革，加强政策倾斜和资金项目引导，加快高校科研考核评价机制改革，建立健全服务于经济社会发展需要的新型教学和科研体制。发挥高校和科研机构在培养优秀创新人才方面的作用，将自主创新基础设施建设与高层次创新人才培养相结合，构筑定位明确、层次清晰、水平一流的优秀创新人才培养基地。

（二）技术创新系统

加快构建和完善以企业为主体、市场为导向、产学研相结合的技术创新系统，并将其作为全面推进郑东新区创新体系建设的突破口和核心。鼓励通过并购重组、开展委托研发和购买知识产权，加速创新资源向企业集聚，提升企业的自主创新能力，使企业真正成为研发投入、技术创新、成果应用的主体。在大力发展总部经济的同时，鼓励各类企业在郑东新区设立技术研发机构，重点支持国家级和省级重点实验室、工程实验室、工程研究中心和企业技术中心等重大创新平台的建设，形成一批在国内外较有影响力的企业集团。实施创新型中小企业成长扶持计划，重点培育国家级和省级自主创新型企业。围绕郑东新区、郑州市和河南省急需的关键技术创新领域，依托各产业组织协调机构，建设行业或区域技术中心，强化基础性、前沿性技术和共性技术平台建设，培育和提升企业和产业核心竞争力。加强关键领域核心、共性技术攻关的组织，形成政府推动与企业为主相结合的核心共性技术研发和推广应用机制。支持企业与科研机构、高等院校建立长期、稳定的合作机制，着力破解制约产学研用合作的体制机制障碍，进一步探索共建研发机构、委托研发、技术许可、技术转让以及技术入股等多种产学研合作模式。

（三）自主创新产业化系统

将自主创新成果产业化作为提高企业、产业和区域核心竞争力的主要抓手，完善创新成果转化机制。深入贯彻落实国家《关于促进自主创新成果产业化的若干政策》，在重点领域和重点产业实施创新成果产业化专项，给予适当的政策、资金等支持。大力推进高新技术企业的孵化器建设，争取国家、省和市的重大创新成果在郑东新区转化，推动郑东新区成为全省重要的创新成果产业化基地。鼓励高等院校和科研机构向企业转移自主创新成果，积极推进高校和科研机构围绕郑东新区、郑州市和河南省支柱产业开展原创性的科学研究和技术开发成果产业化，政府科研经费向具有自主知识产权、产业化前景良好的产学研结合项目倾斜。加大政府投入力度，通过无偿资助、贷款贴息、无息借款、补助（引导）资金、保费补贴和创业风险投资等方式，加大对自主创新成果产业化的财政支持。完善科技成果转化激励机制，探索人才激励政策，鼓励智力要素和技术要素以各种形式参与创新收益分配。加快发展创业风险投资，加大信贷投入，拓宽融资渠道，为创新成果产业化提供资金支持。加大知识产权保护力度，优化自主创新成果产业化的市场环境，切实保护专利权人和广大公众的合法权益。

（四）创新服务系统

以加快科技成果向现实生产力转化，为各类创新主体提供社会化公共服务为重点，整合部门和地方科技资源，理顺管理体制，突出公益性、基础性、公共性的特点，建设跨学科、多层次、布局合理、体系完备的自主创新公共服务体系，密切技术、资本、产业等创新要素间的联系。重点构建提供检测、实验服务的检测实验平台，提供科技文献、标准、情报等信息服务的科技信息平台，提供技术扩散与科技成果转化服务的技术转移平台。建立公共平台共享制度，促进公共科技资源使用的公平性、开放性和社会化。支持和引导技术转移中心、技术创新服务中心、科技企业孵化基地、国家大学科技园、生产力促进中心等各类创新服务机构的发展，完善服务体系，加强服务能力建设，大力发展技术评估、技术咨询、技术服务、技术转移、专利代理、科技信息咨询等业务。推动专业性行业协会发展，鼓励行业协会开展行业规划、评估咨询等服务。

（五）多元化投融资系统

构建以政府投入为引导，以企业投入为主体，以资金市场和资本市场融资为主要渠道的社会化多元化投融资体系。建立财政对创新投入的稳定增长机制，财政科技投入增幅要高于财政经常性收入增幅。建立健全科技经费监督管理和绩效评估体系，调整财政科技投入结构，加大对关系郑东新区经济社会发展的关键技术、核心技术、前沿技术研究及科技基础条件建设的支持力度。利用国家支持企业自主创新的政策措施，引导企业进一步加大科技投入。鼓励自然人、企业、各类基金会在郑东新区设立创新基金，争取将郑州市科技贷款担保公司、高科技风险投资公司、民间创新基金率先落户在郑东新区。利用民间创新基金创建非营利科研机构，资助高校、科研院所的创新活动，支持前沿技术研究。积极推进政府利用基金、贴息、担保等方式，引导各类商业金融机构支持技术创新与产业化。支持金融机构开展科技金融创新，引导和鼓励商业银行、资产管理公司、信托公司、金融租赁公司等银行金融机构和证券公司等开展支持自主创新的金融服务试点，发展科技保险、科技融资、科技风险投资等业务，设立专业科技担保公司，完善商业银行、担保机构和信用中介机构间的信保贷联动机制。

（六）政府宏观管理调控系统

将自主创新体系作为区域经济社会发展的战略支撑，作为推动郑东新区实现超常规发展、跨越式发展、可持续发展的重要依托，把自主创新体系建设放在突出位置，加强服务型政府建设，广泛集聚创新资源，促进全社会创新资源的高效配置和综合集成。以重大科技专项实施、创新型企业认证和重大创新平台建设等为切入点，强化政府对自主创新体系建设与发展的组织领导。制定和实施一批重点产业发展技术路线图，加强对关键领域核心、共性技术攻关的组织领导。加强引才引智，构建多层次的创新人才培养体系，完善人才服务和管理体系，加快建立和完善科技人才激励机制，充分重视发挥企业家和科技领军人才在创新中的重要作用。制定健全的支持自主创新法规和政策措施，完善自主创新财政补贴制度，营造鼓励创新的文化氛围，优化创新环境。

四 自主创新体系建设的重点领域和主要任务

本着立足郑东新区、支撑郑州、服务全省的原则，统筹考虑全市、全省对自主创新的需求，确定自主创新体系建设的重点领域和主要任务。

（一）金融产业技术创新

以建立区域性金融中心为目标，依托区内高校金融科研力量，以银行类、保险类和证券类金融机构为主体，创新政府、银行、风投、保险、中介等机构的合作平台，形成整体效应和协作效应。大力发展会员制担保公司、股份制担保公司和商业性担保公司，创新金融中介服务。大力发展金融产品创新体系，支持金融机构服务方式、业务流程、管理制度等方面的创新，重点攻克风险定价、风险监测、信息不对称、客户管理等方面的技术性难题。加强信息技术与银行业务的高度融合，支持银行安全技术、客户端操作风险防范以及应急处理技术的研究与开发。

（二）资源能源类产业技术创新

依托驻郑东新区资源能源类企业总部，以区内高校矿业、地质类重点学科和研发机构为核心，重点支持制约省内资源能源产业发展的关键技术的攻坚项目。支持资源快速勘察、深部资源勘察、储量评估、安全评价、地质灾害评价、环境影响评价等技术领域的创新。加大煤炭开采、清洁生产、废物利用以及污染治理等领域的技术创新力度，构建绿色煤炭技术支撑体系。力求在风力发电、光伏发电、生物能源等领域的关键设备和核心技术上取得突破，形成具有自主知识产权的技术优势。加强现代煤化工关键技术的研发和引进技术的消化吸收再创新，加强煤化工下游产品、煤化工关键装备的研究开发，开发新型化学原料、高性能纤维、高性能工程塑料、高附加值精细化工产品。

（三）物流业自主创新

依托郑州国家干线公路物流港、郑州铁路集装箱中心站和综合交通枢纽工程等现代物流重点项目，引导区内科研力量加强物流新技术的自主研发。重点支持货物跟踪定位、智能交通、物流管理软件、移动物流信息服务等关键技术攻关，加快建设有利于信息资源共享的行业和区域物流公共信息平台项目，重点建设电子口岸、综合运输信息平台、物流资源交易平台和大宗商品交易平台。适应物流业与互联网融合发展的趋势，启动物联网的前瞻性研究工作，争取使"河南省物联网服务平台"在郑东新区落户，将郑东新区打造成为全省乃至全国的物联网产业高地。依靠现代信息技术优化物流程序管理，结合总部经济，将郑东新区建设成为"供应链管理中心"与现代化"无水港"。

（四）轨道交通产业创新

抓住河南省高速铁路和郑州市轨道交通建设的契机，充分整合优质创新资源，以结构工程研究、岩土工程研究、环境工程研究和材料装备与信息技术研究为方向实施项目带动科研战略，在城市轨道交通网络规划、模块化系统设计、轨道交通运营及乘客信息管理系统、新型轨道交通制式、城市轨道交通安全保障体系等关键领域取得创新突破。

（五）电子信息技术产业创新

重点研发集成电路设计、空间信息获取及综合应用集成系统、面向行业及企业信息化的应用系统及技术、新型显示技术、新型电子元器件及材料、智能交通、信息安全、智能仪器、网络融合和数字媒体技术平台建设等。

（六）生物医药产业创新

重点开发拥有自主知识产权，用于心脑血管疾病及肿瘤等重大疾病防治的创新药物、基因工程药物、基因治疗药物、靶向药物，重点开发生物疫苗和体外诊断试剂及配套检测设备。

（七）现代农业产业创新

继续做强"永优""温麦"等自主研发的品牌，积极开展植物生理学研究、生物多样性保护与种质资源保存研究、农业生物安全技术研究等基础性研究工作，重点研发农业生物安全技术，动植物良种繁育技术，重要水产养殖种类的遗传改良与良种培育技术，规模化、集约化养殖技术。

（八）现代文化产业创新

促进信息内容、搜索引擎、网络游戏、创意设计、数字出版、在线学习等增值服务和新兴服务发展，加快建设河南省创意产业基地、数字娱乐产业基地、新媒体产业基地，扩大数字制作和数字动漫产业规模，打造河南省数字内容制作中心和交易中心。

五 保障措施

（一）加强政府引导，完善落实科技政策法规体系，营造良好创新环境

政府要建立专门的协调机构，研究制定促进自主创新的政策措施并组织实施，充分发挥内引外联的作用，广泛利用各种创新资源，建立和完善有利于自主创新的体制机制，创新企业经营监管模式，深化政府行政审批制改革，改进政府服务方式，提高政府的协调管理能力和行政效率。完善促进企业创新、产业创新发展和创新创业人才发展的政策体系，用足、用活、用好国家、河南省和郑州市创新扶持政策，营造良好的创新环境。

（二）加大投入，完善公共财政支持创新的机制

把财政科技投入作为预算保障的重点，建立稳定增长的财政

投入机制，确保财政科技投入增幅高于财政经常性收入的增幅。创新财政科技投入管理机制，建立财政科技经费的绩效评价体系和现代化的科研经费管理信息系统，提高科技经费支出使用效益。优化财政对科技投入的结构，逐步增加重大科技专项的投入比重，集成优势科技资源，支持重点领域和产业的创新发展。

（三）加大金融扶持力度，完善多元化创新投资体系

要建立多元化的投资体制，鼓励企业加大创新投入力度。鼓励商业银行与科技型企业建立稳定的银企关系，鼓励和引导各类金融机构支持企业自主创新与创新成果产业化，改善对企业科技创新的金融服务。建立和完善创业风险投资机制，大力发展创业风险投资公司，鼓励和支持各种类型的风险投资基金、创业投资基金来郑东新区发展并参与自主创新体系建设。鼓励金融机构进行金融工具创新，对符合条件的企业开展知识产权和非专利技术等无形资产的质押贷款，对重大科技专项资产实行证券化等业务，广泛筹集创新资金。

（四）强化企业创新主体地位，完善产学研结合机制

强化企业自主创新的意识，鼓励企业建立各种级别的研发中心、工程技术中心、重点实验室、博士后科研工作站等自主创新平台，对符合条件的给予财政资金支持。加大对企业自主创新投入的所得税前抵扣力度，减轻企业创新投入的资金压力。提高大企业创新资源整合能力，鼓励大企业并购重组、开展委托研发和购买知识产权，加速创新资源向企业集聚，提升企业的自主创新能力。鼓励以企业为主体进一步探索共建研发机构和委托研发、技术许可、技术转让、技术入股等多种产学研合作模式，建立高等院校和科研院所创新成果向企业顺畅流转的新机制，鼓励企业实施知识产权战略，鼓励以企业为主体的产学研联盟优先承接国家、省和市重大科技专项。

（五）建立创新型人力资源培养开发体系，建设创新型人才队伍

实施创新型人力资源开发优先投入战略，高度重视专业人才的使用和管理，努力培育一流的创新型企业家、科学家和工程师、科技领军人才和科技创新团队。鼓励企业、学校和科研机构采取灵活的人才聘用策略，对急需的高级人才，在购房、医疗、保险、社会福利、配偶安置等方面给予特殊优惠，广泛吸引各行业的领军科学家。加快建立健全人才任用和评价制度，完善人才在企业、高等院校、科研院所之间的双向流动机制。建立健全灵活的薪酬管理模式和科技创新奖励制度，鼓励企业和科研机构采取股权激励、期权激励、分红激励、特殊奖励等措施，增强对高层次创新人才的吸引力，提高其从事自主创新的动力。

（六）扩大对外科技合作，广泛集聚优质创新资源

要坚持自主创新体系的开放性，主动融入以郑州市为核心的中原城市群自主创新协作体系，加强与其他地市区重点科研机构和重点产业聚集区的战略合作，广泛集聚优质创新资源。在大力发展总部经济的基础上，推动区内技术、产品、服务、品牌和模式的输出，提高郑东新区在中原城市群、中原经济区内的创新领先地位。积极推动跨区域、跨国家的创新合作，支持国内国际学术组织、产业组织、科研机构、高等学校、大型企业等共同搭建创新交流合作平台，以实现资源、信息、技术、市场与利益等方面的共享共赢。

中原大化发展战略规划咨询研究报告[*]

目前中原大化在化肥、三聚氰胺行业的优势正在逐步丧失，尤其是甲醇产品的收入—成本严重倒挂，使得企业的生产经营陷入了巨大的困境。公司未来的路怎么走？如何实现"二次创业"？公司未来的战略目标怎么确定？应该采用何种发展模式？这些决定公司前途与命运的重大课题迫切需要得到解决。本报告将在详细分析公司自身状况的基础上，考虑中国发展方式转变、经济结构与产业结构调整、中原经济区建设、濮阳市"十二五"规划等重大外部因素对公司未来发展的影响，提出公司战略转型的总体思路及相应的战略目标与战略举措。

---

[*] 这是2011年1月受托为河南省中原大化集团有限责任公司撰写的一份咨询研究报告。报告由我主持，参加调研讨论和执笔撰写的有宋伟、郑祖玄、王作功、宋智勇、张建秋等。——耿明斋

一 规划背景

（一）企业自身状况

1. 企业概况

（1）基本情况

中原大化公司前身是河南省中原化肥厂，1987年9月开工建设，1990年5月建成投产，1997年12月改制为河南省中原大化集团有限责任公司，2008年12月经省政府批准与永煤集团、鹤煤集团、焦煤集团、河南省煤气集团战略重组为河南煤业化工集团，公司注册资本70516万元。

中原大化公司属于国家大型一类企业，具有年产30万吨合成氨、75万吨尿素、40万吨尿基复合肥、50万吨甲醇、6万吨三聚氰胺、10万吨三聚氰胺泡绵、3万吨过氧化氢、6000吨工业循环水处理剂的能力，主要生产装置分别从英国、意大利、德国等引进，工艺先进，自动化程度高。拥有两个省级研发中心和一个市级研发中心。公司被国务院确定为520户重点国有企业之一，先后荣获全国"五一劳动奖"和化工部"百强企业"、"中国企业特级信誉单位"等荣誉称号，公司通过了ISO9001国际质量体系认证。

（2）子公司情况

目前公司拥有8家二级子公司和1家三级子公司，分别是：

①河南豫化精细化工有限公司：中外合资企业，注册资本8271.90万元，中原大化控股75%，豫新国际出资24%，主要从事三聚氰胺产品生产经营，年产三聚氰胺1.2万吨。

②河南宇星三聚氰胺有限公司：中外合资企业，注册资本9807万元，中原大化控股75%，美国欧龙有限责任公司出资18%，恒广发展有限公司出资7%，主要从事三聚氰胺产品生产经营，年产三聚氰胺3万吨。

③河南豫化工有限公司：中外合资企业，注册资本6352万元，中原大化控股76%，豫新国际出资24%，主要从事甲胺产品生产经营，年产尿素2万吨。

④濮阳大化实业有限责任公司：注册资本3130万元，中原大化参股17.57%，自然人参股82.43%，中原大化为实际控制人，主要从事蒸汽和纺织袋产品生产经营。

⑤濮阳大华民生建筑材料有限公司：为公司的三级子公司，注册资本868万元，濮阳大化实业公司控股70%，美国优安公司参股30%，主要从事煤砖灰等建材产品生产经营。

⑥河南绿寰宇化工有限公司：注册资本200万元，中原大化控股60%，濮阳大化实业有限责任公司控股40%，主要从事三聚氰胺泡绵产品生产经营。

⑦濮阳国龙物流有限公司：注册资本1000万元，公司控股100%，主要从事物流贸易业务。

⑧濮阳中原大化检修工程有限公司：注册资本500万元，公司控股100%，主要从事设备检修业务。

⑨濮阳绿宇泡绵有限公司：中外合资企业，注册资本736万元，中原大化参股45%，日本井上公司控股55%，主要从事三聚氰胺泡绵、聚氨酯泡绵及纳米级三聚氰胺的加工销售，年产20万立方米三聚氰胺泡绵及5000吨纳米级三聚氰胺。

公司组织结构见图1。

2. 企业财务状况

（1）资产负债情况

从2005年至2010年，公司资产与负债均大幅增加，显示出公司强劲的扩张势头。但是公司的负债上升幅度大大超过资产上升幅度，资产负债率由57%上升到88.67%（见图2），过高的资产负债率使企业担负了巨额的融资成本，2010年1~11月公司发生财务费用1.46亿元，较上年同期增加184.23%，企业财务风险过大，再融资已经十分困难。

产业发展与结构调整

```
                         中原大化公司
                              │
                    ┌─────────┴─────────┐
                   董事会              监事会
                    │
                   经理层
        ┌──────┬──────┬──────┼──────┬──────┬──────┐
       行政    采购   生产   销售   技术    项目    附属
       部门   供应   管理   公司   支持    单位    单位
             中心   部            部门
```

行政部门	生产管理部	技术支持部门	项目单位	附属单位
党委工作部 总经理办公室 纪检监察审计部 财务部 人力资源部 经济运行部 规划发展部 工会委员会 保卫武装部	化肥事业部 甲醇事业部 三聚氰胺事业部 双氧水事业部	机械动力部 工程技术服务中心 中心化验室 电气维修工程公司 仪表维修工程公司 物业管理公司	贵州煤化工项目部 双氧水项目部	幼儿园 职工医院 大华宾馆

全资子公司	控股子公司	参股子公司
濮阳中原大化检修工程有限公司 濮阳国龙物流有限公司	河南宇星三聚氰胺有限公司（75%） 河南豫化精细化工有限公司（75%） 河南豫化化工有限公司（76%） 濮阳绿寰宇化工有限公司	濮阳绿宇泡绵有限公司 濮阳大化实业有限责任公司（→大华民生建材公司、动力厂、塑编厂）

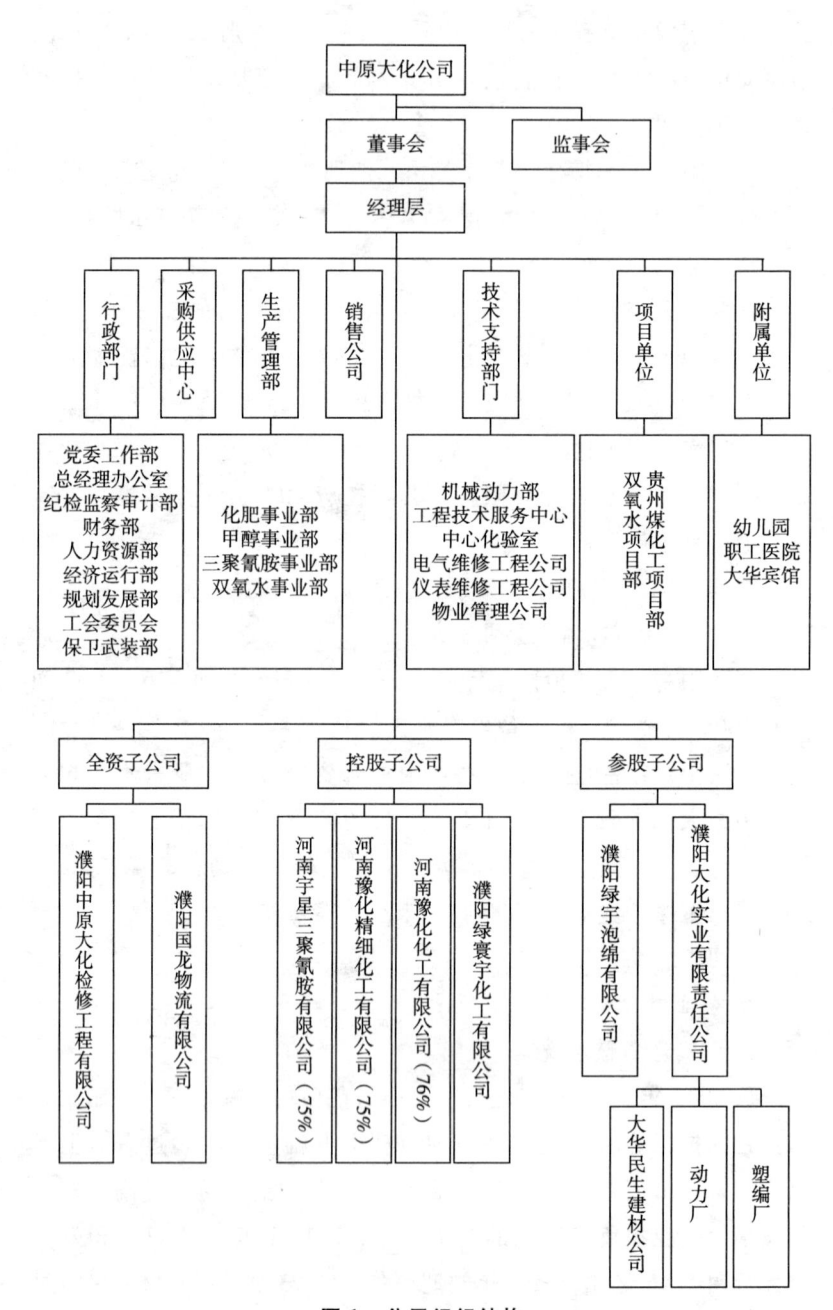

图 1　公司组织结构

图 2　资产负债分析

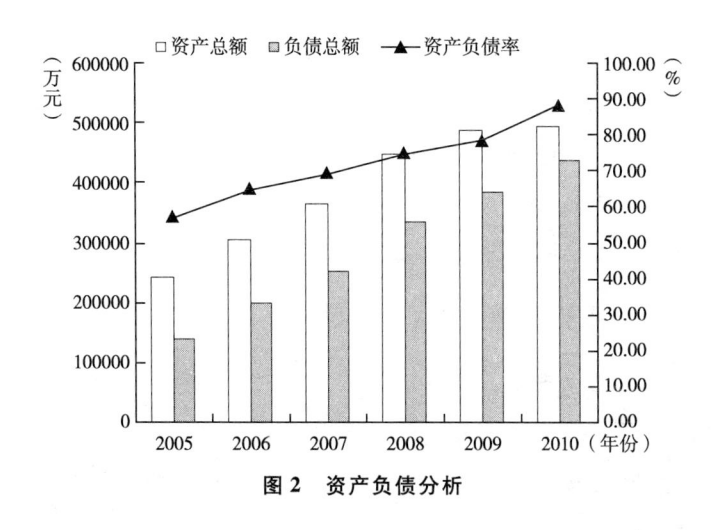

(2) 经营状况

2005年公司实现利润总额20728万元，在随后的五个年度里，公司盈利能力持续大幅下滑，2010年1~11月份亏损额高达48223万元（见图3）。从2009年开始，主营业务成本就已经超过主营业务收入，加上折旧和财务成本的大幅上升，企业生产经营的形势已经十分严峻。

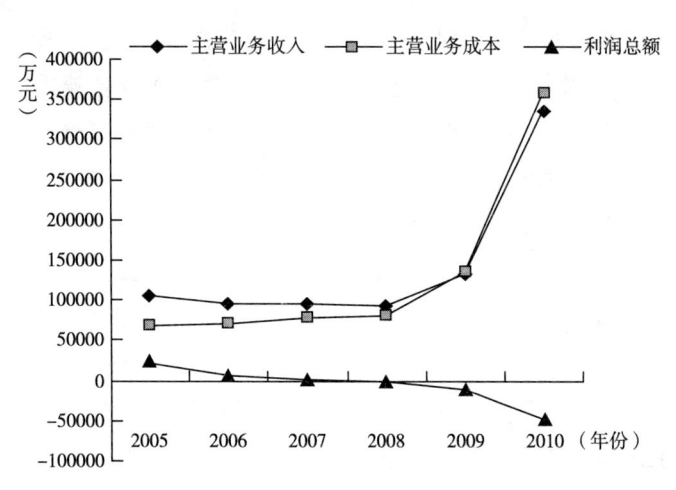

图 3　经营业绩分析

公司主要产品为尿素、三聚氰胺和甲醇，2010年1~11月份，每吨尿素、三聚氰胺和甲醇的平均制造成本分别为1871.59、7620.89和3056.09元，而同期三种产品的平均销售单价分别为1723.85、8104.02和2056元，只有尿素保持微利，三聚氰胺能够弥补变动生产成本，而甲醇单位售价连直接材料费都弥补不了，停产的危险已经迫在眉睫。

（二）外部发展环境

1. 全国发展环境

发展方式转变是当前中国经济发展的主线，意味着中国经济将从外需驱动转向内需驱动，消费类工业将面临快速增长，重化工业增速有可能逐步降低。

长期以来，中国经济增长更多地依靠出口与投资驱动，但近年来这两个动力均趋于减弱：出口方面，相对于中国生产能力的快速增长国际市场扩张的幅度有限，尤其是金融危机以来国际市场需求不增反降，导致出口对中国经济的拉动作用变弱；投资方面，在具有强烈计划经济烙印的投资体制下大量资金投向了"铁公机"等公共基础设施及重化工业等大型项目，在公共基础设施状况得以快速改善的同时也使其投资容量渐趋饱和，造成投资驱动型的增长同样难以为继。于是中国的发展方式从主要依赖出口与投资转向消费成为一种必然，所以"十二五"期间更靠近终端的消费类工业将获得快速发展的机会，重化工业增速有可能逐步下降。

另外，由于计划经济以来一直存续至今的重工业情结，国内对重工业的投资热情一直不减，在基础化工上突出表现为产能严重过剩、赢利能力下降。而且，中国随着经济总量的迅速扩张，面临的资源与环境压力也日趋增大，国内石油、天然气、煤炭等原材料供应日趋紧张，价格不断上升，以这些资源为原材料的基础化工面临成本上升的压力。与中东、非洲等油气资源丰富的国家和地区相比国内基础化工正在逐步失去成本优势，甚至完全面临成本劣势。所以，我们判断"十二五"期间国内基础化工高速增长的阶段已经过去，增速放慢的趋势将日趋明显。

2. 河南省发展环境

省委、省政府提出围绕"三化"协调发展这条主线建设中原经济区，意味着河南省产业结构向以制造业为主的轻型结构转变。

"三化"协调发展的关键是农民进城，而要实现农民进城就必须要为他们创造就业机会，这就要求河南的产业结构从资源型、偏重型的工业结构向制造业为主的轻型结构转变，因为资源型、偏重型工业结构吸纳就业的能力是远远低于轻型制造业的。所以，不仅从国内资源紧张、成本上升、产能过剩等方面来看重化工业增速将放慢，而且河南建设中原经济区、实现"三化"协调发展方面同样要求我们从资源型、偏重型的产业结构向以制造业为主的轻型结构转型。

3. 濮阳市发展环境

顺应全国、全省发展方式转变与产业结构调整的要求，依托资源起家的濮阳市也在努力探索转型发展的新路子，以实现资源型城市的可持续发展。

在中原油田资源存量不足、油气产量持续下降的客观条件下，结合国家与全省发展方式转变的趋势，濮阳市主动适应资源条件与发展环境的变化，提出要努力探索资源型城市可持续发展的新路子，大力推进产业转型与结构升级。就化工产业来说，濮阳提出的主要方向也是从基础化工向精细化工转型。

综上所述，从国家、河南省与濮阳市三个层面来看，重化工业的增长前景都不被看好，就中原大化的实际情况来看继续做大甚至维持基础化工的路子不容乐观。所以，课题组认为在基础化工产能过剩、成本居高不下，且濮阳在煤、天然气等资源方面并无优势的现实状况下，中原大化不应在基础化工的路子上继续扩张，而是要果断地向接近消费终端的产业转型，为公司的长远持续发展开拓新的空间。

二 公司三大主导产品面临的问题与出路

(一) 甲醇

1. 现状

(1) 技术与工艺水平先进，装置运行稳定

公司2005年开工建设的50万吨甲醇项目，使用的是荷兰壳牌干煤粉加压气化工艺，采用气流床气化技术，具有鲜明的技术特色，是当今国际先进的第二代干煤粉气化工艺。该技术由壳牌公司提供基础工艺包，武汉化四院做详细设计，十一化建工程公司施工建设。

目前公司甲醇生产装置运行稳定。从技术与工艺水平来看，公司甲醇项目的装置比较先进，技术在全国范围内不落后。

(2) 由于甲醇价格低、原煤价格高、财务负担重，公司甲醇项目建成投产以来一直处于亏损状态

从2008年5月建成投入试生产以来，由于产品市场价格抵不上变动成本，公司甲醇项目一直处于亏损状态。其中，2008年开始试生产，当年产量为5.5万吨，亏损数百万元；2009年试生产，当年产量为8万吨，亏损9000万元；2010年正式生产，产量为17万吨，约亏损4.8亿元。公司甲醇项目亏损的主要原因如下：

一是甲醇价格急剧下跌，收益迅速下降。2008年初价格最高时达4500元/吨；到2008年5~10月份降到最低1600元/吨；2009年初稍有上升，仅为1700元/吨；2010年初为2400元/吨左右，11月份才涨到2700~2900元/吨。

二是煤价稳步攀升，成本逐步提高。2005年公司甲醇项目开工建设时，河南的煤价为300元/吨左右，到2008年开始试生产时煤价上升到550元/吨左右，目前达到了800元/吨左右。按照2.5吨煤生产1吨甲醇的转化率计算，仅煤炭一项公司每吨甲醇的生产

成本就为2000元（比2005年大致上涨了1250元，比2008年大致上涨了600元），再加上每吨用电成本200元、用水成本50元、人工成本50元、其他费用100元左右，公司每吨甲醇的变动成本共计2400元以上。

三是投资规模大，财务费用较高。公司甲醇项目建设投资约30亿元（建安工程8亿~10亿元，设备投资14亿元，其他建设期财务费用、建管费、技术转让费、土地费用等6亿元），加上试车费用总投资在30亿元以上。据此计算，目前每吨甲醇分摊的折旧费用为400元。此外，在30亿元总投资中公司自有资金仅有2亿元，其他为贷款，负担的利息每年超过1亿元，这样每吨甲醇的财务费用为300元（按满负荷45万吨/年计算，如果按照2010年17万吨产量计算每吨财务费用则高达700元）。

综上，公司生产每吨甲醇的变动成本为2400元、财务费用为300元、折旧费用为400元，总成本在3100元左右。所以，市场价格在3100元/吨以上时公司甲醇产品才能赢利；由于财务费用与折旧费用均属于沉淀成本，当市场价格在2400元以上时就可以生产，而且产量越多亏损越少。

2. 前景

根据以上分析，公司甲醇项目目前效益不好的主要原因是产品与原材料价格的倒挂，以及沉重的财务负担，而不是装备或者技术上的问题，那么其发展前景也主要取决于未来煤的价格与供给的变动趋势、甲醇的需求与价格的变动趋势。下面逐一分析。

（1）煤的价格与供给

总体来看，河南煤很多，而且大多质量好。但是，正因为质量好，河南的煤也很贵，目前煤价高达850元/吨。这么高的煤价下生产甲醇没有优势，实际上煤制甲醇也不需要这么好的煤。而且，公司本身并没有煤矿，周边也没有距离很近的煤矿，所以在煤资源方面公司没有优势。

外购煤方面，新疆、内蒙古的煤价都在250元/吨左右，但运到河南加上运费以后也达到700~800元/吨，在外购煤方面公司同样没有优势。

从未来的发展趋势看，有专家认为鉴于我国缺油富煤的能源构成，为满足国民经济各行业发展的需要，在相当长的一个时期内，甲醇等重要的基础化工产品的生产仍将以煤为主要原料；但也有专家指出，将煤转化为甲醇，煤的能量利用率过低，不符合煤炭资源高效利用原则，因此大力发展煤制油、煤制甲醇对缓解我国石油对外依存度过高的现状收效不大，反而引起煤炭资源的过度消耗和浪费。大量的煤制油项目在短期缓解石油供应压力后，将在长期引起我国石油、煤炭供应的双重安全压力，大幅度降低我国能源保障程度，从而造成不可逆转的灾难性后果。因此，煤制甲醇政策导向方面仍然存在不确定因素。而且，我国随着经济总量的快速扩张，对各种自然资源的需求迅速膨胀，资源的价格尤其是作为不可再生资源的煤炭的价格的上升在所难免，这对公司甲醇项目无疑是一个重大的挑战。

（2）甲醇的需求与价格

①国内甲醇产能已过剩

由于我国具有丰富的煤炭资源，加之近年来煤化工国产化技术装备相继取得突破，醇醚燃料、甲醇制烯烃等新兴煤化工产业发展前景受到市场追捧，甲醛、醋酸等传统下游产业稳步发展，国内企业、投资机构等纷纷注资新建、扩建甲醇装置。目前全国甲醇产能达3600万吨/年，而用量不超过2000万吨/年，产能已严重过剩。

②国内甲醇生产成本高，将受到进口低价甲醇的冲击

2007~2009年是我国甲醇装置集中投产的高峰期，同时也是世界新建甲醇装置的集中投产期。专家估计，未来几年世界净增甲醇装置产能将达到1100万~1300万吨/年。近几年，国内甲醇产能的增长速度远远高于市场需求增长速度，仅从生产能力考虑，国内生产的甲醇可完全满足日益增长的市场需求，不需要进口。

但是，由于国外甲醇有着极其明显的成本优势，国内甲醇产业将受到进口产品的致命冲击。我国煤基甲醇的生产成本在 1900～2300 元/吨（300～400 美元/吨），而国外那些建在天然气产地的大型气基甲醇生产成本只有 60～80 美元/吨，运到中国后也仅仅 200 美元/吨出头。在世界经济一体化的今天，由于国内煤基甲醇生产成本过高，如何应对国外低价甲醇的冲击将是国内甲醇企业难以回避的问题。

③甲醇汽油的推广前途未卜

目前国内甲醇厂家都在赌甲醇汽油，但前途很难预料。从全球范围看，世界上甲醇汽油到 20 世纪 90 年代后期日渐萎缩，其原因主要是甲醇有毒，在管道运输和车辆维修保养时，甲醇毒性防范难；从环保角度来看，以甲醇为动力的车辆排放的甲醛量为普通汽油车的 3～6 倍。甲醇的溶胀性、腐蚀性和毒性问题尚有待解决。因此，美国、欧洲、日本等国家和地区均反对在汽油中添加甲醇，世界燃料标准组织也禁止汽油中含有甲醇。

从国内山西省多年应用甲醇汽油的经验来看，甲醇汽油存在的技术问题应该是可以解决的。有关专家认为国家对发展醇醚燃料迟迟不明确表态的原因除了技术、毒性、环保等问题还有待解决外，考虑更多的是能源安全和煤的高效利用问题。目前，国家发改委鼓励发展再生能源，而煤是一次性能源，不是鼓励的方向，所以对甲醇汽油项目的推广仍持保留态度。这也是 2009 年国标委出台车用燃料甲醇标准和 M85 甲醇汽油标准后，甲醇汽油仍不能在全国范围内大面积推广的原因所在。

综上，从成本上看，由于煤价走势是稳步上涨，国内煤基甲醇产品面临自身成本持续上涨的压力，与国外气基甲醇相比成本劣势会更加明显；从销售价格与市场需求来看，在产能已经过剩，而且下游产品尤其是甲醇汽油的发展又存在较大不确定性的情况下，其市场需求能否扩大存在较大变数；在价格方面，长期看来甲醇价格既可能上涨也可能进一步下降，但短期看来其价格较大幅度上升的可能性并不大。所以，国内甲醇企业未来发展存在三种可能性。

一是扩大产能、规模，降低生产成本，争取在甲醇价格较低的条件下能够赢利，达到持续发展的目标。而能够实现这种可能性的只能是建在坑口的大型项目（国家也是明确要求甲醇要建在坑口），目前具备条件的是赤峰、鄂尔多斯、贵州、伊利等区域，中原大化不具备类似的条件。

二是等待与坚持，在市场波动中寻找生存与发展的机会。寄希望于甲醇下游产品（甲醇汽油、烯氢等）的发展带来的需求扩张与价格提升，来实现赢利与持续经营的目标。而实现这种可能性要求企业能够承受当前的亏损以等待将来的赢利，能够经得起经济周期与产业周期的折腾，就中原大化目前的财务状况来说，实现这种可能性的难度非常大。

三是整合，包括外部整合与内部整合。就中原大化来说，外部整合就是剥离，即中原大化将整个甲醇项目卖给别的企业，甩掉包袱，轻装前进；内部整合即靠河南煤化集团的帮助向甲醇下游产业链延伸，争取实现赢利。

3. 出路

综合以上各种条件来看公司甲醇项目已不具优势，未来也较难成为支撑公司长远发展的产业，甚至维持现状都有困难，所以最好的出路是整合，即内部整合或者剥离。

通过向甲醇下游产业延伸来实现内部整合必须持续大量投资，这种办法需要河南煤化集团的大力支持，尤其是资金支持。此外，课题组判断，甲醇下游产品的发展目前与甲醇一样存在较大的市场风险，其持续赢利能力值得进一步研究，所以公司采取内部整合的办法仍需慎重，在条件许可的条件下应该尽可能采取第二种整合方式，即将公司甲醇项目整体剥离。

采取剥离的方式需要进一步考虑采用什么样的方式出售对公司最有利。一般来讲，公司资产出售采用的方式有净资产法、收益现值法、市价法与重置成本法四种。其中，净资产法是按照项目全部资产减去全部负债后的余额定价；收益现值法是按照项目资产在将来所能产生的预期纯收益的现值定价；市价法是根据对项目资产现值的评估定价；重置成本法是按照当前建设同类装置所需投入定价。根据公司甲醇项目现在的财务状况与经营情况，很难说它是具有赢利能力的优质资产，所以无论是净资产法、收益现值法还是市价法，公司都较难得到一个较好的定价，而采用重置成本法应该对公司最有利。因为根据课题组了解的情况，公司整个甲醇项目的建设投资比同类项目低2亿~3亿元，因此采用重置成本法公司可能争取到少亏甚至不亏。退一步看，不论采用上述办法中的哪一种，只要有企业愿意收购，将甲醇项目出售对中原大化都是有利的。因为目前来看继续经营的结果只能是继续亏损，短期内赢利的可能性微乎其微。而一旦出售，一方面可以停止亏损，另一方面可以使中原大化的整体资产负债率下降、财务状况好转并取得再融资的能力，这对公司其他项目的发展以及战略转型都具有非常积极的意义。从现实的情况来看，公司将甲醇项目出售的可能性还是很大的。因为中石化已经在濮阳投资了甲醇制烯氢项目（60万吨甲醇生产20万吨烯氢），该项目正好可以吃掉中原大化的50万吨甲醇，将两个项目整合起来。一方面，由于中原大化的甲醇项目的技术与工艺水平均较为先进，对于中石化来说购买可以比自建缩短形成产能的周期，较快实现产业链条的延展；另一方面，中石化也拥有强大的实力来承受目前甲醇项目的暂时亏损，以及将来可能的周期性波动，等待与赢得将来的赚钱机会。因此，公司应当抓住当前的时机，积极与中石化方面进行谈判将甲醇项目出售，并在出售定价上争取采用重置成本法，以减少损失。

（二）尿素

中原大化的大化肥装置1984年筹建，1987年正式投资建设，

1990年5月建成投产，是河南省第一套大化肥装置。这套装置多年来运行稳定，至今在"气头"尿素生产技术上依然不落后。

1. 优势与劣势

经过多年的积累，目前公司在化肥产业积累了不少优势：①生产设备和技术具有竞争力；②产业工人和管理人员素质较高；③产业链条较长，形成了化肥—三聚氰胺—三聚氰胺泡沫塑料的产业链条；④有比较辉煌的历史和较高的品牌知名度；⑤设备折旧费用低，账面净资产较低，每年折旧为1737.2万元，账面净资产只有2.277亿元；⑥员工人数相对少，只有500多人，包袱轻。

但是，随着天然气供应紧张及价格攀升，公司气头尿素工艺面临生产成本上升的压力，企业赢利能力不断下滑，目前基本处于保本经营或者微利微亏的状态。

2. 前景

从发展趋势来看，世界尿素行业：①产能方面。2009年全球尿素产能为1.75亿吨，需求为1.35亿吨，整体上呈现供大于求的格局。而且，近年来全球尿素产能以每年新增900万吨的速度递增，预计到2013年全球产能将达到2.1亿吨以上，而需求则为1.75亿吨，整体产能将出现大量盈余。②产地方面。从全球产业转移的规律分析，从20世纪90年代开始，尿素产能经历了从日本等发达国家向中国等煤、气资源相对丰富、成本较低的国家转移，目前新增产能则主要集中在伊朗、埃及、沙特、卡塔尔等资源更为丰富和比较成本更低的国家。

我国尿素行业：①产能方面。2009年我国尿素产能为6300万吨，而需求仅为5200万吨，供给超过需求1000多万吨，整体上呈现供大于求的状况。而且目前国内有不少化肥新建和在建项目，国内尿素产能还将以每年新增400万吨左右的速度继续扩大。预计"十二五"期间，化肥市场供需矛盾将进一步加剧，国内尿素市场供大于求的趋势很难扭转。②原料与产地方面。我国尿素生产企业目前基本采用煤炭、重油和天然气为原料。其中以煤炭为原料的约占63%，以天然气为原料的约占25%，以重油为原料的约占12%。"油头"企业主要分布在中国石化和中国石油两大石油巨头之间。新增产能将主要集中在西部地区，这些地区具有资源和成本比较优势。而新增产能中以煤为原料的占85%以上。③成本与赢利能力方面。2009年以来，化肥行业赢利能力有所下降，多项指标均达到近5年来的最低值或次低值，利润空间狭小。以天然气和油为原料的尿素成本增加超过以煤为原料的成本增加幅度。过去5年来，工业天然气价格年均增幅高达20%，煤炭价格年均增幅为18%，重油价格增幅高达22%。预计天然气的价格上涨幅度仍将略快于煤炭价格的上涨幅度，而且随着城市化进程的加快和农民生活水平的提高，天然气将更多地用于保障居民的生活用气。所以，未来气头尿素的成本增速会加快，而尿素价格提升幅度将落后于成本上升幅度。虽然同日本等发达国家相比，我国尿素生产具有比较优势，但同中东等国家和地区相比，我们又处于比较劣势地位。随着全球尿素产能的转移，我国尿素行业的比较优势将很快变为比较劣势，国际竞争力将进一步下降。

综合分析，全球尿素供大于求的局面将长期存在；在全球产业转移的大背景下，我国尿素产品的竞争力不如中东等资源丰富和成本较低的国家和地区，而且这种产业转移的速度将进一步加快；从国内区域比较来看，中原大化的竞争力不如云天化、赤天化、泸天化等原料价格较低的公司；从国内原料类型分析，天然气价格上涨幅度将大大高于煤炭的上涨幅度。因此，中原大化气头尿素产品在国内外的竞争力较弱，在未来天然气价格不断上升、化肥市场持续低迷的情况下，企业赢利能力必将不断下滑，保持微利或保本经营将会十分困难。

3. 出路

由于公司化肥装置已经运行多年，设备折旧费用低（每年折旧为1737.2万元），账面净资产也较低（账面净资产只有2.277

亿元），总体运行成本较低，未来2~3年仍有可能保本微利运营。但从长远发展看，气头尿素向天然气供应稳定且价格较低的区域转移是不可逆转的趋势，尿素生产很难为中原大化的长远发展提供持续有效的支撑。课题组建议尿素项目一方面应当通过节能降耗、控制成本，维持本地生存；另一方面要积极论证整体搬迁到国外的成本和比较优势，一旦论证搬迁方案可行，则可以整体搬迁到非洲或其他地区。

目前，中国和非洲绝大多数国家保持着亲密的关系。非洲大陆是全球最不发达的地区，也是发展潜力最大的地区。那里土地肥沃，对尿素等肥料的需求正快速增长。那里资源丰富，特别是尼日利亚等国家天然气资源储量巨大。目前，许多国有大型企业，如中石油、中石化、中化化肥、五矿发展等都在非洲大陆进行战略布局，而且中非发展基金对中国企业投资非洲还将提供资金支持。只要我们充分论证，设计一个各方都能接受的合作方案，尿素项目搬迁非洲是有非常大的可行性的。

具体运作思路：公司以设备、管理和技术入股，按重置成本估值方法，公司设备可评估7亿~8亿元，加上管理、技术，可评估10亿元左右；争取中化化肥或其他国有大型企业以现金入股5亿元左右；争取中非合作基金以现金入股5亿元左右；非洲当地将土地及其他资源评估为5亿元左右。则新设立的非洲公司注册资金可达25亿元左右，其中中原大化持股10亿元左右，持股比例40%左右。

收益分析：非洲当地天然气价格约为0.2元/立方米，生产成本约800元/吨，运输到国内到岸成本约1300元/吨，每吨利润约600元，按50万吨产量计，每年利润约3亿元，中原大化可分配利润约1.2亿元。如果在国际市场上直接销售，每吨利润还可以增加约200元，则整体利润可望达到4亿元左右，中原大化可分配利润约1.6亿元。

边际收益分析：尿素生产地区战略转移是全球产业转移的重

要组成部分。如果中原大化能够先行一步，除获取项目直接收益外，还可以取得先发优势，在积累经验、市场资源的基础上，可以参股或控股更多项目的转移，实现更大收益。

（三）三聚氰胺

中原大化于 2000 年 4 月投产第一套三聚氰胺装置，设计产能 1.5 万吨，产能利用率可高达 100% 以上。这套三聚氰胺装置系引入意大利的 ETCE 技术建造。目前国内技术在生产的连续性、原材料消耗（尿素和氨）和产品质量等方面均不如意大利的技术。中原大化第二套和第三套三聚氰胺装置依然是意大利 ETCE 技术。其中，第二套产能 1.5 万吨，于 2002 年 11 月投产。第三套产能 3 万吨，于 2005 年 7 月投产。

1. 优势与劣势

作为较早开始生产三聚氰胺的企业，中原大化三胺业务在国内有一定的影响力，其竞争优势主要表现为以下几点。

（1）从意大利引进的先进技术

在高压法合成三聚氰胺的技术上领先，工艺可靠，质量上乘，环境友好。目前采用此种高压法生产技术的厂商除了中原大化外，仅有另外一家规模较小的厂商，国内同行大多采用的是常压法或者中压法生产技术。常压法和中压法生产技术在生产的连续性、原材料消耗及产品质量上与中原大化的高压法比存在一定的差距。

（2）中原大化三聚氰胺业务产能在当前来说较大

中原大化的 6 万吨三胺装置投产较早，一度在行业中处于产能领先地位。在中压法和常压法生产技术大规模应用之前，很少有企业可以撼动中原大化的产能领先优势。中原大化的产能曾经在世界上排名前五位，目前产能位于行业前列，但是已经不及川化股份和山东鲁西等企业。正是前期的产能领先和质量可靠，培养了一系列的高端客户，从而使得中原大化的三胺产品具有一定程度的品牌优势，这种优势特别体现在出口方面。

（3）原料供应有保障，成本较低

与国内的许多其他三胺装置不一样的地方在于，中原大化的三胺装置依托于中原大化的尿素装置建设。直接从尿素装置引入尿液，保证了中原大化三胺业务可以节省大量的物流成本及热能损耗。另外，直接引入尿液的另外一个好处是可以节省包装费用并且减少损耗和浪费。

尽管中原大化三胺业务存在着一些优势，但这些优势现在看来都有着重大缺陷。与此同时，中原大化三胺业务还存在着一系列劣势。

其一，高压法生产工艺日益没落。随着常压法和中压法技术的改进，高压法生产工艺的缺点日益显现。随着技术的不断进步，高压法工艺越来越不再是市场主流的生产技术。随着常压法和低压法生产工艺的改进，我国自主研发的生产工艺越来越具备竞争优势。当前我国大多数企业正在建设的三胺装置大多采用了清华大学及鲁西化工改造后的中压法及常压法生产工艺。高压法生产工艺生产连续性较好的优势目前越来越弱化，常压法和中压法生产的产品质量也日益赶上高压法工艺，所以中原大化三胺产品的质量优势也越来越不明显。更为关键的是，中压法和常压法生产工艺由于装置工作压力较低，所耗费的蒸汽较少，每套装置的产能可以较为容易地提高，这都使得常压法和中压法工艺的变动成本显著降低。根据课题组的访谈，中原大化三胺装置每吨产品的变动成本为8300元人民币（不含税），而常压法和中压法的成本可以低至7000元人民币。这种成本上的差距将会导致中原大化三胺产品丧失竞争力。

其二，财务成本及折旧费用高企。由于高压法系引进技术，在技术先进的同时，也给企业带来了沉重的财务负担。相对于常压法和中压法较小的单位产品投资规模（中原大化1.5万吨装置的投资规模可建设清华技术反应装置5万吨的产能及鲁西化工8万吨的产能），中原大化在市场竞争中包袱沉重。更为关键的是，常压法和中压法较小的投资最终将鼓励其他企业大规模投资，市场价格可能在未来降低至高压法的盈亏平衡点以下，使得中原大化丧失正的现金流。目前，中原大化三胺部门的负债水平高达88%以上。这种负债规模使得企业基本上丧失了进一步融资的能力，更不可能在未来的产能竞争中取得优势。这是中原大化三胺业务面临的最为困难的战略难题。

其三，企业结构复杂，难以发挥同一业务的合成效应。尽管中原大化的三胺业务均为高压法工艺，且处于同一股东的控制之下，但是公司架构却不尽理想。其中，第一套三胺装置（1.5万吨）属于中原大化控股的河南豫化精细化工有限公司（目前为100%控股子公司），第二套三胺装置（1.5万吨）属于中原大化自身，第三套三胺装置（3万吨）属于河南宇星三聚氰胺有限公司（目前为75%控股子公司）。三套装置分属不同公司，可能带来同业竞争的问题。另外，第二套装置所从事的业务并不单独核算，而是与中原大化的其他业务共同核算，很可能会受累于中原大化其他业务。从调研组所了解的情况看，2010年中原大化三大业务当中仅三胺业务存在正的现金流。显然，中原大化的其他业务可能拖累第二套装置的业绩。

2. 前景

（1）市场增速一般

三聚氰胺作为用途广泛的基本有机化工中间产品，近年来在中国得到了较为迅猛的发展。目前我国三胺市场中，有一定规模的供应商有80余家。主要的制造商有成都玉龙化工、鲁西化工、四川玉象密胺科技、山东联合化工等。同时，我国是世界三聚氰胺需求量增长最快的地区之一。过去几年中，我国三聚氰胺年需求增长20%以上，预计在未来几年我国三聚氰胺消费量的年增长率仍将保持在10%~15%。

国际上，三胺市场的增速大约为5%。而我国供应商在国际市场上占有的市场份额日益扩大。我国每年都有大量的三聚氰胺出口，这也说明我国三聚氰胺质量可满足国际市场对三聚氰胺质量的要求。前几年日本的三聚氰胺制造商日产化学公司为了进行产品结构调整，多次到我国调研，对当时国内部分规模较大的三聚氰胺厂的产品采样全面分析，结果表明我国的产品质量已接近或达到国际水平，个别项目甚至超过日本。目前我国每年有近20%的三聚氰胺用于出口，主要出口到欧洲、美洲、亚洲和澳大利亚等地区。出口量已占世界三聚氰胺需求总量的10%以上，在国际市场上具有举足轻重的地位。其中，2010年上半年，完成出口12万吨，占全部产出70万吨的17%。近年来我国三聚氰胺出口增长迅速，从2002年出口量为3.94万吨到2011年上半年的12万吨，增幅巨大。三胺出口增速在2007年达到高点：2007年1~6月份出口量高达7.62万吨，同比增长115.41%，创下了我国三聚氰胺出口增速历史最高纪录。但受2007年7月1日起我国三聚氰胺出口退税率从13%下调为5%的影响，三聚氰胺的出口增速开始下降，而后随着全球性金融危机的来临，全球市场的增长受到明显抑制，但从长远发展来看，三胺出口维持10%的增速应当是可以实现的，但这样的增速远远平衡不了国内产能的过剩。

（2）产能过剩严重

如果说三聚氰胺需求市场增速一般尚不构成中原大化三聚氰胺业务发展的严重问题的话，那么产能严重过剩则会使中原大化这一业务的发展受到严重的制约。

2009年底，我国三聚氰胺生产厂家有80多家，年产能为86万吨，而到了2010年6月份，仅仅过了半年这一数据就变成了100万吨，增幅超过了16%。新增的这14万吨产能分别是山东鲁西化工集团有限公司6万吨/年装置、成都玉龙化工有限公司5万吨/年装置、山东联合化工有限公司3万吨/年装置。2011年下半年三聚氰胺扩产的势头更猛，还会有更多的企业扩产和新项目上马，下半年新增的产能合计将达40万吨，也就是说2011年底我国三聚氰胺的产能将达到140万吨左右。

2011年下半年在建的三聚氰胺装置有四川玉象密胺科技有限公司3套，鲁西化工集团股份有限公司2套，河南金山集团2套。其中，鲁西化工集团股份有限公司的三聚氰胺一期工程已经投产。7月19日该公司发布公告称，经2008年年度股东大会批准，投资建设的年产16万吨三聚氰胺一期工程8万吨项目经过前期单机调试和联动试运行，工艺流程全线打通，于近期顺利投产，生产出合格产品。四川玉象密胺科技有限公司是国内一家大型的三聚氰胺生产企业，目前已有3套装置，合计产能12万吨，其中两套5万吨/年的装置是2010年刚刚投产的。尽管如此，玉象公司还在积极地扩产，2011年分别在新疆和江苏开工建设两套20万吨/年的装置，合计设计产能达到40万吨，均计划于2011年投产。与现有装置相比，新上项目有一个共同的特点是规模大。过去1万吨的装置就算是大装置，而现在在建的装置规模最小的是年产3万吨的，一般都是5万吨，最大的甚至达到了20万吨，现在的一套就相当于过去的四五套甚至20套。这种大规模装置的投产造成了产能增长的速度加快。

产能过剩已成定局，扩产风更多地缘于主观。尽管目前三聚氰胺已经处于供大于求的状态，但一些企业仍然自信地认为，只要装置规模够大，生产技术够先进，就比别的企业有市场竞争力，因此大干快上的热情不减，特别是一些煤头化工企业开始大举进入三聚氰胺产业。与已有以天然气为原料的三聚氰胺企业相比，这些煤头化工企业认为，凭借原料和成本优势，完全可与传统的以天然气为原料的三聚氰胺企业争个高低，这进一步加大了气头三聚氰胺企业的成本压力。

（3）应用空间有待进一步开发

三胺市场应用的范围可以有效地扩张。目前三胺主要应用于传统的装饰板、密胺餐具、涂料、纺织品整理剂、纸张增强剂、黏合剂和复合地板等领域。而未来的某些应用领域，如高效水泥减水剂、三聚氰胺阻燃剂、密胺泡沫塑料、密胺合成纤维等新的

产业发展与结构调整

应用领域的开拓也将使三聚氰胺的市场容量进一步扩大。需要指出的是，高效水泥减水剂在发达国家应用十分普遍，达90%以上。但是中国作为水泥的消费大国在这一应用领域才刚刚起步，应用规模尚不足10%。这一应用的发展将会为中国三胺市场的发展提供广阔的前景。

三胺的传统应用可能减少。需要指出的是，目前三胺大约一半消费于三聚氰胺酚醛树脂，相当大一部分用于制造日用器皿和餐具。另外，部分日用器皿和餐具则使用三聚氰胺甲醛（即密胺树脂）模塑料来生产。从耐热性来看，三聚氰胺甲醛模塑料存在着较大的风险，而三聚氰胺酚醛树脂则具有较好的耐热性，释放有毒化学物质的可能性极小。但考虑到三胺可溶于热水、微溶于冷水的基本化学性质，越来越多的消费者开始拒绝三聚氰胺酚醛树脂餐具。特别是消费者受到三聚氰胺毒奶粉事件的影响，更加不愿意承担风险。这一市场的发展将会受到一定程度的抑制。

从2012年的产能释放情况和2012年的市场前景来看，三胺价格下滑将是不可避免的，并且很有可能降至中原大化三胺业务的盈亏平衡点，甚至正的现金流也难以保证。目前来看，三胺业务本身不可能从根本上改善三胺业务营业收入。但是，作为中原大化公司重要的一块业务，目前三胺资产还未到最终剥离的时机。

综上所述，课题组认为三聚氰胺市场的前景使得中原大化的三胺业务还有存在和发展的可能；产能的情况使得中原大化的发展面临着紧迫的压力；而公司竞争力的状况则使中原大化必须进行强力的改革和创新。因此，公司在"十二五"期间不宜扩大三胺的产能。对于基础化工类产品，产能的竞争是根本性的竞争。但是对于中原大化来说，缺乏持续地投入资本的能力，一方面自身积累不足，另一方面融资能力也十分有限。即使中原大化改造生产工艺，降低生产成本，也难以在这个产能过剩的行业里取得市场龙头的地位。公司在三聚氰胺业务上的战略应当是在不投入大量资本的情况下，努力维持这一业务的赢利水平，形成一个较好的兼并标的，争取在"十二五"期间实现此业务的剥离。

3. 出路

（1）强化市场营销，发展三胺下游产品

任何一种工业品市场，其发展的根本趋势都是产能迅速扩张导致整个行业毛利丧失。如果企业不能通过持续的横向兼并控制市场，或者至少演化为整个寡头市场中的一员，那么最终都会被这种商业模式拖垮。而开发新产品，发展新应用，不断开拓市场将会有效地避开这种破坏性的商业模式。

调研组认为，"十二五"以后，中国经济越来越从依托投资拉动转向依赖消费拉动。"十一五"以来，随着中国经济的发展，居民消费能力提高，消费升级已经成为不可遏制的趋势。中国正从工业化的较低级阶段向中高级阶段发展，在这个发展过程中，基础化工的发展会普遍遭遇到产能过剩的局面。化工产业的发展也必然向着更深、更细、更贴近消费品的方向发展。精细化工在全部化工行业中的比重会越来越大。在这一产业结构调整的大背景下，为了维持三胺业务的健康发展，必须转变思路，转变经营的重心，从注重产品转变到注重市场；从注重生产转变到注重营销。积极调研市场，开发三胺应用市场，转向精细化工方向，研发三胺下游新产品。

（2）在适当时期以适当方式剥离三聚氰胺业务

"十二五"期间，三聚氰胺业务剥离的主要方式可以有以下两种：

①将此项业务出售给市场龙头厂商。考虑到三胺业务市场龙头厂商（如鲁西化工）仍然信心十足地进行着三胺产能的扩张，如果"十二五"期间中原大化的三胺业务依然可以实现赢利，那么这项业务将会是一个较好的兼并标的。通过市场龙头厂商的兼并一方面可以实现行业集中度的进一步提高，另一方面也可以为中原大化的转型提供大量的现金。

②将此项业务从中原大化分拆出来并朝下游业务纵向兼并。

考虑到三胺是一种重要的基础化工类中间品，如果"十二五"期间，中原大化成功地进行了转型，大力发展了三胺下游的精细化工业务，那么可以考虑下游精细化工业务的子公司收购中原大化的三胺业务。将目前的三胺业务作为下游业务全产业链纵向整合的一环，从而保证高质量、稳定的三胺原料供应。这取决于中原大化精细化工业务发展的方向是否会以三胺为基础原材料，下游业务是否可以发展壮大，是否具有强大的赢利能力。最有可能的模式是三胺下游业务的子公司上市融资并实施反向收购。

三　公司新增长点分析

（一）精细化工

1. 三聚氰胺泡沫塑料

目前中原大化作为股东，参股了濮阳绿宇泡绵有限公司。该公司所从事的业务三聚氰胺泡沫塑料是从三聚氰胺延伸出来的精细化工产品，2010年的产量为1.5万立方米。绿宇泡绵公司中中原大化公司占有45%的股份，日本井上公司占有55%的股份，但公司的具体运行由中原大化负责，管理与技术团队也基本上全部属于中原大化方面。

公司生产的三聚氰胺泡沫塑料具有卓越的吸声性、助燃性、隔热性、卫生安全性，广泛应用于建筑业、工业、车辆制造、热力工程、日用清洁等领域；随着泡沫塑料技术的成熟及质量的提高、甲醛含量的降低，该产品将会应用于更多的行业，发展前景很好。调研组十分看好三聚氰胺泡沫塑料的市场前景，我们认为作为环保、阻燃的新材料，它在未来的市场应用中可能得到极大的发展。其中，最为看好的市场是公共建筑领域内的吸音衬层、吸音阻燃隔断墙甚至高档家庭装饰与装修。根据我们对绿宇公司的调研，绿宇公司的三聚氰胺泡沫塑料在建筑业中的应用仅占全部销售量的3%，而75%的销售量却是与这一材料最大优势特点无关的家用清洁擦（利用三胺硬度高的特点）。当前妨碍此产品应用的主要因素在于价格较高。但是考虑到这种新型材料优异的性能和安全性，我们认为以下两点可以支撑该产品在未来获得高速的成长：①随着这种新材料的大规模生产和生产工艺改进，可有效地提高成品率、降低成本，使这种新型材料具备足够的价格竞争力；②随着国民经济的增长、消费升级，消费者会日益关注环保和安全，愿意为环保和安全支付更高的溢价，这也会加速该产品的应用；③一系列公共安全事件，特别是公共建筑、商业场所及高层建筑火灾的发生，会激励业主及政府部门越来越倾向于使用更加安全环保的新型防火材料。

此项产品目前全球仅有德国BASF及中原大化的绿宇两家公司生产。目前绿宇公司仅约占全球市场的4%，但在国内市场上的份额却高达70%，这说明中国市场的发展前景十分广阔，而绿宇是当之无愧的市场龙头，这都为公司的发展提供了极佳的条件。所以，三聚氰胺泡绵是最可能实现公司快速增长的一项业务，也最有可能成为支撑公司未来长远发展的主营业务。

2. 其他精细化工产品

作为一家化工企业，中原大化在化工行业具有深厚的行业基础和行业经验。在公司战略转型中，除了三聚氰胺泡绵以外还应进一步发掘化工行业的其他机会，通过向更靠近消费终端的精细化工行业延伸来承接公司多年来在行业中积淀的一系列优势，如客户、人才、技术、供应商等等。

精细化工包括的范围十分广泛，其产品可以包括与最终消费联系紧密的医药、日用洗涤品、化妆品、食品添加剂等，也包括各种新型材料、各种工业用添加剂等。在未来中国及河南经济转型的过程中，化学工业面临着一系列重大的发展机遇，中原大化在二次创业过程中至少应抓住其中一至两个发展机遇，才能主动地适应产业结构的大规模调整。

(1) 经济结构调整给精细化工行业的发展带来了良好的机遇

消费拉动与精细化工。精细化工行业的产品往往包含以下特点：具有功能性或最终使用性；商品性强，多数以商品名销售；附加价值率高；产品质量要求高。从上述特点来看，这正是消费品的特点。如前所述，"十二五"期间我国消费品工业将较此前有一个更快的发展，所以中原大化在"十二五"时期应该发展精细化工行业中贴近消费品的产业。从大消费的概念上看，三聚氰胺下游的一些行业颇有一些合乎这一概念的产品。

发展新型材料与精细化工。"十二五"期间，我国战略性新兴行业的发展是一个重点。而战略性新兴行业当中，新材料是重点之一。新材料行业的发展离不开精细化工。精细化工产品和精细化工新材料具有技术含量高、环境污染少、能耗物耗低等特点，符合当前低碳经济发展的要求，具有很大的发展空间。从行业的长期发展以及"十二五"规划来看，未来化工行业主要是在节能减排、新材料及精细化工的领域快速发展。除了要注重节能环保外，我国是世界工厂，已经成为全球能源消耗大户，未来化工行业需要进行产业升级，一些高附加值的新材料和精细化工将会受到产业政策的扶持。

(2) 精细化工行业的投资特点适合中原大化的现状与转型方向

现在看来，基础化工业务沉重的财务负担是中原大化最大的战略失误，这在甲醇项目的投资上最为明显。因此中原大化在未来新业务的发展路径当中，轻资产运营将是一个必不可少的原则。与这一原则相对应的是，精细化工的许多业务与产品合乎轻资产运营这一特点。对于精细化工来说，由于行业涉及品种众多，更新换代快，任何一家厂商都不可能像重化工领域那样投入巨额资本进行生产，因而精细化工往往设备投资较小，行业中的价格竞争也就不会十分激烈，转向精细化工可以为中原大化轻资产运营提供较好的条件。

（3）可供中原大化选择和发展的其他精细化工产品

——水泥减水剂

依据前文的市场分析，调研组认为推广三胺在水泥减水剂中的应用将会有一个较广阔的前景。加大力度进行对这一行业应用的研究和市场推广将会为三胺业务打开一条新路子。我国是水泥的消费大国，但目前应用三胺作为高效水泥减水剂的还比较少。2009年，我国减水剂市场价值为200亿~300亿元。虽然三聚氰胺减水剂有独特的效果，但三聚氰胺减水剂用量不到3万吨，只占到减水剂1%的市场份额，价值约3亿元。三聚氰胺减水剂所占份额小主要是成本高造成的，成本高限制了其应用。目前我国三聚氰胺减水剂企业不到20家。

但是，市场的环境正在改变。根据中国混凝土与水泥制品网的资料，在水泥减水剂市场，萘系减水剂的市场份额很大。但是近年来工业萘价格不断提升，由前几年的5000~6000元/吨左右的价格一路暴涨到目前的8000元/吨以上，高端价格一度过每吨万元。有业内人士表示，新型减水剂的出现使得原有的萘系减水剂60%的市场份额缩减至40%，三聚氰胺减水剂可用于取代萘系减水剂，市场空间很大。如果三聚氰胺的吨价能降低1000~1200元，那么2011年三聚氰胺就能取代10%的萘系减水剂用量，市场价值就达20亿元。

考虑到三胺市场中产能过剩的局面，未来三胺降价将无可避免。但是，这种降价有可能换取市场的大规模启动。在价格下降的过程中，中原大化可以通过面向市场生产和积极营销三聚氰胺减水剂，避免单纯的价格战对企业利润的损害。更进一步来看，在水泥减水剂市场中，除萘系产品成本上升之外，近期非萘系产品中脂肪族、氨基磺酸盐等外加剂价格也在上涨。市场的消长为三胺水泥减水剂的应用提供启动的空间，中原大化应注意这一市场的开发。

开发水泥减水剂的应用仅是全面注重市场及营销的一个例子。

产业发展与结构调整

三胺毕竟是一种基础化工中间品，其应用的领域十分广泛，并且其下游的应用已经比较贴近最终市场或者消费市场。中原大化三胺业务的健康发展不应再以单纯的三胺生产为中心，而应当以开发下游应用为中心。

——基于三聚氰胺的纸张处理剂及其他化工产品

造纸行业也属于大消费行业的一种，纸张的消费也会随着消费升级而得到快速发展。从2010年造纸行业的发展来看，目前造纸业内对于白卡、包装纸和生活用纸的前景较为看好，即使产能相对过剩的文化纸，从长远来看市场前景仍在。

我国当前造纸行业最大的特点在于众多的落后产能以环境为代价无序地发展。"十二五"期间国家对造纸行业的发展规划主要是提升产品规格、淘汰落后产能。这一产业规划有利于造纸行业细分市场的发展，有利于高档印刷物市场的发展。基于三聚氰胺的纸张处理剂，可以大大改善纸张的性状，使之抗皱、抗缩、不腐烂。调研组认为，造纸行业细分市场的充分发展，为基于三聚氰胺的纸张处理剂的发展提供了空间。中原大化可考虑针对此市场进行研发和生产，占领高地，建立品牌。

除此之外，其他精细化工，包括与中原大化既有业务又有产业链关联的三胺下游产业的精细化工项目，都可以充分地考虑。但任何业务都要在以下原则下开展：①轻资产运营；②市场导向；③营销为先；④品牌建设。

（二）物流贸易

物流贸易公司是2009年河南煤化集团成立以后设立的（总公司要求集团每个子公司都要有物流公司）。目前，中原大化的物流贸易公司承担着两方面任务：一是中原大化产品的仓储、销售与运输；二是经营除公司产品以外的其他产品，对外创收创效。在经营的产品类别上，物流贸易公司主要从事化肥、三聚氰胺、甲醇与煤的仓储、运输与贸易，目前主要生产化肥等免税产品。物流贸易公司的经营优势在于中原大化多年来在化肥与化工行业积累的品牌优势、产品营销经验、仓储能力等（包括铁路专用线、仓储设施。目前大化有两个仓储设施，具有7万~8万吨甲醇产品的仓储能力，但没有危险品储存资质）。

成立一年多来，物流贸易公司除了完成中原大化产品的仓储、销售与运输外，还利用自身在化肥行业的品牌优势，开展了一些尿素产品的贴牌加工。在确保产品质量的情况下，2010年物流贸易公司利用不同区域市场的差价及市场的波动做了一些化肥贸易，交易总额达21亿元，赢利200多万元。

由于多年来持续从事尿素生产与贸易，大化公司积累了相当规模的仓储能力，还一直拥有对尿素市场非常熟悉的营销队伍，具备了从事化肥及甲醇等化工产品的仓储、运输、贸易的优势，中原大化可以利用这些优势努力拓展尿素、甲醇的物流贸易。

目前，中原大化发展物流贸易也面临一些制约因素：一是资金。由于公司财务状况不佳，在开展贸易时无法进行较大规模的投资，所以利润低并容易丧失市场机会。二是机制。商场如战场，决策要快，否则就会丧失市场机会，但公司目前的纯国有机制不利于快速决策。三是平台。甲醇产品的仓储与贸易是中原大化物流公司将来的重要增长点，但现在仅有仓储能力，没有危险品储存资质。四是成本。对中原大化物流贸易产业发展最大的影响因素是公司的战略转型。由于三大主导产品尤其是甲醇与化肥效益不佳、发展前景不容乐观，公司战略转型在所难免。随着未来甲醇与化肥业务逐步从公司淡出，依托这两个行业的仓储设备开展物流贸易的成本会大大增加，从而影响其市场竞争力。

所以课题组认为，依托多年积淀的品牌优势与行业经验拓展化工产品的物流贸易，是中原大化近期的一个新增长点。在战略转型过渡期公司现有运输仓储能力仍可以利用的情况下，物流贸易要有一个较快的发展，还需要投入资金、需要尽快争取危险品仓储资质，并建立高效的决策与激励机制，以尽快积累竞争优势，

产业发展与结构调整

达到持续经营的目的,并使之成为支撑公司未来长远发展的重要产业。

(三) 技术服务

中原大化技术服务公司 2010 年 8 月份成立,一方面承担大化自身工程(主要为新上项目,包括技改)的设计、施工与服务,另一方面开展对外技术服务(包括设备检修、培训操作人员、新装置的试车、工艺改造等)。从 2010 年 9 月份正式开始业务至今,先后在天津、六盘水等地开展对外技术服务业务(新装置试车),收入达 200 多万元。考虑到公司对外技术服务人员只有 3 名,一个季度 200 多万元是相当可观的收入,这显示出大化在化工装置运行、工艺改进、员工素质等方面的优势。

但是,课题组发现技术服务的激励机制存在一定的问题。目前大化向对外技术服务人员发放 80% 的工资,并就其对外服务创收进行分成:大化公司得 60%、服务人员所属事业部得 20%、服务人员自身得 20%。我们认为这种分成比例不是很合理(服务人员自身分成比例太低),会影响技术队伍工作的积极性,进而不利于对外服务业务的进一步拓展。

影响对外技术服务发展壮大的另一个重要因素是资质,大化曾经拥有的监理资质、修理资质,由于没有连续例行必要的手续,已经过期了。没有资质导致有些对外技术服务只能收取基本的劳务费,而无法收取其他更高的费用。

当然,制约中原大化对外技术服务发展最大的因素是市场空间小。从目前大化所从事的技术服务内容来看,多属于为装置设计单位提供配套服务,简单地说就是"打下手"。虽然投入的人力物力不多,收入相对也比较可观,但是市场空间不是很大,有限的收入对于支撑大化的整体运行来说是杯水车薪。因此,调研组将技术服务产业定位为中原大化战略转型过渡期的补充,作为战略转型过渡期的一个赢利点,而不是将来支撑公司长远发展的主导产业。

(四) 工贸

中原大化工贸公司的前身是中原大化服务公司，它主要经营中原大化的副产品（复合肥、过氧化氢、水质稳定剂、医用氧等），以及为大化日常经营服务的建材厂、火车运输篷布租赁、门面房出租、招待所等。它成立的初衷是解决职工家属的就业问题，现有正常在岗职工55人，目前能为中原大化带来可观的现金流。工贸公司的特点是在业务不断扩张的同时，可以吸纳部分传统工人，既盘活了闲置资产，又解决了员工分流和家属的就业问题，为中原大化"十二五"时期战略性转型打下基础。

中原大化与传统国有企业一样，内部有着数量可观的闲置资产，这些闲置资产由于体制性因素的束缚难以创造其应有价值，造成资源的闲置和浪费。工贸公司在原有业务的基础上，借助集团公司战略"转型"机遇，积极挖掘内部资源，通过租赁等形式盘活国有资产。以租赁形式存在的轻资产是工贸公司发展的基础，经营单位小、自收自支、机制灵活，可以提高大化副产品及闲置资产利用效率。从拓展的业务来看，工贸公司的经营模式主要是以租赁和对外合作为载体，所付的租赁费相对较低，也就是说工贸公司正在以较低的成本激活原有的闲置资产。

从目前工贸公司经营的项目来看，或者是依托大化尿素、三聚氰胺、甲醇三大主要业务的副产品，或者是提高大化的闲置及利用率低的厂房、机器、设备等，因此在目前中原大化本身由于主营业务经营状况不佳而面临转型的情况下，其发展的空间会受到一定的制约，其更重要的作用是增收节支、吸纳就业，为大化战略转型的推进创造稳定的内部条件。

课题组考虑从以下三个方面对工贸公司进行定位。

1. 盘活现有资源的平台

相对于原有体制来说，工贸公司的经营模式比较灵活，通过租赁能够更好地按照市场规则去吸引、吸取和吸收大化原有存量资源，能够让本来近乎沉寂的资产与业务在市场机制下重新找到出路，从而能够成为中原大化主业范围以外的重要调节剂。另外，做强工贸公司的同时也可以使得中原大化的产品和产业结构得到相应调整，在条件允许的范围内，通过更有效利用生产三大产品产生的附属品进行多元化生产。

2. 培育新业务的孵化器

化工行业在主业生产的同时，还会有相应的附属品，只不过这些产品的潜能在原国有体制的框架下难以有效发挥，有些产品（例如医用氧等）在最初还占有不小的市场份额，作为濮阳市唯一一家拥有医用氧资质的企业（拥有 GMP 管理认证），中原大化的市场份额逐渐萎缩。类似的产品还有与濮阳市农科所合作的生物有机肥产品以及民生建材和水稳定剂等产品。国有企业这种重生产轻销售、重主业轻辅业的理念阻碍了这种优质资源的开发，而这种资源尤其是医用氧、复混肥及生物肥在制度上有所突破后会有可观的市场前景。通过工贸公司这个平台，缩小经营单位，培养与孵化新的业务，很有可能为大化的战略转型开辟新的出路。

3. 战略转型的后方基地

国有企业不仅具有经济职能，而且承担着重要的社会稳定职能，中原大化要实现"十二五"时期的"二次创业"，必然会导致一些职工产生某种结构性的不适应。从这一点来说，工贸公司还可以为中原大化的战略转型提供稳定的后方基地，转移员工，解决企业战略转型后的人员归属问题。

（五）房地产业务

对于中原大化未来发展的新增长点，课题组考虑除了上述从重化工向精细化工转型，依托现有资产、技术与行业经验开拓物流贸易、工贸与技术服务以外,还应抓住"十二五"期间濮阳快速城镇化的机遇,积极开拓房地产业务,并争取使之成为将来公司发展的重要支撑。课题组认为中原大化具备了在濮阳开展房地产业务的一些优势。

其一,"十二五"期间濮阳市城镇化加速发展将推动房地产需求的快速增长。"十二五"期间濮阳市预测每年新增人口8万人(2万多户),由此产生的房产需求超过200万平方米,再加上与之配套的商业地产,房地产的需求量会快速膨胀。而且,目前濮阳市的房价也将近4000元/平方米,房地产的赢利空间比较大。

其二,中原大化本身有房地产需求与可供开发的土地。目前公司家属院占地500亩,多为四层小楼,通过成立房地产公司对其进行改造,既可以解决职工住房问题,又可以开发一部分商业楼盘,还可以通过实际操作为后续的商业开发积累经验。此外,随着公司战略的转型,化肥项目搬迁后的土地也可以用于商业地产的开发。

其三,公司在濮阳经营多年,在市民中有一定的知名度与信誉,并建立了与政府沟通的渠道,在开拓房地产业务上具有明显的地缘优势。依托多年来在濮阳积累的知名度与信誉,中原大化从事房地产开发容易获得市民的信任,有助于市场的开拓。多年来与政府建立的沟通渠道使中原大化可以比外来的房地产公司更容易拿地,更容易获得政府在各方面的支持。

其四,河南煤化集团公司有专业的房地产公司,中原大化可以利用自身的地缘优势与总公司合作,依托总公司的平台,借助总公司的资金、人才等迅速熟悉开拓房地产业务,抢占市场先机。

四 总体结论与建议

(一) 公司战略转型的总体思路

综合上述分析,课题组将中原大化战略转型的总体思路总结为:"一条主线、双轮驱动、三个转变、四大支撑"。

1. 一条主线——"以基础化工向精细化工转型为主线"

中原大化目前的三大传统主营业务中甲醇严重亏损,化肥与三聚氰胺的前景也不容乐观,以三聚氰胺泡沫塑料为代表的精细化工将成为公司未来发展的主要增长点。所以,课题组认为中原大化目前战略转型的重点是"从基础化工为主转向精细化工为主",即不宜继续扩张乃至维持重化工业,战略上果断地向精细化工转型,以三聚氰胺泡沫塑料为公司战略转型的突破口,通过上市融资,带动精细化工做大做强。

2. 双轮驱动——"从产业驱动转向产业与资本双轮驱动"

作为一家以化工为主业的老国有企业,长期以来中原大化一直致力于尿素、三聚氰胺、甲醇等重化工产品的生产与销售,一方面造成公司业务单一、抗风险能力不强,另一方面造成公司发展空间不足、活力不足。在当前行业竞争日益激烈、多元化需求彰显的情况下,没有资本市场的支持,没有资本运营的帮助,中原大化要在未来的竞争和发展中做大做强是不可能的。因此,中原大化必须在做好产业转型、产业整合和产业经营的基础上,以资本运营为纽带,通过上市、引进战略投资、合资合作、对外股权投资等方式,千方百计利用资本运营筹集资金、配置资源,通过产业经营与资本运营双轮驱动和互动融合,推动公司可持续健康发展,实现股东价值最大化,实现公司的战略复兴。

3. 三个转变——"以观念转变、模式转变、机制转变为保障"

重工业的竞争优势主要在于依托规模、技术的产品质量与价格;而精细化工更接近终端市场,其竞争优势在于营销、服务与沟通。因此,为保证战略转型的顺利推进,课题组认为中原大化要实现以下三个转变。

观念转变,即公司上上下下必须彻底转变观念,由原来的封闭保守、因循守旧、不思进取转变为开放拼搏、敢于创新、勇争第一，由原来的干多干少一个样、大锅饭、平均主义转变为多劳多得、少劳少得、不劳不得。

模式转变，即改变传统的规模扩张模式，从以外延式扩张模式为主转向内涵与外延并重的发展模式，由重主业轻辅业向市场导向转变，从重生产向重营销、重服务转变，从重投资、重规模向重效率、重效益转变。

机制转变，即简化决策程序、缩小经营单位、强化激励机制、提高运营效率。通过缩小经营单位，建立以股权激励为核心的激励约束机制；通过承包经营、期股、期权等方式，将经营者的利益和公司员工的利益紧密结合起来。

4. 四大支撑——"以房地产、物流贸易、工贸、技术服务为四大重要支撑"

围绕"从重化工向精细化工"转型这一主线，积极拓展"房地产、物流贸易、工贸、技术服务"四大业务，为公司战略转型提供支点与保障。

房地产。抓住濮阳市加速城镇化带来的市场需求，利用地缘优势与河南煤化总公司的房地产公司合作，借家属院改造的契机进军房地产市场，拓展房地产业务。

物流贸易。依托公司积淀的品牌优势与行业经验，利用现有运输与仓储平台，积极转变机制并加大资金投入，大力发展化工产品的物流贸易。

工贸。依托工贸公司这一平台，挖掘内部潜力，努力做大复合肥、医用氧、生物肥等附属业务，通过创造利润与安置人员为公司战略转型保驾护航，并争取孵化出支撑公司长期发展的新业务。

技术服务。利用公司在化肥行业的技术优势，开拓对外技术服务，增收挖潜，为公司战略转型的顺利推进创造稳定的环境。

（二）产业发展战略

根据上述战略转型的总体思路，课题组认为可以用"整合、搬迁、稳定、突破、拓展、扩张、培育、深化"十六个字来归纳公司中长期产业发展战略。

1. 整合——"整合甲醇业务"

甲醇项目是当前公司经营困境的主因，短期内很难产生正的现金流，长远来看中原大化在煤基甲醇方面也较难形成竞争优势，所以甲醇项目的战略是果断进行资产整合，降低资产负债率，减轻公司财务负担。

2. 搬迁——"搬迁尿素装置"

目前公司尿素项目在濮阳面临天然气价格上升且供应不稳的双重压力，持续经营出现困难。但公司尿素装置工艺先进、运行稳定，且财务负担轻，如果将其搬迁到天然气供应充足且价格较低的区域，资产价值将得到快速提升，所以尿素项目的战略是果断搬迁。

3. 稳定——"稳定三聚氰胺业务"

公司三聚氰胺业务虽然已出现竞争力减弱的迹象，但当前仍有稳定的现金流。所以三聚氰胺项目的战略一是稳定，即通过提高运行效率争取使其能够在本地更好地生存，并将其作为公司战略转型期的重要收入来源；二是延展，即大力拓展基于三聚氰胺的精细化工。

4. 突破——"以三聚氰胺泡沫塑料为突破口"

公司三聚氰胺泡沫塑料项目技术先进，概念新颖，是当前最有发展前景的项目。所以选择三聚氰胺泡沫塑料作为公司向精细化工转型的突破口，争取尽早上市融资，实现自身迅速扩张并带动其他项目发展壮大。

5. 拓展——"拓展房地产业务"

将房地产业务作为公司向服务行业延展、实现多元化的重要支点。利用在濮阳的地缘优势，依托总公司房地产公司的平台与资金，积极拓展房地产业务。

6. 扩张——"扩张物流贸易业务"

利用现有运输与仓储能力，依托品牌优势与行业经验，加大资金投入，建立更为高效灵活的决策与激励机制，持续扩张物流贸易业务。

7. 培育——"依托工贸公司培育新业务"

依托工贸公司，缩小经营单位，提高运行效率，最大限度地开发利用公司沉淀资产与设备，吸纳就业并增加现金收入，努力培养培育新业务。

8. 深化——"深化对外技术服务业务"

挖掘公司内部技术与人员优势，成立专业化的技术服务公司，积极稳妥地深化对外技术服务，培养新增长点，增加现金收入，为公司战略转型创造宽松、稳定的环境。

（三）战略目标

依据上述总体思路与产业发展战略，确定战略转型的主要目标为：

1. 做强做大精细化工产业

以三聚氰胺泡沫塑料为突破口，做强做大精细化工产业，争取在3年后实现年销售收入达8亿~10亿元，实现利润2亿~3亿元；力争3年内上市；融资5亿~8亿元，5年后，年销售收入达20亿元，实现利润5亿元；再融资10亿元，推动公司向三聚氰胺下游的水泥减水剂等精细化工业务拓展。5年内全面完成从重化工向精细化工的转型。

2. 大力拓展房地产业务

利用在濮阳的地缘优势，依托总公司房地产公司的平台与资金，积极拓展房地产业务。力争3年内开发房产100万平方米，完成销售收入40亿元，实现利润5亿元，5年内开发房产300万平方米，完成销售收入 80 亿元，实现利润 15 亿元，成为濮阳市顶尖的房地产企业。

3. 积极扩张物流贸易业务

尽早获得危险品仓储资质，加大资金投入，持续扩张化工产品的物流贸易业务。力争 3 年物流贸易总额达 50 亿元，实现利润 2 亿元，5 年物流贸易总额达 100 亿元，实现利润 5 亿元，成为濮阳市有影响力的物流企业，成为中部地区有影响力的化工产品贸易商。

4. 依托工贸公司培育新业务

依托工贸公司这一平台，最大限度地开发利用公司沉淀资产与设备，吸纳就业并增加现金收入，努力培育复合肥、复混肥、生物肥、医用氧等新业务。工贸公司 3 年产值达 15 亿元，实现利润 2 亿元，5 年产值达 30 亿元，实现利润 5 亿元，将复合肥、复混肥、生物肥整合在一起，并争取 5 年左右的时间内实现股票发行与上市，将它培育成公司持续发展的有力支撑。

（四）战略举措

1. 依托资本运营，以精细化工产业为主做大做强

现代企业的发展需要产业经营和资本运营的良性互动。中原大化作为资产规模超过 30 亿元，年营业收入超过 20 亿元的大型国有企业，下一步的转型和发展离不开资本市场和资本运营的支持。

根据中原大化业务状况和资本市场的特点，我们提出如下资本运营战略。

战略目标：经过 3~5 年的努力，打造 1~2 家境内外上市主体，募集资金 8 亿~12 亿元，实现产业与资本的对接。

战略重点：以三聚氰胺泡沫塑料为代表的精细化工为主体，打造符合国内创业板条件的上市公司。

战略步骤和实施要点如下。

（1）加快三聚氰胺和三聚氰胺泡沫塑料公司的股份制改造，构建母子公司架构（如图4所示）

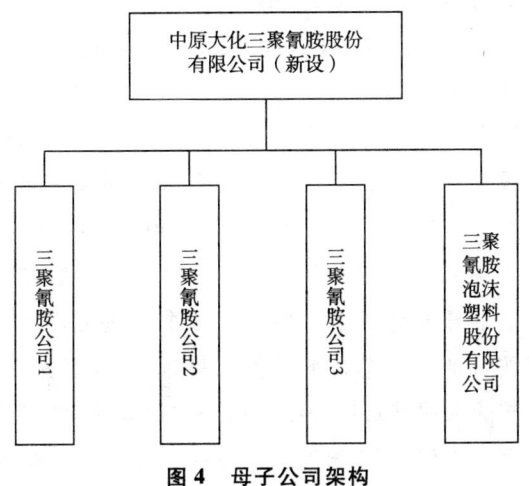

图4 母子公司架构

①其中中原大化三聚氰胺股份有限公司作为第一个上市主体，投资4家子公司，3家为控股的三聚氰胺公司，1家为持股45%的三聚氰胺泡沫塑料公司。

如果三聚氰胺整体效益符合国内上市条件，则将争取国内上市作为首选方案。如符合境外上市条件，则境外上市为备选方案。同时还可以考虑与煤化集团上市平台对接，通过借壳实现上市。也可以考虑同煤化集团相关业务重组，以便更好地符合境内外上市要求，通过并购实现上市。

②三聚氰胺泡沫塑料股份有限公司为第二个上市主体。该公司目前注册资本、财务指标和公司组织形式等都不符合上市要求，而且差距较大，但是该公司具有多项发明专利等技术优势，具有战略性新材料的行业优势，具有高成长的发展优势，具有中外合资的机制优势。因此，可以以国内创业板作为上市首选。

我们可以通过增加注册资金，使之达到5000万元；通过股权结构调整，引入管理层持股，使法人治理结构更加科学合理；通过技术投入，使成品率大幅度提高，并研发新产品，通过市场营销，使营业收入和利润大幅度提高。

如果能够到 2012 年实现净利润 3000 万元，就可以通过在创业板上市募集资金 4 亿元左右；如果能够实现净利润 5000 万元，就可以通过在创业板上市募集资金 6 亿元左右。

③在上述主体成为上市公司之前，可以引进国内外战略投资者进行先期投资。一方面，我们可以引进公司发展最为需要的资金；另一方面，战略投资者则可以获取上市以后的资本增值。

(2) 三聚氰胺泡沫塑料上市以后的资本投向和战略选择

该公司上市募集到资金以后，有两个投资方向：一个是反向收购三聚氰胺资产，一个是继续做大精细化工业务，开发与开拓基于三聚氰胺的水泥减水剂、纸张处理剂及其他化工产品。

鉴于三聚氰胺资产综合竞争力较弱，反向收购虽然可以缓解母公司的压力，但会严重影响上市公司的形象、估值和未来发展，因此，建议不要采取该方案。

精细化工是公司业务转型的方向，且有比较广阔的前景，通过资本和产业的对接，可以将精细化工业务做大做强。同时，煤化集团在精细化工方面已经投入巨额资本，正在孕育大的突破。三聚氰胺泡沫塑料的发展不能局限于中原大化，而应该站在煤化集团的高度，站在中原经济区产业结构大调整的大背景下，谋划三聚氰胺泡沫塑料和中原大化精细化工的业务整合和资本运营。因此，建议采取第二方案。

(3) 打造上帝公司

以工贸公司为载体，培育复混肥、生物有机肥、制氧、建材、气罐等业务，通过加大投入、机制创新、技术创新等手段，把有前景的复混肥、生物有机肥整合起来，争取通过 3~5 年的努力，再造一个中小板或创业板上市公司。

(4) 争取资金支持

物流公司资本运营要和煤化集团物流业务整合到一起，搭建母子公司结构，为集团物流业务上市提供支持，同时争取集团资金支持。

（5）引进战略投资者

在上述主体成为上市公司之前，可以引进国内外战略投资者进行先期投资。一方面可以引进公司发展最为需要的资金，另一方面战略投资者可以获取上市以后的资本增值。

2. 以改革为总揽，探索股权多元化路径，完善公司法人治理结构，建立责权利相统一的激励约束机制

完善公司法人治理结构是公司制度发挥作用的基础，是现代企业制度建设的关键环节。中原大化作为国有企业，虽然建立了形式上的现代企业制度，但单一的国有股权结构影响了企业的有效运作和经济效益的提高，也不利于公司的长远发展，故建议中原大化在可能的条件下积极寻求股权多元化途径，引进外部新股东，真正建立起股东内部的权力与利益制衡机制：第一，有偿转让国有股权，降低单一国有股持股比例，所获得的现金收入可以用来处理集团其他经营事宜；第二，国有股权等价置换，寻求与上下游企业的相互持股；第三，用国有股权偿付债务，在降低国有股持股比例的同时，借机引入有利于集团公司整体经营的股东；第四，积极引进外部战略投资者作为新股东，不求数量（投资额），但求质量（股东性质），以尽量避免出现内部人控制问题；第五，适度增加员工持股数量，以股票期权等方式规范（职工应真正成为具有投资者身份的股东，而不是形式上的股东）和扩大内部职工股比例。

中原大化要实现"二次创业"，实现从单一的产业经营向产业经营与资本经营并重转变，就必须通过机制创新，营造出企业与员工激励相容的长效人才机制。要在股权多元化的基础上构建与市场接轨的人才激励约束机制。建立和完善以经营业绩和工作业绩考核为依据，以岗位绩效工资为基础，短期薪酬分配与中长期薪酬激励有机结合，资本、技术、管理等多种要素参与收入分配的薪酬制度。

清明上河园景区成功之路
——民营控股旅游企业运营模式研究[*]

一 清明上河园民营控股旅游企业建设背景与发展过程

（一）清明上河园的发展历程

清明上河园，是以宋代著名画家张择端的传世名作《清明上河图》为蓝本，在清明上河图故地、七朝古都开封以1∶1的比例复原再现的大型宋文化主题公园。园区占地面积600亩，为国家4A级景区、中国旅游知名品牌、全国文明景区示范点，也是河南省旅游局向国内外重点推介的三大新景区之一。建园以来，客流量一直位居开封市各景区之首，已经成为开封的标志性景区。

1. 清明上河园民营控股建设过程

开封清明上河园是开封市人民政府旅游局与海南置地集团公司合资建设的大型宋代文化主题公园，也是开封市吸引外地资金组建的第一家股份制和商业化运作的旅游企业。清明上河园项目

---

[*] 这是受托为开封清明上河园有限公司撰写的一份企业发展报告，由我主持公司调研及谋划，李恒、刘涛、张跃等参与调研并执笔撰写。报告完成于2005年12月。——耿明斋

起始于 1992 年，由国家旅游局确定，并于当年由开封市政府有关部门进行筹建，被列为河南省"八五"期间十大旅游项目、"九五"期间河南省旅游三大续建项目。该项目自 1992 年 10 月开工后，工程建设还较顺利。次年，由于受国家的投融资体制改革的影响，清明上河园项目的建设陷入困境，到 1994 年底，工程建设因缺乏资金而停顿，此后四年间，整个项目开发陷于瘫痪状态。1998 年 3 月，市政府果断地抓住海南置地集团公司在开封扩大投资的机会，与海南置地集团公司达成了合作开发建设清明上河园项目的协议。协议规定由海南置地集团公司与开封市旅游局双方共同出资组建开封清明上河园有限公司。其中，置地集团占 55%的股份，开封市旅游局占 45%的股份。新公司的组建，建设资金的注入，掀开了清明上河园发展史上崭新的一页，景区的开发建设发生跨越式的变化，仅半年时间，清明上河园就于当年 10 月 28 日建成开业，创造了开封旅游开发建设史上的奇迹。

清明上河园有限公司成立后，不仅成功地实现了引资，更重要的是带来了经营体制的改革和产权制度的变化。执行完全的董事会领导下的总经理负责制，企业的管理则完全根据现代化制度进行，最大限度地摆脱了阻碍企业发展的种种束缚和阻力，为企业实现跨越式的发展打下了坚实的基础。

2. 清明上河园发展阶段

主题公园是一种人造旅游资源，以某一种或几种内涵丰富的主题支撑，经人工创造而成的休闲娱乐空间，是一种集游乐、休闲、认知于一体的公共园区，以特别的构想来创造环境和气氛项目吸引旅游者。这些特征要求文化主题公园在后期的发展中不断进行挖掘和创新，建设新的项目以适应景区的发展。

基于以上考虑，在开封市推进"做大做强文化旅游产业"的战略背景下，清明上河园启动二期工程建设。二期工程于 2004 年 9 月份动工，工程气势恢弘，规划合理，被河南省旅游局授予"2005 年全省八大最值得期待的景区"称号，到 2005 年 9 月建成并开业迎宾。二期工程共占地 249 亩，总投资 8600 多万元，建筑面积 15000 多平方米。二期工程的竣工，使清明上河园整体面积达到 600 亩，游客接待量达到 100 万人次/年，为清明上河园的发展构筑了坚实的平台，并有效解决了原开封市水产科学研究所的体制问题。

清明上河园二期工程是在一期基础上的规模扩张，其内容是将清明上河园向城内和皇家园林延续，充分展示了北宋东京汴梁的繁荣和昌盛。二期工程以古代娱乐为主线，以皇家园林景观为载体，以高科技为手段，以休闲理念为核心，挖掘宋代古老艺术和娱乐项目，营造了一个宋文化气息浓厚、游客参与性强、环境幽雅的休闲度假场所。清明上河园二期工程共分为 4 个相互联系而又功能不同的区域，即皇家园林景观游乐区、水上综合游乐区、宋代科技文化区、温泉度假疗养区。这四大区域各有特色，分别再现了宋代古建筑的独特魅力、北宋时汴京城的水域景色、科技的发达以及宋代人的休闲方式。清园二期的竣工使清明上河园做到了三个中国最大：中国最大的仿宋古代建筑群，中国最大的文化主题公园，中国最大的古代娱乐再现景区。也开创了三个第一：中国第一次重新恢复了古代木偶——水上傀儡戏，中原第一个以电影手法再现了水上大战，中原第一家以大型晚会开发晚间旅游市场的景区。

与此同时，清明上河园三期工程已经进入了公司的战略规划：由旅游观光向假日休闲转换，以完善园区功能，建设成为集旅游、休闲、住宿、教育、传媒于一体的多功能文化园区。

（二）清明上河园的经营绩效与社会效益

1. 经济效益显著，品牌价值显现

清明上河园 1998 年 10 月开业伊始，当年 11、12 两月的收入就达到 133.8 万元，客流量 5.25 万人，创造了开封历史上旅游的开业收入和客流量的新纪录。1999～2004 年 6 年的收入分别为

1003.2万元、1324.4万元、1643.8万元、1987.1万元、1582.7万元、2319.6万元,年均增长26.24%;客流量由1999年的43.6万人增长到2004年的75.76万人,年均增长14.75%;税后利润由2000年的23万元增长到2004年的539.9万元,年均增长541.49%;利税由2000年的23.8万元增加到2004年的805.8万元,年均增长821.42%。收入和旅客人数年均增长率均高于河南省和开封市同期增长水平。开园以来7年间共接待游客500万人次,上缴国家税收1000多万元,2004年名列开封市企业纳税50强,居景区(点)之首。

同时,在历年的黄金周期间,清明上河园的客流量和门票收入均名列河南省旅游景区的前列,与焦作云台山景区、嵩山少林寺景区、洛阳龙门石窟景区一起,成为河南省旅游行业名牌景区。2000~2004年5年总收入分别为303.45万元、390.6万元、487.7万元、246.9万元、549.8万元、579.4万元,年均增长速度高达18.19%。

清明上河园建园以来,通过策划举办或承办大型活动及在媒体上进行广告宣传的方式,提高了知名度和品牌价值。清明上河园的品牌提升过程可以用"七年四大步"来形容。第一步:2001年获批国家首批4A级景区,距离开业才两年半时间;第二步,2003年被评为中国旅游知名品牌;第三步,2004年获得"全省十大最佳人文景观""国家级文明景区示范点"称号;第四步,2004年9月二期动工,于2005年9月完成,开创了三个全国最大、三个第一。在短短的7年时间里,清明上河园连跨四大步,实现跳跃式发展,和少林寺、白马寺等一起成为河南省旅游业的旗舰性品牌。在河南省打造以郑、汴、洛为核心的沿黄"三点一线"精品旅游线路战略中起到了重要的作用。

2. 社会效益明显

(1) 推动了开封的经济发展

作为前景广阔的朝阳产业,旅游产业对国民经济具有重大的拉动作用。据测算，旅游产业直接收入每增加1元，商业、饮食、交通等第三产业产值就增加6元；旅游产业直接收入每增加1美元，利用外资额就可能增加5~9美元。自80年代以来，开封市旅游业发展迅速，在开封市经济、社会发展中的作用日渐突出和重要，已成为开封市的主导产业。而其中，清明上河园的作用更为突出，按以上依据推算，清明上河园7年来总收入已超亿元，拉动开封收入增加6亿元之多。同时，清明上河园也对开封市的制造业发展起到了巨大的推动作用。以开封市戏剧服装厂为例，这本来是个濒临倒闭的国营服装制造厂，随着清明上河园建园开业，大量演艺人员及商户统一着装的订单不但使其起死回生，而且满足不了需求，这又带动了几家民营同类服装制造企业的建设和发展。此外，园区商户所经营的汴绣等文化、旅游商品，也带动了相关产业的发展。

（2）带动了开封市旅游业的机制创新与发展

开封市具有丰富的文化旅游资源，但由于体制及观念的原因长期止步不前，收入较低，少数景区（点）尚能维持，大部分景区（点）甚至需要财政补贴。清明上河园的快速发展与创新机制对其他景区也起到了巨大的促进作用，主要表现在两个方面。

一是直接带动了其他景区旅客人数的增长。由于开封市景区具有集中的特点，而且一些著名的文化古迹又散布于不同的景区之中，导致游客对开封景区的游览观光具有联合需求的特征，也就是说，为某一景区来开封的游客大多愿意附带地到其他景区游览。清明上河园的品牌效应对游客已经具有比较大的吸引力，而且从2002年到2004年3年间的游客人数来看，清明上河园的客流量分别占开封市游客总量的26.89%、25.11%、15.92%，位居第一，是吸引游客的主要景区。清明上河园的游客增长也带动了其他景区的游客增长与收入的增长。

二是清明上河园巨大的示范效应也带动了其他景区的机制创新，从而激发了游客增加和收入增长。清明上河园通过对宋文化的深入把握和挖掘，创造了大量的演艺节目，丰富了景区观赏内容，提高了游客的参与热情，深化了旅游资源开发并优化了旅游产品的结构，这些市场化的运作给其他景区带来了深刻的启示，开阔了其他景区的经营思路。从2002年起，一些景区也增加了一些与清明上河园相似或相近的演艺节目，从而提高了其观赏层次，促进了业务增长。

（3）促进了社会就业

开封市是一个国有企业较多的城市，在国企改制的过程中，出现了大量的富余下岗职工，这些下岗职工的再就业问题长期困扰开封的发展。作为劳动密集型的产业，旅游业吸纳劳动力的能力较强，而且对就业具有较大的间接促进作用，根据世界旅游组织的数据，旅游业每增加1个直接就业人员，社会就能增加5个就业机会。开封市旅游业的发展，为开封市提供了大量的就业机会。同时开封市农业人口也很多，旅游业的发展可以改善农村的综合环境，有利于开辟第二、三产业，转移农村剩余劳动力，有利于解决开封的"三农"问题。

清明上河园作为开封第一家民营控股旅游企业，成立以后，为政府的再就业工程作出了积极贡献。目前，园内有商户175家，经营人员678人，加上正式职工248人，共提供直接就业岗位926个，其中下岗职工占40%，此外，带动相关就业达5000多人。随着清明上河园的发展壮大，将会提供更多的就业岗位，进一步帮助政府解决就业问题，为社会的稳定、繁荣作出更大的贡献。

（4）提高了开封市的旅游感知形象，促进文化艺术创新

城市旅游形象是指城市旅游者在游览城市的过程中通过对城市环境形体（硬件）的观赏和市民素质、民俗民风、服务态度等（软件）的体验所产生的城市总体印象。城市旅游形象是一个综合概念，它反映的是整个城市作为旅游产品的特色和综合质量等级。清明上河园通过对宋文化的传承与弘扬，推动开封宋文化资源走向市场，弥补了过去来开封只能看景、听景，不能参与、娱乐性

不强的不足。并通过将宋代文化资源商品化，创造了良好的旅游感知氛围，进一步提升了开封市的城市旅游形象。

与此同时，清明上河园通过景区的良好平台，不仅每年都要创编一批新剧目，而且还经常与文化部门和民间艺人合作，挖掘和扶持古代流传下来的民间艺术表演，如皮影、女子马球、水上傀儡等。目前，清明上河园正在与文化部门共同策划创编大型歌舞晚会"清明上河传"，所有这些，都使之成为开封市文化艺术创新的基地。

(5) 积极回报社会，显示出良好的企业形象

清明上河园自建园以来，积极响应政府号召，组织员工向贫困山区、受灾群众的捐赠活动。除此以外，每逢"助残日"等公益性节日，清明上河园也自发组织员工捐款。清明上河园有限公司已累计捐款捐物价值100余万元。在2003年旅游业遭受"非典"沉重打击的情况下，仍然向社会捐出30万元，作为抗击"非典"的基金。清明上河园这种不忘回报社会的行为，受到社会各界的广泛好评，表现出良好的企业公德。

(6) 改善周边环境，促进周边地区地产升值

文化主题公园具有改善周边环境、营造独特的文化氛围的功效。清明上河园作为国内大型宋文化主题公园，积极适应游客休闲观的变化，注重对旅游设施、旅游环境状态的改善，塑造了一个健康、绿色、娱乐的环境。清明上河园所在地区，建园前是荒芜空地和低洼水塘，治安环境较差，建成后，通过对园内区域的开发和保护、环境的规划与治理，使所在区域成为中国最大的仿宋建筑群所在地，同时也是国家级景区——龙亭湖风景区的核心景区，生态效益显著，治安环境良好。同时，清明上河园作为开封市旅游的标志性景区，吸引了大批游客前来游玩，提升了周边地区的人气，给清明上河园附近的商铺经营创造极好的机遇。特别是，景区所营建的良好氛围及带来的大量人流，完善了区域的城市功能，有利于地产的价值提升与开发。据统

计，周边地区的地价，由1998年3万元/亩上升到2005年的17万元/亩，从而吸引了地产商在周边进行房产开发，如由浙江台州民营企业九鼎公司开发的九鼎雅园已经初步建成。

二 清明上河园民营控股运营模式成功因素

（一）政府远见卓识，积极引资改制，参股运营并着眼于长远

理论和实践都证明，政府过度干预是扭曲市场机制的主要因素，政企不分又制约了现代企业制度的建立，阻碍了企业的活力发挥，直接导致企业运营绩效的低下，从而国退民进成为企业改制的重要原则。然而对于特殊产业及企业的初创阶段而言，一个具有远见卓识的政府及其政策支持和推动，将成为产业或企业发展不可或缺的保障。从清明上河园的建设和发展历程来看，政府的通盘规划、倾力支持，以及在推动清明上河园发展中甘当配角的积极参与，是作为民营控股旅游企业的清明上河园成功的重要因素。

政府的积极作用在清明上河园七年的发展过程中有三方面的表现。一是对于清明上河园创建的准备与促进，作为河南省"八五"期间十大旅游建设项目，清明上河园的前期工程虽然由国家来投资和管理，但从一开始政府就把目光投向了引资改制领域，并适时寻找合作机会，1998年与海南置地集团积极洽谈并达成合作协议，从而奠定了股份制建园的良好基础，当年清明上河园即建成开放是最有力的说明。二是对于清明上河园扩张的大力支持，在清明上河园投入巨资进行二期工程建设中，涉及原有开封水产科学研究所的改制工作，政府的大力推动和灵活处理，使这一问题得以有效解决。三是清明上河园七年发展中政府的全程参与，过去七年是清明上河园跨步大发展的时期，同时也面临诸多发展

初期的资金、环境、安全及宣传问题，作为参股方，政府并未以经济收益为主导，而是考虑到清明上河园的长远发展和海南置地集团的目标一致，将股权赢利全部留作企业发展积累，并大力进行环境改善，提供安全保障和进行宣传推介工作，为清明上河园的可持续发展起到了关键的作用。

（二）民营企业家投资家乡的社会责任，既注重经济效益更强调社会效益的战略目光

作为市场运行的主体，企业的投资经营目标是收益最大化，这也是企业生存的基本原则。投资文化教育产业是一项前期投资大、后续投资时期长、收益慢的产业，存在较大的经营风险。特别是，文化教育产业的收益更多地体现在社会收益方面，而这些并不能成为企业的内部收益，难以弥补企业前期的投资，该领域从而也难以吸引民营企业的进入。观察清明上河园的建设和发展，虽然政府积极参与并给予大力支持，但并没有给予财政补贴和更大的优惠措施，其建设成功和后期的强势发展，与海南置地集团公司更注重社会效益的投资眼光及民营企业家投资家乡、回报社会的胸襟有关。

在1998年3月海南置地集团公司与开封市政府达成由置地集团公司和开封市旅游局双方共同出资开发建设清明上河园项目协议之初，清明上河园项目由于体制障碍和资金紧缺已经处于停滞状态，加之开封旅游产业发展滞后，清明上河园项目所处地域环境荒凉，开发前景不容乐观，海南置地集团公司在此情况下毅然决定注资合作，并以灵活的机制和良好的合作态度进行建设，达到了预期的目的。如前所述，清明上河园建成运营之后，取得了巨大的社会效益，不但为政府的再就业工程作出了贡献，完善了城市的功能，提升了开封市的文化品位，更为重要的是，清明上河园景区的成功，不但使其成为开封市旅游产业的领头羊，而且以其巨大的示范效应，促进了开封市旅游产业经营理念的转变和

经营绩效的提高。

（三）独特的民营控股体制优势所形成的现代企业制度高效运行

现代企业制度的基本特征是具有明晰的产权关系、健全的法人权责、政企分开和科学的组织管理手段。清明上河园由置地集团公司和开封市旅游局共同出资兴建，置地集团公司占55%的股份，开封市旅游局占45%的股份，出资者根据出资比例分享企业的产权，企业则拥有企业法人财产权。这种明晰的产权关系也同时规定了企业法人的权责关系，企业以其全部法人财产，依法自主经营，自负盈亏，照章纳税。特别是，虽然政府是清明上河园的第二大出资者，但只根据其出资的比例享有企业的权责，并不以政府行为来干涉企业的运营，二者的关系是法律关系，这就给予了企业经营自主权，保证了企业能以市场为导向进行策划和经营。

清明上河园的体制具有鲜明的特色，即独立民营控股、政府参股的股权结构。这一结构具有两大优势：一是独立民营持股的体制，能够有效避免多家民营持股时由于各股东利益目标的不一致形成战略决策中的扯皮，从而在制定发展战略时不但能够进行合理规划和科学计算，也能够始终如一地贯彻清晰的市场理念。清明上河园以海南置地集团公司作为唯一的民营持股法人，从而在建园伊始就强调以现代企业制度进行科学管理，贯彻市场理念求发展。二是政府参股，但坚持以法律关系而非行政干预来处理与企业的关系，从而深化了体制改革。在我国国企改革的过程中，广泛的职工持股虽然表象上进行了改制，但并未从根本上解决旧体制的弊端，因为广泛的职工持股难以从根本上进行产权的明晰和权责的划分，更难以有效地进行激励，强调个人利益，同时淡化责任，以职工广泛持股进行改革的国企所走过的道路已经证明了这一点。

产业发展与结构调整

在产权清晰、发展战略明确的前提下，清明上河园建立了科学的组织制度和现代企业管理制度，如前所述，清明上河园有限公司执行完全的董事会领导下的总经理负责制，董事会仅从经营的大政方针和经营决策方面进行战略决策和调控，而在经营方式和手段方面则完全予以放权，执行职业经理人制度，使企业管理层能够依据市场变化进行适时决策和灵活经营。从1998年底开园迎宾到2001年短短3年的时间里，清明上河园就获得了国家AAAA级旅游景区的光荣称号，而且在1999年和2000年的"五一"和"十一"黄金周期间接待游客数量雄居全省旅游景区第二名，这完全是股份制体制推动下的灵活经营的成果。同时，清明上河园完全按照ISO 9000质量管理体系来进行内部科学管理，建有健全的管理组织结构、用工制度、工资制度和企业财务制度，在合理协调企业投资者、经营者和企业职工关系的前提下，形成了激励和约束相结合的经营机制。

（四）宋文化沉淀与历史再现的精神冲击

对宋文化主脉的把握和深入挖掘是清明上河园成功的另一个重要因素。作为反映宋代民俗文化的主题公园，清明上河园景区以北宋宫廷画师张择端的传世画作《清明上河图》为蓝本，在清明上河园故地开封以1∶1的比例复原再现其场景，以反映北宋民俗文化和市井文化为背景，在景区荟萃了宋代杂耍、气功、斗鸡、斗狗、鞠球等民族文化，组成了清明上河园的流动风景线，游人步入园区，仿佛走进了千年以前的东京城。其宣传口号为："一朝步入画卷，一日梦回千年。"

清明上河园对于宋文化的把握和深入挖掘主要在于两个方面：一是以主题公园的形式在开封复现传世画作场景，从而融入开封历史古城的丰厚宋文化底蕴。目前开发宋文化的文化主题公园除清明上河园以外，尚有杭州的宋城和横店的影视城，但前者主要是举办晚会，强调观赏游玩，后者则主要是影视拍摄基地，没有深入挖掘宋文化的精髓。清明上河园位于古都开封，区位优势非常明显，开封具有浓厚的宋文化背景，开封街巷的古门楼、楹联与铁塔、龙亭、相国寺、包公祠、宋都御街相融合，显示了宋文化的丰富内涵，清明上河园再现《清明上河图》的繁华景象，使《清明上河图》的文化展示更具可信度、真实性和吸引力，迎合了人们了解北宋繁华都城的心理需求。二是不断深入挖掘宋代民间艺术、风俗，以宋文化为灵魂，从建筑设计、店铺设置、节目创编、沿街叫卖到商品交易、服装、道具都反映北宋社会的真实生活。特别是二期对于水傀儡、汴河大战、皮影戏、女子马球等宋代娱乐的深入挖掘和精心安排，更是把游客推向千年以前的社会，游客置身景区仿佛置身于千年之前的北宋。

（五）以体制推动文化主题公园的机制创新

作为竞争性行业，文化主题公园的经营必然具有股份制和民营化的趋势，这也是促其不断进行机制创新的基础，而机制创新则是企业保持持续竞争力的根本。就这一点而言，清明上河园作为民营控股的旅游企业，其竞争力提升的内在推动力正是体制本身。

考察清明上河园运营七年来的创新过程，主要在于以下几点：首先是管理机制创新。建园之初，清明上河园在管理上就不囿于一般景区的简单管理，而是针对文化主题公园人员多、服务项目多和管理内容庞杂的特点，设置了总经理办公室、人事部、财务部、市场部、演出部、景区部、经营部、保卫部、工程物业部和园林部等10个部门，在总经理的管理下各司其职，又相互协调、相互促进，保证了体制的顺利运行。清明上河园是开封旅游行业第一家设立市场部的企业，从根本上改变了开封市旅游行业脱离市场的发展理念，将开拓市场作为企业发展的根本目标，明确了企业的经营理念和经营方向。随着市场的发展和业务的拓宽，又在原有10个部门的基础上扩展了4个部门，包括由景区部分出的商务部,由人事部分出的质量管理部,由财务部分出的票务部,同时适应业务发展需要将演出部更名为演艺部,并从其中分出娱乐部,从而分工更趋明细,权责划分更为清楚,适应了企业的发展趋势。其次是产品创新。为了突出宋文化特色和文化主题公园的发展思路,清明上河园不囿于最初设计安排的一般性娱乐项目,每年都要根据市场调研和分析召开一次剧目创编会,对现有的剧目进行改编和创新,定期淘汰并新编1~2个剧目,从而实现节目的滚动更新。二期工程中,更是增添了诸如汴河大战、女子马球、水傀儡等大型的宋代项目,这些项目投资额大,节目编排精心细致,场景逼真,不易仿造且震撼力强,成为清明上河园旅游产品中的重头戏。再次是营销理念创新。在不放弃通过媒体进行广告宣传的前提下,清明上河园在其发展过程中不断进行营销创新,具体包括策划并举办大型活动,如汴京啤酒文化节、大风车活动、开封市菊花花会文艺晚会、大型节目焰火晚会、开封市民俗文化节暨民间文艺表演大赛、开封菊花小姐大赛等,建立网站利用现代媒体进行宣传,举办并积极参与旅游会议从而彰显自身实力并提升在业界的影响,而且以上活动均强调对清明上河园宋文化的宣传和展示,提高了景区的品位,成为促使营销成功的大手笔。最后是激励机制创新。分配机制是对员工进行激励的重要一环,清明上河园充分利用股份制的优势,打破"平均主义"和"小锅饭"两个极端的现象,按照产品的生产序列测算岗位权重系数,实行基础工资、岗位工资、企龄工资、效益工资构成的结构工资制度,既体现劳动差别,又适当考虑体制整合中的具体问题,调动了职工的积极性,也对体制建设进行了完善。

(六) 以体制增强凝聚力,培育团队精神

体制的灵活性和稳定性是增强企业凝聚力的重要方面,而体制带来的企业发展前景则是对员工追求事业心的最大激励。一般

而言,股份制企业在改制之初在企业内部向职工募集资金,通过职工入股持股,使职工利益同企业发展联系起来,使职工更关心企业生产经营活动,从而增强企业凝聚力。这种方式往往由于不能较好地处理好企业利益和职工利益的关系而出现问题,特别是在企业发展之初,企业发展需要更多的资金积累容易导致忽视职工个体利益。清明上河园的前期发展并没有走这样的道路,而是通过体制优势带来的对职工事业前景的刺激、人本精神带来的对职工的尊重、人力资源培训带来的对职工发展的关注等来增强企业的凝集力,培育团体精神。

如前所述,开封作为宋文化的代表城市,具有深厚的文化底蕴及丰富的文化古迹,这些为开封的文化旅游事业提供了基础,但由于体制的原因,开封旅游业长期发展缓慢,创造性差。首先,清明上河园以民营控股、政府参股的形式建园,适应市场的体制、科学的管理和灵活的经营方式使得企业在短时间内取得了巨大的成功,特别是清明上河园不单单从营利角度来进行经营,更把企业作为一项事业来做,这一精神对职工形成了强大的刺激,激发了职工的事业心,企业的发展前景带来了职工对于事业的追求,从而增强了企业的凝聚力。其次,从企业文化营建方面来看,清明上河园从建园之初就着力于企业文化的建设,以人为本是清明上河园公司企业文化的显著特征,同时也是公司企业文化的主题。企业文化是企业在长期生产经营活动中形成的大家共同自觉遵守的核心价值观和共同价值取向,是共同的思维和行为方式。企业文化建设对企业来说是重要且必需的,是企业管理手段进步的必由之路。由旅游企业文化所综合的价值观、伦理道德、行为规范等都源于人,并最终回归于人。清明上河园通过营建企业文化把人置于整个企业的核心地位,创造一种尊重人的氛围,为人的自我实现提供条件。公司经理周旭东强调:"旅游企业提供的产品是服务,而且是员工与客人互动的面对面的服务。企业管理层对员工的尊重以及员工对客人的尊重都是人文精神的体现,而人文精神也是旅游企业文化中最基本的一点。"最后，强调对员工的培训，通过推进人的发展来增强凝聚力。清明上河园对员工进行的教育培训包括上岗培训、岗位培训、质量培训、学历培训等几个层次，将培训纳入每年的公司计划。培训方式灵活多样，既有老员工基于实际经验的现身说法，通过定期举办研讨会来互相交流；也有对国内外成功案例的剖析解说，以现代管理方法进行严格规范，并定期外出学习、考察和交流。另外，公司也把学历教育作为提高员工素质的重要一环，遴选有关人员进入大学相关专业进行学习，进行有针对性的旅游经济学习和研究，为公司培养高层次专业人才。而这些工作的顺利推行和稳定发展，都是建立在适应旅游企业的体制稳定性与灵活性基础之上。

（七）以体制贯彻市场理念

坚持市场就是生命的经营理念是清明上河园成功的重要条件。作为一家股份制旅游企业，面向市场是其生存的基础，通过市场化运作求发展是其必由之路。这一理念的确立则是在公司决策层的战略之下管理层深入挖掘的结果，而市场理念的贯彻则通过切实的理论分析、精心的策划安排和高效务实的营销来实现。

贯彻市场理念的出发点是切实的理论分析之后的发展定位。从文化主题公园在我国的发展来看，随着我国改革开放和经济的跨越发展，主题公园作为一个概念和后来作为一种热潮是完全源于西方的，它在中国前10年的发展充满传奇和偶然性，但结果并不令人乐观。清明上河园总经理周旭东通过理论分析得出文化主题公园成功的两个原则。一是投资临界点的确定。其基本分析思路是通过居民可支配收入水平确定主题公园的门票价格，进而根据门票收入在公园收入中的比例和投资回收比率确定适度投资策略，最终确定主题公园的初始投资规模和后续投资方略。二是坚持本土文化创新。在大量典型案例分析的基础上总结出我国大型文化主题公园的经验教训是：过于强调模仿引进，以外国的、现代的表现形式来包裹民族的和历史的文化，却在民族文化的深层挖掘上展现乏力，只能喧嚣一时，而不可持续发展。

在理论分析的基础上进行精心的策划安排，依据体制优势策划初始起步方略，提出"远学华侨城、近学包公祠"的口号，而这二者都是基于相同或相近体制发展的典型，但随着自身的发展，清明上河园目前已经超越前者。通过科学的综合调研，确定省会郑州为其客源主要依托城市而主要客源市场在河南的初始发展战略，并根据市场调研来进行市场细分，依据对游客特征的调查分析来逐步扩大客源市场。景区已经基本形成了以开封为中心，方圆 100 千米为一级客源市场，100~200 千米为二级客源市场，300 千米以外的广大地区为三级客源市场的三级市场占领策略。同时对于三级市场确定不同的营销策略，并进行统筹协调处理。特别是，公司根据调研确定了下一步的战略定位是将清明上河园打造成旅游目的地，并逐步扩张市场范围和市场容量，确定以开封为中心的 500 千米区域营销战略，以该地域的区域大中城市为中心，建立营销体系，并建立了相关的营销队伍、营销策略和营销指标。

（八）以体制进行资源的有效整合

出于旅游资源本身的性质和历史的原因，我国旅游资源存在条块分割的严重问题，这极大地制约了旅游产业的发展，特别是风景名胜资源和文物资源大多是由国家委托具体的行政部门进行垄断经营的，所产生的垄断利润也形成了旅游行业进行体制化改造的阻力，影响了旅游产业的发展。清明上河园作为民营控股的文化主题旅游企业，有效地打破了旅游资源的原有管理模式，除去了旅游资源配置不当、优势发挥不明显的弊端，从而彰显了活力。

体制优越性带来的旅游资源的整合主要表现在以下几个方面。一是景区内旅游资源的有效整合。一期项目在人员管理、景点布置、商户经营、节目安排等方面均精心处理，力求做到形式统一，内容丰富,既表现出清明上河园作为一个文化主题公园的整体性,又最大限度地保证了景区资源的利用与展示。这在清明上河园二期的投资及开园方面体现得更为明显,二期建设的风格与发展定位既不脱离景区原有的思路,同时又在一期之上有新的突破,所上马的项目如汴河大战、女子马球、斗鸡馆等在突出宋文化特色的同时,进行深入挖掘,给游客的感受是既有统一性和整体性,又有阶段性和层次性,高潮迭起。二是区域内旅游资源的有效整合。开封市作为一个文化古城,具有多样化的文化古迹和旅游资源,出于体制和历史原因,这些旅游资源并不能进行有效整合,但清明上河园通过自身的努力和工作,尽可能地进行旅游资源的整合,从而实现共赢。如为保证充足的客源,清明上河园拟与沿黄"三点一线"上重要的景区及开封市内的相关景区结成营销联盟,以整合景区资源和营销费用,同时加强与旅游车队的联系,合理安排开封市场多个景区的时间分配与次序。更为难得的是,清明上河园通过自身的科学管理,弥补了管理漏洞并有效挫败了社会犯罪对景区的渗透,而且及时将有关问题向其他景区进行通报,将旅游安全和财务安全扩展到整个区域来做,表现了良好的态度。三是人力资源的整合。科学的管理带来人才发现和人才利用的良好机制,清明上河园对于人才的使用不唯地位、不唯背景、不唯学历,强调人尽其才、能进能出和能上能下,公司重要岗位不仅公开向社会招聘,同时在企业内部进行人才挖掘,进行公开竞岗,如高层中的李明华副总经理,部门经理中的总办主任刘佳、人事部副经理杜全红、市场策划部副经理余传波、总经理助理李琦均通过这一机制被委以重任,而且在这些职位上发挥了巨大的作用。四是营销资源的整合。通过统筹规划和合理安排,将传统媒体和现代媒体与宣传进行整合,将广告宣传和活动策划进行整合,将企业宣传和社会宣传进行整合,将区域内营销和区域外营销进行整合,从而将这些资源纳入统一的框架,既避免了重复和浪费,又收到了相得益彰的效果。

(九) 体制运营模式带来的品牌扩张效应

良好的体制和科学管理所带来的不仅仅是经济效益的提高，更是景区知名度的提升和品牌价值的提升。如前所述，通过"七年四大步"的跨越式发展，清明上河园的品牌运营主要依靠策划及主办或承办大型活动和在媒体上着力宣传，这些活动包括2001年参加"巩义杯"河南风光电视片大赛，与新疆电视台合作拍摄《寻梦——清明上河园》，获得大赛一等奖，成功登陆央视，并以英文版在 CCTV-4 播出，扩大了清明上河园的国际知名度；2002年承担"中国民间艺术游"河南首游式的主要工作，承办了锣鼓大赛、老年模特表演及"开封市第二届民俗文化节""千名海外华人中秋赏月晚会""开封市金星啤酒杯第二届菊花小姐大赛"等一系列带有公益性的活动；2004年借助国家邮政局发行"清明上河图"特种邮票的机遇，承办隆重的邮票发行式；举办十数次大型焰火晚会等。而媒体的推介也不囿于广告，更强调内涵的渲染，如借助河南省首批 AAAA 级景区揭牌仪式在清明上河园举行的时机，积极宣传，加强与河南省其他景区的交流与合作；与《大河报》《中国旅游报》等媒体合作开展系列推介活动；特别是，2004年"沿黄三点一线"旅游城市、旅游景区点"双创"报道期间，及2005年春节期间央视4套《中国新闻在开封》的直播，对清明上河园进行了长达10分钟的专题介绍。这些都是灵活体制下精心策划、全力运作的结果，目前来看基于优越体制的品牌化运营使清明上河园的品牌价值已经超亿元，成为宋文化主题公园中的翘楚，品牌扩张效应已经将清明上河园从一个人文景区提升到宋文化溯源地，除观光旅游这一功能之外，清明上河园已经渐次成为一个文化教育基地，和进行宋文化及民族文化推介的典型代表。

三 清明上河园面临的问题、机遇以及发展出路与对策

(一) 清明上河园发展中面临的问题和障碍

1. 清明上河园发展中存在的内部问题

(1) 收入渠道单一，相关产品开发力度不够

清明上河园自建成营业以来取得了一系列显著的成绩，但是存在的问题也是显而易见的。首先体现在收入渠道单一，相关产品开发力度不够上。从公司目前的收入结构来看，门票收入自开业以来一直占公司总收入的90%以上，其他相关收入不及10%。主题公园是由人创造而成的舞台化的休闲娱乐空间，是一种休闲娱乐产业，其目的就是吸引广大的游客参与其中，以游客在园区内的各项消费作为其主要收入来源。国外的较为成熟的大型主题公园的收入主要来自游客在园内的各项消费，其中反映公园文化的旅游纪念品收入更占据收入的20%~30%，门票收入通常仅占其主营业务收入的5%左右。

节目设置与相关产品的开发也存在问题。一是节目的参与性不强，清明上河园设置的各项节目以观赏为主，游客能参与其中的节目则相对较少。少量的与游客互动的节目的趣味性不强，很难真正吸引游客的参与，这显然不能适应由单一观光向休闲娱乐游转变的发展需要。而且许多互动赢利项目由私人组织经营，不仅其项目质量难以保证，而且使公司本应有的收入外流。二是对相关产品的开发力度不够，虽然园内有许多摊位供游客购买商品，但多数商铺是私人经营，反映公园主题的商品也多由私人开发。产品品种少，质量难以保证。如园内卖的清明上河图一张仅售两元，虽然价格低廉，但粗糙的印刷质量难以吸引游客购买。而公司也没有设立相应的旅游产品开发研究部门，使得很大一部分利

润白白流失。

（2）公司规模小，进一步发展面临资金瓶颈

清明上河园自建成以来除初建时置地集团和开封市旅游局投入的1亿元资金外就再无其他新投资进入，致使公司的进一步发展面临严重的资金问题，自2002年筹划清明上河园二期扩建工程以来，资金问题一直是困扰清明上河园二期工程顺利进行的主要因素。虽然经多方筹措资金，加上政府支持的300万元无息贷款，仍面临近千万元的资金缺口，致使本来很好的项目因资金问题，迟迟不能建成使用。虽然二期工程如今已投入运营，但相关的设施仍不完备。到目前为止，公司总资产不足两亿元，每年的纯收入也仅几百万元，公司从开业到2004年底共赢利2500万元，收益最好的2004年全年的净利润也仅为539万元。

而同样以宋文化为主题进行旅游开发的杭州宋城集团，依托集团雄厚的实力（集团资产总额达40亿元，且集团主要涉足旅游业）牢牢把握住了市场机遇，根据市场需求对市场进行细分，较好地满足了各类游客的需求，取得了丰厚的市场回报。宋城景区被细分为6个主题不同的子景区。如宋城的"怀古寻根"、杭州乐园的"度假休闲"、山里人家的"耕读渔樵"、中国渔村的"渔村文化"。宋城集团在营销上对6个景区实行整合营销，大大降低了各景区的营销成本，使得宋城景区规模经济凸显。自宋城景区营业以来，仅用三年时间就收回了全部投资。

（3）公司薪金水平总体偏低，难以吸引高素质人员进入

虽然清明上河园建立了相对完善的分配机制，但薪金水平仍偏低。目前的人均薪金不足1000元，即便是高层管理人员平均工资也仅为1500元，公司总经理月薪仅2000元。这难以吸引高学历、有能力的人才。同时，分配仍实行货币化的月薪制，分配机制单一，与公司的体制创新不够协调，而且从长远发展来看，缺乏动力。公司近年来正处在快速发展的关键时期，正是急需高级管理、营销、策划人才的时候，如果不能在工资激励方面改变目

前的状况，一方面难以吸引新人才的加入，另一方面也可能导致自己培养的人才流失。

(4) 现有园区规模小，产业链条短

从理论上来讲，作为主题公园，应使游客在园内的游玩时间不少于6小时，这样才可以在时间上为公园其他销售活动赢得机会。目前人们在清明上河园的平均滞留时间不足3小时，如果游客9点进园，那么正好中午出园，使得公园仅在餐饮这一点上就损失极大，其他经营项目也受到了相当的冲击。此外，公园晚间游玩项目开发力度不够，致使有效营业时间大大缩短，现有资源利用效率低下。

2. 清明上河园发展面临的外部制约因素

(1) 开封市旅游景区（点）市场化进程缓慢，旅游业整体竞争力不强

开封市目前共有大小各类旅游景点14个，而建立现代企业制度、实行市场化运作的只有3个，开封的4个国家级4A景区中仅有清明上河园是公司化运作。其他各类景区（点）分别隶属文化、园林、文物等不同政府部门，属事业单位。有些旅游风景区尽管也成立了旅游公司，但大多还是政企不分、事企不分，以致在经营管理上基本上是等客上门，很少主动宣传促销，在经营上基本上是"零服务"或者根本没有服务。近年来虽有所转变，但远远不能适应市场的需求。这种状况导致许多景区（点）不能作为市场主体出现，不仅造成了旅游资源利用效率低下，更无法根据旅游市场的变化及时地调整自己的经营，从而极易在激烈的竞争中败下阵来。虽然目前开封旅游仍然可以依靠开封悠久的历史，丰富的文化资源吸引了相当一批旅游者，但是随着整个旅游市场逐渐向休闲娱乐游转变，很难保证在日渐激烈的市场竞争中持续发展。虽然清明上河园在市场开拓上下足了工夫，但仅靠一家之力，很难改变开封旅游整体竞争力不强的局面。而随着来开封旅游人员的减少，清明上河园也必然会受到更大

的市场冲击。

（2）开封旅游业中旅行社、酒店业发展滞后

开封旅行社发展滞后，到目前为止没有一家大型旅行社出现。而旅行社是整个旅游业中的组织者，处在旅游景点和消费者之间最重要的环节上。然而，开封旅行社发展缓慢，很多来开封旅游的外地游客都是开封市外的旅行社引入的，在安排上往往出于对自身利益的关心，它们把旅客在开封的停留时间压缩得很短，这不仅使开封各景点的收益大大降低，而且也使旅游本可以对当地经济发展所起的作用大打折扣。

另外一个制约因素就是开封市的酒店业发展水平低下，到目前为止开封没有一家四星级规格以上的酒店。这使得消费能力最强的旅游消费者往往不选择在开封住宿，大大减少了其在开封游玩的时间，从而也减少了其在开封旅游期间的旅游消费，减少了开封市旅游收入。

（3）繁重的非营利性接待任务已成为企业发展的沉重包袱

清明上河园自建园以来，每年都有繁重的接待任务，而繁重的接待任务已成为公司进一步发展的障碍。从理论上来说非营利接待不超过公司门票收入的3%是公司可以接受的，过度的非营利性接待，就会大大减少公司的赢利，影响公司的资本积累，进而影响公司的长远发展。但是清明上河园自建园以来，每年的非营利接待已占到公司门票收入的10%～15%，2004年公司仅门票收入就净损失300多万元，6年下来损失将近千万元，这对一个刚起步、急需资金发展的企业而言不能不说是一个沉重的负担。

（4）公园所在城市经济发展缓慢，人均收入低

一般来说，主题公园来自公园所在城市消费者的收入应不少于门票总收入的20%，但是清明上河园自建园以来，总收入中来自开封本地的收入比例就从来没有超过5%。其中一个重要的原因就是开封经济发展水平较低，人均可支配收入少，用来旅游消费的收入更少。自20世纪90年代以来，开封在河南的经济地位就不

断下降，近年来虽略有好转，但在河南18个地级市中仍仅比信阳、驻马店等四市略好，处在河南经济的下游水平。2004年开封市城镇居民人均可支配收入仅为6603元，人均消费性支出仅为4503元，而全省城镇居民人均可支配收入是7702元，人均消费性支出为5293元，开封市这两项指标均比全省平均数少近1000元。

（二）清明上河园发展面临的机遇

1. 中国以及河南近年来旅游业迅猛发展

自改革开放以来，中国旅游业就一直呈现迅猛的发展势头。中央政府更是于1998年把旅游业确立为国民经济新的增长点，2003年温家宝总理进一步提出要把旅游业培育成国民经济的重要产业。在国家相关政策的大力支持下，2004年我国旅游业收入已达4711亿元，创汇近200亿美元。接待国内游客达11亿人次，入境过夜游客4176万人次。在中国旅游业迅猛发展的同时，河南旅游业近年来凭借其作为中华文明的重要发源地的地位，悠久的历史文化，及河南省委、省政府的大力支持取得了历史性的突破。从"十五"以来，全省共接待海内外旅客2.5亿人次，年均增长12.6%，高出全国平均水平1个多百分点；旅游总收入1786.6亿元，年均增长18%，高出全国平均水平6.9个百分点。仅2004年，河南就接待海内外游客8057万人次，同比增长58.9%；实现旅游总收入633亿元，居中部地区第一位。

2. 我国以及河南省人均GDP已经超过国内旅游冲动的临界点

世界经济发展规律告诉我们，当人均GDP超过1000美元大关时，人们会产生国内旅游的动机，从而带动旅游业进入高速发展时期，即黄金发展期。改革开放以来，我国旅游业是在特殊背景下的入境游推动下发展起来的，但是随着我国和河南省人均GDP分别于2003年和2004年突破1000美元大关，人均GDP已经超过国内旅游冲动的临界点，由此产生了对旅游特别是国内消费的热潮。2003年以来的国内旅游人数和国内旅游收入统计数据已显示出，国内旅游已经呈现快速增长的势头。自2003年以来国内旅游人数就以每年近20%的速度递增，而且有进一步加快的趋势。随着我国以及河南省经济发展水平的不断提高，国内旅游的热潮必然会以更强劲的势头向前推进。开封旅游业的发展是依托国内旅游的兴起而发展起来的，来开封观光旅游的人中，国内游客的比例高达95%以上。因此，随着我国及河南省经济发展速度的提升，可以乐观地估计开封旅游必将随国内旅游的加速发展以更快的速度向前发展。

3. 河南省政府以及开封市促进旅游业发展的政策

随着旅游业在推动河南经济发展中所起的作用日渐增大，时任河南省委书记徐光春同志在2005年10月召开的全省旅游产业发展大会上明确提出，"我们要及时解放思想，进一步增强加快旅游产业发展的责任感和紧迫感。各地市要树立起'抓旅游就是抓经济'、'抓旅游就是抓发展'的思想观念，切切实实地把发展旅游当成各地头等大事来做。河南是一个旅游资源大省，既不缺少旅游资源和旅游产品，也不缺少市场需求，制约河南旅游产业发展的重要因素是体制不顺，机制不活，产权不清，没有形成适应市场竞争的灵活的高效运营机制。因此各地市要把创新管理体制，创新经营机制当成工作重心。要进一步加大国有旅游企业的改革力度，采取股份制改造、引入合作伙伴等方式，推动国有旅游企业改制改组，健全现代产权制度。制定相关优惠政策吸引各方资金投资旅游产业"。随着对河南旅游业发展瓶颈的有效突破，河南旅游必然以更强的竞争力出现在中国旅游市场上，吸引更多的国内外游客来河南。而这一次河南省旅游业发展大会上更是明确提出要在河南选取两个地区做旅游业改革的试点，开封恰位于两个试点地区之一。如果开封能抓住机会，首先突破开封旅游发展的瓶颈——旅游景区市场化进程缓慢这一影响开封旅游业进一步发展的主要问题，那么开封旅游业必然会以崭新的面貌、更强的竞争力出现在河南乃至中国的旅游市场中。

4. 郑汴一体化给清明上河园带来的巨大商机

自河南省委、省政府提出以加快中原城市群建设促进河南经济发展的战略以来，中原城市群中的各地市就纷纷根据自身的优势，确立了各自在中原城市群中的分工。作为七朝古都，开封文化厚重，历史悠久，具有发展旅游业得天独厚的优势，故此旅游业也成为开封最易取得成效的产业。经过近两年的反复论证，决定于 2005 年 11 月底走出中原城市群建设工作实质性的第一步——投资建设郑汴城市间双向十车道的快速路，计划工期一年，且不再设收费站。此路建成投入使用后，郑州、开封经济联系的最大障碍就得到了有效解决，大大加快了郑汴一体化进程。此举不仅给郑州的未来扩展打下了良好的基础，更是给开封的经济发展注入了强大的动力。当然同时也会极大地促进开封的旅游业发展。我们以清明上河园为例简单地计算一下，来清明上河园旅游的外地游客九成以上皆通过郑州来开封，而清明上河园的一级市场主要客源就在郑州，每年来清明上河园的外地游客中，来自郑州的游客比例高达 40% 以上。但是繁重的过路费给游客增加了近千万元的旅游成本，对于消费弹性较高的周末休闲游来说，随着过路费的免收，来开封以及清明上河园的游客人数必然会大大增加。

（三）清明上河园未来发展的构想与对策

1. 巩固体制成果，强化市场化管理运营模式

如前所述，清明上河园所取得的成绩正是在股份制运营下获得的，这一效应也必将在其未来的发展中起作用。股份制带来的经济与社会效应尚需放大，股份制要为完善企业体制进一步发挥作用。就此，仍需做三个方面的工作：一是强化民营控股的股份体制。清明上河园正处在发展和扩张的关键时期，稳定现有体制，力戒变动和过于分散的广泛持股，坚定发展理念。二是积极谋求上市。目前来看，清明上河园规模扩张、市场开拓及管理机制创新都得益于民营控股体制优势的发挥和决策层清晰的发展战略，

其业绩的跨越式发展也主要基于贯彻始终的市场化经营理念和科学管理，但随着企业的发展，其体制的优越性需要通过上市来推进，对股民利益和企业业绩的关注将成为推动企业创新与发展的不竭动力。目前深圳证券交易所已经开设专门为我国中小企业上市融资的中小企业板块，为我国中小企业解决资金问题提供了通道上的保障。清明上河园在做好现有园区经营和二期扩建工程的基础上，应积极寻求上市融资。三是放大体制效应。文化主题公园的成功不但与其发展定位有关，也与所处的人文环境及周边相关景区的联动有关，将自身的体制运营成果放大，影响带动周边相关景区的改制进程，通过外部效应促使它们也进行相似的体制和机制创新。

2. 实施规模扩张

清明上河园的规模尚显过小，扩大经营规模应是此后发展的重要考虑。清明上河园总投资额不足2亿元，有职工千余人。目前的年收入在2500万元左右，利税不足400万元，规模过小，仍属中小型企业的范畴。作为一家文化主题公园，清明上河园如仅经营景观旅游则尚可维持，但若想做成宋文化的旗舰性综合性文化公司尚显不足。这需要进一步加大投入，多方筹资。基本思路有三：一是注重自身积累，如清明上河园在前期的发展中不急于分红，而是将经营利润留作企业发展之积累；二是谋求上市融资，上市融资既是强化企业股份制的重要手段，也是筹措资金进行规模扩张的重要手段，谋求上市包括在中小企业板块上市及整合周边景区，组建旅游企业集团以谋求上市；三是引进战略合作伙伴，经过近30年的改革开放，我国已经出现一大批实力雄厚的民营企业，旅游业的高投资回报率及清明上河园前期的骄人业绩对这些民营企业具有很大的吸引力，引进一到两家战略合作伙伴以扩大经营规模具有可行性和现实迫切性。

3. 拓展旅游产业链条，完善景区功能

业务过于单一是制约清明上河园发展的重要障碍，拓展旅游

产业链条、培育新的增长点是其长期的战略部署。目前清明上河园的门票收入占其总收入的90%以上，这一收入结构体现了清明上河园业务的单一性，过于依赖单一业务进行发展具有高风险性和刚性，容易受市场波动的影响，同时也不利于企业的长期发展。旅游产业是一个带动性很强的产业，文化主题公园更应该是集观光、休闲、住宿、购物、传媒、生产等于一体的文化形式，因此应增加新的业务、培育新的增长点从而保持持续的竞争力与增长活力。解决问题的手段包括两个方面：一是开发大型游乐项目及晚会，提高观赏性与游客参与性，彻底解决景区游玩问题，延长游客在园内停留的时间；二是拓展旅游产业链条，包括建造酒店、休闲等相关配套设施，继续做大品牌，发展成为旅游目的地。据清明上河园的调研统计，来清明上河园游览观光的游客多是来到开封后顺便来到清明上河园，虽然清明上河园已经成为来开封游客的必选之地，但清明上河园尚未成为旅游目的地。继续加大宣传投入，搞好策划，增强清明上河园的品牌效应，将清明上河园发展成为旅游目的地应是公司长期战略中的重要方面。

4. 培育旅游人才，打造文化创新基地

产业的发展离不开人才的培育，旅游人才的培养包括培养旅游管理人才、旅游营销策划人才、文化开发人才及传统文化演艺人才。目前来看，清明上河园所需要的这些人才主要靠市场招聘获得，虽然也通过加大人力投资培养了一些人才，但仍不能满足企业的发展需要。特别是目前的文化开发和传统文化演艺，主要以与民间艺人或民间艺术团体合作为主，这一情况需要改变。基本设想是：建设一所培养旅游人才和文化演艺人才的培训机构，加大投入，针对企业的发展和对宋文化传统演艺项目的挖掘和开发，打造宋文化创新基地。

5. 整合旅游资源，组建旅游企业集团

开封具有深厚的宋文化底蕴和丰富的文化名胜古迹，围绕这些文化古迹形成了一系列的景区（点），如龙亭、相国寺、开封铁

塔、包公祠等，它们和清明上河园一起成为开封市代表宋文化的景区群。目前来看，这些景区（点）已经从文化内涵及外部影响上形成了景区群，但这些景区的内在关联机制并没有形成，如果能够形成统一的文化发展模式，实现内部资源的整合与互补、经营管理的相互促进，建立外部推介的合作与协调机制，将会极大地优化资源、形成合力，从而实现整个区域的旅游大发展。

以清明上河园为主体进行龙亭水系景区（点）包括龙亭、天波杨府、翰园碑林、开封铁塔的整合，从而组建旅游企业集团，打造旅游企业航母。这一基本设想具有可行性，原因在于：①这些景点集聚在龙亭湖周围，而龙亭湖风景区已经作为一个整体被中央文明办、国家建设部、国家旅游局评为全国文明风景旅游区示范点，具备整合的天然条件；②据不完全统计显示，进入开封市的游客到龙亭湖风景区各景点旅游具有协同性，即游客在这些景区的旅游具有重复交叉性，这说明在游客的认知上这一区域也具有一致性；③在才过去的河南省旅游产业发展大会及开封市发展文化旅游产业大会上均明确提出进行旅游资源整合，组建旅游企业集团、整合龙亭湖风景区景点是顺应政策之举。同时，整合龙亭湖风景区具有重要的意义和价值，对于清明上河园来讲，可以实施有效的扩张，放大体制效应，突破规模过小的发展瓶颈，在有效整合各景区的基础上，完善景区功能，拓展发展空间；对于开封市的旅游产业来说，这更是一个大的推进。河南省将开封市作为旅游产业市场化改革的试点城市，首先要解决的问题就是开封市相关景区（点）的体制改造和运营机制建设问题，国家已经就旅游景点开发给出了可行性方案，即"三权分离"，产权归国家，管理权归政府各职能部门，经营权交给有能力的企业负责，这一方案已经在山东曲阜实施，且取得了不错的经济效益和社会效益。现在开封的问题是：这个方案如何实施？具体步骤如何进行？因为改革涉及经济社会方方面面的问题，而清明上河园作为民营控股的股份制企业，在过去七年中的成功运营经验和改制中的做法，无疑将成为其他景点改制的重要示范。同时，龙亭湖风景区旅游资源的整合，打通连接相关水域的水路，打造宏大的"北方水城"的预期前景，必将大大提高开封市旅游业的品位和吸引力，为打造明星旅游城市品牌奠定基础。旅游开发与文物保护的相互促进，更彰显宋都千年文化底蕴。特别是，旅游集团公司的组建，能够为下一步谋求上市融资、进行规模扩张和市场化经营铺平道路。

新疆昌吉国家农业科技园区调查报告[*]

2001年4月,国务院在《农业科技发展纲要》中提出:"十五"期间,要在全国不同地区建立50个符合21世纪现代农业发展方向、对不同地区农业和农村经济发展具有较强示范带动作用的国家农业科技园区。为加快新疆现代农业发展,2002年经国家科技部批准,昌吉回族自治州(以下简称昌吉州)设立了国家级农业科技园区。在过去的两个暑假里,本人有幸在假期实践期间实地考察了园区核心区,亲身参与到园区工作中,并走访了有关领导,查阅相关历史资料,形成本调研报告。

一 园区建设与发展概况

园区位于昌吉州首府所在地昌吉市,东距新疆首府乌鲁木齐市35公里,距乌鲁木齐国际机场18公里,312国道、第二亚欧大陆桥和乌奎高速公路穿境而过,交通便捷。园区总规划49.8万亩,其中核心区3.6万亩、示范区46.2万亩。这里土地肥沃、光照充足、人文荟萃、林茂粮丰,享有"戈壁绿洲"之称,现已成为国

---

[*] 本文是河南大学经济学院2008级新疆籍本科生安怡锦受我委托作的一个农业产业园区案例调查。——耿明斋

家级星火计划密集区和天山北坡农业化核心区。

园区核心区设四个功能区和三个中心：综合服务区、观光旅游农业区、农产品加工区、精品农业展示区，农业科技研发中心、农业科技信息培训中心、创业服务中心。

示范区规划为六大基地：农作物良种繁育基地、畜禽良种繁育基地、优质苗木繁育示范基地、农业高新技术示范基地、节水农业示范基地、农业机械化示范基地。

园区自成立以来，立足新疆和昌吉实际，紧紧围绕发展现代农业，积极发挥科技孵化、示范、辐射功能，大力推进科技创新，实现了园区经济的持续快速发展。2008年，园区实现GDP 7.75亿元、全社会固定资产投资3.7亿元，实现财政一般预算收入6922万元，招商引资资金到位3.09亿元。其主导产业为新疆特色产业制种、绿色无公害农产品、畜禽养殖、农产品精深加工、特色旅游。

二　园区经营管理现状

为保证园区建设与发展，新疆维吾尔自治区人民政府成立了由自治区一名副主席任组长的昌吉国家农业科技园区建设协调领导小组。2003年3月，成立了昌吉国家农业科技园区党工委、管委会，正县级建制。园区管委会依法行使县级计划、财政、外贸、规划、建设等经济管理和行政管理权限。按照"精简、统一、效能"的原则，内设6个职能部门：办公室、财政局、产业发展局、招商局、规划建设环保、高新农业发展局。州国土资源局、工商局、国家税务局、地方税务局、质量技术监督局、气象局在园区设立了分支派出机构。

三　有利因素与机遇

（一）具有典型的干旱区农业特征

新疆位于亚欧大陆腹地，气候干旱，环境恶劣，生态系统脆弱,农业生产主要集中在绿洲,是典型的干旱区绿洲灌溉农业。昌吉州是天山北坡经济带的重要组成部分,区域内山地、绿洲、荒漠并存。园区位于绿洲地带,其农业发展是干旱区绿洲农业的缩影,以绿洲生态为中心,以水资源为重要约束条件,具有典型的绿洲农业特点。园区现代化农业发展意义重大,具有良好的示范作用,能够为新疆乃至整个干旱区农业发展提供借鉴。

(二) 是中国发展绿色农产品的理想区域

园区绿洲面积大,水土资源相对优越,具有农业发展必需的土壤、水资源、气候等自然条件。园区内生态环境保护良好,水土与大气几乎未受污染,适合发展现代农业与配套农产品加工业,适宜开展绿色、有机食品基地建设,是我国发展绿色农产品的理想区域。

(三) 区位优势明显,发展环境优越

园区距离乌鲁木齐市35公里,距离乌鲁木齐国际机场18公里,距离昌吉火车站10公里,312国道、第二条亚欧大陆桥和乌奎高速公路横穿市区,构成航空、铁路、公路三位一体的立体交通网络,具有良好的交通区位条件。同时,昌吉市处于乌鲁木齐市"半小时经济圈"内,"乌昌一体化"的建设促进了乌昌地区人口、物质和信息的交流,使园区能够承接乌鲁木齐市的经济辐射和信息、科技扩散,且可以充分利用乌鲁木齐这一市场推销其农产品。区位优势为园区加强与周边城镇的经济联系、开拓市场、拓宽发展渠道提供了有利条件,加强了园区与乌鲁木齐及自治区内其他重要城市的联系,有利于借助城市经济发展带动园区农业经济发展,借助城市快速发展的工业反哺园区农业发展,园区具有优越的发展环境。

(四) 园区土地资源丰富,经营类型多样

园区总面积49.8万亩,农业用地主要集中于示范区。示范区

中91.69%为农用地。土壤有机质含量1%，土层厚1米以上，是种植小麦、玉米、棉花、油料、瓜类和园艺型等农作物的良田沃土，也是进行农业综合高产开发的首选之地。充足的土地资源和良好的土壤条件为园区发展农业提供了基础，也为园区发展多种作物经济提供了良好条件。园区产业覆盖面广，包括制种业、种植业、养殖业、林业及依托农业发展的食品加工业等，经营类型多样，对农业未来发展的推动作用大，示范意义极强。

（五）园区管理体制完善，拥有经济与行政管理职能

园区成立初期，昌吉州党委批准成立了昌吉国家农业科技园区管理委员会，正县级建制，并设立了一级财政和金库，在昌吉州形成了"七县（市）一园区"的格局。管委会负责园区建设的组织实施，落实国家有关政策，制定地方相关政策，在昌吉州人民政府的统一领导下行使计划、财政、外贸、规划、建设等经济与行政管理职能。核心区、示范区土地均在园区管辖范围内，园区具有土地管理权和支配权。完善的园区管理体制、特有的经济与行政管理职能，为园区的管理与建设提供了便利与保障，促进了园区高效运行与发展。

四 已有成效

（一）主导产业与龙头企业

多年来，园区因地制宜进行功能分区，在重点建设农作物良种繁育、畜禽良种繁育、优质苗木繁育、农业高新技术示范、节水示范和农业机械化示范六大基地的同时，依托龙头企业，坚持"龙头企业+科技+基地+农户"发展模式，农业科技试验、示范、推广和产业化基地建设进展顺利，形成了制种、棉花、畜禽、番茄、农产品加工等优势主导产业。2008年，农产品加工企业达

到 22 家，园区规模以上工业企业 14 家，国家级农业产业化龙头企业 4 家，自治区级 7 家，收入上亿元企业 6 家。在龙头企业的带动下，累计实现收入 61 亿元，创造社会效益 300 亿元以上，有力促进了农业结构优化与升级，带动了农民增收。

1. 西域种业引领制种业快速发展，为区域种植业结构优化起到积极示范推广作用

西域种业是新疆西域集团的子公司，拥有代表中国西甜瓜种子产业化最高技术水平和最强科研实力的国家唯一的瓜类工程技术研究中心，拥有被誉为"中国种业高级科研人才摇篮"的博士后工作站，是国内同行业中最早取得农作物种子进出口经营权的企业，是农业部指定的国家瓜菜种子繁育基地、全国种业百强企业、国家农业产业化重点龙头企业，是亚洲最大的西甜瓜制种基地。

2. 依托泰昆、天康等集团的科技引领，良种畜禽养殖业蓬勃发展并迅速推广

在畜禽养殖方面，泰昆、天康集团发挥了极大的示范带动作用，为园区、昌吉州甚至整个新疆提供了优良的畜禽种源和可借鉴的养殖模式，带动了畜禽养殖业的发展，为农民增收致富提供了保障。

泰昆集团是西北地区最大的集油脂加工、饲料生产、种鸡饲养、基地养殖、禽肉制品加工销售于一体的大型农牧产业化龙头企业，也是西北五省首家无公害鸡肉产品生产和出口基地。该企业拥有新疆名牌产品"泰昆"牌系列饲料、"泰昆"牌鸡苗，拥有自治区级企业技术中心，在饲料、种禽产销量、生产技术方面均处于西北地区行业领先水平。有种禽孵化设备 200 万套，年产鸡苗 1000 余万只、肉鸡 2.4 万吨，占新疆肉禽市场的 1/3，年出口鸡肉 800 吨。

3. 中粮屯河带动番茄种植业迅速发展

中粮屯河昌吉番茄制品有限公司主营业务为大包装番茄酱的

生产加工。目前拥有4条具有世界先进水平的番茄酱生产线，日处理鲜番茄660吨的生产线2条，日处理鲜番茄2000吨的生产线2条，形成日处理鲜番茄5320吨、年产番茄酱4.5万吨的生产能力。生产加工全程采用电脑自控，厂房设计、工艺技术、质量检测、产品安全管理严格按照国家和国际番茄酱行业标准规范执行。产品90%销往欧洲、日、韩、独联体、东南亚等多个国家和地区。

（二）社会效益

1. 就业吸引与带动

在园区建设的过程中，房屋建设、道路施工等工程及相关配套建设可带动大量劳动者的参与；园区经营管理和科技研究开发引进了一批管理人员和科技研发人员；农产品物流服务以及物流管理体系中已有一批农民与商人介入；农畜产品深加工、产业链的延伸已给劳动者带来一定的就业机会；休闲观光产业带和度假区的发展，会带动相关服务产业的兴起与发展，从而提供更多的就业机会；此外，新企业的进驻也大大增加了就业机会。

园区的建设与运行带动大批劳动者就业。2002年，园区共吸纳1597人就业，其中吸纳城镇人口170人，农村人口1427人；2008年，园区共吸纳5000人就业，其中吸纳城镇人口1200人，农村人口3800人。随着园区的不断完善和发展，提供的就业机会还将不断增多。园区内农民人均纯收入由2002年的5307元增长到2008年的8780元，为新疆农民人均纯收入3503元的250.64%。

2. 科技引领与推广

随着这几年的建设，园区科技实力不断增强，已成为昌吉州、新疆甚至其他干旱半干旱地区的农业科技创新中心和技术推广中心。园区以入驻企业为基础，依托区内外科研单位和高校，不断引进适用技术和高新技术，结合园区实际情况加以吸收、消化和创新，形成自己的技术优势，并辐射周边地区。园区已形成品种资源开发技术、作物持续高产技术、家禽规模养殖技术、设施农业工程技术、产品储藏加工技术等，这些技术已在区域范围内开始推广，并取得初步成效。

(三) 经济效益

2008年，完成全社会固定资产投资3.7亿元，招商引资资金到位3.09亿元，园区总收入20.9亿元，国内生产总值7.75亿元，增长22%，其中：第一产业2.85亿元，第二产业3.0亿元，第三产业1.9亿元。实现财政一般预算收入6922万元。

2008年实现工业增加值2.5亿元。依托龙头企业，园区围绕制种、番茄、畜禽、棉花等主导产业，建设六大示范基地，形成了较为完善的现代农业产业体系，为下一步经济效益的增长奠定了基础。

园区企业与产业的发展带动农户就业增收效果明显，农民人均纯收入由建园初期的5307元增至2008年的8780元。

表1 园区经济效益增长情况

单位：亿元，元

年份	GDP	第一产业	第二产业	第三产业	农民人均纯收入
2002	2.95	1.43	1.16	0.36	5307
2003	3.42	1.57	1.37	0.48	6534
2004	3.97	1.73	1.62	0.63	7114
2005	4.60	1.9	1.91	0.79	7703
2006	5.34	2.1	2.29	0.95	8303
2007	6.05	2.45	2.3	1.3	8505
2008	7.75	2.85	3	1.9	8780

(四) 生态效益

园区招商引资门槛设置中重点考虑了生态环境指标，引进低污染、低能耗企业入驻园区，2008年入园企业单位产值能耗为

0.81 吨标准煤/万元，远低于自治区万元 GDP 能耗水平（2.09 吨标准煤）。

2008 年底，园区林地总面积已达到 8.5 万亩，完成农田防护林 2.3 万亩（开荒造林 1 万亩），退耕还林 0.7 万亩，恢复天然林 4.5 万亩，营造经济林 1 万亩，森林覆盖率达到 17%。绿化面积的大量增加可以改变区域小气候环境、减少水土流失、防止土地退化，同时可以提高其美学欣赏价值，为农业休闲观光的发展提供良好的条件。

在水资源利用方面，园区采用先进的现代农业节水灌溉技术，如喷灌、滴灌、膜下滴灌等，据估算，采用节水灌溉技术后，示范区农业用水节约 30% 以上，大大缓解了当地水资源短缺的问题，从而保证了生态用水、生活用水和工业用水的需要。

土壤盐碱化是干旱区农业发展面临的普遍问题，园区示范区局部地区存在土壤原生盐渍化现象，园区通过灌水脱盐、平衡施肥、秸秆还田等措施实现排盐压碱，不仅解决了示范区土地盐碱化的问题，而且盐碱化治理的经验与方法可以在区域起到示范推广作用。

在作物栽培的过程中，园区通过推广生物肥料、有机肥料、生物防治剂、残膜回收等无公害生产技术，使土壤污染得到有效控制，农产品的质量和市场竞争力也不断提高。

园区以生态农业的模式和循环经济的理念发展和经营农业，大力推广清洁生产，有利于建成资源节约型和环境友好型的农业科技园区。

五　存在的问题与解决方案

（一）存在的问题

1. 技术与管理人才短缺，研发能力有待提高

一方面，新疆经济发展相对落后，人才流失严重，高技术与现代管理人才缺乏；另一方面，园区的整体人口素质不高，专业技术人员比例较低，示范区专业人员少，这与国家对园区相关专业人才的要求不相符合。同时，昌吉国家农业科技园区的发展刚刚起步，对外宣传力度较弱，引进人才机制还不完善。为此，园区在未来的管理与建设过程中应增加研发设施，增设研发项目，改善研发工作条件，完善人才引进机制，积极引进技术人才。

2. 基础设施建设有待进一步完善

目前园区的基础设施还相对落后，在一定程度上影响了园区与外界人口、物质和信息技术的交流，尤其是示范区的基础设施建设较为落后，制约着园区今后的发展速度和辐射强度。为此，园区在未来的发展过程中，应加大基础设施建设的力度，努力争取各级政府的支持，改善投资环境，疏通信息技术流通环节，为园区的进一步发展提供有力保障。

3. 水资源短缺与园区进一步发展需求间的矛盾显现

西北地区气候干旱，水资源严重短缺，是其生态环境脆弱的根源，水土资源分布不均也成为制约农业可持续发展的关键因素。水资源时空调控困难、土壤次生盐渍化、土地沙漠化等问题严重威胁着干旱区绿洲农业的发展。园区地处西北干旱区，水资源短缺问题必然制约园区绿洲农业的发展，成为园区进一步发展的瓶颈。在生态环境局部改善、整体恶化的情况下，西北地区农业的可持续发展必须把生态建设放在重要位置，解决水资源短缺问题也将成为园区未来工作的重点。

（二）解决方案

1. 创新运行机制

转变观念，加快体制和制度创新，完善管理体制和经营机制，理顺政企关系，建立适应大市场需求、符合园区发展实际的良性运转机制。积极扩大和利用国内外资本，加快推动园区经济进入国际国内大循环；研究制定新形势下招商引资的政策和措施；拓宽招商渠道，充分发挥企业和产业的能动性，鼓励企业通过经营运作和发展壮大吸引资金；同时要高度关注国际资本市场的趋势和动向，重视和吸引跨国公司投资。采取切实有效的措施加大投入，建立起国家、集体和农民多渠道投融资机制，发挥民间资金丰厚和机制灵活的优势，引导农民和社会资金投入。

2. 加大人才引进力度

人才是科技管理创新的生力军，是实现科技管理创新的保障。园区正逐步加快出台人才引进政策、完善用人机制，加强人才劳力市场建设和规范管理，建立新型的科技人才聘用制度，积极发展多种人才中介服务和就业咨询服务组织，促进人才劳力资源的合理流动；深化工资制度、住房制度、社会保障制度、户籍管理制度等方面的改革，采取优惠政策，创造良好的创业环境、工作环境和生活环境等，吸引并鼓励国内外农业科研、教学和推广单位的优秀人才投身园区建设。

园区应继续与自治区农科院、林科院、畜科院、新疆农业大学、新疆农业职业技术学院等科研院所和高校紧密合作，继续加紧培养人才，为园区不断输入人才，加大人才储备，为进一步提高园区自主创新能力打好坚实的基础。

3. 完善基础设施建设

农业基础设施建设是发展现代农业的根本保障，也是新农村建设的物质基础。目前园区内核心区的基础设施建设比较完善，示范区基础设施建设相对薄弱，有待进一步加强。

4. 制定落实相关政策

为积极推进、实现园区的持续健康发展，让更多企业、农民参与园区建设，服务于现代农业发展和新农村建设，要积极探索扶持园区发展的配套政策，加大落实力度。研究制定新形势下招商引资的政策和措施，拓宽招商渠道，重视和吸引跨国公司的投资，建立起国家、集体和农民多渠道投融资机制。完善人才引进机制，积极吸纳人才，同时与新疆各科研机构和研究院所合作，加紧培养人才，为园区的发展和创新提供智力支持。

5. 加大生态环境保护力度

园区应积极发展生态农业，在保护、改善农业生态环境的前提下，遵循生态学、生态经济学规律，运用系统工程方法和现代科学技术，采取集约化经营的农业发展模式，将农业生态系统同农业经济系统综合起来，以取得最大的生态经济整体效益。把农业发展的各个环节的生态建设与环境保护作为一件大事来抓，并逐步建立健全环境保护体系。逐年加大植树造林力度，大力实施天然林保护、退耕还林，推广节水灌溉，严格实行地下水开采定额管理。合理开发利用自然资源，建立环境与发展的综合决策机制，从决策的源头控制资源的不合理开发与浪费。积极发展生态农业，促进农业集约化经营，最大限度地利用农业资源。实现循环经济的生态与经济整体效益，促进传统农业向现代农业发展，推动园区农业的可持续发展。

图书在版编目(CIP)数据

产业发展与结构调整:基于传统农区的实践/耿明斋等著.—北京:社会科学文献出版社,2012.10
(传统农区工业化与社会转型丛书)
ISBN 978-7-5097-3724-8

Ⅰ.①产… Ⅱ.①耿… Ⅲ.①农业区-产业结构调整-研究-中国 Ⅳ.①F323

中国版本图书馆 CIP 数据核字(2012)第 205049 号

·传统农区工业化与社会转型丛书·

产业发展与结构调整
——基于传统农区的实践

著　者 / 耿明斋 等

出 版 人 / 谢寿光
出 版 者 / 社会科学文献出版社
地　　址 / 北京市西城区北三环中路甲29号院3号楼华龙大厦
邮政编码 / 100029

责任部门 / 皮书出版中心 (010) 59367127　　责任编辑 / 桂　芳
电子信箱 / pishubu@ssap.cn　　　　　　　　责任校对 / 刘佳雨
项目统筹 / 邓泳红　　　　　　　　　　　　 责任印制 / 岳　阳
经　　销 / 社会科学文献出版社市场营销中心 (010) 59367081　59367089
读者服务 / 读者服务中心 (010) 59367028

印　　装 / 北京季蜂印刷有限公司
开　　本 / 787mm×1092mm　1/20　　　　　印　张 / 19.6
版　　次 / 2012年10月第1版　　　　　　　 字　数 / 327千字
印　　次 / 2012年10月第1次印刷
书　　号 / ISBN 978-7-5097-3724-8
定　　价 / 59.00元

本书如有破损、缺页、装订错误,请与本社读者服务中心联系更换
▲ 版权所有　翻印必究